EMMA CALVÉ,
LA DIVA DU SIÈCLE

JEAN CONTRUCCI

Emma Calvé, la Diva du siècle

ALBIN MICHEL

Il nous faut tous surmonter la vie. Mais la seule manière de surmonter la vie, c'est de l'aimer. Et la seule manière de l'aimer, c'est de la prodiguer sans mesure. Tous les péchés capitaux ensemble damnent moins d'hommes que l'Avarice et l'Ennui.

Georges Bernanos

Quand la légende prend le pas sur la réalité, c'est la légende qu'on imprime.

(Vieux dicton de l'Ouest américain)

Remerciements

A M. Georges Girard, président des Amis d'Emma Calvé, pour son accueil au Fonds Calvé de Millau, dont il est le conservateur. Trente années de recherches lui ont permis d'écrire *Emma Calvé, la cantatrice sous tous les ciels,* un ouvrage qui, sur le plan historique, constitue la référence pour quiconque veut étudier la vie de la Diva.

A Pierre Échinard, historien et passionné d'art lyrique, qui nous a ouvert avec son inlassable générosité les trésors de ses collections et nous a guidé de ses conseils.

A Gérald Moulédous, qui a traduit pour nous les notices, textes et articles en langue anglaise.

A Dominique Chailley, conservateur à la Bibliothèque interuniversitaire de Montpellier.

A Jean Delmas, directeur des services d'Archives de l'Aveyron à Rodez.

Merci également à Michel Alexandre, à Jacques Bonnadier, à M. Adrien Eche, à Claude Pocheron, pour leur aide précieuse.

Prélude

« IL ÉTAIT temps de partir, je suis à bout de forces... »

Ces quelques mots sont les derniers qui nous restent d'elle, enregistrés sur le lit même où elle va mourir, dans deux jours, le 6 janvier 1942.

Elle vient d'accepter de faire entendre une ultime fois sa voix, cette voix qui, pour le monde entier — entre 1892 et 1920 —, fut celle de Carmen.

Devant le micro qu'on lui tendait, au-dessus de ce lit d'hôpital où elle gît, le corps rongé d'escarres, en proie à des souffrances horribles qu'on ne peut plus calmer, épuisée par la maladie hépatique qui va l'emporter, elle a voulu donner le change, charmer une dernière fois, comme elle savait si bien le faire au temps de sa jeunesse.

Il est bouleversant, ce témoignage durant lequel, avant d'écouter sa voix chantant Gounod, on l'entend lire un passage de ses Mémoires.

L'enregistrement s'est fait presque par hasard. Quelqu'un a dit à Michel de Bry : « Elle est en train de mourir dans une clinique de Montpellier. »

Alors, le « fou de lyrique », radio-reporter au *Journal sonore*, de l'Office de radiodiffusion, qui se trouvait ce 4 janvier 1942 à bord d'une voiture d'enregistrement de la Croix-Rouge, a pris son matériel. Il n'était pas sûr d'arriver à la convaincre, mais une exclusivité pareille, on la tente, quand on est journaliste. Il voulait être le dernier à enregistrer cette grande voix qui avait

9

tenu sous le charme une bonne partie de la planète au temps de sa splendeur.

Avec elle, il le savait, tout était possible. Elle l'avait cent fois prouvé, durant une carrière jalonnée de triomphes retentissants, à laquelle elle avait consacré toutes ses forces et toutes les ressources de son art.

Alors, il est entré dans la chambre de la mourante et il a branché son micro...

Michel de Bry a lui-même raconté ce dernier acte d'une vie exceptionnelle, dans un livre consacré aux enregistrements qui ont marqué sa carrière. « Condamnée, mais non déchue, écrit-il, attristée par la solitude et la modeste condition où l'avait réduite une inlassable générosité, cette radieuse figure de l'âge d'or de l'Opéra était toujours une grande dame, parée encore de toutes les séductions de son passé [1]... »

Elle a fait un effort terrible de volonté pour lui sourire. Pour ne pas laisser d'elle l'image d'une vieille femme abandonnée et misérable. Ils ont commencé par bavarder familièrement, comme de vieux amis. Elle a feuilleté avec lui le gros album qui ne la quittait pas et où elle consignait, soigneusement découpées et classées, souvent annotées de sa large et ferme écriture, les coupures de presse qui parlaient des soirs de gloire, quand une salle en délire éclate en ovations sans fin et dit son amour à la Diva, debout, qui salue, épuisée mais radieuse, au milieu des bouquets de fleurs. Elle a évoqué « son cher Rouergue », en retrouvant spontanément cet acccent sonore où roulent les cailloux du causse. Elle a parlé « des Américains » qui l'avaient tant aimée. Elle a même précisé : « C'est grâce à l'argent qu'ils m'envoient que je n'ai pas connu la misère absolue. » Elle qui avait brassé et distribué les millions sans compter...

D'un souvenir à l'autre, elle a raconté cette mémorable soirée de juin 1916, à New York, où, au terme d'une épuisante tournée, elle avait trouvé en elle assez de ressources pour chanter *La Marseillaise*, vêtue de noir, coiffée du grand nœud des Alsaciennes, accompagnée par l'orchestre du « Met », dans l'immense salle du « Bazar des Alliés », où s'entassaient trente

1. Michel de Bry : *Le Dernier Soupir d'Emma Calvé.*

mille New-Yorkais. A la fin, ils l'avaient portée en triomphe sur un pavois !

Elle a saisi un livre sur sa table de chevet, et elle a montré le passage où, dans ses Mémoires — *Sous tous les ciels, j'ai chanté* [1] — parus à la fin de 1939, elle raconte cette scène inouïe.

Alors, Michel de Bry lui a proposé de lire cette page devant son micro tendu. Elle a hésité. Mais, la connaissant, il a su trouver le chemin de ce cœur inépuisable. Il a simplement expliqué : « J'ai l'intention de diffuser votre voix dans un futur spectacle au profit d'une œuvre de bienfaisance. »

C'étaient les mots qu'il fallait dire. Un sourire a remplacé le masque de souffrance. Elle a répondu : « Si vous croyez que je puis être encore utile à quelque chose, je ne veux pas y manquer. »

Son visage s'est transfiguré. Le métier a repris ses droits. La professionnelle du spectacle a pris le pas sur la malade qui va mourir. Elle a commencé à lire, d'une voix étonnamment claire — dont le léger tremblement devait plus à l'émotion qu'à l'âge —, cette page glorieuse de sa vie.

Art de la séduction, sens instinctif du ton juste, du *phrasé* qui met les mots en valeur, qui aurait pu soupçonner cette permanence, un instant avant, chez cette femme de quatre-vingt-quatre ans, ne paraissant plus rien attendre d'autre que l'heure de sa mort ? Une nouvelle fois la vie reprenait possession de ce corps à bout de souffrance.

Prise à son propre jeu, la voilà rejouant la scène vécue si intensément, vingt-six ans auparavant, au sommet de sa popularité : elle fredonne le refrain martial de *La Marseillaise*. Elle fait revivre, de son impeccable diction de tragédienne lyrique — habituée à faire entendre un mezza voce jusqu'aux cintres —, l'extraordinaire apothéose new-yorkaise.

Le corps souffrant obéit à la volonté de l'artiste, comme au temps où la fatigue devait céder à la performance, quand chaque soir il fallait « tout donner » sans se ménager pour le dernier acte.

---

1. Les souvenirs d'Emma Calvé rapportés ici sont extraits de ces Mémoires.

Ce fut bouleversant, y compris pour elle-même, voulant encore séduire à l'heure où l'on ne triche plus. Si bien qu'à la fin de l'enregistrement, la voix soudain se brise dans un sanglot lorsque arrivent les mots « Il était temps de partir... »

Ces mots-là, elle les avait écrits au soir du 10 juin 1916, après le plus grand triomphe de sa carrière. Par une de ces ironies dont le sort n'est jamais avare, ces mêmes mots la rattrapaient au bord de la tombe pour prendre une tout autre signification.

« Je suis à bout de forces »... A l'avant-dernier acte de sa vie, Carmen annonçait elle-même sa propre mort. Sans le truchement de l'« air des cartes », cette fois...

Emma Calvé venait de donner sa représentation d'adieux. Désormais, il n'y aurait plus jamais de rappels...

Ouverture

Où l'on voit l'héroïne chanter Carmen sur la scène du « Met » et mettre en un soir New York à genoux

« *CAPTURED by Calvé !* »
« *Calvé, great actress and singer* ». « *Calvé, the true Carmen* ».

Les titres claquent à la *une* des journaux new-yorkais en ce 21 décembre 1893, comme les coups de cymbales qui cravachent l'ouverture de *Carmen* et la lancent au grand galop. Le *New York Times*, le *New York Herald Tribune* rivalisent de superlatifs. Hier soir, au « Met » — le Metropolitan Opera House qui a rouvert ses portes[1] après un an de silence consécutif à un incendie qui a détruit de fond en comble le vieux théâtre —, une cantatrice française a mis le feu aux poudres. Le « Met » tout neuf, le nouveau temple lyrique qui a tant manqué aux amateurs dans une ville où les Italiens abondent, a connu une de ces soirées-passion dont on parle encore des années plus tard. Hier soir, c'est Carmen qui a joué au torero : elle a *estoqué* une salle souvent versatile, qui attend le chanteur comme le picador, au sortir du toril, attend le *toro*.

Carmen, ce n'était pourtant pas la première fois que l'Amérique l'entendait. Une voix américaine, celle de Minnie Hauk — qui la chantera cinq cents fois après avoir créé le rôle au Covent Garden de Londres — lui avait révélé la farouche gitane en 1879, à l'Academy of Music de New York. Cette

---

1. Grâce à la générosité des riches amateurs d'art lyrique de la ville qui ont participé au financement en échange d'une loge dont ils sont propriétaires.

Carmen-là parlait italien avec l'accent de New York ! (« *E se ti amo, trema per te !* »)

Zelda Trebelli avait repris le rôle pour la scène du « Met » en 1884, en lui donnant des intonations véristes comme on en prend du côté du San Carlo de Naples : cette Italienne chantait la version anglaise ! (« *And if I love thee, now beware !* »)

Puis la grande Lili Lehmann avait incarné Carmen, toujours au « Met », en 1885, avec l'accent prussien (« *Und wenn ich lieb', nimm dich in acht !* ») avant que Zambelli ne l'italianise à nouveau, en 1891, sur la même scène.

Finalement, il aura fallu attendre cette mémorable soirée du 20 décembre 1893 pour qu'une cantatrice donne, sur les bords de l'Hudson, à cette gitane espagnole son véritable accent, celui de France !... (« *Et si je t'aime, prends garde à toi !* »)

Pourtant, cette Carmen française, qui vient de mettre en un soir l'Amérique à ses genoux, New York faillit ne pas l'entendre. Il en a tenu à l'entêtement d'une cantatrice, qui jouait son avenir, face à ce Nouveau Monde où la gloire d'un soir vous consacre devant la terre entière, mais où un échec peut, tout aussi vite, vous renvoyer à jamais « à la trappe », aussitôt remplacée et oubliée.

Ici, se font et se défont les carrières sur un coup de dé ou un coup de cœur. Et la cantatrice savait ce qu'elle risquait en s'opposant d'emblée au diktat directorial du « Met ».

Un mois auparavant, Emma Calvé, venue pour la première fois de France, dans cette ville où *dieux* et *divas* du monde entier se donnaient rendez-vous, avait connu un premier triomphe en créant, en compagnie du ténor Fernando de Lucia et du baryton Ancona, la Santuzza de *Cavalleria rusticana*, dont elle avait été la créatrice en Italie avec les mêmes partenaires. Mais Maurice Grau, l'un des directeurs du Metropolitan Opera House — avec Henry E. Abbey et John B. Schoeffel —, savait que la véritable Calvé, ce serait dans le rôle de Carmen — dans lequel il l'avait entendue à Londres — que l'Amérique la découvrirait. Un rôle où la renommée la disait insurpassable et qui justifiait à lui seul sa venue sur une scène où alternaient Melba, Eames, Sembrich, Nordica (pour ne parler que des cantatrices), toutes étoiles de première grandeur.

C'est donc dans *Carmen* qu'on attendait la Française, ne serait-ce que pour vérifier si les imprésarios n'avaient pas abusé de superlatifs qui ne se justifiaient pas toujours. Cela s'était produit plus d'une fois ; la critique new-yorkaise s'était fait une spécialité de déboulonner les fausses idoles. Plus d'un (et plus d'une) l'avait appris à ses dépens...

Au début du mois de décembre, Emma Calvé fut convoquée dans le bureau directorial. C'est en patron que Grau posa ses conditions.

« Chère mademoiselle Calvé, il n'y a pas actuellement dans tout New York un seul ténor capable de chanter Don José en français. Nous allons donc monter *Carmen* en italien, car les ténors italiens — et des meilleurs — ce n'est pas ce qui manque. Comme vous parlez italien, je ne pense pas que ça pose de problème maj... »

Grau s'arrêta net. L' « œil noir » qui venait de le clouer sur place n'appartenait pas au *toro*, mais à la prima donna...

En retour, il eut immédiatement un aperçu des capacités vocales extra-scéniques de la Diva :

« Quoi !? Vous êtes devenu fou, Grau ! *Carmen* en italien ? Moi, une Française, traverser l'océan pour venir chanter le chef-d'œuvre de Bizet dans une langue étrangère ? On va crouler sous le ridicule. Pas question, je refuse ! »

Grau insista : « Je ne vois pas comment vous feriez autrement.

— Vous n'avez qu'à faire venir un ténor français.

— Je vous répète qu'il n'y en a pas, répliqua Grau, en haussant le ton. En revanche j'ai un Italien sous contrat. Vous le connaissez d'ailleurs, c'est... »

Emma l'interrompit : « Eh bien, dites-lui d'apprendre son rôle en français. Je ne vois pas pourquoi ce serait moi qui devrais faire l'effort de chanter dans sa langue, puisque *Carmen* est un opéra français. S'il veut chanter avec moi, il n'a qu'à s'y mettre. Je ne me ferai pas complice d'une haute

trahison. Avez-vous déjà lu les traductions ? C'est abomina-
ble... »

Sous l'averse, Grau tenta de se faire persuasif : « Je sais bien,
chère amie, mais comment faire sans ténor français ? Mettez-
vous à ma place...

— Je reste à la mienne, si vous le voulez bien », rétorqua
Emma, avant de porter sa botte :

« Écoutez-moi bien : si je chantais Bizet en italien à New
York, j'aurais l'impression de blasphémer. »

Elle s'était levée et, pour bien faire entendre ce qu'elle avait à
dire, elle martela le bureau directorial :

« Si vous avez perdu la tête, ne comptez pas sur moi pour me
faire la complice d'une folie. Il y a trop de scènes parlées. Et
puis, je n'ai pas envie d'entendre s'esclaffer l'amphithéâtre
quand il chantera " *la fior qué tou m'avais zetée* ". »

Maurice Grau tenta de raisonner la chanteuse :

« De toute façon, les deux tiers de la salle ne vont pas
comprendre un mot de ce que vous chanterez. C'est la musique
qui compte. »

Emma ricana :

« C'est une idée de commerçant, ça, mon cher Grau, pas une
idée d'artiste. Moi, je suis une artiste. C'est même pour cela que
vous m'avez fait venir. »

Elle ajouta avec une détermination farouche qui faisait briller
son regard sombre :

« Tous les dollars du monde ne me feront pas assassiner
Bizet. Dans ces conditions, je préfère résilier mon contrat. »

Elle venait de renoncer à trois cent mille francs-or. C'est la
somme qui figurait sur le contrat que l'imprésario américain
avait signé avec Emma Calvé en juillet 1893 pour la faire
« tourner » à travers l'Amérique, après qu'il l'eut entendue à
Londres.

Grau prit sa tête dans ses mains. En vingt-cinq ans de
carrière, il avait connu tous les caprices des divas, il avait arbitré
tous leurs conflits, il avait joué les diplomates pour apaiser les
jalousies, les cabales, les affrontements. Il avait essuyé toutes les
tempêtes et traversé bien des orages. En tergiversant, en

discutant pied à pied, voire en menaçant, en brandissant les contrats, on finissait toujours par trouver un arrangement dans l'intérêt du spectacle et de sa réussite. Après tout, n'était-ce pas le vœu le mieux partagé par ce monde de folie et de passion embarqué sur la même galère ? Mais cette fois, il avait affaire à un mur. A une tête aussi dure que les rochers qui couronnent les causses de son pays natal, l'Aveyron. Habituellement, c'était lui qui menaçait après avoir rappelé les termes du contrat. Là, c'était la prima donna elle-même qui se disait prête à y renoncer, non pour une question de « gros sous » ou de jalousie entre divas, mais pour une question d' « honneur artistique ». Il aurait tout entendu !...

Plongé dans ses réflexions, il écouta à peine ce qu'Emma lui dit tout à coup :

« Je vais vous en trouver un, moi, de ténor. Et qui chante Don José en français. »

Dans le regard accablé que Grau posa sur la Diva, se lisait à livre ouvert l'interrogation que sa bouche n'avait nul besoin de formuler. Calvé laissa tomber :

« Jean de Reszké. Il a déjà chanté le rôle... et il est à New York ! »

Grau blêmit. Soudain, il fut pris d'un de ces fous rires qui servent souvent à détendre une atmosphère devenue irrespirable.

« Sauf le respect que je vous dois, chère mademoiselle, permettez-moi de vous dire à mon tour que c'est vous qui perdez la tête. De Reszké ! Pourquoi pas Caruso, pendant que vous y êtes ! Ah, mais je suis bête : vous n'en voudriez pas, il chante en italien ! »

Reprenant son sérieux, le directeur du « Met » tenta de faire entendre à la Diva l'énormité de sa prétention :

« Emma, savez-vous bien de qui vous parlez ? Reszké est l'un des deux plus grands ténors du monde.

— Et alors ? répliqua la Diva, vous me jugez indigne de lui donner la réplique ?

— Ce n'est pas ce que j'essayais de vous faire entendre. Je pensais simplement que Don José n'est pas un rôle assez important, assez gratifiant pour un chanteur aussi considérable. De Reszké est un seigneur. Proposez-lui Faust, Roméo, Otello, si vous voulez, mais pas ce lâche pleurnichard Don José, il ne voudra jamais ! »

Jean de Reszké était alors l'idole du public américain, comme il avait été la coqueluche de Covent Garden et de l'Opéra de Paris. Beau, distingué jusqu'au raffinement, excellent musicien, « le plus parisien des chanteurs polonais » (il était né, comme son frère Édouard, à Varsovie en 1850) était la dernière incarnation du ténor romantique... bien qu'il ait commencé à chanter avec un timbre de baryton ! En Italie, où il avait débuté, il se faisait appeler — ça ne s'invente pas — Giovanni de Reschi. Il avait épinglé à son répertoire les rôles de Valentin (*Faust*), Don Giovanni, Fra Melitone (*La Force du destin*) et aurait pu faire une carrière de baryton-Verdi si un jour, dans le rôle de Figaro (*Le Barbier de Séville*), alors qu'il prenait quelque liberté avec la partition, selon un usage répandu, il n'avait lancé avec une déconcertante facilité un si bémol aigu qui avait stupéfié Paris et révélé le pot aux roses : de Reszké était un faux baryton, ou si l'on veut un « ténor contrarié » (le cas n'est pas unique). L'artiste eut le courage de quitter la scène pendant six ans (de 1874 à 1879) avec son professeur, Giovanni Sbriglia, pour y revenir avec un registre lui permettant d'aborder Robert le Diable, Jean (dans *Hérodiade* de Massenet), le Cid, Faust, Radamès, Raoul (des *Huguenots*). Dès lors, il vola de triomphe en triomphe, devenant l'idole absolue. Ses contemporains ne tarissent pas sur ses moyens exceptionnels (qui vont lui permettre bientôt de chanter sans dommage pour ses aigus *Siegfried* et *Tristan* et d'attendrir Cosima elle-même, intraitable sur la qualité germanique des timbres, veillant sur l'héritage wagnérien comme Fafner sur un tas d'or).

La couleur de sa voix prédispose de Reszké à incarner les amoureux de théâtre (en dépit d'une certaine froideur naturelle), surtout dans l'opéra français où son style, son phrasé, sa musicalité, son jeu scénique irréprochable sont sans égal.

A son intention, Gounod avait modifié le final du troisième acte de *Roméo*, écrivant pour lui *O, jour de deuil* qu'il chantait merveilleusement.

Massenet, l'entendant répéter, le supplia de créer le rôle-titre du *Cid*.

Il avait fait forte impression sur la critique dans la scène finale de *Paillasse*. « Je n'ai jamais rien vu de plus saisissant, écrivait Henri de Curzon, dans *La Nouvelle Revue*, que la façon dont il tirait lentement le rideau, au dénouement, sans geste, le regard fixe, en disant d'une voix de l'au-delà : " *E finita, la commedia !* " »

Bernard Shaw, voulant qualifier son style, avait trouvé la formule : « le Beau idéal ».

On l'appelle « le Caruso français », ce qui sur le plan vocal est une comparaison absurde, mais qui en dit long sur sa notoriété...

L'idole adulée, pour qui les Américains créeront une marque de cigarettes, est une espèce de géant superbe mais ombrageux réclamant des cachets à proportion de la conscience qu'il a de sa valeur. (Il a établi un record en obtenant quinze mille francs-or pour un soir !) Son train de vie est fastueux, sa table ouverte, et l'entretien d'une écurie de courses et d'un hôtel particulier sur les bords de la Seine occasionne quelques frais... Il aura bientôt un théâtre privé, à Paris, dans lequel il montera les ouvrages qui lui plaisent. Le ténor-gentilhomme ne transige jamais avec ce qui touche à sa gloire et on le verra un jour s'opposer à la publication d'enregistrements qui, juge-t-il, sont insuffisants à refléter son art.

Emma Calvé vient tout simplement de réclamer la lune (ou le soleil, comme on voudra) au directeur du « Met ». Pourtant, elle n'en démord pas.

« Vous avez répondu à la place de De Reszké avant même de lui avoir demandé son avis, remarque-t-elle.

— Parce que je le connais, réplique Grau.

— Eh bien, moi, je vais aller le trouver, et on verra ce qu'on verra !... »

Sur ces mots, elle quitta le bureau directorial, sans un regard.

Grau se prenait à regretter d'être allé jusqu'en Europe pour s'encombrer d'une pareille empoisonneuse... On l'avait prévenu : elle n'était pas facile à manier. Mais il ne pensait pas qu'aux impératifs matériels cette tête de mule allait opposer sa conscience d'artiste... son nationalisme musical...

Et le temps passe quand il faudrait que tout soit déjà en place !

En cette dernière décennie du XIXe siècle, New York est plus que jamais, sur le plan artistique, une nouvelle Babel. La jeune nation américaine commence à former ses propres étoiles lyriques — Emma Albani, Lilian Nordica, Sybil Sanderson sont là pour l'attester —, mais elle a encore besoin d'aller puiser dans le vivier européen, d'autant plus que le public vient lui aussi d'Europe et il prétend attirer à lui les gloires des scènes lyriques française et italienne pour en profiter « en direct ». Les grandes vedettes du théâtre, de l'art lyrique et de la danse, sont ainsi « razziées » à coups de contrats mirifiques et se produisent régulièrement en tournées à travers les États-Unis. A Chicago ou à Boston, Sarah Bernhardt est aussi célèbre qu'à Paris.

La population cosmopolite de New York, tête de pont de l'immigration, est capable de remplir n'importe quelle salle de spectacle, quel que soit l'idiome employé. Ainsi, en cette fin d'année 1893, le grand Coquelin se trouve-t-il à la tête d'une troupe de comédiens français, pour y jouer les classiques. (Il reviendra dans cinq ans créer *Cyrano*...) Emma Calvé est très liée avec l'illustre comédien, et celui-ci est au mieux avec le grand de Reszké. En compagnie d'Édouard, le frère du ténor, lui-même baryton renommé, ils forment un trio de choc qui prend la vie par le bon bout et se retrouve volontiers autour d'une table bien arrosée.

Emma n'hésite pas : elle réclame l'aide de Coquelin pour jouer les diplomates auprès du ténor. Le comédien a compris l'importance de sa mission. C'est presque une affaire de « pays ». Vus de New York, le Rouergue et la Gascogne sont voisins.

Quels arguments Coquelin a-t-il avancés devant le chanteur ami ? On ne sait. Mais il n'a pas dû plaider longtemps. De Reszké a entendu les échos des triomphes européens de la cantatrice. Il sait que Carmen est considérée comme sa meilleure création. En outre, on peut faire confiance à Coquelin pour avoir su vanter auprès du ténor la beauté de sa future partenaire. De Reszké n'est certainement pas insensible à l'argument, lui, le grand « collectionneur »... Plus tard, on découvrira dans la correspondance d'Emma Calvé avec le ténor une lettre où il fait allusion à des relations extra-théâtrales. Plaisanterie de « camarade de scène » ou réalité d'une aventure amoureuse ? Emma restera muette sur cette question.

Ce qui importe, pour l'instant, c'est que l'illustre chanteur accepte de plier sa grande voix au « petit » rôle. Il chantera Don José aux côtés de Calvé. C'est avec un bulletin de victoire que Coquelin rejoint « la petite ». Emma triomphe. Grau ne peut plus rien lui refuser.

Pour être juste, le directeur du « Met » n'a pas lésiné sur les moyens d'assurer le succès de l'entreprise. De Reszké, qui a chanté le rôle l'année précédente à Covent Garden, est prêt. Les répétitions vont bon train.

Jean Lassalle incarne Escamillo. De l'avis des connaisseurs, l'un des meilleurs barytons français de la fin du siècle. Si Jean-Baptiste Faure (le créateur de Méphisto) n'avait pas fait de la plus grande scène lyrique française sa chasse gardée, nul doute que Lassalle n'aurait pas dû patienter jusqu'en 1878 pour tenir le premier rôle à l'Opéra de Paris.

Lassalle est décrit comme un homme « solide, fort, grand et beau ». Malheureusement, il a autant de jeu de scène qu'un candélabre ; mais il compense l'absence de moyens scéniques par la somptuosité d'un timbre qui le prédispose aux rôles solennels et majestueux — rois et pontifes — lui permettant d'étaler sa splendeur vocale. Ce Lyonnais, qui avait créé *Le Roi de Lahore* de Massenet, s'était fait une spécialité du rôle de Guillaume Tell et de celui de Nelusko dans *L'Africaine*. Saint-Saëns, qui l'admire, lui a confié la création du rôle du Grand Prêtre de *Samson*. Il est en outre un inséparable compagnon de De Reszké — un de plus !...

Emma est en bonne compagnie. Le *french trio* est de première qualité. Et Emma Eames — la seule Américaine du plateau — qui complète la distribution, ne le dépare pas. Après avoir incarné Tosca, Sieglinde, Aïda ou Elsa, elle a accepté de glisser sa voix ample et ronde aux aigus triomphants, et son physique impressionnant, dans le rôle — Micaela — le plus falot du répertoire (avec le Siebel de *Faust*). C'est un vrai miracle !

La brassée de journaux que vient d'apporter la femme de chambre de cet hôtel dominant Central Park de ses treize étages a glissé — depuis le lit où la Diva se remet de sa fatigue et de ses émotions — sur le parquet de bois. Elle se répand sur le sol, comme les bouquets, hier soir, tombaient en pluie parfumée aux pieds de Carmen. Les titres prouvent à Calvé la réalité de son triomphe. C'est bien elle que le Tout-New York en habit de fête ovationnait sans fin comme une *prima donna assoluta* capable de tout chanter et de soulever les foules à chaque prestation.

Seuls quelques traditionalistes, bousculés dans leurs habitudes, ont trouvé que la fougue de cette gitane dépassait le bon goût et la bienséance. Dans la scène ultime, elle s'est jetée avec une telle fureur sur son partenaire qu'on a pu se demander un instant si ce n'était pas Carmen qui allait poignarder Don José ! Mais, à ces quelques réserves près, provenant de grincheux professionnels habitués à écouter des chanteurs venus là pour faire un « numéro » à l'avant-scène, la louange est unanime. Pour cette Carmen-là, tout New York a eu, hier soir, les yeux de José (ceux du premier acte, naturellement). « Seuls ceux qui ont vécu à Madrid, écrit le critique du *New York Herald Tribune*, peuvent apprécier la fidélité de la Carmen de Calvé. Tout New York était au Metropolitan Opera House la nuit dernière, car la réputation de l'artiste dans ce rôle particulier l'avait précédée. Chacun s'était préparé à une soirée sensationnelle et personne, je le crois, n'aura quitté le théâtre avec un sentiment de dépit. De sa première entrée sur scène jusqu'au duo final, qui fut joué avec plus de fougue que d'habitude, le public fut positivement ensorcelé. Non seulement Calvé a joué l'héroïne de Mérimée en typant le personnage d'une façon jamais vue encore sur une scène, mais elle a paru stimuler ses partenaires, si bien que tout fut beau et parfait.

Quant au jeu de la cantatrice, il a fait, lui aussi, sensation :

« Mlle Calvé incarne, chante et joue Carmen comme aucune autre de celles qui l'ont précédée dans ce rôle… Elle fait son entrée au milieu des cigarières, vêtue comme la plus misérable des femmes. Nous n'avons jamais vu une chose aussi pittoresque, ni aussi authentique. »

Emma, qui se fait traduire les articles, boit du petit-lait. S'il était présent, elle embrasserait le critique ! En voilà un qui a tout compris. Bien mieux que Maurice Grau, avec qui — à peine la question de la distribution réglée — elle est à nouveau entrée en conflit.

Le directeur du « Met » a voulu faire de cette reprise de *Carmen*, avec Calvé le clou de la saison lyrique de New York. Rien ne sera trop beau, et puisque le grand de Reszké a bien voulu les rejoindre, on va soigner la présentation. L'illustre ténor a donné l'exemple : pour incarner le brigadier, il s'est acheté des bottes de chef d'escadron qu'il va cirer minutieusement durant le premier acte, en attendant *L'amour est enfant de Bohème*, et son uniforme ressemble à celui d'un général mexicain. Selon l'usage, chaque artiste possède sa propre garde-robe, confectionnée selon son goût. Voici un mois, pour la création de *Cavalleria*, Emma — qui a remporté un triomphe personnel sur le plan de l'interprétation vocale — en a surpris plus d'un en apparaissant toute vêtue de noir, à la manière des paysannes du Mezzogiorno. Des critiques ont grincé. Le « Met » les avait habitués à plus de somptuosité. Ce costume de pauvresse faisait mauvais effet, il était d'une intolérable tristesse.

Grau est devenu méfiant face aux lubies de sa vedette féminine. Il ne faudrait pas qu'elle refasse pour *Carmen* le coup de *Cavalleria*. L'air de rien, il a demandé : « Qu'avez-vous prévu pour le premier acte ? » Emma a éludé : « Un châle… et puis une robe… vous verrez bien. »

Grau est inquiet. Il parle de tradition. « Je vous rappelle que Galli-Marié, qui a créé le rôle du vivant de Bizet, portait une courte robe de satin jaune avec des franges de soie au bas, un boléro de velours noir et un chapeau aux bords ornés de franges.

— Ce devait être pratique pour rouler les feuilles de tabac », ironise Emma.

Grau ne relève pas. « Je vous demande de vous conformer aux usages de la maison. Je veux que ce spectacle soit somptueux. »

Piquée au vif, Emma sort les griffes :

« Et moi, cher monsieur Grau, je veux chanter et jouer l'un des plus grands rôles d'opéra jamais écrits. Et je n'entends pas faire cela déguisée en gitane d'opérette. Carmen est une bohémienne, employée à la manufacture de tabac pour un salaire de misère. Par conséquent, elle ne peut s'offrir ni la soie ni le brocart d'une danseuse de revue. La déguiser serait aller contre la vérité du personnage et moi j'incarne un personnage dans toute sa vérité : vocale et scénique.

— Vous me montrerez votre costume », a dit Grau.

Emma n'a pas répondu. Le soir de la générale, prétextant des retouches importantes à ses robes de scène endommagées durant la traversée, elle a été la seule à chanter « en civil ».

Si bien que le soir de la première, la surprise fut complète. Grau crut d'abord que Carmen avait raté son entrée. Dans le chœur des cigarières aux costumes chamarrés, qui sortaient de la manufacture dans une joyeuse pagaille savamment ordonnée, il ne distinguait pas sa vedette.

Mais quand s'éleva la fameuse phrase d'entrée de Carmen...

Quand je vous aimerai ?
Ma foi, je ne sais pas !
Peut-être jamais, peut-être demain,
Mais pas aujourd'hui, c'est certain !

... et qu'un frisson passa sur la salle, il fut frappé de stupeur. Pas tant que de Reszké, assis en cavalier sur sa chaise et qui cirait ses bottes somptueuses la bouche ouverte sur sa stupéfaction : « sa » Carmen était vêtue comme une fille des rues d'un châle effrangé et d'une robe simplette presque sans couleur. La dernière des choristes aurait été déshonorée de porter sur la scène du « Met » pareils oripeaux !

Mais quelques instants plus tard, alors que s'élevait la mélodie de la *Habanera*, la question du costume était devenue secondaire. Calvé avait déjà envoûté le « Met ».

« Ce qu'elle a composé dans ce passage célèbre, écrit le *Herald Tribune,* ce refus de vulgarité, s'est poursuivi toute la soirée. Quelle danse remarquable dans la taverne ! Pas de simagrées ni de grands airs, mais quelle séduction ! » La voix de la cantatrice a déployé ses sortilèges : « Il y a comme de la panthère dans la voix de cette femme, poursuit le critique new-yorkais. Elle n'hésitait pas pour exprimer son sentiment à prendre des libertés avec le tempo et le rythme. Seul un métronome pourrait le lui reprocher, mais les effets qu'elle obtient sont positivement tragiques. De l'orchestre au pinacle, les applaudissements enthousiastes éclataient comme jamais dans toute la saison. »

Un de ses confrères renchérit : « La Carmen de Calvé est séduisante au possible. Elle a de l'allure, du pittoresque, elle joue avec intensité et passion, et son jeu grandit en force et intensité à chaque acte jusqu'à l'ultime scène où un climat soigneusement préparé crée l'émotion avec les seuls sortilèges de l'Art... Mais surtout elle chante admirablement. »

Les témoins de cette soirée l'ont qualifiée d' « événement historique ». Il semble qu'avant Calvé, personne n'ait incarné aussi complètement l'héroïne de Mérimée et Bizet. Tous ont été subjugués par la « longueur » de cette voix, par son timbre exceptionnel, par son unité. Elle passe du registre de poitrine à la voix de tête sans hiatus, elle est parfaitement homogène. C'est le grand soprano dramatique à la voix douce et sonore à la fois, qui sait se faire enjôleuse pour passer brusquement au « métal » éclatant. Elle la conduit avec une habileté diabolique. L'aigu est facile, qui lui permet de grimper en voix de poitrine jusqu'au contre-fa quand le rôle l'exige — et de poursuivre jusqu'au contre-la avec un timbre de *coloratur,* mais elle possède — et elle vient de le prouver dans l' « air des cartes » — des graves « ronds », cuivrés et sonores qui l'apparentent par moments au contralto. Sa puissance d'émission lui permet de dominer tous les éclats de l'orchestre et de remplir le plus vaste vaisseau, pour se réduire l'instant suivant dans le pianissimo le plus délicat.

Calvé, qui savait que sa carrière internationale se jouait ce soir-là, s'est préparée comme jamais. Elle n'a rien laissé au hasard. Son entrée en scène a été une véritable apparition. A trente-cinq ans, elle est belle à couper le souffle ! Elle n'a nul besoin du clinquant d'un costume pour se mettre en valeur. Elle est dans la plénitude de son art comme de sa beauté. Sa démarche, son port de tête, la sensualité naturelle qui émane d'elle créent d'emblée un choc. Elle se déplace avec un sens inné de l'attitude. Et l' « œil noir qui regarde » ne doit rien à la convention du livret. L'iris est sombre et brille d'un éclat de métal quand la passion l'anime. Elle est grande pour l'époque (près d'un mètre soixante-dix), la taille marquée accentuant ses formes généreuses, et au-dessus d'un buste imposant, elle porte fièrement l'ovale parfait d'un visage au grand front qui souligne le caractère volontaire, dont le teint délicat semble restituer la lumière des projecteurs et irradier leur éclat. Il contraste avec une masse de cheveux noirs aux reflets bleutés, brillants et soyeux, qu'elle avait laissés flotter librement sous le châle, au premier acte, et arrangés en bandeaux « à la vierge » au quatrième. Le dessin de la bouche est souvent éclairé d'un sourire moqueur dont elle joue en virtuose. Sa prestance est superbe et Calvé adopte spontanément les gestes naturels qui soulignent le chant et renforcent l'expression. Ce visage de madone peut, lorsque la situation l'exige, se métamorphoser de façon saisissante et se déformer de colère et de rage, tandis que la voix, l'instant d'avant si mélodieuse, se charge brusquement de raucités impressionnantes. Ses moyens vocaux lui permettent de ne pas céder au défaut du temps, à savoir de ne pas surcharger d'ornements intempestifs la ligne mélodique. Elle « phrase » avec une évidente simplicité. Privilège des grands.

Elle a eu, au moment du duo final, quand Don José l'a poignardée, un geste qui a bouleversé l'assistance. Ce geste, « d'une déchirante féminité », a été souligné. Mourante, elle a, dans un suprême désir de plaire, spontanément remis de l'ordre à son costume bousculé, comme si, devant la mort, Carmen refusait de paraître en tenue négligée.

Il faut dire que pour le dernier acte, précisément, Grau a doublement retrouvé son sourire. Non seulement parce que la recette a dépassé les dix mille dollars, et que le triomphe est désormais assuré, si l'on en croit les vivats interminables qui ont accompagné les entractes, mais aussi parce que la maîtresse d'Escamillo a voulu faire honneur à son illustre amant. Calvé a revêtu une robe safran qui ensoleille la scène, orné d'une rose rouge sang ses cheveux noirs et elle porte un châle de soie rouge. Lassalle n'est pas en reste qui porte un habit de lumière authentique ayant appartenu au célèbre matador Mazzantini !

Le metteur en scène a voulu être à la hauteur de l'événement : il a emprunté à un cirque voisin deux chevaux qui ont fait traverser la scène à un carrosse où Carmen et Escamillo avaient pris place, entourés de six picadors à cheval, tandis que la foule bigarrée criait des « olé ! » enthousiastes.

Les rappels n'en finissaient pas. Emma a regagné sa loge tandis qu'une poignée d'irréductibles, poussés vers la sortie, continuent à s'écorcher la peau des mains. Coquelin a rejoint les amis qui congratulent la Diva. Emma se jette dans ses bras. Ils s'étreignent avec de grands rires. « Vous avez tout le public à vos pieds, Emma, s'écrie-t-il de sa voix sonore, et je suis avec lui. »

Calvé, ivre d'émotion, partagée entre rires et larmes, lui dit :

« Puisque vous, vous êtes content, que m'importe l'opinion du monde ! »

Le grand acteur prend un ton professoral :

« Ne dites pas ça, petite fille. Souvenez-vous de Voltaire : " Il y a quelqu'un qui a plus d'esprit que Voltaire, disait-il, c'est M. Tout-le-Monde. " Ces milliers d'inconnus qui vous criaient tout à l'heure " on t'aime, Emma " dans toutes les langues, ce sont eux les vrais connaisseurs. On ne trompe pas trois mille personnes à la fois. »

Dans le *New York Times* du lendemain, on peut lire ceci : « Mme Calvé nous a appris qui était Carmen. »

Des dépêches sont déjà parties vers la France, vers *lo païs* où les êtres chers attendent anxieusement des nouvelles de « la petite », de cette Aveyronnaise partie de son Rouergue natal pour mettre, d'un coup d'éventail, l'Amérique à genoux.

Jamais elle ne s'est trouvée aussi éloignée de ses montagnes, de ses causses mélancoliques couronnés de rochers aux formes bizarres, de « son cher pays d'Aveyron ». Mais elle pense à lui dans sa loge du « Met ». Un jour, elle écrira dans ses Mémoires : « Ah ! dût-on me conduire les yeux bandés, sur n'importe quel sommet, que je le reconnaîtrais à son air sec, vivifiant, imprégné de senteurs de thym, de lavande et d'hysope. Chère petite patrie que les plus beaux pays du monde n'ont jamais pu me faire oublier... »

1

Où l'on voit l'héroïne
grandir sur le causse du Larzac
auprès de Finou la servante
dans l'ostal de tantoune Caylet

« EMMANOTO, mais qu'est-ce que tu fais là ma *fantoune* ?
Oh, Seigneur Jésus ! *Soun pas que de peires !* (Ce ne
sont que des pierres !) »

Elle n'en revient pas, la brave Finou. Emma, assise dans
l'herbe rase, fait face à un groupe de rochers aux formes
biscornues qu'elle a habillés de tous les oripeaux dénichés au
grenier de l'*ostal* de la tante Caylet. Sérieuse comme un pape,
elle joue tous les rôles, imite toutes les voix : celle, belle et
sonore, du preux chevalier, celle, aigre et fausse, du traître
félon, et celle, douce et caressante, de la belle princesse dont elle
a inventé l'histoire mouvementée. « Elle fait encore son théâtre », comme dit Finou. L'imagination de cette enfant, qu'elle a
vue pratiquement naître, inquiète un peu la brave servante.
Elle, qui ne voit pas plus loin que le bout recourbé de ses
sabots, se demande s'il n'y a pas là quelque intervention
diabolique d'une *fadarelle*, un de ces esprits malfaisants qui
hantent le causse du Larzac quand tombe la nuit. On les chasse
en jetant dans le feu de l'eau, du sel et du pain. C'est pas normal,
ça : au lieu de jouer comme les autres petites filles du village
avec ses *pétassounes* (ses poupées de chiffon), Rosa-Emma
passe des heures à déguiser les rochers aux formes vaguement
anthropomorphiques qui se dressent à quelques centaines de
mètres de la maison Caylet en êtres légendaires auxquels son
imagination insuffle la vie. Elle invente pour eux des histoires
terribles de dragons, de sorcières, et le vent qui passe sur le

causse semble donner vie aux créatures de pierre et de chiffon.

« Allez, *zou !* la nuit va bientôt tomber et la soupe sera toute refroidie, il faut rentrer, *Emmanoto.* »

A regret, Rosa-Emma met sa petite main dans la paume calleuse de la vieille servante et, après avoir dit au revoir aux chevaliers et aux princesses, toutes deux, la jeune et la vieille, prennent le chemin de l'*ostal* où la *tantoune*, debout sur le seuil, guette leur arrivée, un bon sourire aux lèvres.

Finou adore son *Emmanoto* et la gosse le lui rend bien. C'est comme une autre maman. Une maman de rechange, prête à toutes les indulgences, pour le temps des vacances que Rosa-Emma passe à Labastide-Pradines dès qu'elle quitte le couvent de Saint-Affrique où elle est pensionnaire.

Labastide-Pradines est un petit village accroché au flanc ouest du causse du Larzac, en balcon sur la vallée du Cernon, cette rivière qui descend du pic de Cougouille et dont les eaux chantent toutes seules, là-bas, tout en bas, bondissant de pierre en pierre, tandis qu'elles dégringolent vers Saint-Rome où le Cernon va rejoindre le Tarn. Au passage, il salue Roquefort-sur-Soulzon, plaqué contre les rochers du Cambalou, truffés de caves où mûrit un fromage qui est connu bien au-delà des frontières de l'Aveyron (il paraît qu'ils en mangent même à Paris !).

C'est la providence qui s'est chargée de cette naissance miraculeuse où se combinent le savoir-faire de l'homme et le travail de la nature. A partir du lait des petites brebis de race Lacaune, les paysans fabriquent un fromage qu'il suffit de déposer dans les caves naturelles que le bon Dieu a placées à proximité, réglant température et hygrométrie constantes, assorties d'un courant d'air « fait exprès », pour voir se développer une pourriture noble qui donne au roquefort son incomparable saveur. Ici, toutes les fermes fournissent le lait aux fromagers de Roquefort-sur-Soulzon. La tante Caylet ne fait pas exception. Le lait de ses brebis s'en va vers les fromageries, grossir les milliers de petites rivières de lait qui y convergent. Souvent, Rosa-Emma fait le voyage avec les bidons pour aller voir les *cabanières,* ces femmes qui s'occupent à la fabrication des tommes. Mais ce n'est pas pour le fromage qu'elle va à Roquefort : c'est pour écouter les *cabanières* chanter leurs si belles chansons traditionnelles, en patois. Elle reste là des heures, silencieuse, admirative. Il faut presque la ramener de force à Labastide.

Tandis que Finou et Emma s'approchent de l'*ostal*, Rosa-Emma demande : « Tu crois que la *tantoune* aura fait de la *sanquette* ? On a tué le cochon ce matin. » La fillette adore cette omelette que l'on fait par ici avec du sang de porc frais. « Mon petit doigt m'a dit que oui, répond Finou. Et moi, j'ai fait une crème... tu m'en diras des nouvelles ! »

Comme beaucoup de servantes, Finou, probablement orpheline — plus sûrement fille naturelle —, a été « placée » toute jeune chez la tante Caylet. Dans le Rouergue, on dit : « *s'es dounade* » (elle s'est donnée). Elle n'a pas de gages. Elle est logée, nourrie, habillée. En échange de quoi elle est la seule vraie bête de somme de l'*ostal*. Mais il ne lui viendrait pas à l'idée de se plaindre. Dévouée jusqu'au sacrifice, elle connaît une forme de bonheur. Levée la première à cinq heures, elle est diligente comme une abeille : c'est elle qui pétrit le pain, fait la lessive, prépare la soupe et houspille les valets. Éternellement vêtue de sa longue et ample robe de laine grossière, protégée par un vaste tablier tombant jusque sur ses sabots, elle porte un corsage sous son fichu en pointe — *lou moucadou* — qui couvre les épaules, et ses cheveux dépassent à peine de son bonnet serré, toujours impeccable de blancheur.

Elle fait partie de la maison, au point que la *tantoune* Caylet, la tante d'Emma, sa patronne, ne ferait rien sans sa Finou. Elle lui pardonne même ses lubies. Car, si elle est sans malice, Finou, elle a des principes. Végétarienne, par compassion pour les bêtes qui sont des créatures de Dieu, elle s'enfuit quand on tue le poulet du dimanche en criant « qu'elle ne veut pas manger de cadavres », et au moment de la vente annuelle des agneaux, elle va cacher ses préférés dans une grange abandonnée jusqu'à ce qu'ils soient devenus assez gaillards. Ce jour-là, elle retourne à la ferme entourée d'une troupe bêlante, la tête basse, ayant puisé le courage d'affronter la colère de la patronne. Aux reproches de Mme Caylet elle répond invariablement : « Je sais bien qu'on les mangera un jour, mais en attendant, ils ont eu un peu de bon temps... »

Ici, Rosa-Emma est heureuse. Elle a deux mamans en plus de la vraie : Finou et la *tantoune* Caylet. Mme Caylet est la sœur aînée de Justin Calvet, son père. Un père singulièrement absent, toujours par monts et par vaux pour son travail. Il paraît que c'est lui qui a construit le chemin de fer sur lequel roule la *Bestio Nero*, cette locomotive crachant sa fumée comme un dragon, que l'on dirait tout droit sortie de la bouche de l'enfer quand elle surgit à l'improviste d'un de ces innombrables tunnels qui lui permettent de franchir causses et monts, de se glisser dans les combes, de longer les rivières et de resurgir plus loin en se faufilant sous la terre ! Certaines vieilles paysannes se signent lorsqu'elles la voient passer rugissante, comme si elles voyaient Guffet, l'adjoint de Lucifer, en personne.

En fait, a-t-on expliqué à la fillette, il n'a pas fabriqué la *Bestio Nero*, le papa de Rosa-Emma, mais il a contribué à la construction de la voie, car Justin Calvet est entrepreneur spécialisé dans le boisage des galeries de mines. On a fait appel à lui pour boiser les tunnels. Il est né ici, à Labastide-Pradines, en 1824, Justin, mais il n'a pas voulu « faire le paysan ». Il n'y avait pas assez de terre pour tous les fils de ce Calvet qui avait été soldat de la Grande Armée (Rosa-Emma a cru entendre « officier »). Alors, Justin est parti. Comme il est courageux, il a réussi. Il a monté sa propre entreprise. Mais, du coup, il n'est jamais là. Toujours sur les chantiers. A cause de lui, Rosa-Emma n'est pas née ici, sur le causse du Larzac, dans la maison familiale, mais à Decazeville, au nord-est de l'Aveyron, en 1858. Justin, à cette époque, travaillait, pour le compte de la Compagnie des forges et houillères, à boiser les galeries afin qu'elles ne continuent pas à s'écrouler sur les malheureux mineurs.

Un pays à part, Decazeville. Comme un chancre monstrueux sur la face pastorale de l'Aveyron. La terre est dure dans le Rouergue. Mais comparée à l'enfer de Decazeville, la vie sur le Larzac ou les plateaux d'Aubrac est un paradis. Le reste du *païs* tient le bassin à distance, comme si l'on se méfiait de la contagion. Après tout, ici aussi, naguère, la terre avait visage humain. Et puis une ville a surgi du néant par la volonté d'un seul homme : Éric Decazes, duc de Glücksberg, ancien Premier ministre de Louis XVIII. En 1828, il a fait pousser une cité minière sur le modèle des villes industrielles anglaises pour exploiter le charbon et le fer qui affleuraient à même le sol. Autrefois, les paysans n'avaient qu'à creuser dans leurs caves pour en ramener leur combustible pour l'hiver. Aujourd'hui, s'élèvent dans le ciel rouergat les silhouettes des hauts fourneaux et des cheminées crevant l'azur de leurs masses hideuses, crachant épais jusqu'à voiler le soleil. Dans le reste de l'Aveyron, quand on dit « le bassin », on sait ce que cache le mot : un pays à jamais souillé de déjections, un pays noir qui semble tombé d'une autre planète dans la lumière méditerranéenne. Sa tristesse frappe le visiteur, des cratères géants rongent la montagne éventrée dont les entrailles noires dégorgent en permanence le charbon qui va nourrir le Moloch des hauts fourneaux importés d'Angleterre, construits par le polytechnicien Cabrol. Les fumées chargées de dioxyde de soufre et d'ammoniac retombent en pluies acides. Elles ont grillé le vignoble de Marcillac.

Au pied des forges s'alignent les baraques et les casernes, longues files de maisons jointives et identiques, qui achèvent de donner au pays son aspect désolant. Dans ces gîtes de pauvres s'entasse un sous-prolétariat d'immigrés qui a cru que la misère serait moins pénible au soleil : Piémontais, Russes, Anglais, Espagnols, des mineurs exploités douze heures par jour, aux poumons brûlés, qui travaillent sans ventilation, un tuyau de cuir relié à l'air libre, serré entre les dents.

Les paysans se méfient de ces hommes au teint chlorotique, à la marmaille rachitique, dont l'état de santé général leur vaudra de figurer, en 1854, parmi les dernières victimes d'une épidémie de choléra, en France.

C'est dans ce pays qui semble avoir été oublié par le bon Dieu que Justin, qui travaillait au boisage de la mine d'Aubin, a rencontré Léonie-Adèle Astorg, une robuste Rouergate à l'air franc et ouvert, fille d'un de ces paysans-ouvriers qui partagent leur temps en travaux agricoles et en tâches temporaires à l'usine. Elle lui plaît bien Léonie, à Justin. Il va bientôt la demander en mariage au papa Astorg, pas fâché de caser sa fille à un entrepreneur, signe d'ascension sociale. La cérémonie est célébrée à Decazeville le 16 juillet 1856.

Deux ans plus tard, dans la maison de la rue Cantagrel (« Chante-Grillon », au nom prédestiné !), le 15 août à « midi tapant », leur naît une fille qui annonce d'une voix de stentor sa venue au monde. En dépit du calendrier, elle ne sera pas prénommée Marie mais Rosa-Emma. Rosa-Emma Calvet. « C'est une gaillarde, affirme Mme Astorg, la grand-mère maternelle. Et quels poumons ! Entendez-la crier. »

Par bonheur pour la santé de l'enfant, son entrepreneur de père est appelé bientôt sur un autre chantier. En novembre 1858, le trio — Papa-Maman-Rosa — part pour le Pays basque espagnol. Adieu sans regrets à l'air méphitique de Decazeville ! Le chemin de fer Paris-Bordeaux se prolonge vers l'Espagne. Il y a du travail pour cinq ans au moins. Si bien qu'avec le mélange franco-rouergat que l'on parle en famille, la première langue « officielle » qu'a parlée Rosa-Emma fut probablement l'espagnol.

Elle confiera plus tard à ses Mémoires qu'à son retour en France « elle baragouinait un tel mélange de basque, d'espagnol, de français, agrémenté de patois, qu'il fallut, avant de l'envoyer à l'école, lui réapprendre à parler la langue maternelle », ce dont se serait chargée une vieille amie de la famille, en lisant à l'enfant les *Contes* de Perrault, les *Voyages de Gulliver,* les *Fables* de La Fontaine, livres qui ne furent pas étrangers à l'éveil de l'imagination de la fillette.

Léonie chante à longueur de journée, d'une voix juste et bien timbrée, de vieilles romances, des chants de travail, de fête, de deuil, des berceuses sentimentales de 1830 ou les chants martiaux de la conquête coloniale, aussi bien que des bluettes ou des bourrées. *Combien j'ai douce souvenance, L'Invalide à la jambe de bois, Le Roi Renaud, La Casquette du Père Bugeaud,* ou *La Breizarola,* c'est une véritable histoire de France de la chanson qu'écoute la fillette en chantant avec sa maman. Une façon de se « parler du *païs* ».

Dès l'âge de trois ans, Rosa-Emma s'est mise à gazouiller avec tant de justesse qu'elle étonne tous ceux qui l'écoutent.

Les paroles sont approximatives, quand elles ne sont pas inventées par une tête à qui l'imagination ne fera jamais défaut, mais l'air est là. Rosa-Emma ne sait pas encore qu'elle engrange pour plus tard le programme de certains de ses récitals, quand elle fera connaître ces chants du Rouergue au monde entier.

Qui, de Léonie ou d'Emma, raconte des histoires à l'autre ? Les deux sans doute, car « les chiens ne font pas des chats » Elles se ressemblent sur le plan de l'esprit romanesque. Cette complicité les jettera un jour, ensemble, dans la plus folle des aventures, pour la réussite de laquelle elles braveront tous les interdits.

Le retour en France de la famille Calvet se fait par Montpellier, où Justin a pris en charge un nouveau chantier. C'est là que naît, en 1865, Paul-Justin, le second enfant. Il ne vivra que dix ans. Ce n'est pas assez pour qu'Emma se soit souvenue de lui dans ses Mémoires. Seuls ceux qui savaient comprenaient, des années plus tard, ce que venait faire cette belle dame richement vêtue et coiffée d'une vaste capeline, quand elle fleurissait une petite tombe du cimetière de Roquefort-sur-Soulzon... Dans ses souvenirs, la cantatrice ne mentionnera jamais qu'un seul frère, Adolphe, né en 1868. Il restera sa vie durant très lié avec sa grande (et célèbre) sœur.

Ses errances continuelles ont contraint Justin Calvet à demander l'aide de sa famille. Dès 1868, les parents avaient pris l'habitude de confier Rosa-Emma à la *tantoune* Caylet, la sœur aînée de Justin, qui habite la maison du grand-père à Labastide-Pradines. Dans l'*ostal*, traîne le portrait de l'aïeul, décoré à Wagram. Mme Caylet, qui est veuve, exploite les terres familiales avec un de ses fils, maire de Labastide. Elle est très belle, la *tantoune*. Si belle que lorsqu'elle était jeune, rapporte Emma, on disait d'elle « *esclairo lo païs* » (« elle éclaire le pays »). Elle a recueilli Rosa-Emma comme sa propre fille et s'efforce de pallier l'absence des parents, partis dans la région turinoise, où le père Calvet a pour deux ans de travail (1866-1868) sur la *ferrovia*.

Grâce à la sollicitude de sa tante, ce coin du Larzac va lui offrir de quoi accumuler des souvenirs pour toute une vie.

Ce paradis, la fillette, qui va sur ses douze ans, le retrouve aux vacances scolaires. Ici, elle oublie les dortoirs glacés des différents couvents de Millau, Tournemire, Saint-Affrique où elle sera pensionnaire, les salles de classe sans joie, les moments de cafard où l'on se sent orphelin. L'éducation des filles du Rouergue est confiée à d'austères religieuses chargées de les préparer au sort qui les attend : devenir une poulinière servile, donnant chaque année son enfant comme un pommier ses pommes, point trop instruite parce que c'est non seulement inutile mais dangereux, et au service exclusif de son futur seigneur et maître.

A Labastide, Rosa-Emma fait l'apprentissage de la liberté. Elle ouvre les yeux et les oreilles sur le monde et ses merveilles. Elle y retrouve, au bout du tunnel de la semaine, sa vraie famille : celle du cœur, la *tantoune*, la brave Finou et surtout Blaise le berger qui sait le nom des fleurs et des sources, des bois et des rochers, des nuages et des vents, et qui connaît de si belles histoires venues du fond des âges.

La maison — l'*ostal* — est celle d'un *pagès*, d'un propriétaire qui, sans être riche, connaît une certaine aisance le distinguant des *paourès* (des pauvres), dans ce pays rude où la misère abonde, et où même ceux qui « ont de quoi » se contentent de soupe, de lard et de châtaignes sèches d'un bout de l'année à l'autre.

Le grand-père avait eu huit enfants — dont la tante Caylet et Justin — et personne n'avait jamais « manqué ». L'*ostal* lui-même reflète cette relative aisance. Son beau toit de lauzes luisantes lui donne un aspect d'animal préhistorique, mais sa sévérité de petite forteresse, due au fort caractère de l'architecture locale, est tempérée par les monceaux de fleurs dont Mme Caylet l'entoure. La grande salle commune au plafond noirci, où pendent des bottes d'oignons, des tresses d'ail et de maïs, des saucisses sèches et le traditionnel *bocou* — ce morceau d'échine de porc dans lequel on tranche la portion quotidienne —, conduit à la grande chambre et aux chambres secondaires (les *combrous*), tandis qu'un *pompidou*, un escalier de pierre, permet d'atteindre le balcon extérieur, contre la façade couleur pain brûlé, où la tante fait pousser les fleurs (iris, girofles, verveines), le basilic et les condiments dans d'anciennes jarres à huile.

Devant l'*ostal*, où Rosa-Emma a joué durant toute sa prime enfance, une cour où s'ébat la volaille est fermée par un portail flanqué de piliers supportant un auvent, sur lequel se perchent les pigeons, ce qui donne à l'ensemble un cachet certain.

Et puis l'*ostal*, c'est, à jamais, pour Rosa-Emma, la voix grave de Blaise, qui raconte comme personne, le soir à la veillée, quand tout le monde rapproche les chaises autour du *cantou*, l'âtre immense où brûle le feu sur lequel mijote une soupe éternelle et dont la lueur éclipse celle du *calel* — la lampe à huile à trois becs —, des histoires si belles et si terribles que la petite fille les écoute cœur battant et des frissons sur l'échine.

A la belle saison, la famille est dispersée par les travaux des champs. Blaise reste des semaines absent, menant son troupeau sur les estives du causse. Mais dès la Toussaint, le clan se reforme à l'*ostal*. Et Blaise, le maître-valet (on dit le *bouriayre*), homme de confiance et compagnon de travail, reprend sa place, trop attaché aux gens et aux pierres pour penser aller ailleurs se mettre à son compte.

Après avoir jeté dans le feu une poignée de châtaignes qu'il récupère, quand elles ont *peté*, de la pointe de son *laguiole*, il entame une histoire terrifiante de chevalier templier à qui l'on a volé jadis son manteau de peau de mouton et qui revient depuis des siècles, chaque nuit, le réclamer de sa voix terrible au voyageur solitaire aventuré sur le causse. Les vestiges de la commanderie templière de Sainte-Eulalie-de-Cernon, qui fut la plus importante de France, ou les créneaux de La Couvertoirade attestent par leur présence la véracité des histoires de Blaise.

Quand il est en verve, Blaise, ou qu'un verre de piquette lui a délié la langue, il raconte des histoires de *dracs* (diables), de *trébos* (fantômes) ou de *fatsillières* (sorcières), qui, chacun le sait, sont capables de faire se détacher seules les chaînes des licols, se casser les essieux du char ou diriger le vol des chauves-souris dont l'urine, c'est connu, rend les enfants aveugles. Alors, il suffit à ce moment qu'un rat facétieux fasse rouler un oignon dans le grenier pour que l'assistance pousse des cris, que la tante saisisse et baise la médaille de saint Benoît pendue à son cou, que Finou implore des yeux les images pieuses placardées aux murs et qu'Emma refuse de se glisser sous la *flassado* — cette grosse couverture de laine qui couvre son lit — avant qu'on en ait soigneusement inspecté le dessous.

D'autres fois, Finou et les servantes chantent en chœur des chansons naïves — qu'Emma retiendra —, quittes, dans leur innocence, à entonner un couplet gaillard dont elles ignorent le sens et qu'un farceur leur aura appris... phonétiquement !

Ce sont les premiers professeurs de chant et de déclamation de la future cantatrice. C'est là, parmi ces gens, simples et bons, que s'est formée sa sensibilité. C'est là aussi que s'est forgé son caractère vif et généreux. Là enfin, elle a puisé pour cette terre un amour qui ne finira qu'avec sa vie.

La prière en commun achevée, la tante salue le soldat de Wagram, son père, celui qui avait dit sur son lit de mort : « J'ai adoré deux êtres au monde : l'Empereur et ma femme. Ils sont morts, je n'ai plus qu'à les rejoindre. »

Et puis, tout le monde va se coucher...

2

Où l'on voit l'héroïne,
au couvent de Saint-Affrique,
s'entendre prédire une carrière de cantatrice
par l'évêque de Rodez

« Toutes mes félicitations, ma fille. C'est la voix du bon Dieu que cette enfant a dans la gorge. »

Rouge d'émotion, Léonie se relève de sa génuflexion, après avoir dévotement baisé la bague d'améthyste de l'évêque de Rodez.

Le prélat (on murmure que la poupre cardinalice ne devrait pas tarder à récompenser celui que chacun considère ici comme le restaurateur de l'Église en Rouergue) vient de féliciter publiquement la mère et la fille après un petit récital donné par Rosa-Emma devant les élèves et leurs familles, au couvent de Saint-Affrique, où elle achève sa scolarité. Léonie est d'autant plus fière que, même si l'envie se lit sur certains visages, les compliments de Mgr Bourret vont faire le tour du pays !

C'est la fête de fin d'année au couvent. Il y a d'abord eu une messe chantée, puis une séance récréative à laquelle l'évêque de Rodez a assisté. Rosa-Emma Calvet a chanté *Les Hirondelles* de Félicien David avec une fraîcheur et une justesse remarquables, un timbre et un placement de voix étonnants chez une jeune fille de quinze ans. Ensuite, elle a récité *La Mort de Jeanne d'Arc* avec une telle conviction que plusieurs mamans ont sorti leurs mouchoirs.

Mgr Bourret s'est penché vers la cornette de la mère supérieure et lui aurait demandé : « Ma mère, quelle est cette jeune fille au visage si expressif ? Elle possède une belle voix et une âme d'artiste. »

C'est du moins ainsi que Léonie a raconté la scène à sa fille.

Placée au rang derrière, la mère d'Emma, qui a entendu la question du prélat, boit du petit-lait. Son cœur de mère bat la chamade. Elle a connu le comble de la fierté maternelle quand elle a entendu la religieuse répondre : « Elle se nomme Rosa-Emma Calvet, monseigneur. — Quelle belle âme ! a conclu Mgr Bourret, elle transparaît sur son visage... »

Dès qu'il s'agit de chanter ou de se produire en scène pour un compliment ou une saynète, Rosa-Emma est l'incontestable « vedette » du couvent de Saint-Affrique. Chaque fois qu'une messe solennelle, une cérémonie, une fête l'exige, on la met à contribution. Elle adore ça ! Même si la salle n'est pas pleine d'une société choisie et endimanchée, comme aujourd'hui, où l'on a sorti les beaux habits pour honorer l'évêque de Rodez, en semaine, à la messe du matin, avant la reprise des cours, c'est toujours Rosa-Emma qui est chargée de lire à ses condisciples l'évangile du jour. Elle le fait d'une voix claire et sonore qui porte aisément jusqu'au fond de la chapelle. On n'en perd pas un mot, sa diction est parfaite. Lorsqu'il faut entonner un cantique d'action de grâces, c'est naturellement Rosa-Emma qui est chargée de donner le ton et d'entraîner ses camarades. Pour la jeune fille, ce n'est pas une corvée, mais un plaisir, une récompense. Lire ou chanter dans le silence recueilli de la chapelle, avec les regards attentifs de ses compagnes braqués sur elle, Rosa-Emma n'en est jamais lasse. Il y a bien quelques envieuses dans l'assistance, et deux ou trois concurrentes qui aimeraient bien prendre la place et lui disputent ses privilèges, mais il faut attendre que Rosa-Emma soit souffrante pour espérer la remplacer. Quand elle est là, c'est la titulaire incontestée. En un jour comme aujourd'hui, il était impensable qu'on ne fasse pas appel à ses dons.

Il est tout attendri, Mgr Bourret, tandis qu'Emma fait sa génuflexion devant lui. Il sourit, le rugueux évêque rouergat — que certains surnomment « Mgr Bourru », parce qu'il tient dans sa rude poigne une Église rebâtie pierre à pierre après qu'il en eut expulsé les derniers miasmes, hérités de la tourmente révolutionnaire. Il s'agit à présent de la sauvegarder de la contagion des idées républicaines. Mgr Bourret s'est fait bâtisseur de couvents et multiplicateur de communautés pour remporter autant de victoires sur l'esprit de Satan qui soufflait un peu trop à son gré sur le troupeau dont il est le berger tonnant, au verbe fort et lent comme son pas de montagnard, économe de ses enthousiasmes et de ses compliments.

Pour que Rosa-Emma ait — osons le mot — séduit le prélat, fallait-il que son talent fût exceptionnel !

Dans ce couvent de Saint-Affrique, Rosa-Emma aura connu à la fois ses premières joies d' « artiste » et ses plus grands chagrins.

Le chagrin était réservé à la rentrée des classes, à l'issue de vacances ensoleillées sur le causse, lorsque, ivre de grand air et de liberté, la tête pleine des chants en patois et des récits de Blaise excitant une imagination qui n'avait nul besoin d'adjuvant pour partir au galop sur les sentiers du rêve, il lui fallait retrouver les couloirs sombres et humides, les robes noires des religieuses et les dortoirs non chauffés où le froid des draps rêches ajoute au froid de l'âme.

Il fallait alors dire adieu jusqu'aux prochaines vacances à Blaise le berger, si beau dans son grand manteau, sa chemise de grosse toile, ses *bragos* — ses braies —, dont les jambes sont glissées dans des guêtres de tissu, et son éternel *copel*, ce chapeau à large bord à la couleur mangée par le soleil que les pluies ont rendu informe. Rosa-Emma l'imagine seul sur le causse, au milieu des *moutouns.* Lui seul sait de sa voix grave se faire obéir du *lobric,* ce molosse descendant des terribles mâtins tueurs de loups, à la mâchoire énorme et aux yeux rouges, qui n'aboie jamais mais n'en est que plus impressionnant et sait éloigner le prédateur — bête ou homme — par sa seule présence grondante. La *Bestio,* celle qui terrorisa si longtemps le Gévaudan, devait ressembler au chien de Blaise. Il vous couperait une cuisse d'un seul coup de dent, le *lobric.* Mais devant Blaise, il est aussi paisible que les moutons qu'il garde.

Parfois, la *tantoune* autorise Rosa-Emma à accompagner Blaise lorsque l'*estive* n'est pas trop éloignée de Labastide, ce qui permet de revenir le soir. La fillette partage l'ordinaire du pâtre comme une friandise : des galettes de pain dur, un peu de lard, du fromage, une poignée de châtaignes ou d'oignons, selon la saison. Pour ce repas de pauvre dévoré en plein air qui lui fait oublier les assiettées de pois cassés et de haricots du couvent, Rosa-Emma donnerait tous les plats dont elle raffole : *las brillos,* ce ris d'agneau des jours de fêtes aveyronnaises, et même *lou bajanac,* cette soupe de châtaignes blanches au lait que la *tantoune* cuisine comme une fée gourmande.

A chaque rentrée, Rosa-Emma revient au couvent avec des brassées d'histoires et de souvenirs récoltés chez *tantoune* Caylet. Déjà, son tempérament d'artiste la pousse à faire profiter les autres de ses dons.

Au dortoir, devant ses compagnes fascinées qui lui composent un public sur lequel elle peut exercer son ascendant, Rosa-Emma teste son pouvoir. Elle reprend à son compte — en les enjolivant encore — les récits de Blaise ou de la *tantoune* Caylet. Elle joue tous les personnages — *dracs,* sorcières ou esprits malfaisants — avec un réalisme tel que plus d'une fois la religieuse de service, venue faire sa ronde au dortoir plongé dans le noir, aura à consoler une demoiselle en pleurs, qui lui confie en deux sanglots délicieux : « C'est Rosa-Emma, ma sœur. Elle nous a raconté une histoire terrible ! — Et c'était si effrayant ? interroge la sœur, qui commence à avoir l'habitude. — Oh, oui, renifle la fillette, mais qu'est-ce qu'on s'est amusées ! »

Au couvent, l'enseignement de la musique est obligatoire. Ces demoiselles doivent avoir dans leur trousseau un petit bagage musical qui fait partie de l'éducation de la future épouse parfaite. Qui sait si, un jour, dans le riche salon d'un gantier de Millau, elle ne fera pas honneur à son époux en se montrant capable d'interpréter une mélodie ou une de ces petites pièces pour piano qui font se pâmer ces dames de la bonne société lors du thé mensuel de la notairesse ? Rosa-Emma n'est pas fille de notable, mais les revenus de Justin Calvet lui permettent de donner à sa fille une éducation de petite bourgeoise.

Ainsi, deux fois par semaine, un vieux maître acariâtre et sévère vient-il au couvent apprendre à ces demoiselles les subtilités du solfège, du chant, du piano et du violon grâce à des exercices de sa composition, semés de chausse-trapes. Il semble tout droit sorti d'une gravure du XVIIIe, le vieux professeur de musique, avec son habit noir, sa calotte de guingois et sa *pochette*, ce petit violon de maître à danser, dont l'archet sert tout à la fois à donner le ton et à fustiger les étourdies ou les distraites. Gare à celle qui ne sait pas sa gamme ou son exercice de déchiffrage, ou qui hésite entre une double croche et une croche pointée ! Les méthodes du vieux maître ne s'embarrassent pas de psychologie. Pan ! sur les doigts... La pédagogie est efficace : Rosa-Emma, qui étudie avec plaisir la musique, a, en outre, une telle crainte du bonhomme et de son archet-badine qu'elle redouble de zèle ! A ses dons naturels, elle ajoute une ardeur au travail qui lui vaut bientôt d'être la préférée du redoutable pédagogue. Il surveille avec intérêt le développement de cette voix, aux confins délicats de l'adolescence, et l'aide à trouver le registre correspondant le mieux aux dons naturels de l'élève.

Rosa-Emma pourrait connaître dans ce vieux couvent de Saint-Affrique une sorte de bonheur si ses parents ne lui manquaient pas autant.

Si Labastide-Pradines et l'*ostal* de la tante Caylet lui sont tout à la fois un foyer et une famille, la jeune fille a beaucoup souffert de n'avoir eu trop longtemps qu'une mère intermittente, toujours à courir le monde aux basques de Justin Calvet, que le développement du chemin de fer — à la conquête de la terre entière —, a transformé en nomade.

La trêve qui s'était produite dans l'errance paternelle au moment où Justin Calvet travaillait sur la ligne Béziers-Neussargues avait permis à la famille de s'installer un temps à Roquefort-sur-Soulzon. Rosa-Emma avait à cette occasion mesuré combien lui manquait d'ordinaire une *vraie* maman, comme en avaient les autres.

Elle l'a dit clairement à Léonie. Elle déplore aussi de ne pas mieux connaître son frère Adolphe — que le clan Calvet surnomme Adol —, un petit garçon mignon et affectueux qui adore sa grande sœur, mais qui est presque un étranger. Quant à Paul-Justin, n'en parlons pas. Il n'est déjà plus qu'un souvenir dans le cœur douloureux de sa sœur aînée, puisqu'il est mort depuis six ans.

Et voilà que Justin Calvet annonce son intention de partir pour l'Amérique du Sud ! Le chemin de fer triomphant va relier les grandes villes de l'immense continent. Des milliers et des milliers de kilomètres de voies et des millions de traverses à poser. Du travail pour des années. Et des sous à prendre comme jamais ! Ça le tente, Justin. Il aimerait partir pour Rio de Janeiro. Ce serait la dernière fois, car il reviendrait fortune faite et l'on pourrait envisager de faire construire une petite maison...

Ce coup-ci, Léonie a dit non. Elle s'est dressée face à son mari. Elle en a assez d'abandonner ses enfants comme une mère indigne. Elle doit s'occuper de Rosa-Emma qui arrive à un âge délicat : celui où il va falloir songer à l'avenir. En outre, elle est plus que lasse de cette vie d'errance, ponctuée de larmes et de séparations. Justin veut partir ? Il partira seul. Léonie restera auprès de ses enfants, en Aveyron où est sa vie désormais.

Justin est parti.

Léonie en éprouve comme un soulagement. La voilà, pour la première fois de sa vie, indépendante. En même temps, elle se trouve en règle avec elle-même, puisqu'elle a repris son rôle de mère « à plein temps ». Elle va s'occuper de Rosa-Emma dont l'évêque de Rodez a dit qu'elle avait une si jolie voix.

Léonie Calvet est douée pour le chant. Comme sa fille qui tient d'elle. Mais personne ne lui a jamais dit, quand elle avait quinze ans, qu'elle avait « une âme d'artiste ».

Trop heureuse de retrouver sa grande et belle fille — qui est presque une femme à présent —, Léonie Calvet lui apprend les vieilles chansons de France, sans savoir qu'un jour sa fille les fera connaître à l'autre bout du monde, jusqu'au Japon et en Australie, ces chants de paysans du Rouergue ou d'Auvergne que l'on se transmet de mère en fille.

Justin est loin. Qu'il aille au diable ! Rosa-Emma découvre à l'occasion la lézarde qui balafre la façade sociale du couple

Calvet : ce mari absent et cette femme qui s'ennuie. Mais ce que le bon Dieu a scellé, personne ne peut le défaire. Pas de divorce, donc — tombeau des familles chrétiennes, mot affreux contre lequel fulmine Mgr Bourret —, mais une séparation. Dictée par les circonstances. Qui y trouverait à redire ?

Elle a de l'ambition pour sa fille, Léonie. Une fille qui vient de terminer ses études et de réussir le concours d'entrée dans les Postes. C'est une assurance pour plus tard. Un travail qui lui permettra, si elle le désire, de ne dépendre d'aucun Justin Calvet.

Mais surtout, un métier lui permettra d'attendre. Attendre quoi ? Attendre mieux, peut-être. Il y a cette voix que tout le monde remarque, dont l'évêque de Rodez lui-même... Pourquoi n'y penserait-on pas sérieusement, à cette voix que chacun admire ici lors des fêtes patronales, des célébrations religieuses ? Rosa-Emma a commencé à se produire régulièrement à Millau, à Tournemire, à Saint-Rome-de-Tarn, à Creissels... Et les gens sont subjugués. Il faut observer comment, dès que son cristal s'élève, ces grosses *bestiasses* de paysans suspendent leurs conversations et l'écoutent bouche ouverte. Elle a vu ça, Léonie. Et aussi la tête des mères qui ont des filles de l'âge de Rosa-Emma. Il faut voir les mines s'allonger de jalousie.

Léonie Calvet prend sa revanche sur des années d'anonymat, par fille interposée. Sur les programmes des « concerts », on a laissé tomber Rosa. C'était trop long. C'est Emma-tout-court — Emma Calvet —, qui est à l'affiche. La future cantatrice. Pourquoi pas ? On en a vu d'autres... Cornélie Falcon, pour ne pas la nommer. *La* Falcon, créatrice de *La Juive* et des *Huguenots*. Sa gloire a été si grande qu'on a donné son nom à un type de voix de soprano dramatique. On dit « une Falcon ». Le père de cette étoile du chant était tailleur. Et il avait fait élever sa fille au couvent. Comme Emma.

Les rêves que caresse Léonie Calvet, sa fille les a faits avant elle. Elle ne se sent pas la vocation d'une postière à vie, derrière un guichet à Aguessac ou à Tournemire, avec pour seule ambition de couronner sa carrière à la poste de Millau. Et peut-être — qui sait ? — d'épouser un chef de bureau. Encore moins de devenir l'épouse d'un paysan — même s'il est *pagès* — qui, le soir de ses noces, lui fera revêtir cette chemise fendue, serrée au col, signe de sa soumission, cette chemise infâme qui cache les formes sous sa toile épaisse. Au-dessus de la fente, placée à bonne hauteur, on a brodé : *Dieu le veut*. C'est par là que le mâle rouergat prend possession de son bien. C'est par cette fente ignoble que se fabriquent depuis des siècles, dans le dégoût, ces tripotées d'enfants dont s'honorent les familles d'Aveyron.

Elle n'a pas dû plaider bien longtemps, Emma. Elle prêchait une convertie. Le même rêve habitait la mère et la fille. Et le même goût de liberté qu'elles avaient retrouvé sur le causse. Mais il faut être réaliste. Ce n'est pas ici, à Millau, dans l'Aveyron resté si longtemps replié sur lui-même, à peine désenclavé par l'arrivée du chemin de fer, que l'on va trouver de quoi satisfaire les ambitions d'Emma et de sa mère. On étouffe, ici, malgré l'air pur. Il faudrait trouver un professeur capable de la guider autrement qu'en lui faisant éternellement monter des gammes. Capable de lui dire comment exploiter ce don de Dieu qu'elle a dans la gorge.

Léonie écoute sa fille qui parle et s'enflamme. Elle a les larmes aux yeux. Que dit-elle, la *fantoune* ? Qu'il faut aller à Paris ? Dieu… L'idée la tente.

La décision n'a certainement pas dû être facile à prendre. Mais elle est prise. On va partir. Quand ? Dès que possible. Et Justin ? Que va dire Justin ?

Justin ? Il n'a qu'à être là. Et puis d'abord, est-ce qu'on sait ce qu'il fait Justin, à cette heure, de l'autre côté de l'Atlantique ? Ce ne sont pas ses rares lettres qui permettent de répondre à ces questions.

Alors, on va se passer de l'avis de Justin.

Les proches se sont récriés. A Paris ? Dans cette moderne Babylone, seule avec deux enfants ? Léonie Calvet a perdu la raison. On ne donne pas cher de ses chances. Il ne se passera pas trois mois avant qu'on voie revenir la mère et la fille tête basse. Sans compter que là-bas, la petite, elle risque d'en subir de drôles, belle comme elle est...

Léonie ne se laisse pas fléchir. Les Cassandres peuvent se lamenter. Elle a la caution morale de Mgr Bourret. Il ne sera pas dit que sa mère n'aura pas tout tenté pour aider Emma à réaliser son rêve. Sûr, ça ne se fera pas sans peine. Mais elle se battra aux côtés de la *fantoune*. Elle sera à la fois sa mère, son chaperon, son guide, son mentor, son imprésario, son chien de garde. Léonie ne craint personne : elle en a vu d'autres. Elle a vu le monde. Les voyages à la traîne de Justin, ça n'était pas toujours une partie de plaisir. Quant à vivre seule, à se prendre en charge, avec ce mari toujours parti, elle en a l'habitude.

La tante Caylet ressemble à la statue du Commandeur. Son beau visage a pris une teinte cireuse. Son sourire s'est évanoui. C'est d'une voix que font trembler la colère et le chagrin qu'elle interroge la *fantoune* :

« Ton père est au courant ?

— Maman pense que ce n'est pas nécessaire. Et puis, comment le prévenir, tante ? Il va mettre des semaines à répondre. »

Emma se fait toute petite. Mme Caylet fulmine.

« Léonie partirait à Paris sans avertir ton père ? » Emma baisse la tête et dit d'une voix presque inaudible : « Elle est déjà partie.

— Partie ! Où ça, partie ?

— Elle m'attend avec Adol à Clermont-Ferrand, où je dois la rejoindre pour prendre le train de Paris. »

Mme Caylet n'en croit pas ses oreilles :

« Eh bien ! Pour faire une chose pareille, il faut qu'elle ne soit pas bien fière d'elle ! »

Emma se fait l'avocat de sa mère :

« Elle n'a pas osé venir te dire au revoir, *tantoune*, parce qu'elle ne voulait pas te faire de la peine... »

Elle n'ajoute rien car la tante Caylet éclate en sanglots.

« Et tu pars, toi aussi ? »

Emma, qui pleure également, n'a que la force de faire oui de la tête.

Léonie Calvet et Adolphe ont pris un matin la diligence de Clermont, chargeant Emma de se rendre seule à Labastide-Pradines pour faire les adieux en annonçant la nouvelle. Le clan Calvet est mis devant le fait accompli. Léonie savait que la sœur aînée de Justin risquait de faire obstacle. Elle s'est passée de l'autorisation de celle qui, en l'absence de son mari, représentait l'autorité du chef de famille.

On imagine mal l'audace et la détermination que représente une pareille entreprise en un temps où le respect dû aux anciens n'est pas un vain mot.

Sans ce coup de force maternel, la destinée d'Emma Calvé aurait-elle été la même ?

L'*ostal*, qui était la maison de la joie quand résonnaient les rires sonores d'Emma, connaît une atmosphère de veillée funèbre. Le bon cœur de la *tantoune* a, certes, repris le dessus. Mais la *fantoune* part demain matin et la brave femme ne se console pas. Elle a donné à Emma une bourse tricotée par elle et garnie de beaux louis d'or. C'est ce que lui a rapporté la vente du miel. Elle avait promis : « *Fantoune*, je t'achèterai une jolie robe à la Saint-Jean, quand j'aurai vendu le miel. » Et voilà que cet argent gagné par les abeilles de l'*ostal* sert à faire partir la petite à l'autre bout de la France...

Finou est inconsolable. Les affaires qu'elle prépare pour Emma sont baignées de ses larmes. C'est sûr, *Emmanoto* est perdue.

« Mais qu'est-ce que tu vas devenir dans cette grande ville où vous ne connaissez personne ? Tu vas te perdre. On dit que c'est un lieu d'infamie, ce Paris. C'est pas une ville pour des gens comme nous, *Emmanoto*. Sois raisonnable. »

Le cœur d'Emma saigne, mais les larmes de la bonne Finou ne peuvent plus l'atteindre. Elle serre les dents sur son chagrin. Elle sait que sa vie dépend de sa capacité de résistance. Que son destin se joue en ce moment où il faut s'accrocher à son rêve et s'arracher à l'affection de la tribu rouergate pour trouver les forces nécessaires à affronter l'exil.

Là-bas, au bout de quinze heures de chemin de fer, au terme d'un voyage exténuant sur les banquettes de bois des troisièmes classes, dont on émerge fourbu, sale, saoulé de bruit, les yeux pleins d'escarbilles, Emma sait qu'il y a sûrement des années de travail obscur et d'efforts quotidiens mais aussi, peut-être, la gloire, la fortune... Elle a aussi confiance en son étoile, Rosa-Emma. Presque autant que sa mère...

La *tantoune* essaie une dernière manœuvre.

« Quel chagrin, *Emmanoto*, de penser qu'une *fantoune* de notre *ostal* va devenir une comédienne, une de ces malheureuses à qui, autrefois, on refusait les sacrements de l'Église et l'enterrement en Terre sainte. »

Emma sourit au milieu des larmes :

« Tu veux dire en terre chrétienne, *tantoune*. Ne t'inquiète pas, on les enterre comme tout le monde, aujourd'hui, les comédiennes. Allez, ne m'enlève pas courage ! je t'en prie. Tu restes, vous restez tous, là, dans mon cœur, tu le sais bien. Je vous emmène tous avec moi. Toi, mes oncles et mes tantes, Finou et Blaise. Il faut que je parte. Si je ne le faisais pas, je le regretterais toute ma vie... »

Blaise, muet, a saisi les colis de la demoiselle. Il ne pleure pas, lui, c'est un homme. Il a appris dans le silence du causse la relativité des choses humaines. Si c'est écrit Là-Haut, il n'y a rien à tenter. Si ça ne l'est pas, eh bien, la demoiselle reviendra, voilà tout. Personne n'en mourra.

Le *pastre* a accompagné Emma jusqu'à la grand-route où passe la diligence. Tous deux sont immobiles et silencieux dans l'air frais du matin, entourés de paquets posés sur le bord du chemin poussiéreux qui mène à La Cavalerie et de là, par une longue descente en lacet, jusqu'à Millau. Soudain, dans le grondement des roues cerclées de fer que dominent le bruit des grelots, des harnais, des sabots de l'attelage et les claquements de fouet des cochers, la lourde diligence, aussi haute que les rochers du causse, apparaît dans le virage.

Blaise, immobile, n'ose s'avancer vers la demoiselle. C'est Emma qui se jette à son cou. La barbe grise du berger lui pique les joues. Il la regarde sans un mot, puis, brusquement, pivote sur lui-même et s'éloigne de son pas lent, sans se retourner.

Un cocher saute à terre, lance les bagages à un collègue

grimpé sur l'énorme coffre situé à l'arrière, puis, saisissant Emma par la main, tandis que de l'autre il s'agrippe à l'échelle, il l'aide à grimper sur l'impériale.

Emma trouve une place libre aux côtés d'un vieux monsieur qui somnolait et semble soudain tout ragaillardi de cette présence juvénile.

De là-haut, le Larzac semble donner une représentation d'adieux à la future cantatrice. En cette belle matinée de juillet, la nature embaume. Les grandes étendues d'herbe rase, que dominent les rochers gris et écailleux dont les formes biscornues les font ressembler tantôt à des rescapés du déluge, tantôt à ces rudes fortifications dont les templiers ont parsemé le site, défilent sous les yeux d'Emma qui voudrait emporter, gravées sur sa rétine, toutes les beautés du *païs*.

L'heure n'est pas aux regrets mais à une brusque fatigue due à l'émotion. Bercée par le tangage de la lourde berline, Emma s'est endormie. C'est une drôle de sensation qui la réveille. Celle d'un bras qui lui enlace la taille et palpe le corset sous le vêtement de voyage. La belle endormie revient brusquement sur terre. Le vieux monsieur a retrouvé une seconde jeunesse et se fait entreprenant. Une claque retentissante, qui fait écho aux fouets sur l'échine luisante des chevaux, met fin à son exploration et vient le rappeler à un peu plus de tenue en public. Décidément, Finou avait raison : le danger guette Emma. Mais elle est de taille à se défendre. En voilà un qui vient de faire connaissance avec le caractère de la future Diva. En attendant, elle a mis les rieurs dans son camp. Elle s'attire la sympathie d'une autre jeune fille et de ses parents qui, invitant Emma à les rejoindre, lui serviront de chaperons jusqu'à Clermont-Ferrand.

Emma peut reprendre où elle l'avait laissé un somme générateur de rêves dorés. Sur la scène immense d'un opéra imaginaire, Emma Calvet s'avance sous les ovations. Le chef lève sa baguette et l'orchestre prélude, préparant l'entrée de la Diva. Elle prend une large inspiration. Ça va être à elle...

3

Où l'on voit l'héroïne s'installer à Paris
avec sa mère et souffrir longtemps
pour se bâtir une grande voix

Seules à Paris, Léonie et Emma ? Pas si sûr que ça. Finou les croit perdues dans la ville immense. Mais Finou n'est jamais allée plus loin que Roquefort-sur-Soulzon. Elle ne sait pas qu'à Paris, des Aveyronnais, il y en a plus qu'en Aveyron ! Depuis vingt ans, ils ont émigré en masse ces fils de paysans qu'une nature marâtre chasse par milliers vers les villes. Mais comme tous les immigrés, ils se sont regroupés pour avoir moins froid, pour se sentir moins seuls. Ils ont fondé des amicales, des groupements, au sein desquels ils viennent à la moindre occasion respirer l'air du *païs,* parler le patois à l'abri des quolibets des Parisiens qui les traitent de *bougnats,* de *fouchtris-fouchtras* — dans un mépris qui leur fait les confondre avec les Auvergnats — dès qu'ils entendent sonner leur accent. Là, dans la chaleur retrouvée, ils *tournent* la bourrée au son de la cabrette, ils retrouvent un peu de la chaleur du *cantou* au moment de la veillée, quand retentissent les chants transmis de génération en génération comme les témoins d'une antique civilisation. Les « colonies » de Rouergats de Paris — Ségalas, Millavois, Caussemards, gens d'Aubrac ou du Saint-Affricain — sont aussi nombreuses que puissantes. On en dénombre près d'une centaine dans la capitale. Elles viennent en aide aux compatriotes dans la gêne.

Il y a gros à parier que Léonie Calvet et sa fille ont bien vite pris contact avec quelque président d'amicale ou de mutuelle aveyronnaise, devenu un notable par sa réussite, son savoir-faire, son entregent, son influence, rencontré lors d'un *banque-tou*, dans l'arrière-salle d'un cafetier ami — *Vins et Charbons* — drainant vers lui les nouveaux arrivants.

En tout cas, les voilà dotées d'un logement. Pas un palais, certes, mais un deux-pièces-cuisine bien suffisant. Léonie a trouvé du travail. Elle a de l'or dans les mains, la mère d'Emma : elle est lingère à domicile. Recommandée pour son sérieux, pour le fini de son travail à ses compatriotes exilés. La besogne ne manque pas.

Mais, si Léonie doit travailler pour gagner la pitance de ses petits, serait-ce que Justin a « coupé les vivres », sur un coup de colère ? Emma est muette sur la question dans ses Mémoires. Elle se contente de signaler que les finances ne sont pas brillantes. Si Léonie doit s'user les yeux sur le linge des autres pour payer son loyer et faire manger ses gosses, il y a fort à parier que c'est parce que Justin a fort mal pris l'escapade de sa moitié.

En cette année 1878, le premier souci de la mère et de la fille, une fois la « matérielle » assurée, aura été de dénicher un professeur de chant capable de guider Emma vers les sommets. Point de Conservatoire, pour Emma, mais un cours privé très coté : celui de Jules Puget, ancien pensionnaire de l'Opéra-Comique, qui, sans avoir été une célébrité de première grandeur, a connu son heure de notoriété. Comédien et chanteur, il a participé à plusieurs créations de rôles de ténor au temps de sa jeunesse. La retraite venue, il s'est reconverti dans la pédagogie et son cours est très renommé.

Le prix des leçons est un peu élevé et Mme Calvet a fait la grimace. Mais Puget, qui a deviné sous la maladresse les dons qui ne demandent qu'à s'épanouir, a répondu positivement au marché proposé par Léonie : il accepte de donner ses leçons gratuitement. En retour, il est décidé — par contrat — qu'Emma acquittera le montant des cours sur les bénéfices espérés de ses deux premières années théâtrales. C'est dire si le professeur a confiance !

Il n'est peut-être pas une gloire lyrique du siècle, Jules Puget, mais c'est un excellent pédagogue. Il a au moins un avantage : il respecte la nature et ne la force jamais. Il est prudent avec cette fragile machine qui se dérègle quand on la bouscule. Emma dira de lui : « Je lui dois la pose initiale de ma voix. » Le grand mérite de Jules Puget aura été de ne pas gâter le fruit encore vert et de faire d'une chanteuse naturellement douée une cantatrice. Ce n'est pas la moindre des choses…

Puget a montré à Emma comment contrôler son souffle, base de tout travail futur. Il a guidé les premiers pas d'une longue marche qui va durer plus de dix ans, une marche semée d'errances, d'embûches, de retours en arrière, de nouveaux départs, d'échecs surmontés, de réussites sans lendemain, de doute et de découragement, avant d'atteindre la maîtrise qui conduit au succès et à la gloire.

Il a appris à Emma comment conserver cet instrument complexe, délicat, miraculeux, jamais tout à fait possédé, qu'on appelle une voix d'opéra : il est comme l'amour que chante Carmen, un « oiseau rebelle que nul ne peut apprivoiser ».

Puget montre comment inspirer très lentement par la bouche entrouverte, comment *sortir* le ventre, *sentir* le diaphragme, soulever la poitrine, libérer la gorge. Il dit comment remplir poitrine, thorax, abdomen, jusqu'à ressembler à une montgolfière. Il faut être à la fois tendu et souple. Naturel avec artifice. C'est la quadrature du cercle.

C'est donc ce calvaire, apprendre à chanter ? Ne disait-on pas que c'était un plaisir ? Ah, ce contrôle du souffle, quelle torture !… « Pas de souffle, pas de chant ! » affirme Puget. Et comme il a raison ! Il est de la vieille école, l'ancien chanteur. Il place une bougie allumée à trente centimètres de la bouche de l'élève et gare si la flamme vacille tandis qu'elle exhale le plus lentement, le plus longtemps possible, régulièrement, sans à-coups, sur une voyelle tenue, jusqu'à ce que les poumons soient vides.

Emma découvre combien les caprices de la santé, du moral peuvent influencer cet instrument de matière vivante qu'elle a dans la gorge. Il va falloir le dompter, le malmener, et le rendre disponible à jours et heures fixes, même si à ce moment-là elle a envie d'être n'importe où, sauf sur une scène d'opéra…

Un piano, un violon se moquent des misères que leur inflige le débutant ; mais le larynx n'a pas cette vertu et se révolte, exige des ménagements, sinon il ne répond plus !

Emma apprend l'humilité, le courage, la patience.

Elle apprend à souffrir sans se plaindre. Face tendue, narines dilatées, voile du palais collé à la voûte supérieure, elle s'exerce à avoir l'air le plus naturel possible alors que tout son corps crie qu'on la martyrise. A émettre des sons *jolis*, *colorés*, avec leur *poids* propre et juste, alors qu'elle a envie de crier qu'on l'assassine et qu'elle en a assez de souffrir. Car elle se rend bien vite compte que quand on commence à exhaler l'air, tout s'effondre dans l'arrière-gorge et que tout se modifie lorsqu'on change de hauteur et qu'on passe des sons graves aux sons aigus.

Chaque matin commence avec la torture des vocalises, quand il faut *remonter* une voix qui, au cours de la nuit, a glissé dans le talon des chaussures. Une voix, ça se *chauffe* peu à peu, comme le fait, pour son corps, un danseur à la barre.

Emma apprend à lever la luette à volonté, à ouvrir les fosses nasales à la commande, à émettre « dans le masque », ce triangle dont la base passe par les narines et le sommet entre les yeux, à chanter « sur le couvercle », à faire passer les sons « derrière le nez » et pas *dedans*, surtout, car c'est une impasse ! Elle découvre l'importance et le rôle de la langue qui sert à émettre les notes graves en s'appuyant contre les dents inférieures, tandis que pour le médium on appuie la pointe sur le filet, sous les dents inférieures.

Quel martyre !

« Plus haut, ce son, commande Puget, derrière le nez ! Pas trop de gorge ! Plus de tête ! C'est plat, allez, recommence ! Colore ! Trop dur, plus souple, moins de souffle ! Pense à tes fesses ! » Emma rougit. « Eh bien quoi ? Tu chantes aussi avec tes fesses ! Il faut t'y faire... Ta langue, laisse-la plus souple ! Fais-moi taper cette note en haut du crâne. Imagine-la en train de passer entre le cerveau et la calotte crânienne, derrière le front. Là, c'est bien, ma belle ! Maintenant, tu m'envoies ce son sur le mur d'en face. Je veux l'entendre rebondir ! Ne t'obnubile pas sur ce fa aigu, tu sais bien que tu l'as. Si ça t'aide, fais les gestes ! Et écoute-le d'abord dans ta tête, dans le silence, avant de le sortir ! »

Le don vocal, elle le possède : il suffit de ne rien précipiter. Par contre, Puget fait gagner un temps précieux à Emma en lui enseignant tous les trucs, les ficelles du métier. Comment on accompagne du geste le son afin que le corps renforce l'impact de la voix. Comment le buste la lance en avant. Comment on maîtrise le trac.

Emma se relève la nuit pour étudier un passage « qui lui fait souci ». Sa tête, qui bourdonne des sons emmagasinés tout au long de la journée, lui occasionne des insomnies. Des nuits entières elle résonne comme une cloche, ne lui laissant pas un instant de paix.

Bientôt, Emma s'attaque aux problèmes d'interprétation, se soumet au carcan de la mesure, s'entraîne à compter les temps en silence, à profiter d'un moment de repos pour récupérer de l'effort. Ah, quelles nouvelles contraintes ! Avoir l'air dégagé, naturel, détendu quand il faut guetter le sourcil du chef, écouter la ritournelle du piccolo qui doit vous *lancer,* rattraper la bourde de la clarinette, se mettre dans le crâne des kilomètres de portées dont il ne faudra pas sauter une triple croche !

Emma envie les acteurs de théâtre qui ont la pleine liberté du tempo et dont le seul souci, après celui d'être *justes,* est de savoir quand se termine la réplique du partenaire. A l'opéra, il faut à la fois obéir et commander. Il faut surveiller tout le monde : le chef, l'orchestre, les chœurs, les lumières, les ensembles, ne pas s'affoler quand quelqu'un faillit à sa tâche et sourire tout en guettant chacun du coin de l'œil à en garder un strabisme divergent !

L'apprentissage durera deux années.

Emma a serré les dents. Avec l'acharnement d'un paysan penché sur l'araire, qui s'arc-boute pour faire crier grâce à la terre, elle s'est attelée à ce travail de galérien, pliant sa voix, ses nerfs, ses muscles à la discipline qui permet d'acquérir cette voix qui, de la poitrine au masque, s'envole sans hiatus.

Comme elles sont loin les vocalises du maître de chapelle au couvent de Saint-Affrique ! Ici, c'est son corps tout entier qui porte trace des efforts. Il ne s'agit plus de chanter joliment devant un cercle restreint de parents d'élèves. Il faut couvrir les bruits annexes du plateau, passer par-dessus le fracas de l'orchestre pour atteindre le public jusqu'au dernier rang sans que personne perde une nuance, un pianissimo. Que faire de la plus belle voix du monde si elle n'arrive pas jusqu'au poulailler ?

Tout ça pour oublier enfin ce formidable bagage technique, le jour de la représentation, et laisser parler son cœur, son âme, ses tripes !

Puget sait que le chant n'est pas tout dans l'incarnation d'un personnage, dans l'expression, la tenue en scène, le jeu. Il exige un minimum de culture générale avant d'aborder l'étude d'un rôle.

Emma déplore son ignorance. « Élevée dans un couvent d'où je sortis à quinze ans, sans avoir pu terminer mes études, écrira-t-elle un jour, j'étais ignorante comme une carpe. Mais j'avais un désir fou de m'instruire. »

Tel M. Jourdain, maudissant ses parents de l'avoir laissée inculte, elle court les musées, hante les bibliothèques, met à profit ses heures de liberté pour s'imprégner de lecture et d'art, pleurant d'incompréhension devant une toile, un ouvrage qui la dépassent.

Touché par cette bonne volonté, Puget a mis sa bibliothèque personnelle à la disposition de son élève préférée. Elle y rencontre Chateaubriand, Balzac, Musset, Lamartine, qu'elle lit la nuit, assise sur une chaise paillée et les pieds dans l'eau froide pour ne pas s'endormir !

Puget exige qu'avant d'aborder la moindre note du rôle, Emma étudie, chaque fois que c'est possible, l'œuvre littéraire dont le personnage est issu. Ainsi, pense-t-il avec raison, se forge-t-on une meilleure idée de sa psychologie, ce que la simplification imposée par le *libretto* ne permet pas. Ensuite, on étudie à fond les péripéties du livret ; enfin seulement, on passe à l'étude musicale.

Peu à peu, le maître façonne la matière encore brute. « A cette époque, reconnaît Emma, je n'étais ni belle ni gracieuse, de plus j'étais timide, car j'avais conscience de ma gaucherie et surtout de mon accent rouergat qui faisait rire la fille de la concierge, jeune parigote, dont j'admirais le bagou et que je redoutais. »

Le seul refuge, c'est le chant, l'étude, les leçons de diction que Puget-Pygmalion a pris aussi en charge.

Emma, grâce aux doigts de fée maternels, copie les vêtements des jeunes filles élégantes qui vocalisent pour leur plaisir au Cours Puget. Mais leur ressemblance s'arrête à la parure. Emma habite une autre planète : elle veut devenir une professionnelle. Elle veut conquérir son indépendance par le chant. Elle doit d'avance payer le prix de cette prétention folle : être un jour, elle la petite Aveyronnaise, l'égale d'une Patti, d'une Grisi, d'une Malibran : une diva adulée des foules.

Au bout de six mois, plus de traces des sonorités rouergates dans son accent. La réflexion d'une camarade de cours la rassure : « L'Auvergnate se parisianise. » C'est comme un premier bulletin de victoire.

Pour se rendre au Cours Puget, Emma Calvet passe devant le domicile de Victor Hugo qui, à cette époque, habite « en son boulevard ». Chaque jour, elle guette l'instant où elle pourrait apercevoir le grand homme devenu poète national. Un beau jour, la voilà récompensée. Un vieillard à barbe blanche sort de l'immeuble et grimpe dans un fiacre. Un poulbot, qui l'a reconnu, crie : « Vive Victor Hugo ! » Emma, plus émue qu'à son premier concert, fait, cœur battant, sa plus belle révérence. Le poète, qui n'est jamais indifférent à un jupon qui passe, daigne lui sourire. Emma défaille de bonheur. Il n'est pas certain que son premier cachet (à venir) lui ait causé plus grande joie. Folle d'excitation, elle grimpe l'escalier qui mène au petit appartement où Léonie s'affaire à ses travaux d'aiguille et de sa (déjà) grande voix crie : « Maman, maman ! embrasse mes yeux, Victor Hugo a souri en les regardant. »

Et le soir même elle dévore les *Orientales* pour les dire à haute voix comme si Hugo pouvait les entendre !...

L'espoir est au cœur, mais les temps sont difficiles. Justin, revenu furieux d'Amérique du Sud, n'admet pas que sa femme ait agi comme un homme. Il ne donne pas un sou aux fuyardes. Elles ont voulu partir ? Qu'elles se débrouillent. Léonie ne mendiera pas. Mais les enfants grandissent. Emma a la taille et la corpulence d'une femme. Elle est dotée d'un appétit d'enfer. Les efforts auxquels elle se soumet exigent une alimentation riche qui n'est pas toujours compatible avec les ressources familiales.

Emma racontera plus tard dans ses Mémoires une version personnelle des *Deux Orphelines*. Un peu trop belle pour être vraie, mais bien émouvante. Passionné d'opéra, le boucher, qui est un voisin et chez qui Léonie achète ses côtelettes à trois sous l'une, s'est pris d'affection pour la famille Calvet. Il suit avec intérêt les progrès et les efforts de la future Diva. D'autant plus qu'il ne peut les ignorer, vu qu'il est aux premières loges pour l'entendre répéter.

L'appétit d'Emma grandit avec son talent et ses ambitions. Douze côtelettes ne lui feraient pas peur. Léonie a-t-elle confié ses difficultés au brave boucher ? Toujours est-il que le commerçant lui fait un jour une proposition : « Je trouve votre demoiselle bien pâlotte. Alors, je vous ouvre un crédit. Vous me paierez plus tard quand elle sera au théâtre. J'ai confiance. Avec la voix qu'elle a, elle va réussir. »

Ainsi fut fait, et jusqu'aux débuts d'Emma, la famille eut son gigot hebdomadaire, indexé sur la gloire future.

Emma assure que, plus tard, engagée à l'Opéra-Comique, elle n'oublia pas le généreux boucher qui, chaque fois que sa cliente était à l'affiche, bénéficiait d'un billet de faveur pour lui et sa famille. Et il ne manquait jamais de préciser à ses voisins : « Belle voix, hein ? C'est grâce aux gigots que je vendais à crédit à sa maman... »

En passant devant l'Eldorado, le grand music-hall du boulevard de Strasbourg, le plus ancien et le plus grand de Paris, Emma Calvet tombe en arrêt. Une pancarte invite les amateurs à venir passer une audition. Ici, c'est le royaume de Paulus, de Jules Perrin, de Mme Amiati, de Sulbac, de Paula Brebion, dont les noms sont aussi célèbres que ceux des étoiles de l'Opéra.

Elle est bien tentée, Emma. Elle souffre d'être à charge. Les sacrifices de Léonie, ses comptes dignes d'un économat de couvent lui arrachent le cœur. Un petit engagement — sous un pseudonyme, bien sûr — viendrait à point pour renflouer les finances qui sont à l'étiage. Qui peut le plus peut le moins. Une chanteuse d'opéra, même débutante, doit pouvoir faire aussi bien qu'une « goualeuse de caf' conc' ».

Ne rien dire à Léonie, ni, surtout, à Puget qui pousserait des cris d'orfraie s'il savait que la petite merveille qu'il met au point va risquer ses poumons dans une tabagie...

Emma entre dans la salle enfumée dont l'atmosphère confinée l'oppresse. Sur scène, une jeune fille, vulgaire à souhait, vient d'achever une bluette immortelle dont l'époque avait le secret :

Je suis la sœur d'un emballeur...

Le pianiste au teint jaune, à la redingote froissée joue, la pipe au bec. Il plaque quelques accords et la goualeuse enchaîne avec un autre chef-d'œuvre :

Oh, ce pacha ! quel nez qu'il a !...

Emma voudrait partir. Mais le régisseur, un gros homme vulgaire, le melon de travers sur la tête, vient de l'apercevoir et lui fait signe d'approcher. Le maquignon sent la chair fraîche, en connaisseur, au premier coup d'œil. Bien roulée, la fille. Il arrête la « sœur de l'emballeur », chasse le « nez du pacha » et invite Emma à grimper sur la scène.

« Quand tu veux, la belle. »

Emma, qui n'en mène pas large, tend une partition tirée de son sac au pianiste qui rigole tout seul. Il ne dit rien, puisqu'il n'est pas payé pour avoir une opinion, et il attaque le prélude du grand air de *La Favorite* de Donizetti, ce qui le rajeunit. La belle enfant, ainsi que son maître le lui a enseigné, prend un air noble et, les yeux au ciel, attaque avec ferveur :

O, mon Fernand, tous les biens de la terre,
Pour être à toi mon cœur eût tout donné !...

Dans la salle l'assistance est pliée en deux. On se tape sur les cuisses. C'est la première fois que les verrières de l'Eldorado entendent une chose pareille !

La grosse voix du régisseur stoppe net la malheureuse.

« Oh ! Hé ! Arrête ! C'est de l'opéra, ça ? »

Interdite, Emma fait oui de la tête.

« Ça va pas bien, ma belle ! Tu veux me vider ma salle ? Tu vas leur couper l'envie de boire un coup avec un truc pareil ! »

Les pouces passés dans le gilet, il s'avance vers Emma et lui demande tout à trac :

« Tu connais pas plutôt *Arrête Fifine, arrête ta machine* ? »

Des rires gras fusent de la salle. Les machinistes s'en mêlent, les plaisanteries douteuses accompagnent Emma qui a pris la fuite.

« Hé ! T'as l' bonjour d' Fernand ! »

Jules Puget et Léonie n'auront pas la cruauté d'ajouter à l'humiliation par des commentaires moralisateurs. La leçon portera bien toute seule.

Par bonheur, côté « sérieux », les progrès sont rapides et sûrs. Jules Puget veille à doter sa protégée d'un talent complet. Dès qu'il a jugé Emma prête, il lui a fait étudier le répertoire classique, trop heureux de voir que cette voix — bien qu'un peu « verte » encore — est exceptionnellement *longue*, ce qui lui permet d'aborder le *soprano lirico leggiero* de la Marguerite du *Faust* de Gounod, le mezzo de celle de Berlioz, les numéros acrobatiques du *coloratur* de l'Ophélie du *Hamlet* d'Ambroise Thomas, le soprano dramatique de *Salomé*, aussi bien que les coquetteries vocales de Manon ou les douceurs du rôle de Leila. C'est si rare de trouver autant de possibilités vocales dans un même gosier !

D'autre part, les dons pour la comédie que Puget discerne chez son élève sont si encourageants qu'il lui apprend à caractériser le personnage par la seule attitude. « On doit savoir quelle Marguerite tu chantes — Berlioz ou Gounod —, répète-t-il volontiers à Emma, rien qu'à te voir entrer en scène. »

Une fois devenue *Calvé*, elle ne l'oubliera pas.

Puget sait bien que l'atout maître d'une débutante consiste à se montrer capable de remplacer n'importe quelle cantatrice souffrante dans n'importe quel rôle. Plus Emma possédera de rôles, meilleures seront ses chances d'être celle qui sauve un spectacle compromis par une défection de dernière minute. C'est ainsi qu'on s'attache la reconnaissance éternelle des directeurs de théâtre !

Pour compléter la formation d'Emma, Puget présente sa protégée à des artistes confirmés dans d'autres disciplines que la sienne afin qu'ils l'auditionnent. Telle Augustine Brohant, ancienne gloire de la Comédie-Française, qui a succédé à la grande Rachel comme professeur au Conservatoire. Emma bénéficie de ses conseils pour acquérir l'impeccable diction que les critiques ne manqueront pas de souligner un jour.

Les progrès sont tels, en chant comme en déclamation lyrique et en expression, que Jules Puget autorise bientôt son élève à se produire en public. Elle a mis au point un vrai récital de mélodies, propres à mettre en valeur ses qualités de timbre : *La Ballade du roi de Thulé*, extraite de *Faust*, *Voi che sapete*, que Chérubin chante dans *Le Nozze di Figaro*, et diverses mélodies tirées du folklore qui font partie de ses gènes rouergats et qu'Emma chantera toute sa vie. Une façon de rendre un hommage discret à celle sans qui rien ne serait... Léonie Calvet.

Calvet... Calvet... Au fait, Jules Puget pense que ce nom ne fait pas assez *artiste*. Qu'il n'est pas assez musical. Il craint que le *t* final n'entraîne à prononcer *Calvette*. Il préfère *Calvé*. C'est à la fois plus court et plus sonore.

Va pour *Calvé*. Emma n'est pas contre. Et puis, si le maître l'exige...

Emma Calvé...

Elle vient de l'écrire pour la première fois. C'est comme un nom de baptême. Il va bientôt être imprimé sur un programme.

Elle est encore bien modeste la petite salle de la rue de la Tour-d'Auvergne où va se produire la future Diva. Mais c'est celle où elle va donner son premier récital à Paris. Pas très loin — faut-il y voir un signe ? — des salles de l'Opéra et de l'Opéra-Comique.

Léonie a fait des miracles. Sa fille est adorable dans cette petite robe de mousseline blanche à trois volants cousue point par point avec l'aide d'Emma. Un fichu *à la Marie-Antoinette*, avec une ceinture rose marquant la taille, achève le chef-d'œuvre d'amour maternel. Jamais les somptueux costumes de Callot et Doucet que la Diva portera aux jours de sa plus grande gloire ne lui procureront une fierté pareille à celle qu'elle éprouva ce jour-là. Jamais, peut-être, elle ne fut aussi naturellement, aussi évidemment belle.

Pour toute parure, Emma a dénoué ses longs et beaux cheveux noirs qui la parent d'une sorte de cape sombre en contraste avec la pâleur de son teint et l'éclat de la mousseline.

La voix s'élève, ferme, claire, assurée :

> *Il était un roi de Thulé,*
> *Qui jusqu'à la tombe fidèle...*

Il n'y avait pas de critique dans la petite salle de la Tour-d'Auvergne. Nous ne savons pas ce que fut l'accueil, sauf par Emma elle-même, qui affirme que ce fut son premier succès. Léonie et Adol se sont arraché la peau des mains. Ils n'ont plus de voix à force d'avoir crié bravo. Et, comble de bonheur, Emma rapporte à la maison cinquante francs, qu'elle tient serrés dans son aumônière comme si elle transportait le Saint Graal.

Son premier cachet !...

4

*Où l'on voit l'héroïne signer son premier contrat
et faire ses débuts dans* Faust
à la Monnaie de Bruxelles

« ÇA Y EST, maman ! Ça y est ! Je vais signer mon premier contrat ! »

Emma est folle de joie ! Elle saute, elle éclate de rire, elle pleure, elle se tord les mains. Léonie est saoulée par ce tourbillon.

« Et tu sais où ? » l'interroge Emma. Elle détache les syllabes, comme si elle voulait faire entrer les mots dans la tête maternelle : « *A la Mon-naie-de Bru-xelles !* » Le premier théâtre de Belgique, pour une débutante ! « Maman ! Te rends-tu compte ? »

Si elle se rend compte, Léonie Calvet ? Deux ans de galère, deux années de sacrifices à compter chaque sou qui s'en va, à tirer des plans pour empêcher le mois de s'achever le 15...

« Il faut que tu viennes signer, maman, puisque je suis mineure. Mais je ne t'ai pas dit le plus beau : sais-tu combien je vais gagner ? Sept cents francs par mois pendant un an ! Nous voilà riches ! »

Emma saute au cou de sa mère qui cache difficilement son émotion. Elle murmure une prière pour remercier le ciel. « Riches !..., reprend Léonie en souriant à sa fille, comme tu y vas ! Il en passera de l'eau sous les ponts de Millau avant que nous soyons riches, Emma. Enfin, ce sera toujours ça de pris pour rembourser les dettes les plus criardes... »

Jules Puget, qui a déniché pour son élève un premier contrat, va pouvoir commencer à récupérer ses deux années de « prêts sans intérêts ».

Calabresi, le directeur de la Monnaie, a engagé Emma pour l'essayer dans le rôle de Marguerite du *Faust* de Gounod. C'est un *vrai* engagement dans un *vrai* théâtre.

En attendant, Puget fait travailler à Emma les autres rôles de soprano inscrits au programme de la Monnaie en cette année 1881 : Chérubin, des *Nozze,* Salomé d'*Hérodiade* et Alice de *Robert le Diable.*

Puget sait qu'une cantatrice ne mérite pas ce nom tant qu'elle n'a pas foulé les planches d'un théâtre dans les conditions réelles d'un spectacle d'opéra, ce miracle quotidiennement répété.

Emma et son maître concentrent leurs efforts sur le beau rôle de Marguerite. Quelle aubaine pour une débutante d'avoir à défendre une si belle partition ! Le rôle est complet : on peut s'y mettre en valeur et faire briller toutes les facettes de son art.

La voix fraîche d'Emma se joue des trilles du fameux « air des bijoux » — « Ah, je ris ! de me voir si belle, en ce miroir… » — mais, par ailleurs, elle a des accents, une couleur, un éclat capables de faire passer le frisson sur une salle quand elle fait éclater ses dramatiques appels dans le trio final :

Anges purs, anges radieux !…

Elle y met un cœur étonnant. C'est déjà une vraie tragédienne lyrique quand, devant son professeur, mettant au point ses effets, à genoux, en chemise, les cheveux dénoués et le regard fou, elle lance, désespérée :

Dieu juste, à toi je m'abandonne,
Dieu bon, je suis à toi, pardonne !

Perfectionnistes, le maître et l'élève fouillent la psychologie du personnage. Ensemble, ils lisent Goethe, détaillent chaque phrase du livret de Barbier et Carré, mettent en place gestes et attitudes, répètent sans se lasser les passages périlleux.

Pour parfaire l' « entraînement », Puget accepte qu'Emma se produise ici ou là, en récital, afin de prendre l'habitude des planches, de faire face aux mille impondérables, aux événements inattendus qui émaillent toute prestation scénique : un son mal émis, un bruit intempestif, un changement de programme au dernier moment ou, piège redoutable, une coupure, décidée par le metteur en scène, qui tend des chausse-trapes à la mémoire...

Ainsi commence-t-on à voir apparaître timidement le nom d'Emma Calvé dans des concerts classiques donnés dans des villes de province.

Pendant l'été 1881, elle se produit « chez elle », dans une église de Millau, au *païs*, devant les siens. C'est la première fois qu'elle y revient, depuis la « fuite » à Paris. Justin n'est pas en France, il n'aura donc pas entendu sa cantatrice de fille à cette occasion. Mais la tante Caylet a mis ses plus beaux habits et son chapeau à voilette. Elle est assise au premier rang pour applaudir la *fantoune*.

Comme toute « émigrée », Emma a eu à cœur de leur prouver qu'elle n'était pas partie pour rien...

A Nice, en décembre 1881, Emma a donné le premier concert dont on possède un compte rendu écrit. Un chroniqueur a laissé trace de ce bref passage dans un concert privé où Emma a été priée de remplacer au pied levé la comtesse de Vigier, qui devait chanter au cours d'un arbre de Noël.

Ce n'est pas n'importe qui, la comtesse. Elle a été la cause, quelques années auparavant, d'un scandale dont les fidèles abonnés de l'Opéra de Paris se souviennent encore.

A cette époque, la comtesse de Vigier se nommait Sophie Cruvelli, pseudonyme de Sophie Grüwell, cantatrice d'origine allemande. Elle avait une si belle voix, de *soprano spinto*, aux aigus éclatants, que Verdi l'avait appelée pour lui confier la création du rôle d'Hélène, dans *Les Vêpres siciliennes* — ouvrage commandé par l'Opéra de Paris —, où ses moyens et sa technique feraient merveille.

La création devait avoir lieu en novembre 1854. Mais, à peine les répétitions au piano commencées, on annonçait une étonnante nouvelle : la prima donna avait disparu ! Double tuile, car la Cruvelli était aussi programmée pour *Les Huguenots*.

Les gens bien renseignés et les mauvaises langues (ce sont souvent les mêmes) parlent de fugue amoureuse.

Et c'en est une ! Le scandale monte en haut lieu. Roqueplan paie la fugue de la diva de son poste de directeur de l'Opéra de Paris.

Et puis, le 20 novembre, Sophie Cruvelli réapparaît, comme si de rien n'était. « Quand commence-t-on à répéter *Les Vêpres ?* » demande-t-elle avec une fausse candeur. Le scandale n'empêchera pas la fugueuse de connaître un succès considérable[1].

Pourtant, peu après, la Cruvelli abandonnait la scène et épousait son ravisseur, devenant pour le coup « Madame la Comtesse ».

Il en est souvent ainsi des pécheresses repenties : elles donnent dans les bonnes œuvres, comme si elles voulaient se faire pardonner leur passé agité.

La comtesse devait chanter lors d'un arbre de Noël organisé par une association caritative en faveur d'enfants abandonnés de la ville de Nice. Catastrophe : le jour du récital, elle est aphone !

Emma, qui se repose à Nice avec Léonie, s'offre spontanément à la remplacer.

Elle a chanté, si l'on en croit le chroniqueur niçois, une mélodie intitulée *L'étoile que j'aime, c'est vous,* qui lui a valu un grand succès. On a loué sa voix pure et fraîche, sa musicalité, son timbre chaud.

C'est sa première vraie critique.

Bientôt, elle va monter sur les planches, non plus pour le temps d'une mélodie ou d'un air d'opéra, mais durant les quatre heures que dure *Faust,* sans avoir le droit de faillir, de céder à la fatigue.

Il lui faudra encore patienter dix mois, donnant ici et là des concerts pour apprendre son métier.

_____

1. En dépit d'un involontaire succès d'hilarité à la représentation des *Huguenots* : en effet, la phrase d'accueil du personnage de Valentine n'est autre que : « Dis-nous le résultat de ton hardi voyage !... »

Le grand jour si espéré, si redouté, arrive enfin le 23 septembre 1882. La direction de la Monnaie l'a avertie au dernier moment, une prima donna ayant déclaré forfait. Il va falloir effectuer sa prise de rôle après quelques répétitions au piano, quelques brefs raccords de « mise en scène » (si l'on peut appeler ainsi les quelques indications qu'on lui donne) et UNE seule répétition d'orchestre !

C'est un numéro de haute voltige qu'on lui propose, pas un opéra !

Mais Calabresi lui offre la chance de sa jeune carrière, elle le sait. Pour autant, pas question d'être la débutante soumise qu'on attendait. Montrant déjà le bout de son caractère, Emma entend imposer sa conception du rôle de Marguerite. Elle a l'âge idéal — vingt-trois ans — pour qu'on croie physiquement à sa création et la beauté requise pour faire sensation. Donc, pas besoin de ces artifices qui gomment les embonpoints des Marguerite quinquagénaires. Emma se veut naturelle. Elle refuse qu'une perruque métamorphose sa physionomie de Méridionale en *Gretchen* d'occasion. Pas de longues tresses blondes ! Elle chantera *en cheveux* l'acte du jardin. Folle audace ! Une Marguerite « aile-de-corbeau »...

Le public bruxellois n'en est pas revenu.

Faut-il préciser qu'elle avait un trac fou, Marguerite ? Au moment où, entre deux portants du décor, elle s'apprête à entrer en scène, ses jambes sont prises d'un tremblement incoercible. Son cœur bat à tout rompre. La bouche est vide de salive. Aucun son ne va émerger de ce paquet de cordes rêches qui lui tient lieu de gosier... Devant l'abîme qui s'ouvre, Emma hésite à faire le saut. Elle a le vertige.

Léonie est derrière sa fille affolée et l'exhorte au courage. Emma a un regard de biche traquée. La mère voit le danger. Si elle ne tente rien, Emma va rater son entrée. Elle n'hésite plus, Léonie. Elle catapulte la débutante sur scène d'une violente poussée dans le dos.

Dans un brouillard de sons et de mots, telle une phalène

aveuglée, Marguerite vient de faire une entrée un peu agitée pour une jeune fille rêveuse qui sort de l'église. Faust s'approche d'elle, la bouche en cœur et le bras en anse de panier. Dans le regard du ténor, il y a toute la sollicitude d'un partenaire plus âgé, qui est passé par les mêmes transes et semble jeter une bouée à la débutante.

> *Ne permettrez-vous pas, ma belle demoiselle,*
> *Qu'on vous offre le bras, pour faire le chemin ?*

C'est à elle ! Elle ne peut pas s'enfuir. Si elle est là, ce n'est pas faute de l'avoir voulu. Dans l'ombre de la coulisse, Léonie prie tous les saints patrons du Rouergue.

De la gorge nouée sortent les premiers sons :

> *Non, monsieur, je ne suis demoiselle, ni belle !*
> *Et je n'ai pas besoin qu'on me donne la main...*

Patatras ! De saisissement, Marguerite vient de laisser tomber son livre de messe qui a chu sur les planches avec un bruit de détonation !

Dans les journaux bruxellois du lendemain, où Emma s'attendait à être épinglée pour son « jeu de scène intempestif », elle lira avec attendrissement « qu'on la trouve intéressante » et même « naturelle », et son geste maladroit est jugé « bien dans le caractère de cette jeune fille intimidée par sa rencontre avec un grand seigneur qui l'accoste inopinément dans la rue ».

Voilà comment on crée — sans l'avoir voulu — une « tradition » !

Tout au long des cinq actes de *Faust,* Emma a dû improviser son jeu, ses attitudes, seulement guidée par son instinct et les conseils de Puget. Pourtant, chacun a pu déceler, derrière les maladresses et les naïvetés de la débutante, le tempérament, l'étoffe dans laquelle on taille les futures divas.

La musicalité, le timbre ont été remarqués, tout comme la grâce naturelle d'une jeune et belle cantatrice qui changeait des mémères obèses ôtant au personnage une bonne part de sa crédibilité — à moins qu'on ne se contente de son oreille ! Avec Calvé, l'œil a eu son compte, pas seulement parce qu'elle est belle : parce qu'elle joue avec une justesse, une vérité qui dénotent un beau travail sur le personnage allant bien au-delà du chant. Par exemple, il fallait être sûre de son fait et posséder même un certain culot pour chanter Marguerite habillée d'un lainage terne et d'un petit chapeau, à l'acte un, et refuser ces habits « médiévaux » éclatants qui n'appartiennent qu'aux princesses. Emma a d'emblée bousculé la tradition pour proposer du nouveau. Elle agira toujours ainsi. Dès ses débuts, elle a voulu que ses créations soient marquées de sa « griffe » personnelle. A ceux qui lui demandaient des explications, après la représentation, elle a calmement expliqué : « Pour moi, Marguerite est une petite ouvrière de condition modeste. Pas une princesse de sang. Il faut la jouer " simple ". »

La cantatrice tâtonnante du premier acte est allée en prenant de l'assurance au fil des tableaux. La première ovation a salué l'« air des bijoux ». Dans la scène de l'église avec Méphisto, Emma a fait sensation par le réalisme de son jeu, au moment où elle est tombée en avant, face contre terre. Quant à son attitude si personnelle, après la mort de Valentin, lorsqu'elle a éclaté en larmes, s'interrompant soudain pour rire comme une folle, tandis qu'elle sortait à reculons, elle a été jugée « impressionnante ». Au trio final, les Bruxellois ont eu un aperçu de ses capacités réelles sur le plan de la performance vocale. Le vaisseau de la Monnaie a tangué sous les trépignements de joie et les vivats.

Au rideau, Léonie et Emma sont tombées dans les bras l'une de l'autre, mêlant leurs larmes et leurs rires, sous l'œil attendri de Calabresi qui ne semblait pas regretter son pari, toujours hasardeux avec une débutante. Celle-là a le métier dans le sang.

On peut donc passer sans angoisse à la suite de l'aventure : faire chanter Chérubin à Emma. En italien, comme il se doit. Ce n'est peut-être pas le grand rôle des *Nozze di Figaro*, mais on peut s'y tailler un succès personnel si l'on sait tirer parti du *Non so più* et du non moins célèbre *Voi che sapete*.

La beauté androgyne de Calvé, déguisée en page, en culotte à la française et pourpoint à jabot, un large feutre avec panache sur la tête, avec lequel elle joue comme une coquette avec un éventail, a troublé plus d'un vieil abonné de la Monnaie. C'est un Chérubin « gaillard », grand et fort qu'elle incarne. Pourtant — est-ce un souvenir des années où elle a eu faim —, elle se trouve *un peu mince* à l'époque (tout est relatif). Elle estime avoir « des jambes de sauterelle ». Finou le lui disait en riant quand elle était petite. Les bas, qui laissent voir la forme du mollet, tracassent Cherubino qui, à la première, et sans avertir personne, a décidé d'employer les grands moyens pour donner du galbe à ses jambes. Sous ses bas de soie, Emma a enfilé d'épais bas de coton, comme on les tricote au *païs*.

Affublée de la sorte, elle s'est cachée dans la chambre de Suzanna pour jouer sa partie au premier acte.

Les gloussements du public ont attiré l'attention de Calabresi qui ne s'était rendu compte de rien. Il est furieux contre l'initiative intempestive d'Emma. Il l'attend à sa sortie de scène : « Voulez-vous immédiatement m'enlever ces mollets monstrueux ! Ils ne vont pas avec votre silhouette, tonne-t-il. Vous n'avez pas entendu qu'ils se fichent de vous ? »

Vexée, Emma s'exécute. Si bien qu'à son entrée au deux, les rires redoublent. Les mollets de Chérubin ont fondu ! Un vrai héron, cette fois. La salle s'esclaffe quand elle aperçoit le page qui tente de masquer ses jambes avec son court manteau. Mais, finalement attendri et bon enfant, le public bruxellois acclame bruyamment la jeune chanteuse française aux idées saugrenues. Ce qui lui vaut *in fine* l'indulgence directoriale. « Tous les moyens sont bons pour vous tailler un succès personnel », constate Calabresi.

« Je ne crois pas, écrira Emma Calvé dans ses souvenirs, avoir jamais excité par la suite un tel tumulte à la Monnaie que lors de cette soirée de joyeuse mémoire. »

Elle y en provoquera d'autres, pourtant, et de plus mémorables...

Calabresi est conquis. Il renouvelle le contrat aux appointements de mille deux cents francs par mois (presque le double de la première année !).

Emma va avoir deux nouvelles occasions de briller. D'abord, dans le rôle d'Alice de *Robert le Diable*, la première œuvre de

Meyerbeer qui inaugure le style « grand opéra », où la splendeur scénique doit doubler les prouesses vocales, les questions de vraisemblance ou les absurdités du *libretto* passant au second plan.

Emma va montrer son savoir-faire dans ce rôle qui n'est pas le premier de l'ouvrage, puisque la prima donna se réserve celui d'Isabelle, mais où deux beaux airs, confiés à cette ancêtre de Micaela — une pure jeune fille, sœur d'un être démoniaque, attachée à le faire revenir à de meilleurs sentiments —, permettent à qui sait y faire de se tailler un succès personnel.

Calvé a su tirer tout le parti possible de la jolie romance du premier acte ; « Va, dit-elle, mon enfant », par laquelle elle demande au duc de Normandie de s'amender, et surtout au quatrième où, rappelant à Robert les dernières paroles de sa mère, elle parvient à faire repousser la signature du pacte avec Satan. Elle a été saluée par la critique pour l'émotion qu'elle a su faire passer.

Le rôle de Salomé dans *Hérodiade* de Massenet, bientôt confié à Emma, va assurer la consécration définitive de la jeune chanteuse française par le public de la Monnaie. C'est, soit dit en passant, sa quatrième prise de rôle en deux saisons. Puget a bien travaillé ! Calvé va donner avec Salomé sa vraie mesure comme chanteuse et comédienne.

L'œuvre, créée sur cette même scène de la Monnaie le 19 décembre 1881, est encore peu connue et Paris, après Nantes où eut lieu la première française, ne la découvrira — en italien ! — que le 12 février 1884, avec les frères de Reszké et Victor Maurel. C'est donc une reprise importante offerte à la jeune cantatrice et une véritable création pour elle. Duvivier, la première Salomé, n'avait pas eu le temps matériel de créer une « tradition ».

Comme pour Marguerite, Emma a une vue personnelle — et originale ! — de la psychologie du personnage : « Sainte Thérèse d'Avila aimant Jésus », voilà sa conception du rôle. « Les mystiques, ajoute-t-elle, sont les premières, les plus grandes, parmi les amoureuses. Je la vois brune, cheveux en broussaille, robe jaune-orange, comme la Salomé de Regnault. Le rôle y gagne en sauvagerie, en originalité. »

Dès ses premiers mots : « Il est doux, il est bon », Emma a envoûté la Monnaie. Suivant les conseils de Puget, elle a perdu toute pudeur, mettant en relief le côté voluptueux, érotique du rôle, soupirant d'amour après son prophète comme une courtisane, séductrice par profession, qui découvre à sa stupéfaction être tombée réellement amoureuse.

On a remarqué qu'Emma a su gommer l'habituelle vulgarité des cantatrices de son temps, les œillades appuyées, les gestes stéréotypés.

Sa jeune beauté, exaltée par une robe de voile pourpre tombant jusqu'à terre, la taille enserrée d'un rang de perles, brodée de sequins et de perles par les mains agiles de Léonie, a fait gros effet. Un décolleté mettait en valeur la ligne du cou tandis que ses beaux bras blancs étaient libres, sous une étole rouge qui les masquait pour mieux les révéler.

Emma vient de prendre conscience que ce qui convient le mieux à ses dons, ce sont les rôles d'amoureuses passionnées. Son tempérament volcanique peut y donner sa mesure. Par bonheur, ces rôles-là ne manquent pas dans l'opéra ! Au besoin elle en créera de nouveaux...

Emma a beaucoup donné, mais elle a aussi beaucoup reçu et retenu.

La profession apprend à la connaître et à l'apprécier. Les journaux commencent à chanter ses mérites. Sur le plan financier, sans être le pactole, le temps des vaches maigres est terminé. Avec ce qu'elle a — en bonne Rouergate — mis de côté, elle va pouvoir parfaire sa formation.

Cette perfectionniste — qui le restera, même au sommet de sa carrière — sait qu'il lui reste des progrès à accomplir. Si ses premiers succès l'encouragent, elle a conscience de leur insuffisance. Ils ne lui permettent pas de revendiquer le statut de prima donna. Que de chemin encore à parcourir !...

Emma est plus que jamais décidée à marcher sur les traces des divas dont les exploits vocaux, les triomphes passés la hantent.

Elle sait que des combats plus importants que ceux de la « campagne de Bruxelles » l'attendent. Il faut pour les affronter d'autres armes que celles dont elle dispose en cette fin 1883, à son retour à Paris.

Malheureusement, Puget vient de mourir...

5

*Où l'on voit l'héroïne rencontrer « la Prussienne »
et ne pas résister plus de six mois
à sa célèbre méthode*

S ES ENNEMIS la surnommaient « *la Prussienne* ». Autant à
cause de son autorité naturelle et de son ton cassant que de
son accent guttural. Elle était née Mathilde Graumann, mais
tout le monde l'appelait « la Marchesi », parce que cette
Allemande de Francfort avait épousé un Italien. Elle dirigeait
alors à Paris, dans les années 1880, la plus célèbre école de chant
d'Europe.

Les mauvaises langues disaient de cette école de musique,
située rue Jouffroy : « Elle ressemble à la fois à une caserne et à
un couvent. » L'adjudant en jupons (ou la mère supérieure,
comme on voudra) ne plaisantait jamais à propos de la
discipline, des horaires, du travail. C'est pourtant dans cette
école spartiate du chant que nous retrouvons Emma — à la tête
d'un pécule suffisant pour « tenir » quelque temps — dès son
retour de Belgique, en quête d'un professeur capable de lui faire
franchir un nouveau pas. Ce sera Mathilde Marchesi.

La Marchesi était elle-même élève de Manuel Garcia, le père
de la Malibran, qui créa tous les grands opéras de Rossini et
Bellini. C'est dire qu'elle détenait quelques-uns des « secrets »
du bel canto authentique, ce *stil sublime* qui fit se pâmer la
génération romantique. On ne s'étonnera donc pas de voir
Marchesi privilégier le placement de la voix pour la production
des notes hautes. Emma lui devra sans doute, en partie, cette
étonnante technique qui fut la sienne, grâce à laquelle un

soprano dramatique naturel — fait pour lancer des aigus de poitrine en puissance — peut vocaliser en finesse et distiller les trilles avec une agilité de *coloratur*. Mathilde Marchesi va permettre à Emma d'ajouter à sa panoplie les rôles périlleux de Lucia di Lamermoor, d'Ophélie ou de Lakmé, qui ne sont pas, en principe, de son registre.

Dans ses Mémoires, Calvé ne dit que du bien de la Marchesi, mais elle en parle très brièvement. Il faut donc laisser à l'Américaine Emma Eames le soin de nous raconter comment se passaient les leçons de chant à l'école de musique de la rue Jouffroy — et de détailler la célèbre *méthode Marchesi*, qui a laissé sur certaines élèves une inoubliable impression. A un an près, les deux Emma auraient pu s'asseoir sur le même banc.

« C'était l'instituteur prussien idéal », écrit sans indulgence Emma Eames, dont le tempérament tranchant devait, à l'égal de celui d'Emma Calvé, produire des étincelles au contact du redoutable professeur, dont elle allait, plus tard, rejeter bien des conceptions. « Mathilde Marchesi, poursuit-elle, était une femme d'une grande force de caractère et qui prenait un grand ascendant sur ses élèves. Musicienne authentique, elle connaissait par cœur des dizaines de rôles et c'était une travailleuse infatigable. Son école était un exemple d'ordre et d'organisation. Elle se tenait en personne au piano, chaque matin dès neuf heures, toujours parfaitement et plutôt richement vêtue, sans qu'un cheveu dépasse de son chignon tiré. Intelligente, elle possédait la véritable efficacité allemande, mais n'avait pas d'intuition. C'était avant tout une femme d'affaires... »

Emma Eames décrit ensuite l'original système de paiement de Mathilde Marchesi : comment, certain jour du mois, un certain vase, bien connu des élèves, apparaissait sur le piano, dans lequel chacun était prié de glisser le montant de ses leçons en opérant avec discrétion, afin que l'artiste ne soit pas offusquée par ces basses questions matérielles. « A moins que l'un d'entre eux n'oublie de s'acquitter de sa dette. Alors, la Marchesi se dressait tel un diable de sa boîte et rappelait à l'ordre en termes blessants l'étourdi. Puis elle se remettait au clavier comme si de rien n'était. »

Quant à la méthode proprement dite, la cantatrice américaine la juge avec réserve. « Elle s'inspirait grandement de celle de

Manuel Garcia, partenaire de la Pasta, frère de chanteurs célèbres, lui-même chanteur éprouvé et père de la plus grande diva romantique », écrit Eames, qui précise : « On raconte que Garcia battait Maria Malibran pour lui apprendre à mieux triller. Elle avait, selon sa nièce, acquis le rare don de savoir chanter en pleurant ! »

Éducation à la cravache qui avait porté ses fruits puisque Malibran possédait une technique sans faille et une voix prodigieuse qui, naturellement mezzo, s'étendait du sol grave au contre-mi !

Mathilde Marchesi, dans ses écrits, témoigne de son admiration pour la méthode de son maître et, comme lui, elle s'est surtout préoccupée de placer les voix le plus haut possible de façon à sortir les notes aiguës avec le maximum d'éclat.

L'élève la plus célèbre de Marchesi avait été jusqu'alors Gabrielle Krauss, une Viennoise arrivée à Paris quand Emma avait dix ans. Devenue *prima donna assoluta*, admirée par Théophile Gautier, la Krauss, en outre remarquable tragédienne, avait raflé tous les grands rôles, et on la disait insurpassable dans *La Juive*. C'est elle qui révéla *Aïda* aux Parisiens.

Avant d'être évincée, à partir de 1885, par une cabale, Gabrielle Krauss aura été la meilleure Donna Anna de sa génération et ses *mano a mano* avec Caroline Miolan-Carvalho dans *Robert le Diable* ont donné lieu à des soirées d'anthologie.

C'est à l'école même qu'Emma eut l'occasion d'entendre Gabrielle Krauss, venue, à l'invitation de son ancien professeur, rencontrer ses élèves. Dans la salle, ce soir-là, il y avait aussi un grand vieillard au profil d'aigle, aux longs cheveux blancs et aux doigts interminables : Franz Liszt lui-même ! Ces demoiselles n'avaient d'yeux que pour l'idole de l'Europe pianistique. Mais il était boudeur, ce soir-là, le grand Franz. Lorsque Marchesi lui proposa d'accompagner Gabrielle Krauss, il commença par refuser et, en parfait mufle, dit à voix assez haute pour être entendu : « Non ! Elle est laide et elle a un défaut que je ne puis souffrir : elle chevrote. »

C'était vrai : Krauss n'était pas bien belle avec sa tête « coincée entre les épaules et un corps de géante dont elle ne savait que faire », rapporta Emma dans ses Mémoires. Mais, outre l'impolitesse, Liszt aurait pu commencer « à balayer devant sa porte » et reconnaître qu'à cette époque (il avait soixante-quatorze ans), il n'était plus lui-même le beau jeune homme romantique pour qui Marie d'Agoult avait perdu la tête : un profil de vieux chef de tribu tsigane, les dents gâtées, le nez plongeant vers le menton, le visage constellé de verrues qu'il grattait en permanence de ses ongles en deuil, il avait, lui aussi, semble-t-il, perdu toute prétention à séduire.

« Krauss, qui avait entendu la réplique cinglante, pâlit affreusement et se dressa telle une reine offensée », raconte Emma.

Marchesi insista auprès du maître pour qu'il revienne à de meilleurs sentiments. S'il voulait être pardonné, il fallait qu'il fît un geste envers la malheureuse diva humiliée. Après quelques refus de moins en moins convaincus, Liszt finit par se laisser fléchir :

« Soit, je veux bien, dit-il à Marchesi, mais si elle ne chante pas comme je l'entends, je fais un esclandre ! »

Et de ses mains lancées comme des serres d'oiseau de proie sur le clavier, il attaqua le début d'*Erlkönig (Le Roi des Aulnes)*, l'un des plus beaux lieder de Franz Schubert.

Gabrielle Krauss était de cette race des très grandes cantatrices que leur art transfigure et qui, avant de commencer à chanter, semblent tout à coup irradier une étrange lumière intérieure. Elle était toujours aussi pâle, mais son visage se transforma. Ses petits yeux expressifs se mirent à briller et il émana d'elle une étonnante force physique tandis qu'elle lançait avec fougue la première phrase.

Liszt, qui avait perçu la métamorphose, sembla électrisé par les accents pathétiques de celle qu'un instant auparavant il insultait si cruellement.

« Il se surpassa », se souvint Emma. Ensemble, le dernier accord plaqué, d'un même élan, oubliant le monde, ils se jetèrent dans les bras l'un de l'autre en pleurant. « " Viens, ma fille, viens, ma sœur ! " disait Liszt, tandis que Krauss, brisée d'émotion, se laissait choir dans son fauteuil. »

Plus tard, quand on l'interrogeait sur ses plus beaux souvenirs, Calvé, comme ceux qui avaient eu le privilège de vivre ce moment unique, faisait souvent allusion « au soir où Krauss chanta chez Marchesi *Le Roi des Aulnes* accompagné par Liszt ».

Nul doute que la gloire d'une élève comme Gabrielle Krauss a eu de bénéfiques retombées sur la renommée de l'école de chant de la rue Jouffroy. Pourtant, les meilleures restaient encore à venir. Outre Emma Calvé, Mathilde Marchesi allait bientôt pouvoir se vanter d'avoir formé quelques-unes des gloires lyriques des années à venir : Emma Eames, Adams, Arnoldson, Kurz, Scotney et surtout, la plus grande de toutes, peut-être : Nellie Melba.

Si personne ne peut se flatter d'avoir vu rire ce Buster Keaton (femelle) de l'art lyrique, personne non plus ne peut nier qu'elle fut la plus adulée. Elle va bientôt arriver (en 1886) à Paris, de son Australie natale, *via* Londres, et ses dons seront tels qu'il ne faudra guère plus d'un an à Marchesi pour en faire une bête de scène.

On raconte que Melba vint auditionner rue Jouffroy dans l'air fameux de *La Traviata, Ah, fors'è lui*, et qu'en l'entendant Marchesi bondit sur ses jambes et appela son époux : « Viens vite, Salvatore, j'ai trouvé une étoile. »

Si dans cette anecdote complaisamment rapportée, la réalité est sans doute un peu embellie, ce qui est en revanche bien réel, c'est la somme qu'offrit l'imprésario Maurice Strakosh lorsqu'il entendit le phénomène vocaliser chez les Marchesi. En faisant signer son premier contrat d'exclusivité à Melba, il lui promettait mille francs par mois la première année, deux mille francs la seconde. Mais le directeur de la Monnaie surenchérit aussitôt en proposant trois mille francs !

Voilà pourquoi c'est à Bruxelles que Nellie débuta avec Gilda, Lucia, Ophélie, Juliette...

Emma Calvé ne connaîtra pas le même bonheur immédiat. Sans doute son caractère entier et ses conceptions personnelles des rôles s'accommodèrent-ils mal de l'autorité de *Frau* Graumann-Marchesi, qui n'admettait pas la contestation...

Pour prêcher par l'exemple, le professeur engage ses élèves à aller entendre les divas vers qui va sa propre admiration pour leur technique vocale : Sonntag, la créatrice d'*Euryanthe* de Weber, parfaite mais glaciale, Lind, « le rossignol suédois », à l'incroyable souplesse vocale et au pianissimo « égal et fin comme un cheveu », qui sait obtenir par une succession rapide de forte et de piano un étonnant effet d'écho, et surtout la Patti, LA diva de l'ère victorienne et du Second Empire, au timbre si *fruité*, à l'émission facile, à l'égalité parfaite, à l'agilité confondante.

Ce n'est pas un hasard si les contemporains qui ont pu entendre les deux cantatrices ont affirmé que le timbre de Calvé rappelait celui de la Patti et si d'autres ont remarqué chez cette grande voix une capacité étonnante à se réduire aux pianissimo les plus délicats sans qu'elle perde sa couleur. Les conseils de Mathilde Marchesi n'y étaient sans doute pas étrangers.

La technique Marchesi est non seulement difficile, mais parfois elle se révèle dangereuse. Avec « la Prussienne », « ça passe, ou ça casse ». Elle obtient des résultats quand la voix est fraîche et jeune et que l'énergie supplée au manque de support respiratoire que préconisait Puget. Mais, selon Emma Eames, cette façon de « tirer la voix vers le haut » n'était pas sans conséquences. Parfois, le médium et le grave restaient faibles et, note la cantatrice américaine, « c'est pour cette raison qu'un certain nombre d'élèves sortant de l'école de la rue Jouffroy, après un succès initial, ont eu des problèmes vocaux sur les notes hautes ». (Eames parle d'expérience...)

Pour Melba, en revanche, ce sera la méthode idéale pour renforcer un organe extraordinairement naturel et docile.

Et Calvé ? Indubitablement, elle a résisté vocalement aux méthodes de « la Prussienne ». Sa voix a certainement profité de son passage rue Jouffroy pour se développer vers l'aigu, ce qui lui permettra d'allier l'éclat à la virtuosité. Mais elle a dû sentir les limites de la méthode Marchesi et, surtout, en voir les dangers pour sa propre voix. Elle ne supportera pas plus de six mois l'autoritarisme de son professeur. A-t-elle masqué son incompatibilité d'humeur sous le couvert d'un manque de fonds l'empêchant de continuer ? Il ne semble pas en tout cas que le professeur en ait voulu à l'élève de la quitter ainsi, courant 1882, au beau milieu d'une année, puisque bientôt elle la fera bénéficier de ses relations nombreuses et étendues pour la recommander à des confrères, à des gens du métier, à l'étranger.

Ici, commence une période où l'on perd véritablement la trace d'Emma Calvé dans ce Paris dont elle veut faire la conquête. Ni ses Mémoires, ni les témoignages, ni ceux qui se sont penchés sur sa carrière et sa vie ne parviennent à combler le « trou » de six ou huit mois durant lequel elle est restée sans engagement, sans professeur, sans concerts ou récitals dont on ait trouvé trace. De quoi a-t-elle vécu durant cette période ? De l'argent économisé sur ses cachets à la Monnaie ? La Marchesi avait dû en faire fondre une bonne partie. Du travail de Léonie ? C'est bien aléatoire. De la générosité d'un riche amateur d'opéra et de chair fraîche ? Ce n'est pas impossible, si rien ne le prouve. Les journaux belges n'ont pas seulement vanté les mérites vocaux ou les talents dramatiques de la jeune cantatrice. Ils ont largement détaillé la grâce piquante de cette belle brune au regard sombre et fiévreux, à la taille marquée, à la souplesse sensuelle.

La seule allusion qu'Emma fasse sur cette période de sa vie tient en quatre lignes : « Voici plus de six mois que je suis sans engagement et j'ai la nostalgie du théâtre. La vie me semble grise, plate, sans intérêt hors les planches. »

Il est temps de se secouer pour que ça change. C'est si court une vie de cantatrice !

Heureusement, comme dans les contes de fées, ou dans un spectacle bien réglé, au moment où l'on croit que tout est perdu, voilà un des personnages les plus fabuleux de l'histoire du théâtre lyrique qui s'avance vers la petite chanteuse perdue. De sa voix de bronze qui envoûta le monde entier, une voix où brille le soleil de son Marseille natal, il appelle Emma et l'invite à le rejoindre. Il s'apprête à lui faire franchir une nouvelle étape décisive de sa jeune carrière. Il s'appelle Victor Maurel. Pour lui, Verdi écrira l'un des plus beaux rôles de baryton de tous les temps : Iago. Pour lui, le vieux maître va bientôt couronner sa carrière avec Falstaff ! Le rideau rouge vient de se lever : Victor Maurel entre en scène...

6

Où l'on voit l'héroïne débuter
au théâtre des Italiens, à Paris,
aux côtés du plus grand baryton du monde

« Tu as encore beaucoup à apprendre, mais en travaillant bien, si tu es courageuse, ça devrait aller. Allez, zou ! Fais pas cette figure ! C'est quand même une bonne nouvelle, non ? »

Emma est trop émue pour être capable d'acquiescer autrement que par un signe de tête. Ses jambes tremblent. Son cœur bat la chamade. Ses mains sont brûlantes. Jamais elle n'avait été aussi émue. Pétrifiée de trac, elle a attaqué *La Ballade du roi de Thulé* sans savoir si elle serait capable de la mener à son terme.

Quand le dernier accord a été plaqué, Maurel n'a fait aucun commentaire. Il a simplement dit : « Tu as autre chose ? » Alors Emma a joué son va-tout. Elle a annoncé : « L' " air de la folie " d'Ophélie, d'Ambroise Thomas. » Maurel n'a pu s'empêcher de dire : « Toi au moins, tu n'as pas peur ! »

C'était tout le contraire. Elle séchait sur pied. Une peur immense lui fouaillait les entrailles, lui bloquait le diaphragme. Tout ce qu'il fallait pour aller au désastre.

Elle a chanté comme si sa voix ne lui appartenait pas. Comme si elle entendait une autre chanteuse émettre des sons dans une sorte de salle capitonnée.

Il faut croire qu'elle a été moins mauvaise qu'elle ne le pensait, puisque le plus célèbre baryton du monde vient de l'engager !

Pour un peu, à présent, elle lui sauterait au cou si elle n'était intimidée par cette gloire de l'art lyrique qui lui propose, à elle la débutante : « Viens chanter avec moi !... »

Emma a beau se pincer, elle ne réalise pas tout à fait que Victor Maurel, directeur du théâtre des Italiens de Paris, est en train de préparer à son intention un contrat lui garantissant mille deux cent cinquante francs par mois, pendant six mois, pour en faire sa partenaire dans le principal rôle féminin de *Aben Hamet*, opéra de Théodore Dubois.

Le contrat couvre la période du 1er novembre 1884 au 30 avril 1885. Il prévoit, en attendant la création de l'œuvre nouvelle, de faire aborder à la jeune cantatrice des rôles qui vont étoffer son répertoire : outre la Salomé d'*Hérodiade*, Emma devra chanter dans *Le Trouvère, Un ballo in maschera, Don Giovanni, Ernani, Rigoletto* et *La Traviata*.

Presque tous les grands Verdi ! Ce choix n'est pas innocent : il est un hommage appuyé de Maurel au compositeur dont il espère tant...

Verdi n'a pas encore posé sur cette tête aux noirs cheveux frisés la couronne suprême qui consacrera sa carrière — lorsqu'il lui aura successivement confié la création des rôles de Iago et de Falstaff, ses chefs-d'œuvre —, mais le *maestro* a une dette envers ce chanteur français : c'est Maurel qui a créé la version définitive de *Simone Boccanegra*, œuvre maudite, maintes fois remaniée, après plusieurs échecs, jusqu'à ce que la voix de bronze de ce baryton né à Marseille la conduise au succès sur la scène de la Scala, le 24 mars 1881.

Voilà pourquoi le plus grand « baryton-Verdi » de son temps est marseillais et non pas napolitain ou milanais.

Maurel est né sur les rives du Vieux-Port le 17 juin 1848, alors que la fumée des barricades était à peine dissipée. Ses études de chant achevées au conservatoire de sa ville natale, il est *monté* à Paris rafler les premiers prix avant de débuter au Grand-Théâtre de Marseille dans *Guillaume Tell*.

Si Jean-Baptiste Faure — par ailleurs excellent chanteur — ne tenait fermement la chaîne qui cadenasse l'entrée de la scène de l'Opéra de Paris à tout baryton d'envergure qui pourrait lui faire de l'ombre, nul doute que Victor Maurel y aurait sa place. Mais il a préféré être le premier ailleurs que le second à Paris, salle Le Peletier. Faure, en un sens, lui a rendu service. Maurel est devenu une idole itinérante : un jour à Saint-Pétersbourg, un autre au Caire, l'année suivante à la Fenice ou à la Scala.

Paris l'a découvert en 1868 dans *Le Trouvère* (comte de Luna) et retrouvé en 1869 dans *Les Huguenots* (Nevers). A vingt-deux ans, il a débuté à la Scala où il a créé *Il Guarany* du Brésilien Carlos Gomes, se jouant des redoutables difficultés de son rôle et, dès 1873, s'est produit à Covent Garden où il est, depuis, réinvité chaque année. Sur cette scène, il a chanté (en italien !) Wolfram à la première anglaise de *Tannhaüser*. Il ne lui manquait plus que de conquérir le Nouveau Monde, ce qu'il fit sans encombre l'année suivante : au Metropolitan Opera, son Amonasro, à la première américaine d'*Aïda*, fit sensation par sa somptuosité vocale. Partout son Don Giovanni est célèbre, son Méphisto apprécié.

Éclectique et prodigieusement doué, Maurel est, au dire de ses contemporains, assez infatué de lui-même. Mais il fallait bien qu'il y eût dans son art quelque chose d'extraordinaire pour que Verdi, qui ne devait pas manquer de propositions, préfère *quel francese* aux barytons italiens, quitte à froisser l'amour-propre national !

A la première milanaise de *Simone Boccanegra,* où le baryton français, en compagnie de Tamagno et Édouard de Reszké, a connu un triomphe personnel, Verdi, tout à sa joie, a dit à Maurel : « Si Dieu le permet, c'est pour vous que j'écrirai mon Iago. » Le vieux maître a assez de pouvoir pour imposer à la direction de la Scala la distribution qu'il veut. A trente-neuf ans, Maurel va bientôt incarner en Iago, non pas ce « troisième couteau » vieillissant que l'on entend parfois, mais au contraire un scélérat jeune et beau, qui semble franc et jovial et pourrait nourrir quelque espoir d'être aimé par la belle Desdemona.

Verdi n'avait pas prévu que l'enfantement du chef-d'œuvre serait si douloureux. Alors, pour prendre patience — il va lui falloir attendre jusqu'au 5 janvier 1887 —, Maurel a pris en collégialité avec Nevada, Litvinne, Marimon, Gayarré et Édouard de Reszké la direction du fameux théâtre des Italiens tombé en désuétude. Il s'est mis en tête de ressusciter les beaux soirs de cette salle ouverte en 1801, qui faisait courir tout Paris au temps où l'on ne jurait plus que par Rossini, Bellini et Donizetti, servis, avec un art consommé du vrai bel canto et de ses prouesses vocales, par Malibran, Lablache, Tamburini, Giulia Grisi, dans des ouvrages écrits sur mesure pour les mettre en valeur.

Mais le goût du public est sujet à de brutales et capricieuses variations. Dans les années 1880, les Italiens sont passés de mode. Il n'y a plus de troupe permanente et ce sont des artistes de passage que l'on engage « au coup le coup ». La belle salle ne sert plus guère.

Maurel a décidé de lui rendre son lustre en misant à la fois sur des œuvres nouvelles et des talents nouveaux épaulés par des valeurs sûres — parmi lesquelles il se compte — qui attireront le public.

Voilà pourquoi il vient d'engager cette « petite » qui chante, ma foi, fort bien et qu'on peut encore avoir pour presque rien. Après tout, pense Maurel, c'est déjà cher payé, de chanter, quand on ne s'appelle qu'Emma Calvé, aux côtés d'une vedette de son envergure.

Maurel connaît ses propres atouts : technique irréprochable, musicalité parfaite et, surtout, des dons de comédien sobre, naturel, juste et expressif, considérant la technique vocale comme un moyen d'expression dramatique et non comme un exercice de haute voltige.

La « petite » va être à bonne école. Laissons dire les méchantes langues, même si elles chuchotent que c'est pour dissimuler habilement les faiblesses d'un instrument fragile que Maurel insiste sur le jeu de scène. « Certains soirs, à l'Opéra, on se demande s'il chante ou s'il parle dans sa barbe », a dit un fielleux.

Jalousie. Maurel affirme : « Une belle voix, soit. Mais s'en servir pour restituer à la scène dans les plus petits gestes, les habitudes, le caractère intime du personnage créé par le poète, c'est le but propre qui signale le grand artiste. »

Il est le premier à avoir fouillé la profondeur psychologique des personnages pour en montrer la vérité.

Pour mettre ses théories en pratique, il lit et relit en compagnie d'Emma *Les Aventures du dernier Abencérage* sur le thème duquel Théodore Dubois — directeur du Conservatoire, musicien routinier, habitué des succès d'estrade — a écrit un opéra en quatre actes et un prologue. *Aben Hamet* met aux prises les chrétiens et les chevaliers maures de Grenade. Maurel s'est réservé le rôle-titre et, avec sa barbe noire, ses cheveux frisés et son teint mat de Méridional, il n'a pas eu à se forcer pour composer physiquement le personnage. Emma incarne Doña Bianca, fille du duc de Santa Fé, éprise du chevalier maure.

Ouvrage de professeur de musique besogneux, qui n'ignore rien de la technique, à qui il ne manque rien, sauf le génie, *Aben Hamet* a connu un succès d'estime éphémère que l'art de Maurel et la fraîcheur d'Emma n'ont pu sauver longtemps du naufrage dans une mer d'indifférence.

La première se tint le 16 décembre 1884 et Calvé eut tout de même le temps (et le talent) de faire remarquer ses dons : « Elle possède une voix d'une portée remarquablement étendue, très sonore et très simple, qu'elle manie avec un art parfait », souligne un critique. De plus, elle s'est montrée une bonne comédienne « pleine de goût ». Un autre s'extasie sur la pureté de la voix d'Emma et, ajoute-t-il, « ce qui ne détourne pas de son art, la nouvelle prima donna est une jolie et gracieuse personne ». Ces compliments évitent aux chroniqueurs musicaux de parler de la partition du directeur du Conservatoire de Paris qui n'a brillé ni par l'inspiration ni par l'intérêt.

Emma n'est pas dupe. « Triomphe pour Victor Maurel, écrit-elle. Les journaux parlent de ma jolie voix et se montrent très indulgents, mais je me rends bien compte que j'ai été gauche dans certaines scènes. J'espère mieux des représentations suivantes. Il me reste beaucoup à apprendre... »

Hélas, elle n'aura guère le temps de progresser. En dépit des grands noms qui l'animent et de leur feu sacré, le théâtre des Italiens doit fermer ses portes. Maurel, meilleur chanteur qu'administrateur, ne peut que constater le désastre : les caisses sont vides et *Aben Hamet* ne les remplira pas. Il faut plier bagage alors que la quinzième vient d'être péniblement atteinte. Théodore Dubois touche son salaire au Conservatoire, il est à l'abri du désastre. Mais les artistes ne sont payés qu'en fonction des entrées ! Déjà les créanciers sont aux portes du théâtre moribond. On parle de saisie ! Les scellés vont être apposés...

Face au vent de panique, Emma Calvé se souvient de ses origines paysannes. Elle garde la tête froide au milieu du sauve-qui-peut ! Ses costumes, ses beaux costumes, amoureusement confectionnés par les doigts de fée de Léonie Calvet, ne doivent pas tomber dans des mains mercenaires. Selon l'usage du temps, ils lui appartiennent. Ils lui ont coûté une bonne partie de ses économies. Pensant qu'ils seraient mieux entreposés au théâtre qu'à la maison, elle les a laissés au magasin. Imprudence ! Il faut les sauver de la saisie.

Alors, n'écoutant que leur résolution, la mère et la fille se rendent nuitamment aux Italiens et déménagent à la cloche de bois les précieux costumes. Emma les passe par la fenêtre à Léonie restée sur le trottoir qui les réceptionne !

Il était temps : début janvier 1885, la faillite est déclarée !...

7

Où l'on voit l'héroïne, au chômage forcé, engagée à l'Opéra-Comique et profiter des leçons de la « femme du patron »

A SUPPOSER que Victorien de Joncières — aussi bien que Benjamin Godard, Fernand Leborne, Samuel Rousseau, Paul Lacôme, Charles Lenepveu, Jean-Baptiste Weckerlin, Augustin Savard, Charles Levadé, Omer Letorey ou Charles Silver — n'aient pas existé, l'histoire de la musique n'en eût pas été bouleversée. Pourtant, ces compositeurs français ont honoré la scène lyrique d'un talent certain et d'un savoir-faire qui leur a valu de connaître la notoriété de leur vivant. Si la postérité s'est montrée sévère avec ces « illustres inconnus », ils ont enrichi le répertoire français d'une bonne soixantaine d'œuvres plus connues en leur temps que *Pelléas* ou *Parsifal*.

Il n'aura manqué à Victorien de Joncières que le génie, mais c'était un habile artisan, digne d'estime. En tout cas c'est lui, Victorien de Joncières (de son vrai nom Félix Rossignol !), qui vient de proposer à la jeune cantatrice sans engagement — « abandonnée » par Victor Maurel, parti en Italie cueillir des lauriers d'une autre taille — de participer à la création de son œuvre nouvelle : *Le Chevalier Jean*.

Maurel devait y tenir le rôle de Rudolf, et avant de partir, il a recommandé au compositeur cette petite débutante prometteuse dont il avait fait sa protégée. Emma aurait tort de faire la fine bouche : elle saute sur l'occasion.

Ainsi, le « chômage » de Calvé aura-t-il pris fin avant qu'elle ne connaisse l'angoisse. Alors que le théâtre des Italiens saisi par ses créanciers fermait ses portes, elle avait déjà en poche une lettre de Joncières. Le compositeur y annonçait que le ténor Lubert venait d'accepter d'être le partenaire d'Emma et qu'on n'attendait plus qu'elle pour commencer les répétitions.

Celles-ci ont dû être menées tambour battant, puisque *Le Chevalier Jean* — où Emma tient le rôle de la comtesse Hélène — est créé début 1885 !

Le succès est notable et Ernest Reyer, qui ne répugne pas à prendre la plume du critique quand il lâche celle du compositeur, écrit : « Mlle Calvé possède une fort belle voix, une diction parfaite et elle sait réduire cette voix puissante et bien placée aux pianissimo les plus délicats. Son succès a été très grand et très mérité. »

Plusieurs de ses confrères n'ont pas été insensibles à la beauté physique de l'interprète, « belle comme une madone de Murillo, écrit l'un d'eux, et douée d'une voix aussi pure que l'ovale de son visage, chantant comme une grande virtuose et jouant comme une grande comédienne ». Un autre encore : « La nouvelle diva est un être merveilleusement beau que l'on ne se lasse pas d'admirer : elle joue comme une actrice et chante comme une prima donna. »

Intéressant, ce parallèle. Il souligne combien Calvé — alors au tout début de sa carrière — s'attache déjà, suivant les conseils de Maurel, à être une comédienne qui chante, et non un rossignol mécanique et froid, dont le seul souci est de briller vocalement.

Ce premier succès sur une scène française, dans une création dont elle porte la responsabilité, console Emma Calvé de l'échec d'*Aben Hamet,* mais surtout, il vient de lui permettre de poser le pied à l'Opéra-Comique. Carvalho en est le directeur. Un homme « du bâtiment », puisqu'il a commencé par une carrière de baryton, et qui connaît le métier de fond en comble. Ce qui ne l'empêche pas de vivre avec ses « pensionnaires » de mémorables affrontements, en dépit d'un caractère plutôt urbain. Toute débutante qu'elle est, Calvé n'entend pas s'en laisser conter et ses colères, ses menaces, ses exigences, ses cris emplissent les couloirs et les coulisses du théâtre. Carvalho, musicien et metteur en scène, qui a fait ses classes comme directeur du Vaudeville et a donné ses premières chances à Bizet en lui commandant tour à tour *La Jolie Fille de Perth,*

L'Arlésienne et *Carmen,* ne se contente pas d'être administrateur : il entend imposer sa marque aux productions maison. De son côté, Emma a déjà des idées bien arrêtées sur les mises en scène et la conception de ses rôles. Entre elle et Carvalho, il y a souvent quelqu'un de trop dans le théâtre. Leurs empoignades font trembler les cintres, mais Emma ne cède pas.

Les démêlés de la jeune cantatrice avec son directeur n'empêchent pas Emma de se lier d'affectueuse estime avec la « femme du patron », Caroline Miolan-Carvalho, et de profiter, au passage, des conseils d'une grande ancienne lorsque, pour compléter le contrat qui lie Emma à l'Opéra-Comique, son directeur lui demande de reprendre des ouvrages du répertoire.

Caroline Miolan a été une étoile de première grandeur. Interprète privilégiée de Gounod, elle a créé Marguerite, Juliette, Mireille et Baucis ! Certes, cette Marseillaise, fille d'un chef de musique des grenadiers de la Garde, n'a plus, à soixante ans, cette « petite voix de fauvette » (l'image est de Berlioz) du soprano d'agilité *(soprano sfogiato)* qu'elle fut. Mais elle a conservé une technique, une pureté, une science du phrasé, une sensualité alliée à la distinction qui serviront de précieux modèle à une Emma toujours avide de progrès et d'enrichissement.

Ce qu'elle admire surtout chez cette sexagénaire — même si Miolan-Carvalho n'a plus dans le gosier les deux octaves et demie qui s'y logeaient naguère, c'est la pose de la voix et sa superbe émission qui en font le type même du soprano lyrique léger « à la française ».

Avec Caroline, Emma apprend à alléger sa « grosse » voix au contact d'une cantatrice toute de grâce, qui accepte bien volontiers de chanter avec sa cadette, au concert, les duos de Chérubin et de la comtesse des *Nozze di Figaro.* « Il faut, lui répète-t-elle, avant toute chose bien articuler, pour faire entendre distinctement chaque mot. Sans cette qualité primordiale, on ne sait pas chanter. »

La leçon sera retenue.

« Elle possède, note Emma à propos de Miolan-Carvalho, à un suprême degré l'art de phraser, ce style fait de souplesse, de sensibilité, glissant à travers les notes pour en atténuer la monotonie, et donner à la phrase les nuances, les accents, qu'on doit mettre dans l'interprétation d'un morceau. »

Durant cette année, décidément prolifique et enrichissante, Emma a assisté émerveillée à la création — le 19 janvier 1884 — de *Manon*, de Massenet, tandis qu'elle-même répétait *Le Chevalier Jean*. Elle a écouté passionnément les aînés : Marie Heilbronn, Talazac, Taskin, les créateurs de *Manon*, puis elle a retrouvé le grand Victor Maurel s'offrant un triomphe de plus dans *L'Étoile du Nord* de Meyerbeer. « En les entendant, confie Emma Calvé, je comprends que je ne suis encore qu'une élève. »

C'est pourtant à cette élève que Léon Carvalho va confier la reprise de *Zampa ou la fiancée de marbre* d'Hérold, une œuvre de 1831 tirée de Byron, où Emma va incarner l'héroïne, Camille, aux côtés de Victor Maurel qui ronge son frein, Verdi, importuné par son insistance à propos de Iago, l'ayant carrément « envoyé promener », fin 1885. Le maestro, irrité par les difficultés d'enfantement de son chef-d'œuvre, a joué la mauvaise foi, devant son interprète préféré : « Le fait que je vous aie dit : " Personne ne pourrait interpréter Iago mieux que vous " n'implique pas promesse, mais seulement un souhait », a dit Verdi à Maurel... tout en exigeant en sous-main de l'imprésario de la Scala qu'il informe sa direction de son désir de voir les deux rôles principaux d'*Otello* — c'est ce titre qui sera retenu en définitive — tenus par Maurel et Tamagno.

Emma déploie assez de charme et fait preuve d'assez de talent pour se faire longuement applaudir dans les deux ou trois airs dont son rôle dans *Zampa* est agrémenté, notamment la ballade *D'une haute naissance* où la critique la remarque tout particulièrement.

Mais c'est dans la reprise de *Lalla-Roukh* de Félicien David, le 29 novembre 1885, que Calvé peut donner la mesure de son jeune talent en incarnant vocalement et physiquement une langoureuse princesse orientale dont la prestation a fait monter la tension dans les rangs des vieux abonnés de l'Opéra-Comique. Une fois de plus, on a loué son talent de comédienne autant que de cantatrice lorsqu'elle a détaillé avec art l'air vedette de la partition : *O nuit d'amour*.

Le Figaro est subjugué : « Calvé réalise à la perfection le type de cette Orientale belle et passionnée, prête à sacrifier un trône pour l'amour d'un simple chanteur qui a trouvé le chemin de son cœur. Son succès a été grand. » Un de ses confrères précise : « Elle seule peut évoquer le prototype de l'héroïne indienne immortalisée par Byron. (...) La jeune prima donna semble posséder toutes les qualités requises pour communiquer une nouvelle vitalité à l'œuvre de Félicien David. »

Emma est ravie de tous ces compliments. Mais elle n'est pas aussi catégorique que les critiques sur la valeur de ses prestations. « Durant ces représentations, a-t-elle écrit dans ses Mémoires, je passe par des alternatives d'audace et de crainte, qui me mettent au supplice. Je sors de scène en larmes lorsque ça va moins bien. On me dit froide (?) car, en dépit de la flamme qui brûle en moi, je ne peux ni ne sais l'extérioriser. Ma voix, dit-on, est pure, brillante, d'un timbre exceptionnel, et je suis ambitieuse, je veux devenir quelqu'un. Je pense qu'en changeant de pays, d'atmosphère, j'atteindrai plus vite ce but. »

L'exemple de Maurel est là pour la conforter dans cette idée. Serait-il Maurel s'il était resté dans l'ombre de Faure ? S'il n'était pas allé chercher dans les mains de Verdi la consécration internationale ?

Emma songe d'autant plus à l'exil que la fièvre monte salle Favart. Les accrochages avec Carvalho, qui n'entend pas qu'on lui résiste, sont journaliers. Le directeur de l'Opéra-Comique ne cache pas sa façon de penser. C'est à haute et intelligible voix qu'il formule ses critiques : « J'en ai assez de cette pécore ! Un caractère odieux, des scènes à tout propos, rien ne la satisfait jamais. Elle insulte tout le monde... Elle ferait se battre les décors. » Et puis, *in cauda venenum*, il instille le poison : « Vous ne trouvez pas que dans certains aigus... hmmm ? La voix " bouge " encore, n'est-ce pas... »

Il est temps de changer d'air, pour Emma. Les voyages forment la jeunesse.

Et les cantatrices aux dents longues...

8

Où l'on voit l'héroïne,
adepte de la « vérité du dimanche »,
s'inventer des origines espagnoles
et rencontrer Charles Gounod

« MADEMOISELLE Emma Calvé est espagnole, comme Gayarré, et la Patti. Elle est née à Madrid, en 1864, d'un père espagnol et d'une mère française. Elle a passé toute son enfance dans le pays des sérénades et des castagnettes. Se sentant beaucoup de voix et électrisée par l'exemple de sa sœur, qui, après de grands succès comme cantatrice en Russie, y a fait un noble mariage, elle prit des leçons avec Mme Marchesi et M. Puget.

« C'est au Théâtre-Français de Nice que la jeune cantatrice se fit entendre pour la première fois. M. Calabresi, le directeur du théâtre de la Monnaie de Bruxelles, entendit par hasard la jeune chanteuse chez son correspondant théâtral à Paris. Il fut tellement charmé de son talent qu'il l'engagea immédiatement pour trois ans. L'élève favorite de Mme Marchesi est devenue une chanteuse favorite du public. Salut donc, à la nouvelle étoile, qui était obscure hier et qui est célèbre aujourd'hui. " Les feux de l'aurore, a dit Vauvenargues, ne sont pas aussi doux que les premiers regards de la gloire. " »

Et voilà le travail !

Dupes ou complices, les journalistes « avalent » tout ce qu'on leur dit. Emma l'a compris. Il suffit d'énoncer les choses avec suffisamment de conviction (ou de rouerie) et le tour est joué ! On peut s'inventer un père espagnol, une sœur diva à Moscou et se rajeunir (à vingt-sept ans !) de six années, ils n'y voient que du feu. Et puis, c'est si amusant !

Dès le début de sa carrière, Emma Calvé a fait instinctivement sien ce vieux dicton de l'Ouest américain qu'elle ne connaît pas encore : « Quand la légende prend le pas sur la réalité, c'est la légende que l'on écrit. » Emma pense qu'il n'y a pas de meilleur rédacteur de sa propre légende qu'elle-même.

M. Maurice Predel, rédacteur au *Paris-Artiste* (qui paraît tous les samedis) n'y est pas allé de main morte, dans son numéro 47 du 23 janvier 1885 ! La Diva l'a envoûté. Il est vrai qu'elle est en beauté sur la photoglyptie qui orne la une de l'hebdomadaire : la robe est en velours damassé, sombre, à col montant, fermé par une broche ronde. Elle est suffisamment moulante pour mettre en valeur des courbes somptueuses, soulignées par un corset impitoyable qui étrangle la taille. Les mains sont gantées, enserrant un manchon de fourrure, les cheveux relevés en chignon se perdent sous un chapeau orné d'autruche et doté d'une voilette. On comprend que M. Predel n'ait pas jugé indispensable de vérifier ce que lui disait cette bouche ronde et malicieuse : il était trop occupé à détailler la jolie diva. Elle s'est faite espagnole, elle aurait pu aussi bien se déclarer esquimaude ! Il aurait transcrit sans broncher.

Emma a commencé par se rajeunir. A d'autres elle a déclaré s'appeler Calvé de Roquer. Comme Liane de Pougy ou Émilienne d'Alençon. Mythomanie ? Pas exactement. Emma Calvé est, comme beaucoup de Méridionaux, une adepte spontanée de la « vérité du dimanche ». Ce n'est pas un mensonge : c'est une vérité… *améliorée*. La réalité est terne : il convient de lui donner des couleurs. Il faut nous y habituer : toute sa vie, Emma Calvé *arrangera* la réalité de son existence. Jusqu'à son lit de mort. Qui s'en plaindrait, puisque ça fait partie de son charme ?

Elle en a à revendre ! Lisez ce qu'écrit Maurice Predel du très sérieux *Paris-Artiste* et dites s'il n'est pas tombé amoureux de la Diva : « Très jolie femme, la taille proportionnée, les traits classiques, accentués, les cheveux noirs, les sourcils de la muse tragique et des yeux brillants, caressants, des yeux qui vont rêver… » Pour ceux qui n'auraient pas compris, il ajoute, conquis par le regard de velours d'Emma : « Pour être à la mode, il faut, outre le talent, qui est indispensable, un je-ne-sais-quoi auquel le charme de la jeunesse et de la beauté n'est peut-être pas tout à fait inutile. »

On le voit d'ici, M. Predel, congestionné, son cahier sur les genoux, le front emperlé, passant un doigt nerveux dans un faux col empesé qui lui scie le cou, subjugué par l'œil noir de « la jeune cantatrice madrilène » (c'est lui qui l'a écrit !) qui joue à l'affoler et parle un français si châtié… Et lui note, sans sauter un mot de tout ce qu'elle dit et qui vient avec naturel d'une imagination jamais en panne : « Toutes les sociétés philharmoniques me réclament. On pense à moi non seulement pour le grand Opéra de Paris mais pour ceux de Santiago du Chili et de Rio de Janeiro… »

La réalité est un peu moins somptueuse. En attendant Rio, il va falloir se contenter de Nice.

Ce qui n'est déjà pas si mal.

Hamlet (rôle d'Ophélie), *Faust* (Marguerite), et puis aussi Leila des *Pêcheurs de perles* et la Gilda de *Rigoletto* sont au « menu » de ce contrat qu'Emma Calvé a décroché pour la saison du Théâtre-Italien de Nice. Avec Léonie, qui la suit partout et la chaperonne, elle loge sur la Promenade des Anglais en ce mois de janvier 1885. Les répétitions vont bon train. Pour aborder Ophélie, Emma, à l'exemple de Puget et de Maurel, vient de lire Shakespeare dans la traduction de François-Victor Hugo. « Je travaille en y pensant sans cesse, écrit-elle. Je tâche de faire alterner joie et douleur sur le visage de la pauvre Ophélie, mais je trouve que mes sons hauts sont trop éclatants. Il me les faudrait plus doux, voilés, mystérieux pour chanter :

> *Pâle et blonde,*
> *dort dans l'eau profonde,*
> *La Willis…*

« Ah, la coloration des sons, quelle difficulté ! » s'exclame Emma.

Sans doute garde-t-elle en mémoire le fiasco subi par Caroline Miolan-Carvalho qui avait choisi le rôle pour son entrée au palais Garnier. Malgré ses dons et la renommée qui l'auréolait à l'époque, la célèbre soprano n'était pas venue à bout de la fameuse « scène de la folie » où l'on attend la cantatrice au tournant comme dans celle de *Lucia di Lamermoor*. C'est là que se jouent souvent le sort d'une représentation... et celui de l'interprète. Miolan-Carvalho avait déçu. Et la revanche française sur « le rossignol suédois » (Nilsson) et « la cristalline Viennoise » (Mathilde Sessi) n'avait pas eu lieu. Calvé, peut-être la tient-elle au bout de ses cordes vocales ?... Qui sait ? En tout cas, elle met tous les atouts de son côté, soigne les moindres détails. Et ce d'autant plus qu'Ambroise Thomas sera dans la salle !

Costume vert pâle, fait de voiles, une perruque blonde (un événement : Calvé est méconnaissable !), un maquillage atténuant le sombre éclat du regard (les sourcils sont décolorés) et du fard bleuté pour cerner l'œil, tout contribue à donner à Ophélie-Calvé cet air hagard, perdu dans un rêve intérieur, qui impressionna fort, lors de sa prise de rôle.

Son partenaire, Devoyod, Emma le représente en ces termes : « Chanteur et tragédien de la grande école, il est doué d'un tempérament de feu, il chante d'une voix âpre et mordante un rôle qu'il joue à la perfection. »

La première est un incontestable succès qui vient récompenser un travail considérable, même si nous sommes encore loin des triomphes futurs dans ce même rôle. Dans le journal niçois du lendemain, on a écrit ceci : « Mlle Calvé est une étoile qui se lève à l'horizon théâtral. » Elle ne demande pas mieux que d'y croire, Emma. Si seulement elle pouvait se lever un peu plus vite ! Voilà déjà près de huit années qu'elle n'en finit pas de se lever...

Elle se jette à corps perdu dans le travail. Les représentations se succèdent. Deux mois suffisent à peine pour chanter tout ce qu'il y a au programme : Leila, Gilda, Ophélie encore. Tous rôles d'agilité vocale auxquels elle essaie de donner une épaisseur psychologique et dramatique. Enfin Marguerite ! C'est avec elle qu'Emma clôture sa saison niçoise. Elle a pour partenaire Talazac, un baryton, dont elle dit : « Il possède toujours une belle voix » (formule généralement polie pour dire qu'il commence à donner des signes d'usure) et : « Il chante divinement bien. » Parbleu, ce n'est pas n'importe qui, Talazac ! Il était là pour les créations des *Contes d'Hoffmann*, du *Roi d'Ys*, de *Samson et Dalila*, de *Lakmé*.

En outre, Gounod lui-même est dans la salle ! Il a eu des échos des succès bruxellois d'Emma dans Marguerite et a voulu se rendre compte par lui-même. Il est un peu morose, le bon Charles Gounod, en cette fin de siècle. Baisse d'inspiration ou versatilité du public d'opéra, ceux qui lui avaient fait un triomphe pour *Faust, Mireille, Roméo* ont boudé *Polyeucte* (1878) et *Le Tribut de Zamora* (1881). Deux fours mémorables. Du coup, Gounod a renoncé à écrire pour le théâtre. Il ne compose plus que de la musique religieuse *(Mors et vita)*. Mais il continue à suivre avec attention la carrière des chefs-d'œuvre de sa maturité qui lui assurent de confortables rentes.

Pour cette représentation niçoise de *Faust*, Emma, qui retrouve Devoyod et Talazac, sait qu'elle joue gros. Une recommandation du maître, s'il est satisfait de ce qu'elle fait de son héroïne, peut vous mener loin. Dans ses Mémoires elle se souviendra : « J'ai joué et chanté pour lui (Gounod) comme si je devais mourir demain. »

Elle a bien fait.

« Le maître est venu me féliciter : " Quelle voix émouvante mon enfant ", a-t-il bredouillé derrière la grande barbe de Père Noël grâce à laquelle il cache sa timidité maladive. " Bravo, mille fois bravo ! Je vous prédis une admirable carrière… " »

Peut-être Gounod a-t-il été plus sobre dans ses compliments qu'Emma ne le dit. Mais l'essentiel est qu'il les ait faits.

Folle de joie, elle se jette fougueusement au cou du compositeur et l'embrasse. (« Ce qui n'a pas eu l'air de lui déplaire », ajoute la coquette.)

Tout va bien, alors ?

Tout va bien. D'autant plus que le directeur du théâtre San Carlo de Naples qui passait par là (décidément Nice en hiver est très bien fréquenté…) propose à la Diva un engagement pour la fin 1886. Un contrat de six mille lires avec des prestations à Naples, Rome, Florence. En outre, Emma Calvé participera à la création d'un ouvrage nouveau : *Flora Mirabilis*, de Samara. Et où ça ? A la Scala de Milan, rien de moins !

La Marchesi, qui a des relations dans l'Europe entière, ne lui refusera certainement pas quelques recommandations...

Pour se préparer comme il se doit à pareil événement, dont dépend une bonne partie de sa carrière future, Emma pense que rien ne vaut d'aller retrouver ses racines. Elle part avec Léonie respirer l'air du *païs* à pleins poumons pour y puiser l'énergie indispensable. Poser les pieds sur la terre-mère, c'est l'assurance d'engranger les forces nécessaires aux combats futurs. Ne dit-on pas aussi que Justin, l'âge venant et lassé sans doute de sa vie errante, a pris sa retraite dans une petite maison, entre Millau et Labastide-Pradines, près du berceau familial ?

Un retour en Aveyron, ne serait-ce pas l'occasion de faire la paix avec le père qui, malgré les années — voilà huit ans que Léonie et Emma se sont envolées sans permission —, n'a toujours pas pardonné ?

Mai voit le retour de l'enfant prodigue (et de sa mère) à l'*ostal* de la *tantoune* Caylet. Elle y est accueillie par la tante et Finou avec des pleurs de joie. Les braves femmes ont eu régulièrement des nouvelles, mais elles sont si inquiètes pour la *fantoune*, toute seule pour se battre dans ce milieu que l'on dit si dangereux pour les femmes... Comme elle a changé, *Emma-noto* ! Elle a vingt-huit ans, c'est une femme, et quelle femme ! Quand elle est passée devant le café de Labastide, les hommes sont sortis sur le pas de la porte pour la voir. Ils ont complimenté le maire — le cousin d'Emma — comme s'il était pour quelque chose dans la beauté de la demoiselle. Quelle allure, avec ses beaux habits de Paris ! Et ce grand chapeau avec des plumes. Quelques lascars ont lancé en douce des plaisanteries douteuses : on dirait une poule ! Certains ricanent sous cape, mais tout le monde est d'accord : elle est belle « la Parisienne »...

Le cousin-maire a fait sonner les cloches pour annoncer aux paysans éparpillés sur le causse l'arrivée d'Emma. Tous sont venus au trot, qui avec une fourche, qui avec un râteau, s'attendant au pire.

« Je vous ai fait venir, a dit le maire, pour entendre un petit rossignol de chez nous : une *payse*, mademoiselle Emma, que vous avez tous vu grandir. »

Debout devant la fenêtre du premier étage de la mairie, transformée en tribune improvisée, Emma a chanté les vieux chants du pays à cet auditoire inhabituel. Tous ceux qu'elle connaît y sont passés : chants de joie et de tristesse, chants de travail et de repos, berceuses, appels de pâtres et répons d'amoureux. Elle y a mis toute son âme, car Emma savait que tous se reconnaîtraient dans ces vieux chants qui racontent leur histoire commune. Pourtant, son « récital » s'est achevé dans un silence de mort. Toute décontenancée, elle a interpellé le vieux Martin, un ami de la famille :

« Savez-vous pourquoi personne n'a applaudi ? »

Le vieillard a longuement regardé la jeune femme et d'une voix terrible a dit :

« Ma pauvre petite !... Tu vois pas que tu te tues les nerfs avec tes cris ! Tu vas tomber malade ! »

Emma note dans son journal : « Je revis ma vie de petite fille, appréciant mieux qu'autrefois la splendeur du paysage, la beauté de cette existence paisible, la douceur de vivre, la paix du délicieux jardin où j'ai passé les meilleurs moments de mon enfance, où j'ai eu mes premiers rêves d'adolescente (...). Nous y passons nos journées, ma tante tricote, Finou sarcle, bêche, ramasse les fruits et les fleurs... L'air est plein d'abeilles. »

Elle a choisi le bon moment pour revenir sur le Larzac. Les quelques semaines où la verdure est toute fraîche. Plus tard, en saison, le soleil brûlera le paysage, mais en ce joli mois de mai, tout semble repeint de frais. Des fleurs partout, des chants d'oiseaux, et un air incomparable de pureté. Tout ce qu'il lui faut pour prendre des forces. Emma en oublie que l'on peut mourir de misère et d'épuisement face à tant de beauté.

Finou, trop heureuse de retrouver sa chère *fantoune*, la gave comme une oie en prévision des combats à venir. Comme quand elle était gosse, les meilleurs morceaux, les plus beaux fruits, les gâteaux faits avec amour sont pour *Emmanoto*.

Emma reprend pied dans ce pays qui l'a vue grandir et où

beaucoup la tutoient comme avant. A la demande du vieux curé de Labastide-Pradines, toujours jovial et rabelaisien, elle est venue chanter la messe à la tribune de l'église. C'est Finou qui était fière ! Ce curé, tout le monde l'aime, car il est aussi *nature* que ses ouailles. Les rapports sont francs et directs : on se rapporte les bons mots du prêtre sans manières — un paysan comme les autres, mis à part la soutane — au café, à la veillée. Un jour qu'il prêchait en chaire, tonnant (en patois rouergat) contre la goinfrerie, l'esprit de ribote et les beuveries de ses paroissiens mâles, il s'entendit interpeller en pleine église par un paysan : « Et Jésus-Christ, aux Noces de Cana, il a pas changé l'eau en vin, peut-être ? » Et le curé, ne se démontant pas pour si peu, de répliquer : « Eh bé, c'est pas ce qu'il a fait de mieux ! »

Bien sûr, le vieux couvent de Saint-Affrique a reçu la visite de celle qui est déjà la plus célèbre de ses anciennes. Elle a chanté la messe, accompagnée par le vieux maître de musique, toujours fidèle au poste et fier de cette élève dont il a contribué à former le talent.

La sœur tourière a accueilli Emma sans étonnement. Elle l'a fait entrer au parloir, où la cantatrice eut la surprise de constater qu'elle était désormais — et à son insu — présidente des Enfants de Marie ! La mère supérieure était là, entourée des sœurs attendries : « Ah ! Monseigneur Bourret l'avait bien prédit : on est ce qu'on naît ! » Puis, avec un rien d'inquiétude dans le regard, elle a ajouté : « Ma *pauvre* enfant, nous disons tous les jours un chapelet à votre intention. »

Ça ne peut pas faire de mal dans ce monde cruel où Emma s'aventure...

Le moment des retrouvailles avec Justin ne peut plus être longtemps différé. Voilà près de dix années que le père et la fille ne se sont pas revus. Justin Calvet, sur ses vieux jours, est redevenu le paysan qu'il avait refusé d'être. Il vit seul à présent, dans une petite maison entourée d'un jardin qu'il cultive en bonne partie à l'intention des oiseaux. Il ne semble pas que

Léonie ait eu le courage d'accompagner sa fille. Justin persiste à penser que la coupable, c'est sa femme, partie en emportant ses enfants. La petite n'a fait que suivre...

Emma, qui raconte l'entrevue dans ses Mémoires, affirme n'avoir pas eu beaucoup de peine à convaincre son père de l'excellence de son art. Elle a apporté des coupures de journaux, des photographies. Ensemble, ils ont feuilleté les articles qui jalonnent les premiers pas de la carrière d'Emma. Justin a lu les éloges, déchiffré les grands noms. La *fantoune* fréquente des gens importants, c'est certain : des musiciens, des directeurs de théâtre, des gens dont on parle et auxquels son nom est mêlé.

Alors, pour l'amadouer tout à fait, Emma a chanté pour lui seul. Le père a écouté émerveillé sa grande fille. Il a admis que, peut-être, tout bien pesé, elle n'était pas partie pour rien. D'autant plus qu'elle ne ressemblait guère à une fille perdue : quelle élégance ! Et comme ce chapeau à voilette lui va bien !

Pour masquer son émotion, Justin Calvet a dit quelque chose de très beau, qui lui venait du fond du cœur. « Ma petite fille, les grand-mères, ici, parlaient peu quand elles filaient au coin du feu. Voilà des générations que les femmes, chez nous, font des économies de paroles. Ta voix, Emma, elle est faite de leurs silences. »

Les larmes troublent l'image du petit bonhomme que contemple sa grande fille, alors qu'Emma pose longuement son regard sur lui. Finalement, cet étranger, elle n'a pas eu le temps de le connaître. Elle ignorait à peu près tout de son caractère. Léonie n'en parlait jamais. Et voilà que Justin Calvet révèle à la fois sa sensibilité de poète et son amour de père. Comme il est tard, déjà ! Justin a soixante-sept ans. Tout ce temps perdu...

Ces deux mois d'été ont passé comme la foudre. Mais l'affection familiale, l'air du *païs* ont redonné santé, force et courage à Emma Calvé. Elle avait bien besoin de se ressourcer après tant d'années d'une existence folle où elle s'était trop dépensée, physiquement et moralement. Elle va plus que jamais avoir besoin de tous ses moyens. D'autant qu'elle n'est pas décidée à attendre le dernier moment pour s'imprégner de cette Italie où elle — la *straniera* — va devoir s'imposer dans un pays où le chant est une seconde nature et où les cantatrices poussent sur le pavé des villes comme les chardons dans les champs de blé.

Avant que les répétitions ne l'accaparent, elle éprouve le besoin de s'immerger dans l'atmosphère italienne. Flanquée de Léonie, elle est partie en septembre, avec deux mois d'avance sur ses débuts. Elle va les mettre à profit pour se familiariser avec la langue qu'elle devra apprendre phonétiquement (en Italie à cette époque, il n'est pas question de chanter les ouvrages étrangers dans la langue originale : le public ne l'admettrait pas).

Emma en profite pour visiter les musées, étudier les costumes et aller au théâtre. C'est là qu'elle va faire l'une des plus importantes rencontres de sa vie.

9

*Où l'on voit l'héroïne s'enticher
de la plus grande actrice de son temps
avant de connaître son plus grand échec
et de retourner à la case départ*

EN DES TEMPS d'enflure mélodramatique, d'œillades terribles lancées face au public depuis l'avant-scène, de trémolos prolongés et d'effets appuyés, elle personnifie la sobriété, la pudeur, la justesse de ton, l'intériorisation du jeu. Elle joue dans une sorte d'état second, comme inspirée par une force qui la dépasse et l'épuise, elle si fragile en apparence. Pour la première fois dans la critique dramatique, on a parlé à son sujet d' « état de grâce ».

Elle ne joue pas, elle est possédée par ses rôles. Elle ne prête pas son talent à ses personnages, elle les incarne. Quand elle entre sur scène, comme écrasée par le décor, on dirait un Pierrot blessé. On se dit : avec si peu de moyens physiques, elle ne tiendra pas jusqu'au bout de la représentation. Et puis, elle vous empoigne, vous ôte tout sens critique et vous conduit, pantelant, aux limites de l'émotion. Sans maquillage ou presque, quand les yeux charbonneux et les lèvres peintes sont de mise, le teint pâle, l'air absent, le regard agrandi par la passion intérieure, elle sait prendre toutes les formes, incarner tous les personnages. Elle est tour à tour belle ou laide, grande ou petite, jeune ou vieille, et, si elle le veut, ombre ou lumière.

En ce mois de septembre 1886, Eleonora Duse n'a pas encore conquis la renommée planétaire qui fera dire bientôt à Tchekhov : « Je ne connais pas l'italien, mais elle a tellement bien joué que j'ai cru comprendre chaque mot », mais en Italie elle est déjà au faîte de sa gloire. Une gloire conquise de haute lutte, après des années d'un combat opiniâtre devant des salles à moitié vides, désertées par un public qui demande des effets, des coups de clairon pour éprouver le grand frisson de l'Art et se trouve déconcerté par les demi-teintes de cette comédienne hors du commun.

Duse a passé des années à braver l'incompréhension des directeurs de troupe et des camarades de scène pour imposer un jeu nouveau, tout de nuances et d'intelligence, de respect du texte, servi par un génie dramatique lui permettant d'incarner avec le même bonheur les héroïnes shakespeariennes, les soubrettes de la commedia dell'arte, les mères tragiques du théâtre naturaliste et, bientôt, devenir l'interprète privilégiée de D'Annunzio.

Emma Calvé découvre la Duse en septembre 1886, au théâtre de la Pergola à Florence. Elle y joue Marguerite Gautier dans *La Signora dalle camelie*. C'est la révélation, le coup de foudre pour une Emma qui n'a jamais pleuré de si bon cœur que ce soir-là, quand la Duse s'éteint de consomption dans une ultime et sublime quinte de toux lui arrachant l'âme. Révélation d'un talent (« Je n'aurais jamais cru possible qu'un être pût donner autant de soi », note Emma), mais surtout révélation d'un exemple à suivre (« Voilà l'art auquel il faut aspirer »).

Emma voudrait être la Duse de l'art lyrique. « Elle semble appartenir à une humanité plus vibrante que la nôtre, confie-t-elle à son journal. Quels accents ! Quelle émotion communicative ! »

Rentrée à l'hôtel, impossible de dormir sans aller crier à Léonie son enthousiasme, lui parler de cette découverte...

Le lendemain, Emma se procure tout ce qu'elle peut trouver à lire sur la grande actrice italienne. Elle s'enflamme quand elle découvre les détails de cette vie d'enfant de la balle : elles ont le même âge ! Eleonora est née dans le chariot de Thespis conduit par ses parents, Domenico et Angelica, eux-mêmes acteurs ambulants. On dirait le début du *Capitaine Fracasse*... A quatre ans, Eleonora jouait Cosette dans *Les Misérables*. Pour faire travailler la mémoire d'une gosse qui ne comprenait pas encore ce qu'elle avait à dire, Domenico lui cinglait les jambes avec une badine...

L'imagination d'Emma l'embarque dans la roulotte inconfortable, ouverte aux vents et à la pluie, sur les traces d'Eleonora. Elle souffre comme elle de la faim, du froid, de la cruauté d'un public inculte qu'elle doit divertir chaque soir. Quand la mère est malade, c'est Eleonora, vieillie par un grimage sommaire, qui la remplace, jouant des rôles au-dessus de son âge.

Mais voici le premier succès aux arènes de Vérone, en 1873, où, pour jouer Shakespeare, Eleonora a l'âge exact de Juliette : seize ans ! Sa géniale trouvaille — qui consiste à couvrir le corps de Roméo, au final, avec le reste du bouquet de roses qu'elle effeuillait à l'acte précédent sur la tête de son amoureux — a bouleversé vingt mille spectateurs.

Depuis, la Duse s'est imposée comme la première actrice dramatique de la Péninsule. La modernité de son jeu est acceptée, admirée, aussi bien pour Thérèse Raquin que pour Desdemona, Ophélie, Électre... Elle a rendu la tradition caduque. Elle a balayé la rhétorique théâtrale. On ne pourra plus jamais jouer comme avant.

Emma et Léonie vont entendre la Duse dans *La Femme de Claude* de Dumas fils. Elle y est encore plus étonnante que dans *La Dame aux camélias*. Il n'y a qu'elle pour avoir osé reprendre le rôle de Césarine après Desclée qui l'avait tant marqué. Pour ce personnage complexe, on raconte qu'Eleonora ne s'était pas seulement fiée à ses vertus d'instinct et d'intuition, mais qu'elle s'était véritablement identifiée au personnage. Elle a étudié tous les rôles de la pièce pour mieux entrer dans le drame par le biais de chacune de ses composantes, pour suggérer les raisons de vivre, la vie antérieure, sociale et intérieure du personnage de Césarine et recréer sa plus intime vérité. Duse rend dépassé *Le Paradoxe du comédien* cher à Diderot, qui voudrait que l'acteur n'exprime jamais plus efficacement les sentiments que lorsqu'il ne les ressent pas, et fait sienne la formule de Goethe : « Meurs et deviens. »

Emma est éblouie : « Pâle et ardente, sa belle voix aux sonorités chantantes, son admirable physionomie traduisent intensément toutes les nuances. Elle joue avec une simplicité et une sincérité absolues. »

Enfin, écouter la Duse c'est, avant tout, pour Emma, prendre une leçon de diction dans cette langue musicale avec laquelle

elle doit bientôt chanter et dont les sonorités modèlent l'expression. « Aucune artiste n'est plus prenante, plus enveloppante, et ne possède à un tel degré l'art d'émouvoir. »

Bref, voilà la Diva subjuguée... par plus diva qu'elle-même !

Ce qui frappe Emma, c'est l'attitude de la comédienne après le spectacle. Point de bain de foule, qui récompense la performance de l'acteur : « Sortie du théâtre, elle disparaît, ferme sa porte et ne laisse venir à elle que quelques rares amis. » Autrement dit, il ne sera pas facile de lui être présentée. Emma en meurt d'envie. Elle vient d'apprendre que la Duse part en tournée pour Bologne, Gênes, Milan. Eh bien, c'est décidé : elle va la suivre, pour l'entendre dans chacun de ses rôles !...

A Bologne, Emma assiste aux représentations d'Eleonora dans *La Locandiera* de Goldoni, alors à peu près inconnu en France, et l'entend dans une courte pièce vériste tirée d'une nouvelle de Giovanni Verga : *Cavalleria rusticana* où la Duse joue Santuzza, la paysanne naïve et farouche.

Calvé, qui pleure aux malheurs de la jeune Sicilienne, ne peut pas deviner que dans moins de quatre ans, c'est elle qui l'incarnera triomphalement lors de la création de l'opéra de Mascagni à Florence !... Son excitation n'en serait que plus grande et son admiration pour la Duse décuplée... Mais il faudrait une imagination encore plus inventive que la sienne pour deviner ce que le sort va bientôt lui réserver...

En attendant, Emma s'est mis en tête de rencontrer la comédienne. Elle a pris une chambre dans l'hôtel même où la troupe est descendue. Elle erre dans les couloirs dans l'espoir d'une rencontre impromptue. Chaque représentation la retrouve parmi les *tifosi* agglutinés à la sortie des artistes pour acclamer de plus près leur idole. Mais celle-ci sort très peu. Emma en est réduite à passer des heures enfermée dans sa chambre d'hôtel, travaillant *sotto voce* ses partitions, car l'ouverture de la saison d'opéra approche.

En gare de Gênes, Emma perd la trace d'Eleonora et échoue dans le premier hôtel venu. Elle tue le temps en relisant toutes les biographies et articles parus sur la comédienne : « Je voudrais vivre dans son entourage, devenir son amie, sa servante, écrit Calvé, toujours romanesque. Son masque douloureux révèle qu'elle a déjà dû bien souffrir ! Hier elle est sortie à pied du théâtre et je l'ai suivie de loin. »

Ainsi Emma Calvé a-t-elle pu repérer dans quel hôtel loge la Duse. Elle y prend aussitôt une chambre. Laissons-la raconter : « Ce matin, j'étais en train de répéter l'air *Lasciatemi morir*, de Monteverdi. Je songeais qu'elle pouvait m'entendre, son appartement est voisin du mien. Avec tout mon cœur, j'ai osé chanter à pleine voix. Des applaudissements discrets venant de chez elle m'ont fait tressaillir de joie. »

Le lendemain à l'aube, l'idole s'est envolée pour Rome. La rencontre ne sera pas pour cette fois. Mais elle se fera. Ce n'est pas un contretemps qui la fera renoncer à devenir l'amie de la Duse. Il suffit de se battre encore quelques années, de connaître aussi quelques déboires supplémentaires. De ceux qui forgent un tempérament. La Duse a dû en avoir son lot avant d'atteindre les sommets où elle plane. Ne raconte-t-on pas qu'à ses débuts, un « camarade » de scène, estimant qu'elle n'avait ni allure, ni voix, ni intelligence du jeu, lui avait jeté méchamment : « *Ma perchè segui a far l'artista ? Non capisci che non è pane per i tuoi denti ?* » (Pourquoi t'entêtes-tu à vouloir être comédienne, ne vois-tu pas que tu n'es pas faite pour ça ? — littéralement : « que tu n'as pas les dents pour manger de ce pain-là ? »)

Le pain dur qu'a mangé la Duse attend Emma qui va bientôt en connaître le goût et ne se doute pas à quel point il va être amer à sa bouche. Exaltée par le talent d'Eleonora qu'elle veut imiter, elle fourmille d'idées, de projets et étudie avec une ardeur renouvelée. Elle aussi entend révolutionner son art.

En attendant, elle va subir l'une des plus grandes désillusions de sa vie...

Avant que le ciel ne lui tombe sur la tête, et comme pour endormir sa méfiance, le sort lui offre un petit intermède romain qui lui permet de rendre visite à la villa Médicis, cette Académie de France où séjournent les artistes français titulaires du fameux Prix de Rome tant recherché. Précisément, Emma et Léonie savent que séjourne à la villa Médicis un « pays » à elles, le sculpteur Denys Puech, le petit berger de Gavernac de Bozouls, pensionnaire pour trois ans... et qui reviendra un jour en ces lieux comme directeur ! Il travaille en ce moment à une sculpture intitulée *La Seine* qui constituera son « envoi de Rome » et certains prétendent qu'Emma aurait posé pour lui.

Calvé s'intéresse aussi — et pour cause — aux musiciens. Gustave Charpentier est pensionnaire à la Villa et la Diva, dans ses Mémoires, croit se souvenir de l'avoir entendu travailler sur *Louise.* Compte tenu de la date du séjour, c'est plus probablement à *Impressions d'Italie* que Charpentier était attelé puisque *Louise* ne sera créée que quatorze ans plus tard, pour l'Exposition universelle de 1900.

Le contrat signé par Fernando Corte avec Emma Calvé en 1886 prévoyait de la faire chanter à Naples, Rome et Florence avec six mille lires d'appointements dans *Les Pêcheurs de perles* et *Hamlet,* mais aussi de lui faire créer à Milan une œuvre nouvelle du Grec Spyros Samaras : *Flora Mirabilis.*

Les répétitions ont été si longues et si épuisantes que Calvé n'est pas, à la veille de la première, en pleine possession de ses moyens vocaux. En outre, elle a des difficultés avec l'italien qu'elle est encore loin de posséder. La mémorisation phonétique d'un texte dont on ne comprend pas le sens est un exercice particulièrement pénible. Sans parler des difficultés pour donner l'expression juste, quand on ne sait pas ce qu'on est en train de dire... Écouter la *musique* de la Duse n'a pas suffi à la rendre virtuose dans la prononciation de la langue de Dante.

Au soir de la première, affolée, persuadée qu'elle ne va pas se souvenir d'une seule parole ni d'une seule note, en proie à un trac d'une intensité jusqu'alors inconnue, elle panique. Une note haute mal émise, parce que la gorge est nouée par l'appréhension, et, du poulailler, tombe le couperet : on la siffle ! C'est la première fois. Ce sera la dernière, mais c'est atroce ! L'humiliation majeure. La condamnation d'années de travail et d'espoirs. Le sifflet lui vrille la tête. Emma va en faire des cauchemars pendant des nuits entières. En attendant, elle perd la tête en même temps que le sens de la mesure. Le désastre est consommé. Elle se précipite en pleurs dans les bras de Léonie effondrée qui l'attend en coulisses.

Le lendemain, elle résilie son contrat et paie le dédit avant de claquer la porte.

Il faut mettre le plus de distance possible entre le théâtre de sa défaite et elle-même.

La voilà de retour à Paris. Elle entend déjà les « bons » camarades ricaner en douce. Carvalho ne doit pas être le dernier...

Pour la première fois de sa jeune carrière, Emma Calvé est au bord du désespoir. Huit années d'un combat quotidien, de sacrifices, pour se forger une voix et voilà le résultat : sifflée comme une goualeuse de beuglant. Quand on a rêvé de triomphes, d'ovations, de rappels sans fin, cela vous déchire...

Elle est à deux doigts de renoncer.

Qu'est-ce qui l'a retenue ? L'orgueil, sans doute. Le refus de se retrouver derrière un guichet de poste à Millau, moquée pour sa prétention à vouloir *faire l'artiste*.

Désabusée, elle confie à son journal : « Vais-je me résigner à utiliser mes dons de cousette et à fabriquer des corsets ? J'y songe... Si je n'avais pas été chanteuse, j'aurais pu être couturière. »

Elle pense aux siens. A tous ceux qui lui ont fait confiance, qui ont cru en son avenir. Ils seraient aussi déçus qu'elle-même. Elle ne peut pas leur faire ça.

A sa mémoire surgissent les visages des divas humiliées dont on se raconte les fiascos des années plus tard : la Pasta, à qui Paris reprochait « son manque de pureté vocale » et qui déchaîna les passions et les polémiques avant de s'imposer, ne fut-elle pas sifflée à la création de *Norma* ? Et Falcon, dont la voix a cassé dans *Stradella* de Niedermeyer et qui s'est évanouie en scène à la seconde représentation. Et Rosine Stoltz, qui avait occupé dix ans le sommet, créant les opéras d'Halévy, de Berlioz, de Donizetti, partie sous les huées à la création de *Robert Bruce* en dépit de sa gloire. Sans parler de la défaillance de Fanny Persiani dans l'*Elisir d'amore* qui la décida à renoncer...

Une nouvelle fois, l'exemple de la Duse lui rend courage.

Allons ! Eleonora, à ses débuts, a elle aussi connu les sifflets qui vous crucifient sur scène. Courage !

Il faut se raisonner : peut-être est-elle partie trop vite et trop fort. Il faut prendre un peu de recul. Il faut se relever. Ne pas subir. Le cavalier désarçonné doit immédiatement se remettre en selle sous peine de ne plus jamais monter.

10

Où l'on voit l'héroïne
se « remettre à l'étude sévère »
sur les conseils de Gounod et recevoir des leçons
d'une spécialiste ès bel canto

« MON MAÎTRE, Piermarini, m'avait dit, alors que je débutais au Théâtre-Italien : " Si tu ne chantes pas bien, ce soir, je ne te reverrai plus de ma vie. " Bien sûr, cela m'a troublée, d'autant plus qu'il était au premier rang dans la salle, son sourcil terrible dardé sur moi. Si bien que j'ai raté ma cadence finale dans une variante que je voulais improviser. On m'a sifflée, moi aussi, Emma. Alors, pour attendrir le public, je me suis avancée vers le trou du souffleur — j'avais dix-sept ans, l'âge des audaces et des naïvetés — et j'ai dit : " Pardon, je vais recommencer. " Et ils m'ont applaudie à tout rompre. »

Rosine Laborde — son nouveau professeur — tente par l'exemple de consoler Emma Calvé de sa terrible déconvenue. Elle veut la persuader que d'autres — et des plus fameuses — sont passées un jour ou l'autre par ce trou noir où elle est enfoncée depuis ce soir terrible à Milan où le monde a basculé sur elle et lui a brisé les reins.

Laborde a connu elle aussi ces moments terrifiants où l'artiste passe sans transition du sommet à l'abîme, précipitée sans pitié par ceux qui l'adoraient une minute auparavant. « Emma, dit Rosine Laborde avec un bon sourire, on s'en remet à votre âge ! Tout n'est pas fini. »

Calvé en est persuadée. Sinon, se serait-elle mise en quête, sitôt rentrée à Paris, d'un nouveau professeur pour repartir de zéro ?

Quel métier épuisant que de devoir chaque soir d'une vie

conquérir le public ! Chaque apparition sur scène vous oblige à remettre votre couronne en jeu. Quelle cruauté...

Laborde l'a subie avant Emma[1]. Peut-être saura-t-elle lui indiquer les pièges à éviter.

Charles Gounod, qui avait tant apprécié les prestations d'Emma à Nice, lui a redonné courage. Souriant dans sa barbe, le bon maître a joué les consolateurs :

« Voyons, ma petite enfant, vous vous imaginiez qu'on devient une grande cantatrice au bout de deux ou trois années parce qu'on a obtenu quelque succès que le public indulgent a accordé à votre jeunesse ? C'est un si grand art que le chant ! Mais il ne faut pas vous décourager, vous possédez tous les dons : intelligence, beauté et une voix de premier ordre. Je vous défends de vous arrêter au premier échec... »

Il est un peu pontifiant, Gounod, sur ses vieux jours. Mais il parle d'expérience. Du côté des « bides » théâtraux, il peut prêcher d'exemple, lui qui, dégoûté par les échecs répétés de ses deux derniers opéras — s'est retiré de la scène.

Il a dit à Emma : « Il faut vous remettre à l'étude sévère pendant un an ou deux, afin d'atteindre le chemin de la perfection avant de remettre les pieds sur une scène. » Sur une recommandation du maître, Emma est allée trouver Rosine Laborde : « le meilleur professeur que je connaisse, a dit Gounod, et le plus consciencieux. Elle possède la science du bel canto et ne vous forcera pas la voix. »

Emma s'est mise « à l'étude sévère » préconisée par Gounod, comme on se met au régime : pas de sorties, pas de concerts, pas d'engagements, le travail et encore le travail.

Rosine Laborde a connu le temps où bel canto ne signifiait pas prouesse vocale et contre-ut de poitrine, mais conduite parfaite de la voix, souplesse, virtuosité. Son propre maître était élève de Cherubini. Il avait fréquenté toutes les gloires de

---

1. Une de ses élèves, Marguerite Priola, s'est suicidée, désespérée d'avoir été conspuée à Marseille.

l'époque romantique : Pasta, Sontag, Malibran, Rubini, Grisi, Tamburini et l'étonnant Lablache, Luigi Lablache, un Napolitain, surnommé « le tonneau à la voix de tonnerre » tant était surprenant son aspect physique de pachyderme et stupéfiante l'étendue de sa voix : elle couvrait trois octaves — du mi 1 au mi 4 — dans un timbre de baryton-basse de style bouffe. Ce qui lui permettait d'aborder avec un égal bonheur, dans *Le Barbier,* tous les rôles d'homme à l'exception d'Almaviva. Lablache, qui avait été de la création de *Don Pasquale,* possédait à la fois homogénéité, volume et timbre, ce qui faisait dire à Théophile Gautier : « C'est le plus grand... et le plus gros. » A son exemple, Rosine Laborde avait acquis un style impeccable, une grande agilité et une diction parfaite.

Le célèbre imprésario Maurice Strakosch avait engagé Laborde pour être la doublure d'Adelina Patti, lors d'une longue tournée américaine. Et Laborde avait su retenir la leçon de chant de la diva des divas, en se produisant dans les principales villes des États-Unis. Puis, elle avait achevé sa carrière à l'Opéra de Paris avant d'ouvrir, retraite venue, son école de chant.

Emma, revenue sur les bancs de l'école, fait montre d'une assiduité et d'un sérieux qui lui valent aussitôt l'estime et l'affection de son nouveau professeur, lequel a compris quel désir de revanche anime son élève. L'entente est parfaite, le professeur a une patience inlassable et communicative. A son contact bienfaisant, Emma apprend à se dominer, à contrôler son bouillant tempérament, à remettre cent fois sur le métier son ouvrage, sans se décourager. « Un jour que je pleurais d'énervement, raconte-t-elle, car Laborde m'avait fait recommencer une vocalise plus de cinquante fois, elle me dit tranquillement : " Tu es digne d'être mon élève, puisque tu es devenue patiente. " Je crois, ajoute Emma, que je pourrais chanter cette phrase-là à mon lit de mort : elle est gravée dans mon larynx. »

En dépit de son âge, Laborde — affectueusement surnommée « Mamita » — avait gardé une coquetterie d'ancienne « théâtreuse ». Quatre ans avant sa mort, elle convia ses anciennes élèves à célébrer son quatre-vingtième anniversaire. Emma, devenue célèbre entre-temps, se penche sur elle et l'embrasse. Rosine Laborde lui souffle à l'oreille : « J'en ai quatre-vingt-cinq, ne le répète à personne ! »

Elle mourut à quatre-vingt-neuf ans, toujours vaillante, donnant ses huit heures de leçons par jour...

A la fin de 1887, Emma se sent suffisamment rétablie dans sa confiance pour tenter le grand retour sur les planches. Mais le bâtiment de l'Opéra-Comique étant parti en fumée le 25 mars, c'est à Nice que la grande aventure va recommencer. Nice, où Emma se trouve avec Léonie et « Mamita » Laborde, en décembre. Avec son professeur, elle a travaillé les rôles périlleux de *La Sonnambula*, de *La Traviata*, Rosine du *Barbier de Séville*, Leila des *Pêcheurs de perles* et surtout Ophélie d'*Hamlet*.

Les trois femmes se sont installées dans une villa, au calme, au bord de l'eau. Les sorties sont interdites après le coucher du soleil, pour cause d'humidité néfaste pour la voix.

Voilà deux années jour pour jour qu'Emma n'a plus senti sous ses pieds une scène d'opéra. Tout le mois de décembre a été consacré à la mise au point du rôle d'Ophélie qu'elle doit chanter le 4 janvier au Théâtre-Italien de Nice. Elle ne sait pas encore qu'elle est en train de marquer ce rôle de l'empreinte de son art, à l'égal de ce qu'elle fera un jour avec Carmen. Ophélie va bientôt lui procurer son premier vrai triomphe international.

Pas à Nice, pas encore. Ici, Emma « rode » son interprétation durant quatre mois. Elle fait de la fameuse « scène de la folie » un modèle du genre. Elle prend tous les risques, maîtrise superbement les difficultés techniques et trouve là une composition où elle peut donner le meilleur d'elle-même, un rôle indispensable à la poursuite de ses ambitions.

L'exemple de la Duse a porté : Emma, grâce à Laborde, est devenue une grande technicienne : sans rien perdre de sa puissance, elle a acquis de l'agilité et de la souplesse. Mais elle refuse d'être un oiseau mécanique déroulant ses trilles sans âme : elle se veut tragédienne, exprimant au-delà du chant la souffrance, la mélancolie, la tendresse, la dérive de l'esprit de la malheureuse Ophélie. Elle confère à la fameuse « scène de la folie » un réalisme saisissant, un poids d'émotion qui l'humanise. La prouesse technique vient en plus. Cette scène va devenir son cheval de bataille : celui qui conduit à la victoire. Elle refuse le seul feu d'artifice vocal et entend exalter les possibilités dramatiques du rôle. Elle a intuitivement compris qu'*Hamlet* était l'occasion de mettre en avant ses dons de tragédienne : le regard fixe, ouvert sur un monde qu'elle est seule à entrevoir, Ophélie-Emma joue, chante, danse une mortelle chorégraphie, les bras nus, un sourire extatique aux lèvres, avec une vérité de voix et de gestes qui a transporté ceux qui ont pu l'entendre.

La voilà prête. Elle sait qu'elle n'a pas le droit de perdre ce quitte ou double. Son orgueil blessé veut une revanche éclatante : c'est en Italie — sur le *terrain de l'adversaire* où elle a connu l'humiliation — qu'Emma Calvé va chercher la consécration.

Elle arrive, cette victoire tant attendue, en octobre 1886, au théâtre de la Fenice de Venise. Ambroise Thomas, le compositeur d'*Hamlet*, est venu tout exprès de Paris pour assister à la représentation.

Le chef, Mugnone, a électrisé tout son monde et le baryton, Lhérie, « magnifique chanteur et parfait comédien », précise Emma, convient parfaitement à sa partenaire. Calvé n'est pas de celles qui craignent de se produire aux côtés d'un grand. Au contraire, elle croit aux vertus de l'émulation, cela la stimule, l'aide à se dépasser. Régner sur un plateau de médiocrités ne l'intéresse pas. A l'opéra, on ne peut pas gagner tout seul...

Le critique musical du *Figaro*, qui assistait aux débuts vénitiens d'Emma Calvé dans le rôle d'Ophélie, a dit ce qu'ils furent, dans un article écrit quelques années plus tard : « L'accueil fait à *Hamlet* fut du délire. Je me souviens avoir vu reparaître sur la scène le maître et ses interprètes jusqu'à trente-trois fois ! Mlle Calvé conquit ce soir-là son diplôme d'*étoile de première grandeur*. Merveilleuse de beauté, se maintenant dans la tradition romantique créée par

Christine Nilsson, mais rendant le rôle bien personnel par un singulier souci de vérité scénique, préparant dans un sourire des notes d'alouette, puis secouant la salle des vibrations de sa voix passionnée, elle fut, en cette soirée, unique et inimitable. »

11

Où l'on voit l'héroïne disparaître inexplicablement
avant de resurgir pour participer
au plus grand triomphe de l'histoire de l'opéra,
et arracher ses secrets
au dernier castrat de la Sixtine

1889 EST une année « blanche » dans la vie d'Emma Calvé. L'ascension semble brutalement stoppée par quelque dix-huit mois d'inactivité. Son nom n'apparaît sur aucun programme, dans aucune « saison ».

Des ennuis familiaux ? Peut-être. Des ennuis personnels ? Sûrement.

Emma est malade durant plusieurs semaines et semble avoir subi une grave opération, nécessitant une longue convalescence. Opération chirurgicale, ou besoin d'un temps de retraite pour soustraire à la curiosité du monde un état qu'elle veut cacher ? Qui le dira, si elle ne nous renseigne pas ?

Inutile de fouiller ses Mémoires et de les lire entre les lignes. Ce n'est pas le genre de sujet qu'elle confie au papier. D'ailleurs, si l'on en croit *Sous tous les ciels j'ai chanté*, Emma Calvé est une femme sans hommes. Ou presque. Elle a des « camarades », des amis, mais pas d'amants ou de *petits* amis. Aucun de ceux qui ont fugitivement ou de façon plus durable occupé son cœur et ses sens ne figure dans ses Mémoires. Pas même celui dont elle a porté dix ans le nom accolé officiellement au sien : le ténor Galileo Gaspari. Ceux qui ont aimé Emma Calvé ou furent aimés d'elle sont passés à la trappe d'une mémoire qui, par ailleurs, sait être d'une précision et d'une fidélité extrêmes.

Le biographe est donc réduit à « sonder les blancs du récit », à retourner les mots au cas où ils cacheraient un double sens, à traquer dans les épisodes de la vie professionnelle les traces d'une vie personnelle.

Peut-être est-il trop tôt pour aborder pareil sujet, mais il est tentant de placer dans ce trou de dix-huit mois la fameuse (et unique) maternité que l'on prête à Emma Calvé et qu'elle a soigneusement tenue secrète.

Dix-huit mois, c'est le temps idéal pour mener une grossesse à son terme, commencer à élever l'enfant et le confier ensuite — carrière oblige — à une garde discrète : Léonie, d'abord, peut-être, puis une institution. Est-ce à cause du mystère qui entoure la maternité d'Emma Calvé que certains se sont crus obligés de lui prêter un enfant handicapé qu'elle aurait caché jusqu'à ce que la mort la lui enlève ?

Faute de preuves, on en est, jusqu'à plus ample informé, réduit aux hypothèses.

Une chose est sûre, malgré la discrétion de la Diva : la beauté unanimement célébrée d'Emma lui a valu en permanence une cour nombreuse d'hommes en vue, qui flattaient sa vanité, mais dont l'empressement n'était pas des plus désintéressés, on s'en doute. Toute carrière artistique passait obligatoirement par des « protections » et Calvé n'a pas fait exception.

Le silence de Calvé — quand d'autres truffent leurs souvenirs de détails sur leur vie privée — n'a pas empêché — au contraire — la rumeur de colporter sur son compte toutes sortes de confidences plus ou moins fondées. Ainsi de cet enfant « caché » (certains ont précisé que c'était une fille) ou de l'identité de certains de ses amants. Ce verrou posé sur la vie privée de la cantatrice, loin de faire taire les langues, a donné prise à toutes les suppositions. Calvé n'ayant jamais démenti ou confirmé, personne ne peut se vanter de détenir la vérité, sauf peut-être quelques intimes qui auront respecté le « secret ».

La rumeur prête donc à Emma une fille qui serait morte « à l'adolescence », mais que personne n'a jamais vue (ce qui accrédite la thèse de l'infirmité), tenue à l'écart de sa vie professionnelle, et qui aurait vécu « à la fin du siècle ».

Quant à l'identité du géniteur, tant de noms (et non des moindres, à commencer par celui de Massenet) ont été avancés que nous nous garderons d'en ajouter.

Pour en finir avec ce mystère, indiquons simplement qu'au

cimetière de Decazeville où repose Léonie Calvet, est un caveau à deux places, acheté par Emma, où ne gît officiellement qu'une seule dépouille. Qu'aucune trace ne figure à l'état civil ne prouve pas formellement que le tombeau n'ait qu'un seul occupant...

Quelle que soit la cause de cette éclipse dans la trajectoire ascendante de Calvé, son désir de gagner ses galons de diva ne semble pas en avoir été longtemps affecté, puisque la voilà à nouveau en Italie au début de l'été 1890.

Le 17 mai, au théâtre Costanzi de Rome, Gemma Bellincioni et Roberto Stagno ont créé avec un succès fabuleux l'œuvre nouvelle d'un jeune compositeur inconnu. Le musicien se nomme Pietro Mascagni et l'opéra s'intitule *Cavalleria rusticana*. On n'en donnait pas cher et pourtant en un soir l'œuvre a provoqué le plus grand triomphe de l'histoire de l'opéra mondial : soixante rappels ! Et une reprise immédiate dans quatre-vingt-seize théâtres à travers l'Europe...

Tous les théâtres lyriques de la Péninsule veulent reprendre l'ouvrage (et le triomphe) à leur compte. Et voilà que l'on propose à cette cantatrice française encore inconnue de créer *Cavalleria rusticana* au théâtre de la Pergola à Florence.

Emma Calvé, en équilibre sur la vague déferlante déclenchée par l'opéra de Mascagni, va voir en un jour sa carrière prendre la direction des étoiles !...

L'histoire de *Cavalleria rusticana*, si liée à l'avenir de la cantatrice française, vaut qu'on s'y arrête un instant. Quand il compose en quatre mois — de février à mai 1889 — son opéra, Pietro Mascagni, vingt-six ans, fils de boulanger devenu obscur professeur de piano et chef de la Filarmonica de Cerignola — l'orchestre local — dans les Pouilles, participe à un concours. Un concours d'opéra. Chez son marchand de journaux, il n'y avait plus de *Corriere della sera*. Mascagni a acheté *Il Seccolo*. Il a lu que l'éditeur Sonzogno organisait un concours d'opéra en un acte. Comme il aimait beaucoup la nouvelle de Verga, l'idée lui est venue de mettre *Cavalleria rusticana* en musique. Mais il ne croit guère à ce qu'il a fait, Mascagni. Si bien que c'est son épouse qui a expédié le manuscrit...

Quelques semaines plus tard, le musicien a la surprise d'apprendre qu'il est le vainqueur devant soixante-douze concurrents. Ce qui pourrait lui procurer une notoriété locale va en un soir le propulser vers la gloire mondiale et lui assurer des rentes pour le restant de ses jours !

Le premier prix consiste, bien entendu, en une exécution de l'œuvre. Mais personne n'aurait pu prévoir son phénoménal autant qu'immédiat succès.

Quand on lui a proposé d'incarner vocalement Santuzza, Calvé a sauté de joie. Créer à l'opéra un rôle dans lequel elle a tant admiré la Duse lui paraît être comme un signe du destin. Elle a deviné tout ce qu'elle pouvait tirer sur le plan dramatique de cette histoire burinée par le romancier vériste Giovanni Verga, et surtout du rôle de Santuzza qui lui échoit : cette jeune paysanne sicilienne, désespérée par la trahison de l'homme qu'elle aime, Turriddu, et qui malgré sa promesse, lui préfère Lola, *la sfacciata*, la sans-pudeur, la provocatrice, femme d'Alfio le charretier.

Emma entame là un combat difficile où tous les coups seront permis. Elle doit surmonter le double handicap de chanter une œuvre typiquement italienne — par les mentalités qu'elle met en œuvre — et d'affronter les jalousies, les intrigues de coulisses qui ne manqueront pas face au choix par les Florentins d'une cantatrice étrangère pour incarner cette paysanne sicilienne. N'y a-t-il pas dans toute la Péninsule des sopranos capables de comprendre la psychologie sommaire de cette rude *contadina* du Sud et de restituer son caractère bien mieux que *quella straniera* ?

Emma sait qu'on va l'attendre au tournant. Elle n'est pas encore célèbre, malgré son triomphe vénitien dans *Hamlet*. Elle a besoin d'être bonne, sinon...

Début septembre, après deux mois de répétitions acharnées, Calvé se sent prête à se surpasser. Et à la Pergola, au soir de la première florentine de *Cavalleria*, le parterre de connaisseurs, stupéfait puis enthousiasmé, découvre le tempérament de feu de Calvé que l'exemple de la Duse galvanise. Dans la scène qui est le sommet dramatique de l'œuvre où Turriddu repousse brutalement la malheureuse Santuzza pour suivre Lola qui vient d'entrer dans l'église, au moment où la paysanne le supplie de rester (« *No, no, Turriddu, rimani ancora. Abbandonarmi dunque tu vuoi ? La tua Santuzza piange e t'implora...* »), la salle a spontanément éclaté en « *brava !* » qui donnent à l'étrangère son brevet de diva « italienne ». Les accents d'Emma ont fait passer sur l'assistance un frisson de bonheur comme seuls les amateurs de lyrique savent en partager dans les rares moments privilégiés où l'accord se fait entre la musique, le drame et la voix qui les exprime.

L'Italie s'enflamme pour *Cavalleria* et son interprète française. Calvé *chante* Santuzza et ne se contente pas de vociférer comme le feront bien des interprètes. Elle s'abstient de tous cris intempestifs que le rôle appelle parfois dans sa brutalité. Elle ne *poitrine* pas pour faire vériste : elle continue à chanter, même quand elle jette à la face de son amant : « *A te la mala Pasqua, spergiuro !* »

Les journaux de la Péninsule, exempts de chauvinisme, commencent à parler d'elle comme de la nouvelle diva. A Florence, où un nouveau contrat signé par Canovi — précédant le contrat Pontielli pour Trévise où elle doit chanter *Hamlet* en alternance avec des récitals quatre fois par semaine — lui assure huit cents lires par représentation, Emma connaît un succès personnel qui commence à dépasser celui de ses partenaires. Le public italien, beau joueur et connaisseur, sait reconnaître les vrais talents. « Dans le duo avec Turriddu, écrit *La Gazetta fiorentina*, elle a des sanglots si vrais, si naturels, que le public s'émeut, s'enthousiasme, devant une telle puissance de sentiment. » Tandis que *La Verità* affirme : « La Calvé a été une Santuzza admirable qui ne sera pas surpassée. »

Voilà Calvé lancée à la conquête de l'Italie qui l'avait rejetée. Elle lui révèle l'œuvre appelée à devenir l'une des plus populaires de la Péninsule, qu'elle fait alterner avec ses rôles favoris : Rozenn (du *Roi d'Ys*) et Ophélie.

Venise est l'occasion de découvrir avec ravissement le fameux théâtre de la Fenice, « merveilleuse bonbonnière XVIIIe décorée comme un éventail », écrit-elle, et aussi la coutume qui veut que l'on transporte la diva qui vient de triompher en scène dans une chaise à porteurs (la *portantina*), jusqu'à son hôtel. La représentation d'*Hamlet* s'est terminée sous les fleurs et les ovations et Emma ravie se voit proposer — quel honneur ! — le retour dans la *portantina* construite exprès pour la Patti. « Il ne faut pas dépasser les soixante kilos pour y entrer, note-t-elle, et les porteurs y veillent. »

Mais au moment de quitter le théâtre, pas de *portantina* et pas de porteurs. Pas de femme de chambre non plus. Emma ne la retrouvera qu'au bout d'une demi-heure, essoufflée, confuse, revenue à pied de l'hôtel pour chercher sa maîtresse. Dans la bousculade, devant la sortie des artistes, les admirateurs, ne connaissant pas encore bien le visage de la nouvelle diva, ont pris la femme de chambre pour Emma et aux cris de « *Eccolà !* » l'ont proprement enlevée !

Emma est la première à en rire. Mais elle rira moins le lendemain quand le directeur de son hôtel lui présentera, selon l'usage, la note de frais pour la *portantina*...

Voilà Naples à présent qui lui ouvre les bras. Le contrat qui la lie au San Carlo, de décembre 1890 à février 1891, vient comme un point d'orgue sur une partition qui résonne aux oreilles d'Emma tel un chant de triomphe. Le San Carlo est un des lieux mythiques de l'opéra avec la Scala, Paris, Covent Garden et le « Met » de New York. Un « passage obligé » pour qui veut conquérir ses galons de *prima donna assoluta*. Le public y est connaisseur, exigeant, mais fidèle dans ses engouements. Être adopté par le San Carlo, c'est posséder un passeport qui ouvre bien des théâtres. Mais c'est surtout l'occasion pour Emma Calvé de rencontrer un partenaire idéal, le grand ténor lyrique napolitain Fernando de Lucia. Il va être son Turriddu, avant de créer l'année suivante, aux côtés d'Emma, un autre ouvrage de Mascagni : *L'Amico Fritz*, sans renouveler le miracle de *Cavalleria*. Au moment où Emma et de Lucia se rencontrent, ils ignorent qu'ils se retrouveront un jour en Amérique pour une autre conquête. De Lucia ne sait pas non plus qu'il formera le plus grand ténor français du XXe siècle : Georges Thill, venu lui demander des leçons.

Fernando de Lucia, tout en finesse et en intelligence, d'une technique irréprochable, dit d'un autre grand ténor, son cadet de treize ans, cette chose incroyable : « *Caruso ha la voce più bella del mondo, ma non sà cantare !* » (Caruso a la plus belle voix du monde, mais il ne sait pas chanter !) Certains voyaient dans ce jugement la jalousie d'un rival dépité par la fulgurante ascension d'un Caruso « lui faisant de l'ombre ». Ce n'est que plus tard que l'on comprit ce qu'avait voulu dire ce grand technicien, quand la merveilleuse voix se tut prématurément : on ne chante pas impunément comme Caruso chantait : il y a laissé sa vie. En 1921, aux funérailles grandioses que l'Italie faisait au plus illustre des ténors, c'est de Lucia qui chantait le *Pietà Signore*.

Emma Calvé, toujours avide d'apprendre, de combler ses lacunes, toujours soucieuse de se perfectionner, court les musées italiens au gré des engagements, étudie les drapés et les attitudes, sur les statues ou les tableaux. Revenue à Rome, elle a mis Léonie sur les genoux. La mère et la fille habitent sur le Monte Pincio d'où, au couchant, les trois cent soixante-cinq clochers de la Ville éternelle se découpent sur le disque du soleil. A son premier séjour italien, Emma n'avait pas manqué de visiter la villa Médicis où séjournait un « pays » : le sculpteur Denys Puech. Cette fois, c'est aux musiciens que la chanteuse rend plus précisément visite. Parmi eux, il en est un dont ses camarades disent : « Il est génial. » Il se nomme Achille-Claude Debussy. Insociable et capricieux, il s'ennuie ferme à la villa Médicis qu'il appelle « la caserne ». Il s'apprête à la quitter après avoir expédié sans illusions son « envoi de Rome » : *La Damoiselle élue*.

Emma, superbe dans sa robe de velours blanc « forme byzantine », bordée de zibeline, les cheveux simplement nattés en diadème autour de la tête, avec, pour tout bijou, un collier d'ambre noir qui met en valeur le teint de ses épaules, est la reine du dîner organisé en son honneur par Hébert, le directeur de la villa Médicis qui lui a dit en toute simplicité : « Vous êtes royale. »

Pour remercier ses hôtes, elle a chanté Schubert, Schumann, César Franck. Elle ramène des brassées d'hommages... et d'anecdotes. Hébert était intarissable. Grand ami de Gounod, au temps où tous deux étaient pensionnaires à l'Académie de France à Rome, il a raconté que le futur compositeur de *Faust* avait un soir au clair de lune improvisé aux pieds d'une belle la célèbre phrase du duo d'amour : « Laisse-moi, laisse-moi, contempler ton visage. »

« C'est très bon, ce que tu viens de fredonner, lui aurait dit Hébert, tu devrais le noter… »

Emma a appris aussi que la partition de *Faust* a été payée dix mille francs à Gounod et que la première fut loin de faire l'unanimité. La musique parut difficile et le livret — qui mettait le diable sur scène dans une église — eut maille à partir avec la censure impériale. L'archevêque de Paris mit tout le monde d'accord en déclarant qu'il souhaiterait qu'aucun opéra ne soit plus blasphématoire que *Faust*. Il n'empêche que l'éditeur de Gounod, Charles Choudens, présent à la première de *Faust*, avait dit à ses gosses : « Mes enfants, lorsque vous ne serez pas sages, je vous obligerai à aller entendre cet opéra. Je me suis royalement embêté. » C'était juste avant que *Faust* ne commence à lui rapporter des millions de francs-or.

A ce fameux dîner de l'Académie de France à Rome, Emma avait à sa droite le comte Joseph Primoli, petit-neveu de Napoléon (il descendait de Lucien Bonaparte), homme d'esprit et grand ami de la Duse. Une relation précieuse, car c'est l'une des « figures » du gotha lyrique international. Ils se sont revus à une seconde réception à la villa Médicis à laquelle assistait Mistral, de passage à Rome. Emma a chanté pour lui le célèbre *Magali* et la *Coupo Santo*, suivis d'un poème de Théodore Aubanel que Paladilhe a mis en musique. Le fondateur du Félibrige et la cantatrice aveyronnaise ont conversé chacun dans son idiome, mais se sont compris sans peine tant ils sont « cousins ».

Rome décidément porte chance à Calvé. Elle a repris *Hamlet* avec succès au théâtre Costanzi, où fut créée *Cavalleria*, et le rôle de Rozenn du *Roi d'Ys* en présence de Lalo. L'Académie fournit la « claque » française, qui donne de la voix et du geste : des ovations à n'en plus finir et une presse enthousiaste le lendemain.

Emma met à profit le moindre loisir pour améliorer sa technique. Fascinée par les chœurs de la Sixtine, elle n'a eu de cesse que le comte Primoli ne lui donne un mot de recommandation auprès de celui qu'elle désigne comme « le dernier des castrats » : Domenico Mustafa. Il fut effectivement le dernier des grands castrats, et, la scène leur étant interdite, Mustafa *Pacha* est devenu directeur de la musique pontificale. Le petit homme, âgé de soixante et un ans, est affable et accueillant. Outre l'étendue phénoménale de son registre, qui lui permet de passer des notes basses jusqu'aux suraiguës — Mustafa sait conserver des sons mélodieux, émis en douceur, sans effort apparent, et d'une justesse absolue. Calvé, on le sait, a horreur des sons « criés » dans le registre élevé. Elle a conscience que c'est encore un défaut de sa voix et elle veut obtenir de Mustafa la technique de ses sons *flûtés*. Elle possède déjà d'exceptionnelles notes graves, qui la font prendre parfois pour une mezzo, un médium éclatant, évoquant la grande ombre de la Patti, et un aigu triomphant. Mais elle a des légèretés de *coloratur* et elle entend les exploiter pour obtenir en sus de ses trois voix... une quatrième !

« Il faut travailler bouche fermée, explique Mustafa *Pacha*, afin de " caser " les sons le plus haut possible dans le masque. Vous faites ça deux heures par jour pendant dix ans, comme moi, et vous y parviendrez. »

Il ne faudra pas plus de trois ans d'exercices, de gammes, d'arpèges épuisants à Calvé pour arriver à émettre bouche fermée cette étonnante « quatrième voix », des sons aigus qui gardent sonorité et musicalité, presque sans vibrato. Des disques qu'elle nous laissera plus tard porteront témoignage de ce phénomène qui a déconcerté plus d'un critique. Dans la version toute personnelle que donnera Calvé de l' « air du Mysoli », extrait de *La Perle du Brésil* de Félicien David, on entend ces sons désincarnés qui grimpent sur les cimes et rivalisent d'acrobaties avec la flûte solo : c'est à qui montera le plus haut...

Le fameux « Colonel » Mapelson, pionnier de l'enregistrement sur le vif et dont les « rouleaux » sont devenus mythiques pour les amateurs d'enregistrements « préhistoriques », a capté Calvé sur la scène du « Met » au début de ce siècle, pendant une représentation de *Faust*. Dans l' « air des bijoux », on entend cette étrange technique lorsque arrivée sur la dernière note, un si majeur, Emma passe tout à coup de la voix de poitrine à un *falsetto* quasi désincarné. L'effet est déconcertant et il n'est pas sûr qu'il serait apprécié de nos jours.

Le séjour italien de la Diva — riche d'acquisitions diverses — se poursuit avec deux nouveaux contrats qui la conduisent, après Florence (septembre-octobre 1890), à Trévise (novembre), où elle fait alterner récitals et représentations d'*Hamlet*, et de nouveau à Naples où elle demeure trois mois, de décembre 1890 à février 1891.

A Naples, elle fait la conquête définitive des *abonnati*, dont tout le monde, chanteurs, directeurs, machinistes, ne parle qu'avec respect et qui décident — souvent à haute voix — du sort d'un artiste. Public terrifiant, mais qui se donne à vous sans restrictions s'il vous en juge digne et vous confère un brevet de belcantiste qui vous précède d'une flatteuse réputation. Quand on a passé avec succès son examen d'entrée auprès des *abonnati* napolitains, on peut chanter n'importe où.

Ce second séjour au San Carlo est l'occasion de retrouver le grand Victor Maurel qui a conquis sa stature mondiale après le triomphe de Iago. Il est dans la salle à une représentation de *Cavalleria,* que Calvé chante avec de Lucia, et il se précipite dans la loge pour revoir sa protégée. Quels progrès elle a faits depuis *Aben Hamet* ! Il le lui dit sincèrement. Et le grand chanteur — qui peut tout à présent — décide de chanter *Hamlet* avec Emma en Ophélie ! Le San Carlo connaît un de ces grands soirs dont les amateurs conservent des années après le souvenir magnifié. « Il est génial, écrit Emma de Maurel. Il joue *Hamlet* comme un grand fou, délirant, illuminé. Il a eu un triomphe égal à celui qu'il obtient dans *Otello*. »

Électrisée par cet exemple, Emma s'est surpassée. Elle a pour autre partenaire, dans *Lucia di Lamermoor,* un ténor espagnol du nom de Julian Gayarré dont la spécialité est de transformer ses prestations en numéros de cirque : il tient les points d'orgue jusqu'à en perdre le souffle. Il est capable de chanter les six premières mesures de la cavatine *Ange si pur...* de *La Favorite,* sans respirer !

Tous deux sont convenus de chanter ensemble à Paris l'hiver

suivant. Mais ce projet n'aura pas de suite. Le ténor madrilène meurt brutalement quelque temps après son retour au pays : le cœur a lâché pour avoir abusé de ces *tenues* interminables...

Emma en tire la leçon. Il faut « économiser » la machine au si fragile équilibre...

Malgré ses succès, elle demeure soucieuse de progresser encore. Le fiasco est trop récent dans sa mémoire. Elle travaille ses vocalises comme une débutante : « Je commence à pouvoir me servir des petits *sons flûtés* enseignés par Mustafa, note-t-elle dans son journal. Ces sons qui rappellent les harmoniques du violon par leur ténuité, la légèreté, leur timbre joli, me permettent d'aborder très facilement le mi et le fa, en grande douceur. Hier, comme je venais d'atteindre le contre-ré, j'ai entendu une camarade déclarer ; " Elle a un ' truc '. " »

Mustafa avait averti Emma : « Laissez dire les envieux. Ils appellent " trouc " ce qu'ils ne savent pas faire. Lorsqu'ils savent, ils le nomment talent. Servez-vous du " trouc " chaque fois que vous sentez qu'il est approprié à la phrase musicale. »

Enfin, le soir de la grande explication arrive. Voilà Emma Calvé face à ce terrible public milanais de la Scala qui n'a pas la chaleur des foules du Sud et qui l'a humiliée voici quatre ans. Ce soir, la Diva est de retour à la case départ. Elle va chanter *Hamlet* aux côtés de Mattia Battistini, au faîte d'une carrière glorieuse et sans échec. Il représente l'ancienne école du bel canto et il s'est particulièrement fait connaître dans Don Giovanni, Posa et Scarpia. Sa voix posée, son souffle immense, son timbre somptueux, sa ligne de chant et sa classe naturelle sont un précieux exemple pour Calvé. En outre, Battistini est un excellent camarade, plein de bonté et d'altruisme. Très pieux, il est dans doute le seul chanteur d'opéra qui ait jamais été membre du Tiers-Ordre des franciscains ! Tout de simplicité, il fuit le vedettariat, mais son art donne pleinement confiance à Emma.

Il est bon — pour tirer un trait sur ce passé douloureux qui l'a obligée à gravir le Calvaire — que ce soit sur cette scène qu'elle livre sa bataille décisive. Tout en sachant qu'il n'y aurait pas de joker à ce jeu cruel. Aussi, elle a chanté Ophélie comme si sa vie était en jeu. Voici comment elle raconte le grand moment de la soirée : « Oubliant pour la première fois voix, théâtre, public, hors de moi, hors du monde, ne me possédant plus, j'ai joué et chanté avec une exaltation croissante, comme si c'était la dernière fois (...).

« A l'acte de la folie, lorsque je parais en scène, pâle, sans maquillage, démente, déchirant mon voile, arrachant ma couronne de nénuphars, je fus accueillie par de longs bravos.

« Me sentant en communion avec le public, sur la phrase :

> *Et l'alouette, avant l'aube éveillée*
> *Planait dans l'air*

j'attaquai une cadence que je n'avais jamais encore chantée en public, partant des notes de poitrine pour aboutir au contre-fa.

« Arrivée à cette hauteur inaccoutumée, j'éprouvai le vertige d'un enfant qui, juché en haut d'une échelle, ne sait comment redescendre. Éperdue, je tins indéfiniment la note jusqu'au bout de mon souffle avant de terminer la gamme chromatique, ce que je fis avec une telle sûreté, un tel brio, qu'un tonnerre d'applaudissements vint m'interrompre. Dès lors, arrivée au paroxysme de l'exaltation, comme en délire, donnant tout ce que j'avais en moi, riant et pleurant, hallucinée, je terminai ma scène au milieu des bravos frénétiques.

« J'avais atteint un sommet. Telle une somnambule, je me suis réveillée, comme d'un songe »

Et comme un bonheur ne vient jamais seul, voilà que, dans la foule qui envahit la loge de la Diva au dernier rideau, apparaît, au bras du comte Primoli... la *Divina*. La Duse en personne ! Emma défaille. La comédienne vient vers elle les bras tendus. « *Brava ! Che voce unica ! Che sincerità !* » Le comte Primoli a tout raconté à Eleonora, sur cette jeune chanteuse française qui suivait partout son idole sans oser ni pouvoir l'aborder. « Toute la troupe vous avait repérée, explique la Duse, et nous croyions que vous étiez amoureuse du jeune premier ! »

Emma et Eleonora, avec de grands rires, tombent dans les bras l'une de l'autre.

C'est trop d'émotions pour une seule soirée. Calvé ne trouvera pas le sommeil. Toute la nuit sa tête a bourdonné, à la recherche d'un contre-fa de rêve.

12

Où l'on voit l'héroïne
se passionner pour l'occultisme et fréquenter
médiums, sârs, *chiromans et hiérophantes*

Un siècle à peine après que les Lumières se furent répandues sur l'Europe et que le culte de la Raison eut cru en avoir fini avec toutes les superstitions, le surnaturel — revenu au galop — est roi en ces années 1890. Mieux, il est devenu un phénomène social, un grand jeu de société. On a vu les meilleurs esprits séduits par les charmes sulfureux de l'ésotérisme. Dans les dîners en ville, on parle *métapsychie* et *métempsycose* et, rideaux tirés, le dessert achevé, on se livre avec transport au spiritisme. On interroge dans la pénombre les « tables parlantes » (Hugo en a donné l'exemple), on étudie la réincarnation, on se plonge dans l'occultisme, on flirte avec l'alchimie, on s'adonne au parareligieux, on consulte les astrologues, on se fait lire les lignes de la main, on dialogue avec les esprits, on croit dur comme fer à la réincarnation. Et les belles épaules des dames du grand monde frissonnent de plaisirs défendus.

C'est comme si toute une partie de la société française entendait par ces pratiques réagir contre le positivisme et le naturalisme qui tiennent le haut du pavé en littérature et en philosophie, et contre cette république laïque qui prône la Raison en combattant l'obscurantisme religieux.

Paris pullule de mages, de *sârs*, de médiums, de chiromans, de hiérophantes, qui multiplient les séances spirites, les communications avec l'Au-Delà, les conférences ésotériques et les publications spécialisées, à la grande fureur de Pierre Larousse, héritier des Encyclopédistes, qui fulmine contre ces pratiques d'un autre âge et contre les personnages qui répandent sur un monde qu'il croyait acquis aux claires certitudes scientifiques les ténèbres de la superstition. Condorcet se retournerait dans sa tombe... s'il en avait une !

Le pionnier, le « pape », le grand précurseur de cette mode, se nomme Allan Kardec (à l'état civil Léon Rivail, 1804-1869), fondateur de *La Revue spirite*. Son œuvre maîtresse, *Le Livre des Esprits*, est devenu la bible des ésotéristes mondains. Il a suscité les vocations de Papus (Dr Gérard Encausse), de Léon Denis, de Camille Flammarion et de bien d'autres.

Autre livre à la base de bien des vocations : le *Dogme et rituel de haute magie* d'Éliphas Lévi (hiéronyme d'Alphonse-Louis Constant, 1805-1875), qui a eu tous les grands romantiques comme admirateurs.

Emma Calvé n'a pas échappé à la fascination de ce monde en proie à l'irrationnel. Par curiosité, sans doute, par opportunisme, certainement (on y rencontre des gens haut placés avec des relations non négligeables), mais également par penchant personnel. Si, au début au moins, Emma cède à une mode, elle va par la suite se prendre au jeu et s'impliquer jusqu'à devenir une ardente prosélyte.

Sa victorieuse « campagne d'Italie », dont les triomphants échos sont parvenus jusque dans les salons où se font et défont les réputations, lui en a ouvert les portes. On se dispute sa présence, on organise pour elle des récitals privés où elle tient sous son charme les plus grands noms du Tout-Paris. Emma assiste — et bientôt participe — à ces séances spirites qui font fureur, va écouter des conférences, achète les « bibles » de Kardec, Lévi et Léon Denis et lit les revues spécialisées.

Bien entendu, dans ce monde hétérogène, les savants authentiques, les chercheurs de bonne foi côtoient les plus habiles charlatans. Difficile parfois de faire le tri.

Mais dans la première catégorie, on peut sans crainte placer en tête Papus, authentique médecin des pauvres, fondateur de la revue *L'Initiation*, qui traite d'hypnotisme, de théosophie, de franc-maçonnerie et d'occultisme. Il a pour amis des gens aussi peu suspects de légèreté ou de charlatanisme que le colonel de Rochas, directeur des études à l'École polytechnique (celui-ci connaîtra quelques ennuis lorsqu'on s'apercevra qu'il se livre — en dehors des heures de cours — à des expériences de spiritisme dans la sacro-sainte enceinte de l'X !), le Pr Charles Richet, qui aura bientôt le Nobel de physique, ou encore Camille Flammarion, jeune homme génial et surdoué qui, à seize ans, a écrit sa *Cosmogonie universelle* et à vingt, *La Pluralité des mondes habités* avant de se lancer dans sa colossale *Astronomie populaire,* ce qui ne l'empêche pas de se livrer avec passion à des recherches sur le spiritisme, la métapsychie (étude des phénomènes de prémonition, somnambulisme, clairvoyance et spiritisme) et la réalité substantielle de l'Autre Monde.

Emma Calvé fréquente ces esprits aussi savants qu'anticonformistes et si elle ne perçoit parfois dans les recherches de ses amis que leur aspect superficiel, elle s'imprègne de leurs certitudes, partage leurs théories en confiance et s'adonne, en public comme en privé, à l'occultisme.

D'ailleurs, elle est une fidèle de la Librairie du Merveilleux, au 29, rue de Trévise, fondée par Papus et le libraire Lucien Chamuel, où fonctionne un Centre d'occultisme qui vient d'être inauguré. A la boutique est adjointe une salle de conférences où, chaque semaine, Papus tient son auditoire sous le charme. Celui que l'on surnomme « le Balzac de l'occultisme » est non seulement un esprit brillant et un causeur éblouissant, mais son physique impressionne avec sa large encolure, sa barbe-fleuve soyeuse et son regard « tsigane ». Ces dames en sont folles.

Bien entendu, Chamuel propose à la vente toutes les publications et revues reflétant l'extraordinaire bouillonnement métaphysique de la Belle Époque.

L'arrière-salle sert aussi de siège à l'Ordre martiniste, rénové par Papus en 1891, qui entend perpétuer l'esprit de chevalerie et celui de la Nouvelle Église gnostique dont Papus est « évêque ». On trouve autour de lui, outre ses disciples, Paul Sédir, Paul Adam, Victor-Émile Michelet, d'autres occultistes de renom qu'Emma fréquente ou rencontre souvent : Stanislas de Guaïta, rénovateur de la Rose-Croix sous le nom d'Ordre kabbalistique de la Rose-Croix, qui étudie la Bible sous l'angle ésotérique, et Joséphin Péladan (le *sâr* Péladan), et puis des curieux ou des « compagnons de route » comme Charles Maurras, Villiers de L'Isle-Adam, Maurice Barrès (qui a trente ans et n'est pas encore le chantre du nationalisme), Huysmans, Catulle Mendès, Victorien Sardou. Et même ce vieux sceptique d'Anatole France, que Papus ne « convertira » pas mais qui est venu assister à une séance avec sympathie et a laissé de Gérard Encausse-Papus le portrait le plus juste : « très jeune, l'œil vif, le teint frais, la barbe fine, l'air plus d'un carabin que d'un mage ».

Papus, en dépit de l'abondance de son système pileux, n'a rien d'une « vieille barbe » : il a vingt-cinq ans et sa jeunesse n'est pas étrangère à l'intérêt que lui portent les dames. Et comme, malgré ses vertus de désintéressement il a le sens de la « réclame », il n'est pas fâché de voir à ses conférences les plus belles épaules et les plus beaux yeux de Paris. Rien de mieux pour entraîner de nouvelles adhésions que d'apercevoir, au premier rang de l'assistance, Mlle Sarah Bernhardt, la poétesse et compositeur Augusta Holmès, à la blonde crinière « walky-rienne » tranchant avec la chevelure de jais d'Emma Calvé dont la beauté irradie.

Mais le milieu de l'occultisme parisien n'échappe pas aux jalousies, affrontements, querelles de chefs. Tandis qu'Emma Calvé s'initie et tente de trouver sa voie parmi les écoles et les chapelles ésotéristes, fait rage la « guerre des Deux-Roses », qui a éclaté en juin 1890. Paris bruit de l'écho des anathèmes et des malédictions qu'échangent les « guides » des nouvelles Églises. Cette guerre oppose le duo Papus-Guaïta à Péladan qui confond souvent déguisement et spiritualité. Autant Papus ne quitte jamais la redingote du Dr Encausse, autant le délirant Péladan se vêt en hiérophante avec longue robe et calotte de *sâr*. La cantatrice Georgette Leblanc, égérie de Maeterlinck (et sœur de Maurice), le décrit « avec ses oripeaux de velours usé » et Laurent Tailhade, « frisé, calamistré, ceint d'un gilet couleur d'aurore, vêtu d'un pet-en-l'air bleu ciel et parfumé de huit parfums, correspondant aux planètes, où dominait l'eucalyptol ».

Papus et Guaïta ayant rénové l'Ordre de la Rose-Croix, Péladan se sépare d'eux en août 1890 et fonde à sa dévotion la Rose-Croix catholique du Temple et du Graal dont il s'intitule *grand maître, imperator* et *archimage*. La nouvelle secte a des prétentions culturelles et multiplie les manifestations (salon des arts, théâtre idéaliste, conférences). Erik Satie y adhère en dilettante et représente la musique *sublime*.

Le *sâr* multiplie les ordinations et les anathèmes. Notamment en direction de ses anciens compagnons à qui il envoie un manifeste de rupture : « Je dédaigne la franc-maçonnerie, quand je ne la méprise pas et je n'accepterai jamais, cardinal laïque, de traiter une erreur de cette espèce. Je dédaigne le bouddhisme comme théologien archéologue, je nie la prétendue chronologie brahmanique (...). Enfin je ne fais nul état des théories spirites [1]... »

La séparation se fit dans un premier temps à l'amiable, mais lorsque le *cardinal laïque* excommunia les *hérétiques*, ceux-ci ripostèrent par une proclamation solennelle contre l'apostat.

Cette guéguerre ridicule passionne tout Paris qui se repaît de ses péripéties dans les dîners. Les beaux messieurs s'y taillent un succès facile en narrant les dernières nouvelles du *front* aux belles dames en robe longue et taille corsetée. On s'écrase le jour de l'inauguration de la salle Durand-Ruel, 11, rue Le Peletier, où officie le *sâr* et l'on paie vingt francs-or pour l'entendre élucubrer (cinq francs les jours ordinaires). Parmi les curieux, on a aperçu les bésicles et la barbiche de M. Émile Zola venu, carnet en main, prendre des notes pour une éventuelle « tranche de vie » et un semi-clochard qu'Anatole France décrit ainsi : « chauve, le crâne bossué comme un vieux chaudron, la face camuse, l'œil émerillonné, la narine dilatée, la barbe hirsute : une manière de Socrate ambulant, faussement ingénu, même dans ses heures de conversion et de pénitence, trempé d'alcool et de génie ».

C'est Paul Verlaine.

Il existe un autre haut lieu de l'occultisme mondain à Paris : c'est la Librairie de l'Art Indépendant, rue de la Chaussée-d'Antin où Édouard Bailly, excellent homme, éclectique et cultivé — mais piètre commerçant, il fera faillite — publie des

1. Cité par Jean Perrin, in *L'Europe des médiums et des initiés.*

livres hermétiques (*La Haute Science*) et s'efforce de promouvoir musiques et talents nouveaux dont il vante vertus et mérites dans *La Revue de musique populaire*, qui malgré son titre s'adresse surtout à une élite cultivée. Les fins d'après-midi voient se côtoyer, le long des rayonnages de la librairie, Claude Debussy et Erik Satie, Toulouse-Lautrec et Félicien Rops, Odilon Redon et Edgar Degas, Pierre Louÿs et Henri de Régnier, Mallarmé, venu en voisin de Condorcet où il enseigne l'anglais, Paul Le Cour et Joris-Karl Huysmans, ésotériste catholique et néanmoins *luciférien*, sans oublier Augusta Holmès — égérie de Catulle Mendès qui lui fera distraitement, en vingt ans de liaison orageuse, cinq enfants sans pour autant abandonner Judith Gautier. Augusta, alors au faîte de sa renommée (et de sa beauté), est considérée comme un compositeur à part entière, seule femme dans ce monde d'hommes : la république a fait appel à son talent pour composer L'*Ode triomphale en l'honneur du centenaire de 1789*.

Emma rencontre en feuilletant les publications de la librairie de l'Art Indépendant l'un des hommes qui vont bientôt compter dans sa vie : l'écrivain et journaliste Jules Bois, qui a délaissé son Marseille natal pour manier la plume comme une rapière dans les journaux parisiens : le *Gil Blas* notamment. Il est l'auteur, aux éditions de la librairie, d'un dialogue intitulé *Il ne faut pas mourir* et d'un roman qui porte pour titre *Les Noces de Sathan* (l'*h* de Sathan vous pose son ésotériste...).

Jules Bois, en effet, donne volontiers dans la démonologie, ce qui l'a rapproché de Huysmans (au moins avant que ce dernier ne fasse *in extremis* machine arrière au moment de passer l'arme à gauche...). Voilà en tout cas un homme dont l'influence sur Emma, qui admirait son immense savoir (et autre chose aussi dont nous reparlerons), est patente. Si Calvé a basculé dans les pratiques occultistes et l'ésotérisme militant, c'est en grande partie à Bois qu'elle le doit, même s'il n'a fait que renforcer ce qui était déjà en gestation.

La Diva, malgré ses succès matériels et sa soif de considération très terre à terre, demeure une mystique et une angoissée, hantée par la mort apparente et la survie, la métempsycose, l'Au-Delà. N'ayant pas trouvé dans la foi de son enfance de réponses aux questions qui l'habitaient, elle est allée chercher dans l'ésotérisme un peu d'apaisement, quitte à composer son *cocktail* métaphysique à sa façon, mêlant doctrines et religions révélées ou non aux superstitions les plus puériles. Mais n'anticipons pas...

A la Librairie de l'Art Indépendant, contrairement à sa rivale la Librairie du Merveilleux, la musique comptait tout autant que l'ésotérisme. On assistait ainsi à des séances non point spirites mais musicales. Il suffisait que Catulle Mendès demande à un ami présent : « Connaissez-vous la musique de Debussy ? » Si la réponse était négative, on invitait Claude à passer dans l'arrière-salle où trônait un superbe piano à queue et le musicien faisait entendre ses dernières trouvailles harmoniques. Victor-Émile Michelet, disciple de Papus, a donné de ces séances une relation où se lit son enchantement.

« Je n'ai jamais entendu un pianiste maniant le clavier comme Debussy. Sous ses doigts forts, faits pour malaxer la pâte musicale, l'instrument impersonnel et rêche chantait d'une voix douze fois vivante et riche de tous les timbres, voix humaine ou voix des cuivres, des cordes et des bois. Tandis que la pâle face de l'exécutant ne démentait sa placidité que par la braise ardente des prunelles, nous aspirions délicieusement cette musique toute nouvelle, cette poudre sonore qui faisait éclater l'envoûtement wagnérien pesant sur l'atmosphère d'alors[1]. »

C'est là, sans doute, dans ce réseau d'amitiés liées par l'ésotérisme que Claude Debussy, lui-même versé dans l'occultisme, allait découvrir le poème de Maeterlink qui venait d'être publié et lui servirait à composer *Pelléas et Mélisande*.

Il n'est pas interdit de penser qu'à l'occasion d'un séjour à Paris, Emma Calvé ait pu être, parmi les amis de « Claude de France » — ainsi le surnommait D'Annunzio — l'auditrice privilégiée des premières esquisses du futur chef-d'œuvre qui devait être créé à l'Opéra-Comique en 1902.

---

1. *Les Compagnons de la hiérophanie.* Cité par Jean Perrin, *op. cit.*

13

Où l'on voit l'héroïne engagée à l'Opéra-Comique en dépit d'un caractère « qui ferait se battre les décors »

IL RESTE à Léon Carvalho, directeur de l'Opéra-Comique, six années à vivre, mais à en croire des témoins, un coup de sang faillit abréger son existence en ce printemps 1891 : quand on lui proposa d'engager Emma Calvé dans la troupe de l'Opéra-Comique, « il se mit à pousser des rugissements ». Pourtant, l'homme avait la réputation d'être d'un naturel affable et courtois.

Ce grand professionnel, nourri dans le sérail pour avoir lui-même fait une belle carrière de basse chantante à l'Opéra-Comique — avant d'en prendre la direction en 1876 —, avait été, entre-temps, l'acteur de plusieurs créations françaises d'ouvrages étrangers au Théâtre lyrique qu'il dirigeait (*Les Noces de Figaro, L'Enlèvement au sérail, La Flûte enchantée, Orphée*, de Gluck, et *Oberon*, de Weber). En tant que directeur, on lui doit la création de la quasi-totalité des opéras de Gounod, où s'illustra Caroline Miolan... (Mme Carvalho à la ville.)

Léon Carvailhé, dit Carvalho, était né à l'île Maurice et, quand on lui demandait sa date de naissance, il répondait : « Je ne sais pas au juste : peut-être en 1825 comme on le dit ; ou en 1820 ou 1830 : à l'île Maurice, les parents déclarent leurs enfants quand le hasard d'une promenade les conduit du côté de la mairie ! »

Il n'était pas seulement humoriste à ses heures, c'était un grand professionnel et un homme de cœur. Les ennuis (financiers, notamment) ne lui avaient pas manqué, mais il les avait toujours surmontés. Ruiné par l'exploitation du Théâtre lyrique qu'il menait de front avec la salle Ventadour, Carvalho formait avec sa femme un couple exemplaire et savait ce qu'il devait à son talent (« la voilà ma subvention », disait-il en désignant Caroline). Il dut pourtant consentir à une déchirante séparation de biens... qui permit de découvrir que, pour sauver l'entreprise, il ne touchait pas ses appointements depuis quatre ans !

Cette élégance ne l'empêcha pas d'être reconnu comme personnellement responsable dans l'incendie qui détruisit l'Opéra-Comique, en mai 1887, et condamné à trois mois de prison avant qu'il ne soit relaxé en appel.

L'homme avait du ressort et le métier chevillé à l'âme. Sa compétence et son enthousiasme le désignaient comme seul capable de relever l'Opéra-Comique, toujours installé « provisoirement » dans la salle du Théâtre lyrique, et d'en prendre pour la seconde fois la direction en mars 1891.

C'est dans ces circonstances que des amis communs vinrent lui proposer d'engager la Diva à qui tout Paris faisait fête depuis son triomphe italien.

Et voilà qu'en entendant ce seul nom, le bon Carvalho s'était laissé aller à rugir !

Dans un témoignage manuscrit figurant dans le Fonds Calvé de Millau [1], où est rassemblée une partie des documents concernant la Diva, sont rapportés les propos de Carvalho lors de l'engagement d'Emma à l'Opéra-Comique de Paris.

C'est qu'il a la mémoire longue, Léon. Il n'a pas oublié les orages répétés qui éclatèrent six ans plus tôt dans son théâtre, au premier passage de Calvé, engagée pour créer *Le Chevalier Jean* et *Lalla-Roukh* : « Un caractère épouvantable, se souvient-il. Calvé est impossible. Des scènes de violence à tout propos. Elle n'est jamais d'accord avec le choix des mises en scène, elle prétend imposer ses conceptions, composer les distributions, se donner le beau rôle aux dépens des autres. Je ne veux pas m'encombrer de cette pécore qui va semer la

1. Cité par Georges Girard dans son ouvrage : *Emma Calvé, la cantatrice sous tous les ciels.*

zizanie dans la troupe et qui, de plus, a moins de talent que de culot et de prétention ! »

Voilà qui a le mérite de la franchise.

Avec les réserves d'usage, il faut considérer ce témoignage moins comme un document officiel et irréfutable que comme un récit traduisant une ambiance. Deux tempéraments sont face à face.

D'un côté, Léon Carvalho, qui a l'ambition de « dépoussiérer » l'Opéra-Comique, d'en faire une scène de premier plan, où alterneront grandes reprises d'ouvrages classiques et créations montées avec soin et éclat. Il cherche pour cela à renforcer sa troupe de talents capables de les faire triompher.

De l'autre, Emma Calvé, à qui ses premiers succès ont ouvert l'appétit et aiguisé l'ambition. Elle estime suffisantes les dix années d' « esclavage consenti » pour conquérir ses galons de prima donna et prétend occuper désormais une place au soleil. L'expérience le lui a appris : elle vit dans une jungle où seuls les grands prédateurs survivent. Les occasions se prennent d'assaut, s'il le faut, car la vie d'une diva est courte (la sienne sera exceptionnellement longue).

Carvalho et Calvé sont condamnés à s'entendre. Mais la « cohabitation » n'est pas évidente. C'est alors que deux hommes se proposent pour jouer les bons offices entre le directeur et la Diva.

Le premier est le prince de Sagan, ami très cher d'Emma, grand amateur d'opéra et — disent les mauvaises langues — de celles qui les chantent. Le prince est un personnage influent et écouté dans les milieux lyriques de la capitale.

Le second est désigné dans le document du Fonds Calvé sous les initiales M. C. C'est un Aveyronnais, un « pays » d'Emma, qui se vante implicitement de relations privilégiées avec la cantatrice...

Les deux hommes s'improvisent imprésarios bénévoles d'Emma. Leur proposition à Carvalho est simple : « Puisque vous affirmez, disent-ils, vouloir bousculer les traditions en créant des ouvrages nouveaux à l'Opéra-Comique, vous ne pouvez pas passer à côté de *Cavalleria rusticana* dont le triomphe va bientôt submerger l'Europe. Grâce à qui ?

Grâce à Emma, qui a créé l'ouvrage en Italie où on la juge une Santuzza insurpassable.

Carvalho n'est pas emballé. *Cavalleria*, oui, mais sans Calvé, voilà l'idéal... Il fourbit l'argument imparable : la voix de la Diva n'est pas aussi extraordinaire qu'on le dit. Pis : elle *bouge* dans le registre élevé. Et ça, c'est inacceptable.

Carvalho ignore les progrès accomplis par Emma, le profit tiré de son séjour italien où elle a côtoyé les plus grands techniciens du « bien chanter ». Il ne sait pas à quelle discipline elle s'est astreinte pour améliorer ses aigus. Il n'a pas idée de l'homogénéité et de la « longueur » de registre qu'elle possède et qui font dire à son ami Gheusi : « Elle aligne trois voix sans qu'on puisse distinguer les " soudures ". »

Durant sa saison en Italie, Emma — toujours selon M. C. — se serait soumise à une petite intervention chirurgicale « gardée secrète », ayant grandement amélioré son émission. Carvalho se moque de tout cela, et demande seulement à « juger sur pièces ».

Le premier acte du complot se joue chez le prince de Sagan, où un dîner est organisé, auquel assistent M. C., Emma, Carvalho et, pour faire bonne mesure, Denys Puech, le sculpteur, membre à part entière de ce qu'on n'appelle pas encore un *fan club*.

En dépit des bons offices de ces messieurs, c'est un fiasco total. Carvalho dîne sans desserrer les dents, Calvé fait la tête et donne des signes évidents d'énervement. Personne n'ose aborder l'objet de la réunion, encore moins de proposer une audition. Au salon, où l'on passe, le dîner achevé, le couvercle du piano reste fermé. Emma, exaspérée, prend brusquement congé et renvoie l'accompagnateur. Puech la raccompagne. Carvalho ne tarde pas à partir à son tour. Restés seuls, les deux conjurés ne s'avouent pas vaincus. Chacun prend en charge un des « adversaires ». M. C., Emma, et le prince, Carvalho. Un second dîner de conciliation est décidé pour la semaine suivante.

Emma le refuse, dans un premier temps. « J'ai traité Carvalho comme il le mérite, dit-elle à son ami rouergat. Il m'a débinée, je n'irai pas chez lui. Je vais tenter ma chance à l'Opéra. »

C. est réaliste : « Réfléchis un instant. Tout ce que tu peux espérer à l'Opéra, c'est la troisième place derrière Caron et Melba qui ont les mêmes emplois que toi. On ne bâtit pas une carrière sur l'espoir de remplacer une camarade souffrante. Trois prima donna sur la même scène, pour les mêmes rôles, on voit d'ici l'ambiance. Tandis qu'à l'Opéra-Comique, tu peux être la reine. Tu les enterres toutes ! Dis-toi que Carvalho a besoin de sang neuf. Sois conciliante, ne le " cabre " pas. Tu as tout à y gagner. Et puis, tu peux établir ta saison à ta guise : trois mois à Paris, l'hiver, six mois en tournée à l'étranger, et trois mois de repos en Aveyron à se refaire une santé. Non ? »

De son côté, le prince de Sagan avait su trouver les arguments qui portent auprès de Carvalho, puisque au second dîner l'ambiance est au beau fixe. Emma est tout sourire, et lorsque vers vingt-deux heures l'accompagnateur de *Mademoiselle* fait son entrée, Carvalho offre son bras à la Diva pour l'accompagner au salon. On pousse les meubles, afin de dégager un espace suffisant entre le piano et les fauteuils où ont pris place les auditeurs, pour qu'Emma, la Diva, puisse évoluer en chantant.

Au programme : *Cavalleria rusticana*. C'est en grande toilette de soirée et parée de bijoux comme une châsse qu'Emma incarne une pauvre paysanne sicilienne, mais qu'importe la vraisemblance : c'est de performance vocale qu'il s'agit ici.

Remontée à bloc, Emma sort le grand jeu : aigus percutants, *tenues* à perdre le souffle, jeu dramatique d'un réalisme étonnant, compte tenu des circonstances. Carvalho, conquis — et beau joueur —, s'avoue vaincu. « Je reconnais, dit-il à la Diva, ne vous avoir jamais entendue chanter aussi bien que ce soir.

— C'est parce que vous aviez les oreilles bouchées par les préjugés, répliqua Emma en toute mauvaise foi.

— En tout cas, dit Carvalho, si vous venez chez moi, vous aurez droit, après ce que je viens d'entendre, au statut de prima donna.

— Chez vous, ironise Emma qui, sûre de sa victoire, met encore un moment le directeur de l'Opéra-Comique à la torture, je ne suis pas digne d'entrer dans les chœurs… »

Les spectateurs-complices s'esclaffent, mais Carvalho, qui a de l'esprit — et juge qu'il fait une bonne affaire —, entre dans le jeu. Il demande une plume, de l'encre et du papier, et, avec toute la solennité requise, appuyé sur le piano, signe devant témoins avec Emma une promesse de contrat qui deviendra officiel dès que la Diva aura accepté de venir à l'Opéra-Comique apposer son paraphe au bas du contrat définitif.

Il nous est resté, ce contrat, conservé à la bibliothèque de l'Opéra, signé le 28 juin 1891 par Carvalho et approuvé par Emma, qui habite alors 19, rue de Berri. La Diva s'y engage à chanter à partir du 1er décembre suivant et jusqu'au 15 mai (1892) :

« 1. *Cavalleria rusticana*,

« 2. un autre rôle du répertoire choisi d'un commun accord — dès à présent les parties indiquent le rôle de Carmen. (...)

« Mlle Calvé, poursuit le texte, s'engage à chanter trois fois par semaine et toute représentation supplémentaire lui sera payée en sus de ses appointements mensuels » qui sont fixés par Carvalho à huit mille francs (plus de deux cent mille francs actuels).

Emma Calvé vient de remporter une nouvelle victoire. La voilà reconnue dans son propre pays. Pour une *cocardière* comme elle, c'est une chose importante. Mais d'autres batailles l'attendent, elle ne se fait aucune illusion. Une phrase de ses souvenirs, lue « entre les lignes », laisse penser que la guerre fut de tous les instants et l'atmosphère idyllique du dîner, chez le prince de Sagan, un lointain souvenir : « Je répète tous les jours *Cavalleria*, écrit la Diva. Dans ce théâtre quelque peu traditionaliste, on est surpris de la sincérité que j'apporte à jouer ce rôle de paysanne, sans maniérisme, pauvrement vêtue (tout est relatif si l'on en croit les photos) : chemise de toile rude, jupe de laine, sandales usagées, les cheveux lisses en simples bandeaux et presque sans maquillage. »

Traduisez : je me suis battue bec et ongles pour imposer mes conceptions à des gens englués dans la routine, j'ai menacé cent fois de claquer la porte, et je me suis empoignée orageusement avec Carvalho au sujet de ma tenue de scène.

Quant aux relations avec les partenaires, les voilà rapportées par Emma : « J'entends dire à une camarade : Calvé donne des coups de poing sur la table dans une scène de jalousie, elle déclare ne pas vouloir se farder, elle sera affreuse, elle va ramasser une de ces vestes... »

On peut toujours faire confiance à la confraternité, cette haine vigilante...

Un autre, fielleux, susurre : « Elle oublie que nous sommes en France, dans un théâtre classique. Je crains bien que le réalisme de son jeu ne nuise au succès. »

Bref, chacun souhaite charitablement à la nouvelle prima donna un « bide » retentissant qui lui rabattrait caquet et prétentions.

Malgré la tempête qui s'ensuit, Calvé doit pourtant s'incliner sur un point d'importance pour elle : *Cavalleria* sera créé à l'Opéra-Comique en français. Les musiciens sont inflexibles : les ouvrages étrangers doivent être traduits. C'est l'usage et on le respectera. Calvé, la mort dans l'âme, accepte en désespoir de cause...

Le journal *Le Temps* annonce la création française de « *Cavalleria rusticana* ou *Le Chevalier rustique*[1] (*sic!*) de M. Mascagni ».

La création parisienne eut lieu le 19 janvier 1892. Mascagni, dont la femme est souffrante, n'a pu y assister. Le ténor Gilbert, dont Emma apprécie le timbre et la vaillance, incarne Turriddu, le baryton Bouvet s'est chargé d'Alfio.

Pour être franc, ce n'est pas le triomphe escompté. Nous sommes à des années-lumière du succès de la première à Rome ou Florence. Certes, Calvé y recueille sa part considérable de bravos, mais on trouve l'ouvrage simpliste, à la limite de la vulgarité. Paris fait la fine bouche devant ces paysans mal dégrossis qui brament leurs passions d'indécente manière.

Heureusement, Emma Calvé est épargnée par les critiques. Ernest Reyer écrit dans *Le Temps* : « Elle a joué et chanté en très grande artiste. Elle s'est montrée en tous points remarquable, apportant vérité, passion, couleur auxquelles on n'était pas habitué depuis la retraite de Galli-Marié » (créatrice de Carmen).

Un confrère affirme qu'il a retrouvé Calvé « aussi belle et

1. Le titre de l'ouvrage est aujourd'hui laissé « en version originale ». S'il fallait le traduire, ce serait par : « Honneur paysan. »

aussi magnifique, mais d'une beauté nouvelle, plus expressive et plus changeante : la froide idole est devenue une femme ». Et il conclut : « Elle revient de Sicile ayant avalé l'Etna. »

Pas moins...

Mais *Cavalleria* dans son ensemble a été boudé par la critique. Sujet et musique sont jugés puérils, frustes, même si on reconnaît à l'œuvre des qualités dramatiques. Le critique musical du *Figaro*, Darcours, écrit : « Aucun élève d'une classe de composition musicale du Conservatoire de Paris ne serait admis à concourir pour le Prix de Rome s'il ne produisait une œuvre supérieure à celle-là. » Henri Büsser (il est déjà là : il mourra à cent trois ans !) dénonce « une musique bruyante, vide de personnalité comme de science technique. Une composition de mirliton... ». Victor Wilder refuse « d'accepter une telle vessie pour une lanterne ». Léon Kerst estime la renommée de l'ouvrage « monstrueusement injustifiée ».

Pour comprendre l'unanimité de cet acharnement, il faut savoir qu'une cabale a été montée contre la présence d'un ouvrage *étranger* sur une scène recevant des *subsides d'État* (on ne dit pas encore *subventions*). D'où cette indignation musicalo-patriotique pour ne pas écrire : xénophobe.

Seul Camille Bellaigue sauve l'honneur de la profession dans *La Revue des Deux Mondes*. Lui, dont la plume décide en un soir de la carrière d'un ouvrage, garde la tête froide. Certes, il ne tombe pas en extase devant *Cavalleria,* mais il refuse de hurler avec les loups. La musique ? Elle est « banale, vulgaire, grossière d'idée et de style ». Mais il s'empresse d'ajouter : « Elle n'est jamais laide — parfois elle émeut et frappe au cœur, elle a presque toujours le mouvement, la passion et la vie. A la science du métier qui lui manque, M. Mascagni supplée par un instinct dramatique, à l'élégance de l'écriture par la justesse d'un accent, d'un cri... » Après avoir développé son analyse critique, Bellaigue admet dans un aveu : « Et pourtant il y a quelque chose, là ! »

C'est bien cette vérité, ce « quelque chose » entrevu par le critique de *La Revue des Deux Mondes* que Calvé — se souvenant des leçons de la Duse dans le même rôle — a su faire passer... en tirant son épingle du jeu. C'est le musicien que l'on éreinte : pas son interprète... « Elle a fait de Santuzza une remarquable création, admet l'un. Chacun lui doit une rare impression d'art, car elle personnifie cette pauvre jeune fille sans espoir en amour, dévorée d'une jalousie folle et poussée par le désespoir et l'horreur de l'abandon à la violence. (...) » Dans *Le Rappel*, on peut lire : « Il faudrait remercier M. Carvalho de nous avoir donné un opéra célèbre ailleurs, rien que pour nous avoir fait voir et entendre Mlle Calvé qui nous revient avec un talent grandi et tout à fait arrivé. »

Le public ne semble pas avoir partagé les préjugés de la critique et la sévérité de ses jugements. Au fil des jours — au grand soulagement de Carvalho — la salle ne désemplit pas. L'*Intermezzo* est fréquemment bissé et au baisser de rideau, les interprètes sont longuement acclamés. Bientôt, on joue l'ouvrage quatre fois par semaine !

Calvé améliore chaque soir sa performance. Aucune prestation ne ressemble à la précédente. Elle invente sans cesse de nouveaux jeux de scène et se donne à la limite de ses forces.

La crainte de voir sa carrière s'achever sur un fiasco à Paris a dû lui donner des ailes. Elle ne sait pas se ménager. Elle avoue avoir connu certains soirs « des dépressions terribles », qu'elle met sur le compte de son insatisfaction à traduire « la vraie pensée du poète et du musicien ». « Je me dis, se souvient-elle dans ses Mémoires, ce n'était pas assez sincère. Telle phrase était trop accentuée, telle autre pas assez et inlassablement je rechante mon rôle du commencement à la fin. Enfin, lasse de m'analyser, me fiant à mon instinct, je joue avec tout mon cœur, et c'est quelquefois mieux. »

A ce régime, sa santé — pourtant robuste — s'altère. Léonie, inquiète, demande à sa fille de consulter. Carvalho, aux cent coups, la supplie de s'accrocher. Tout le monde s'inquiète de voir un succès qui se confirme suspendu à l'état de santé de la Diva. Un soir où la salle pleine éclate en bravos enthousiastes et où Calvé, portée à l'incandescence, dégringole les escaliers de l'église après s'être affrontée à Turriddu, l'artiste reste étendue, inerte. On se précipite, on baisse le rideau. Il ne s'agit en rien d'un jeu de scène particulièrement réaliste. La Vaillante vient de craquer. Ce malaise interrompt la représentation et hypothèque les suivantes.

Le lendemain matin, l'administration résume le drame par un communiqué laconique : « Mlle Calvé est dans un état de santé qui la met dans la nécessité d'interrompre immédiatement son service par ordre de trois célébrités médicales. Les représentations de *Cavalleria rusticana* sont suspendues. »

La suspension durera deux mois durant lesquels Calvé — soutenue par Léonie et la chère Rosine Laborde — a dû subir une intervention chirurgicale sur laquelle elle ne fournit aucun détail.

Mais en avril 1892, remise sur pied, elle donne un second départ à la carrière française de l'opéra de Mascagni et à la sienne par la même occasion. Le bon air de l'Aveyron, où elle a passé sa convalescence, n'est pas étranger à cette résurrection. Elle a profité de son séjour forcé en Rouergue pour chanter — gratuitement — au bénéfice de la construction du clocher de l'église du Sacré-Cœur de Millau.

La voix est là, retrouvée, tranchante comme une lame de Laguiole. « Calvé fait une rentrée triomphale », titrent les journaux du 9 avril 1892.

Il est vrai qu'elle brûle les planches, Emma, pour son retour. Avec un surcroît de sensibilité. « Il doit y avoir une sorte de germination dans le repos et un progrès instinctif dans la souffrance », note-t-elle avec justesse.

Carvalho n'en revient pas. Il a retrouvé le sourire à proportion du niveau des recettes. En dépit d'un départ catastrophique à la création, *Cavalleria rusticana* est devenu un grand succès. Et l'homme de métier sait ce qu'il doit à sa vedette.

Aussi — de camarade à camarade — vient-il de lui faire le plus beau des cadeaux. A la rentrée, l'Opéra-Comique affichera *Carmen* dans une nouvelle et fastueuse production. C'est à Emma qu'il compte confier le rôle-titre.

Carvalho est confiant. Calvé est une emm... mais elle a le tempérament, l'étoffe vocale et physique pour incarner une Carmen dont on parlera. Elle va faire oublier Galli-Marié aux vieux abonnés qui assistaient à la première du chef-d'œuvre, le 3 mars 1875.

Emma est aux anges : le rôle la passionne. Elle a l'intention d'en faire une véritable re-création.

Pourtant, ni l'un ni l'autre ne mesurent encore quel événement ce sera, ni les conséquences que la prise de rôle de Carmen par Calvé aura pour la suite de sa carrière... et de sa vie...

14

Où l'on voit l'héroïne
rencontrer le grand amour de sa vie

Dans la cohorte de ses admirateurs qui sert de *cour d'amour* à toute diva digne de ce nom, Emma n'a qu'à claquer des doigts pour voir accourir à ses pieds, moustaches frémissantes et voix de velours, les plus séduisants et les plus renommés des séducteurs professionnels de la capitale, amoureux par tempérament et collectionneurs par fonction sociale. Les bonnes fortunes, réelles et supposées, n'ont jamais manqué à Emma Calvé dont la beauté a fait l'unanimité de ses contemporains.

Pourtant, dans ce milieu de dandys, c'est un homme à la taille courte et à la silhouette enveloppée qui a attiré son attention. Il porte une barbe noire et des cheveux frisés. Son visage n'a rien de particulièrement remarquable sur le plan des traits, excepté un regard ardent et vif. L'homme inspire la sympathie. La tête est grosse, un peu disproportionnée sur ce corps trapu, mais sa petite taille ne le complexe pas, ni ses rondeurs. D'autant moins qu'il le sait par expérience : dès qu'il ouvre la bouche, il tient celui (ou celle) qui l'écoute sous le charme. C'est l'un des plus brillants *causeurs* de Paris. Sa culture est immense, mais il n'en tire aucune vanité et ne cherche jamais à briller aux dépens de l'ignorance des autres. Chacun se plaît à le dire le plus gentil garçon de la terre, dévoué, serviable, à un point que le comte Primoli, cousin de Napoléon III, rencontré à Rome par Emma et devenu un de ses fervents admirateurs, assure : « Il vous jetterait à l'eau pour le seul plaisir de vous repêcher. »

Cet homme, c'est Henri Cain. Bien oublié aujourd'hui, on imagine mal combien il a régné souverainement sur le milieu culturel et artistique parisien tout au long de la Belle Époque, par ses seules facultés intellectuelles et des talents divers. Son activité protéiforme l'a fait se trouver au confluent de divers courants de la création artistique... et l'on sait combien l'art lyrique en réclame pour atteindre sa spécificité de « spectacle total », tel qu'on le conçoit en ce temps où il est dans son âge d'or. Ce dont on n'a guère idée non plus, c'est à quelle renommée mondaine atteignit ce brillant jeune homme dans le Tout-Paris des arts, des lettres et du spectacle. Les salons à la mode se le disputaient pour profiter de ses dons de conférencier, de peintre, de littérateur et de sa vaste culture.

Il savait tout faire et le faisait bien.

Ce Frégoli des arts et des lettres avait commencé tout jeune à écrire et à peindre. Un virus familial qui frappait aussi son frère, Georges. Tous deux avaient grandi dans une famille dont l'ambiance les préparait à une carrière artistique, puisque leur père, Auguste, élève de Rude, avait eu une belle renommée de sculpteur animalier.

Tandis que Georges, peintre d'histoire, avait, selon ses contemporains, un joli talent d'écriture, Henri, écrivain brillant, s'exprimait aussi avec bonheur sur la toile blanche. Ce n'était pas un simple *violon d'Ingres* de littérateur. Henri Cain était un portraitiste doué, ce qui lui valut d'emblée des commandes officielles : le duc d'Orléans, le duc d'Aumale, le comte de Paris... sans oublier Léon Carvalho, car Henri était un *lyricomane* passionné [1]...

Élève de Laurens et Detaille, il s'était fait connaître dès 1881 (alors qu'Emma faisait ses gammes), par une toile intitulée *A Cluny*. Sans doute sous l'influence de Georges, son frère, il était passé ensuite aux tableaux d'histoire *(L'Interrogatoire de Louis XVI à Varennes)* avant de dévier à partir de 1890 vers un genre plus naturaliste *(L'Atelier en plein air, Les Chanteurs ambulants, Le Repos du dimanche)*. Plus tard, vers la fin du

---

1. Il fera bientôt un portrait d'Emma Calvé dont il a su capter le charme éblouissant.

siècle, il se tournera vers l'allégorie religieuse (*L'Adoration de l'Enfant Jésus, Saint Georges*), un peu à la manière de Gustave Moreau.

Mais par goût personnel, il fréquente assidûment les milieux musicaux dont il portraiturera la plupart des grandes figures, musiciens ou directeurs. Henri adore le théâtre, l'ambiance des coulisses, les planches, les artistes... avec un penchant particulier pour les cantatrices.

Tout jeune, il a été secrétaire de Pierre-Barthélemy Gheusi, homme de lettres et passionné d'opéra qui succédera en 1914 à la tête de l'Opéra-Comique à Albert Carré, et a ouvert au jeune homme les coulisses de ce monde enchanté.

Il n'est pas difficile d'imaginer comment Henri et Emma ont fait connaissance et se sont aimés. Il n'y a que l'embarras du choix : Gheusi a pu les présenter, lui qui est très lié à l'une comme à l'autre, ils ont pu être invités dans les mêmes salons, ou bien tout simplement, la rencontre s'est faite dans les coulisses du théâtre, un soir de triomphe. D'ailleurs Henri, que la plume démange, brûle d'écrire un livret qu'un des compositeurs qu'il admire mettrait en musique, Benjamin Godard ou Jules Massenet, par exemple. Il est déjà « fournisseur » attitré de feuilletons que publient les grands journaux parisiens, qu'il réunit ensuite en romans, il a écrit des arguments de ballets, des pièces de théâtre, commis des adaptations théâtrales ou lyriques (énumérer les titres serait aussi inutile que fastidieux), il ne lui déplairait pas d'ajouter une corde à sa lyre en écrivant des livrets d'opéra-comique. (Les dix prochaines années seront consacrées à cette activité et l'on a oublié que le nom d'Henri Cain sera associé pendant quinze ans aux plus grandes réussites de Massenet : *La Navarraise, Sapho, Cendrillon* et *Don Quichotte*.)

Emma est éblouie par Henri Cain. Amoureuse comme elle ne l'a jamais encore été d'aucun homme. Elle n'a cure qu'il ne soit pas un Adonis, parce qu'elle l'admire. Parce que, pour la première fois, elle accepte d'être dominée intellectuellement par l'homme qu'elle aime. Parce que enfin, le caractère doux et égal d'Henri est garant de relations paisibles et qu'après des « années de guerre » pour conquérir ses galons, la Diva a besoin d'un amour qui la rassérène.

En outre, Emma Calvé, toujours avide d'apprendre, de combler les lacunes laissées par une éducation trop tôt interrompue — et toujours complexée —, voit dans la fréquentation de ce garçon de son âge (à un an près : il est né en 1859) l'occasion de s'instruire auprès de quelqu'un ne l'écrasant pas de son savoir, mais qui le dispense avec un naturel, une absence d'orgueil renforçant l'admiration qu'Emma éprouve pour lui.

Henri est adorable, plein d'attentions. Dès le début de leurs relations, il fait à la Diva des cadeaux d'amoureux qu'elle conservera jusqu'à sa mort et qui garderont pour elle plus de valeur que ceux que lui feront bientôt les puissants de la terre et les têtes couronnées d'Europe.

Quel dommage que, pour une fois dérogeant à sa règle, Calvé ne se soit pas plus épanchée dans ses Mémoires sur cet amour, le plus beau, le plus vrai et le plus touchant de tous ceux qu'elle vivra, le plus durable aussi. Elle l'évoquera encore à demi-mot, cet amour de jeunesse, lorsque, à quatre-vingts ans, seule, oubliée, elle décidera de publier, pour survivre matériellement, *Sous tous les ciels j'ai chanté*. On apprend ainsi qu'Henri Cain lui a offert « une croix russe avec chaîne » qu'elle ne manque jamais de porter chaque fois qu'elle incarne Marguerite de *Faust*. C'est encore Henri qui lui a donné cette jolie tête d'âne peinte sur un éventail dont elle ornera systématiquement sa tête de lit, où qu'elle se trouve, même au bout du monde, dans ses futures tournées américaines. Plus tard, lorsqu'au faîte de sa carrière elle acquerra en plein Rouergue un château de souveraine, marque éclatante de la réussite de « l'émigrée » revenue au pays, un triptyque, signé Henri Cain, ornera le grand salon d'apparat.

Emma ne sait pas encore que, sur le plan professionnel, leurs deux noms vont être bientôt, comme dans la vie, associés. Sur des livrets d'Henri, Massenet va composer pour Calvé *La Navarraise* et *Sapho*, et dans les futurs récitals internationaux de la Diva figurera en bonne place l'air fameux (et cocardier) *Viens avec nous petit* que Benjamin Godard avait écrit dans *La Vivandière* sur des paroles d'Henri Cain.

Malgré la discrétion d'Emma Calvé sur ses affaires de cœur (elle répliquera un jour à ceux qui lui reprocheront de n'avoir pas donné à ses Mémoires un ton assez « croustillant » : « Ma vie intime ne regarde que moi, ma famille et les amis à qui je n'ai rien à cacher (...), je ne m'attribue pas le droit de disposer du passé des personnes qui ont côtoyé mon existence. (...) Quand je parle de quelqu'un, j'en dis tout le bien possible, sinon je me tais. Je ne veux pas faire le triste métier de dénigrer ni les vivants ni les morts[1] »), malgré cette discrétion donc, on sait qu'il y eut projet de mariage entre Emma et Henri Cain, leur liaison, qui aura duré une dizaine d'années, étant notoire. Pourtant, il n'aboutit pas.

Les raisons de ce fiasco sentimental ne sont pas claires. Tout laisse penser qu'il prit la Diva au dépourvu et lui causa l'une des grandes douleurs de son existence qui n'en fut pas exempte.

Mais n'anticipons pas. Laissons les tourtereaux à leur admiration réciproque. Les nuages viendront bien assez tôt. Pour l'instant, l'horizon est radieux. Comme le sourire de Calvé quand elle croise le regard d'Henri...

1. Georges Girard, *op. cit.*

15

Où l'on voit l'héroïne se lier
avec un étrange et inquiétant curé de campagne,
rencontré chez Claude Debussy

PERDU et gauche au milieu de cette brillante assemblée de beaux messieurs en habit et de femmes plus belles qu'il n'a jamais osé en rêver, caquetant dans un idiome que son oreille saisit à peine — plus habituée aux raucités de l'occitan qu'à cet accent « pointu » —, le pauvre curé de campagne est comme un gosse affamé, invité à l'improviste chez Maxim's. Il ne sait laquelle choisir parmi toutes les sensations qui l'assaillent en cette soirée du printemps 1892 à Paris, où, pour la première fois de sa vie, il est invité dans un de ces grands salons où la haute société se donne en spectacle à elle-même.

Depuis le début de la soirée, fasciné, il n'a d'yeux que pour cette superbe femme aux épaules nues, éblouissante dans sa robe du soir, riant haut et fort, montrant deux rangs de perles qui rivalisent avec celles de ses longs colliers. Elle est la reine de la fête et c'est en souveraine qu'elle a fait tout à l'heure son entrée dans le salon de Claude Debussy. Toutes les têtes se sont tournées vers elle et les messieurs se sont précipités comme une nuée de courtisans pour baiser ses mains gantées, tandis que, dans le regard de certaines femmes — il l'a bien remarqué, le curé —, se lisait à livre ouvert l'envie ou le dépit.

« C'est la triomphatrice de *Cavalleria rusticana* à l'Opéra-Comique, la diva que les salons s'arrachent, Mlle Emma Calvé », a expliqué l'abbé Hoffet, un familier des Debussy, qui sert de guide à son confrère de province dans la jungle parisienne.

Que font là ces deux ecclésiastiques dont la sombre tenue, qui n'a rien d'un habit de soirée, contraste avec les élégances qui les entourent ?

C'est toute une histoire. Une drôle d'histoire.

Emma connaît bien l'abbé Émile Hoffet, un oblat, familier comme elle des Debussy. Ce jeune homme mince, de vingt ans à peine, est une encyclopédie vivante : polyglotte, paléographe et cryptographe de renom. A sa réputation de savant, l'abbé Hoffet ajoute celle d'être un occultiste de haute volée. L'ésotérisme ne sent pas le soufre pour ce prêtre mondain et cultivé, puisqu'il existe un occultisme chrétien — dont le *sâr* Péladan est la caricature —, qui fait cohabiter les recherches sur la médiumnité ou le spiritisme avec les certitudes de la foi.

Emma et l'abbé Hoffet ont souvent eu l'occasion de débattre des sujets qui les passionnent dans le cadre des réunions organisées à la Librairie de l'Art Indépendant, également familière à Debussy. Aussi a-t-il présenté son confrère à la Diva : « M. l'abbé Sommières » — ou Souchière, elle n'a pas bien retenu —, en précisant : « C'est presque un " pays " à vous, il est de la région de Limoux. — Ah ? La blanquette !... » a soupiré Emma pour dire quelque chose.

Le curé a rétorqué de sa voix sonore que dans son village on ne produisait pas de blanquette. Le sol est trop pauvre, le relief trop tourmenté pour que le vignoble se développe comme dans la plaine. Puis il a ajouté en roulant dans son accent tous les cailloux du Languedoc : « Je suis le curé de Rennes-le-Château. »

Emma ne connaît pas. Mais elle a posé avec plus d'attention son regard sur le visage du prêtre. Et c'est elle à présent qui est fascinée. Au premier coup d'œil, il lui a semblé reconnaître quelque chose de familier dans cette tête massive au grand front, soutenue par un cou puissant de bête de trait. Il est de la race des grands prédateurs, le prêtre de campagne. Il est comme Emma : il *mange* la vie pour ne pas être dévoré. Les mains du curé de Rennes-le-Château semblent plus faites pour soulever le monde que pour manier le goupillon.

Pendant le dîner, placés aux deux bouts de la table, ils se sont un peu perdus de vue, mais chaque fois qu'Emma a regardé dans sa direction, elle a croisé le regard intense et noir du prêtre braqué sur elle.

A présent, on passe au salon, non pas pour faire tourner les tables comme le suggèrent quelques invités, mais pour faire de la musique. Pour écouter la Diva dont c'est le jour de relâche, mais qui ne refuse jamais de faire quelques « heures supplémentaires » pour les amis. Les chants succèdent aux airs d'opéra sans fatigue apparente. Non seulement elle chante bien, Emma Calvé, mais elle prend un plaisir visible à chanter.

Le prêtre inconnu ne la quitte pas des yeux. Emma ne baisse pas les siens tandis qu'elle le regarde en détaillant une sérénade de Gounod. La fascination est mutuelle. Emma est impressionnée par l'éclat farouche du regard de l'abbé. Bien qu'un peu taillé dans le bois brut, il est bel homme, viril et vigoureux. Sous sa simple soutane on devine une constitution d'athlète. L'ovale du visage est régulier, d'une beauté rustique. Un regard sombre, une forêt de sourcils épais, un front large et haut, des cheveux noirs et courts.

C'est surtout la mâchoire qui trahit l'appétit de vivre. Il n'a rien d'un mystique, l'abbé : c'est un solide terrien amateur de joies matérielles et de plaisirs immédiats.

Tout le contraire d'Hoffet.

Ni l'abbé Béranger Saunière — c'est son nom — ni la cantatrice ne savent encore que, par un caprice du destin, leurs vies, qui n'auraient jamais dû se rencontrer, car ils vivaient jusqu'à cette soirée dans des galaxies éloignées, vont se croiser, pour le plus grand plaisir des amateurs de « scandales » et de ragots croustillants. Dans quelque temps, ils se repaîtront de cette extravagante nouvelle non vérifiée : la jeune diva, la Santuzza tant admirée, celle dont la Carmen va bientôt mettre Paris à genoux, a pour amant un curé de campagne « en exercice » !

Mais quel curé !

François-Bérenger Saunière, curé d'un village déshérité de l'Aude, au sud de Carcassonne, appelé Rennes-le-Château, est né à Montazels, en 1852, dans une modeste famille. Si modeste que pour le père, placer ses fils « chez les curés », c'est s'assurer que leurs quelques terres ne seront pas atomisées par l'héritage.

François-Bérenger, à la carrure et à l'âme d'un aventurier,

153

n'est jamais sorti des limites de son terroir occitan et le voilà, à trente-trois ans, « enterré » à Rennes-le-Château — deux cents habitants arriérés, perdus dans un coin, le Razès, de la haute vallée de l'Aude. C'est une « mise au placard », car la hiérarchie n'apprécie guère l'indépendance d'esprit et de manières de ce prêtre, pas plus que le caractère réactionnaire de ses sermons au moment où la Troisième République a les curés à l'œil et s'apprête à mettre en place la loi de séparation de l'Église et de l'État.

Cela n'empêche pas le nouveau curé, peu après son arrivée, de se faire remarquer en se mettant ostensiblement « en ménage » avec sa « bonne », Marie Denarnaud, dix-huit ans, soit deux fois moins que l'âge canonique requis.

Ça ne scandalise que les punaises de sacristie et rend le nouveau venu plutôt sympathique aux anticléricaux.

Le toit de l'église de Rennes-le-Château est une passoire et l'intérieur fait pitié. Malgré un manque chronique de fonds, Saunière emprunte au maire de Rennes mille quatre cents francs et se met en tête d'entreprendre quelques travaux urgents vers la fin de 1891.

Il déplace, avec l'aide de deux maçons, le maître-autel reposant sur quatre piliers d'époque wisigothique, et dans un des piliers creux (d'autres disent : dans un des balustres en bois du chœur), le prêtre et les maçons dénichent sous les feuilles sèches trois tubes de bois scellés à la cire. Ils contiennent quatre parchemins recouverts de textes latins calligraphiés tirés des Évangiles. Mais les textes où saint Jean relate la visite du Christ à Béthanie et où Matthieu, Luc et Marc rapportent la parabole des épis froissés le jour du sabbat sont truffés de lettres supplémentaires qui ressemblent à un message codé. Les manuscrits ne semblent pas être antérieurs à la Renaissance.

La découverte ébruitée par les maçons, le curé doit remettre sa trouvaille au maire. Mais l'entreprenant abbé Saunière persuade d'abord ce dernier de lui laisser tenter de déchiffrer le « message secret » s'il y en a un, puis, plus tard, de vendre sa trouvaille à un amateur d'antiquités. L'abbé se fait fort de faire expertiser les parchemins et d'en tirer un bon prix.

Au début de 1892, Saunière montre sa trouvaille à son évêque, Mgr Félix-Arsène Billard, lié avec des ecclésiastiques férus d'histoire et de paléographie, et c'est avec une recommandation pour l'abbé Bieil, directeur du séminaire de Saint-Sulpice, que le prélat expédie son curé et les parchemins à Paris.

En attendant le verdict, Saunière réside à Paris durant quelques semaines, qu'il met à profit pour acheter des reproductions de tableaux destinées à son église (on peut les y voir encore). Il se lie avec l'éditeur religieux Ané, chez qui il loge, et surtout avec le jeune oblat Émile Hoffet, neveu de l'abbé Bieil, alors à l'orée d'une carrière de paléographe qui le conduira un jour au Vatican.

On imagine que les parchemins ont dû occuper les conversations des deux hommes, Saunière cherchant plus que jamais à percer — grâce à la science d'Hoffet, savant et occultiste impénitent — leur « secret ».

Voilà au moins, faute de savoir avec clarté ce que Béranger Saunière a découvert dans son église de Rennes-le-Château, une explication plausible de la rencontre à Paris, au printemps 1892, de ce prêtre pauvre et inconnu et de la plus célèbre diva du moment : Hoffet, prêtre savant et mondain, féru d'occultisme, familier des grands salons à la mode — dont celui des Debussy —, en est le vecteur.

C'est ici que l'histoire prend un tour qui dépasse l'entendement. En l'absence d'explication rationnelle pleinement satisfaisante pour l'esprit, nous renvoyons le lecteur à l'imposante littérature (dont nous donnons quelques exemples en fin de volume) parue depuis bientôt un siècle sur « l'Affaire », « le Mystère », « le Secret » de Rennes-le-Château.

En dehors des interprétations qu'ont pu susciter la rocambolesque affaire de Rennes et la vie de Béranger Saunière, il existe un certain nombre de faits patents, historiques, vérifiés, auxquels nous nous tiendrons. Pour les exposer, il va falloir nous projeter dans l'avenir.

Le « pauvre » abbé Saunière ne va pas le rester longtemps.

Les salons parisiens l'ont déjà oublié, mais retourné dans son Razès, il n'est pas resté inactif. On l'a vu battre la campagne en compagnie de Marie Denarnaud, ramassant des pierres pour — dit-il — construire une rocaille. Des villageois l'ont surpris de nuit occupé à fouiller, pelle en main, dans le cimetière qui jouxte son église. Il a même déplacé des tombes, effacé des inscriptions et certains se sont plaints au maire, demandant « qu'on laisse dormir les morts tranquilles ». Passant outre, le prêtre a ouvert les caveaux des anciens seigneurs de Rennes-le-Château, dans le sol de la nef.

Ce qui intrigue les villageois, c'est de voir leur curé — qui n'avait jamais dépassé Carcassonne — partir bientôt en voyage, valise en main, et ne revenir qu'une semaine plus tard. Personne — sauf Marie la fidèle — ne sait où il va.

Et voilà qu'un beau jour, le « pauvre » abbé Saunière se lance dans des dépenses : il fait remanier son église de fond en comble, la décorant à son (mauvais) goût d'horreurs saint-sulpiciennes. Il loge et nourrit sculpteurs, peintres, maçons, charpentiers. Les travaux vont durer trois ans et Saunière n'a pas demandé un sou à quiconque !

A ceux qui tentent de savoir, il répond par une boutade : « Rien n'est trop beau pour la maison du bon Dieu ! »

Il ne se cache pas et le curé sybarite organise des fêtes somptueuses où rien n'est trop beau pour ses invités de marque : les mets les plus rares, les vins les plus fins, les alcools les plus recherchés — le rhum arrive en fûts de cinquante litres, comme les meilleurs crus de bordeaux, le banyuls, la malvoisie, le quinquina.

Emma viendra à plusieurs reprises dans la thébaïde de Saunière participer à des fêtes où l'imagination populaire en rajoute sur une réalité suffisamment rocambolesque. Il est évident que l'arrivée de cette femme superbe et toujours richement parée n'a jamais dû passer inaperçue. Une liaison entre le sulfureux curé de Rennes et l'extravagante diva leur a été prêtée, puisqu'on ne prête qu'aux riches. La Diva a probablement répondu à des invitations ponctuelles de Saunière à l'occasion de séjours d'été en Aveyron. Le « couple » a de quoi tenter les amateurs d'histoires « juteuses ». Certains ont même rapporté que l'on pouvait voir à Rennes près d'une source, gravés sur la roche, les prénoms d'Emma et de Béranger entourés d'un cœur... Mais cette « preuve » a disparu. Ce qui n'empêchera pas la rumeur publique de colporter des détails sur les tumultueuses amours du prêtre et de la cantatrice.

Naguère — en 1968 ! —, André Billy évoquait encore cet épisode étonnant en titrant un de ses papiers du *Figaro* : « Emma Calvé et l'abbé Saunière : un ménage à trois avec Belzébuth ? »

Pas question de trouver ne serait-ce que la moindre allusion à cette extravagante histoire dans les souvenirs de la Diva. La mémoire d'Emma a effacé jusqu'au nom du prêtre maudit. Calvé a laissé faire la rumeur publique. Il est fort probable que la « liaison » fut plus amicale, voire mondaine, que passionnelle. Durant toutes les années où Saunière a constitué sa fabuleuse fortune, Emma était la plupart du temps hors de France, retenue par ses tournées internationales.

Qu'il y ait eu dans la « liaison » d'Emma avec le curé de Rennes-le-Château une part de défi, le désir de « choquer le bourgeois » chez Calvé ne nous étonnera pas. On imagine ce qui a pu être dit à ce sujet du côté de Millau ! Une manière comme une autre de faire parler de soi... et d'entretenir le mythe de la diva qui se nourrit volontiers de scandales... réels ou fabriqués.

16

Où l'on voit l'héroïne faire la conquête de la reine Victoria et être invitée à Windsor

Là RENOMMÉE de la jeune Diva française a traversé le Channel !

A peine Carvalho vient-il de lui proposer la reprise de *Carmen* à la rentrée 1892 que Calvé reçoit du Royal Italian Opera de Covent Garden une invitation à se produire durant la saison qui se tient à Londres, chaque année, de mai à juillet. Le contrat est alléchant : dix mille francs par mois, à raison de vingt prestations mensuelles, et mille cinq cents francs par représentation supplémentaire.

On propose à Emma d'abord une série de concerts, en mai, puis des représentations de *Cavalleria rusticana* (dont la première londonienne a déjà eu lieu) jusqu'en juillet.

Sir Augustus Harris, directeur du prestigieux théâtre lyrique londonien, s'est déplacé jusqu'à l'Opéra-Comique pour entendre la nouvelle production dont on parle tant. L'ouvrage de Mascagni — ainsi que ses interprètes — l'ont enthousiasmé. A l'affût de nouveaux talents, il veut s'attacher la nouvelle diva en dépit des conseils de ceux qui l'ont prévenu du caractère emporté, des foucades, des exigences, des caprices, des prétentions artistiques et financières de la cantatrice française. Ne dit-on pas que, depuis qu'elle a le statut de *prima donna assoluta*, elle entend se mêler de mise en scène, qu'elle impose ses goûts sur la décoration et les costumes, donne son avis sur les éclairages, discute les tempos avec les chefs d'orchestre, prétend choisir ses partenaires qu'elle tyrannise ?

Sir Augustus n'écoute pas les Cassandres. Il ne veut juger la Diva que sur son talent. Pour l'avoir entendue, il l'estime digne de la première scène lyrique anglaise. Quant au caractère de la cantatrice, ce vieux « routier » en a affronté d'autres. Croit-on que la Patti était facile ? Et l'Alboni, qui pour vouloir tout chanter, imposait des transpositions à toute la troupe ?

Augustus Harris connaît bien les divas, il sait quel investissement — corps et âme — exige leur terrible métier, quelle tension nerveuse il réclame, quels risques elles prennent pour l'exercer et combien fragile est leur art. Il leur pardonne leurs foucades parce qu'il les sait capables de soulever les passions, de créer des émotions inoubliables par le seul sortilège de leur voix et de déchaîner l'enthousiasme, même chez un public réputé réservé comme l'est souvent le public anglais. Il sait aussi que le triomphe personnel d'une diva rejaillit sur le directeur qui a su se l'attacher. Cela vaut bien quelques désagréments. Surtout si le niveau des recettes permet de panser les blessures d'amour-propre. Aucun directeur de théâtre ne refusera le *risque* de remporter un triomphe, dût-il passer sous les fourches caudines de la Diva. Demandez donc à Carvalho qui a retrouvé son sourire après des années d'acrobaties comptables grâce — notamment — à Calvé et à *Cavalleria*...

Quant à Emma Calvé, cette aventure londonienne lui permet de mesurer le chemin parcouru en quelques années : qui lui parlerait de sa « chance » se ferait remettre en place. Voilà bientôt quinze ans qu'elle se bat, contre elle-même, le découragement, la fatigue, le désespoir parfois, l'envie de tout plaquer, le goût amer de l'échec, la hauteur des obstacles, la taille des pièges, la douleur des chutes... Que de misères endurées pour la joie d'un soir de triomphe !

L'Aveyronnaise amoureuse de soleil et d'air pur n'a pas eu le coup de foudre pour Londres. Bien triste, cette ville embrumée du matin au soir. L'appartement de Saint John's Wood qui lui a été attribué est agréable, spacieux, mais le jardin se résume à un maigre gazon sans fleurs et les arbres sont noirs, enfumés. Où sont les clartés de la vallée du Tarn à Millau, l'éclat des bords de l'Arno à Florence ? Comment trouver ici l'environnement nécessaire à incarner Santuzza la Sicilienne ?

Après tout, le soleil, c'est dans le gosier de la Diva qu'il se loge. Et dans celui de ses partenaires, puisque Sir Augustus a eu l'excellente idée d'engager ceux de la création romaine : le grand de Lucia (Turriddu) et le baryton Ancona (Alfio). Tous trois se connaissent et s'estiment. Les répétitions lui sont facilitées. Le succès est assuré, car la confiance règne.

Si l'on pouvait en douter, *Le Journal des Débats* nous rassurerait : « Mlle Calvé a remporté à Covent Garden un véritable triomphe dans *Cavalleria rusticana*. Elle a dû revenir quarante fois, rappelée par les applaudissements enthousiastes du public. » *Le Figaro* est enthousiaste : « La reprise de l'œuvre à Covent Garden a été un triomphe pour Mlle Calvé, grande tragédienne, grande cantatrice (...). Rappels sur rappels et bis ont fait durer la pièce une demi-heure de plus que le temps prévu. »

Il faut dire que l'ouvrage de Mascagni, aux antipodes de ce qu'on pense être le goût anglais, « fait un tabac » à Londres depuis que la reine Victoria, informée par sa cousine, Lady de Grey, a exigé que *Cavalleria*, dont l'Europe entière bruissait du succès, fût joué en privé devant la Cour, Sa Majesté ne pouvant, en raison de son veuvage, paraître dans un théâtre. On dit que la reine s'est délectée à Windsor Castle de cette œuvre, dont plus personne n'ose prétendre qu'elle est fruste sur le plan musical et dramatique.

Les échos du triomphe londonien de la cantatrice française dans *Cavalleria*, en cet été 1892, donnent à la souveraine le désir d'entendre à nouveau l'ouvrage à Windsor, mais sans mise en scène, en concert. Les désirs de sa Majesté étant bien sûr, des ordres, voilà Emma et de Lucia invités au château.

Si Finou voyait sa *fantoune* !...

Elle chante, ce soir-là en robe du soir — sans fichu noir de paysanne ! — devant un parterre choisi d'altesses royales et de gens de haute noblesse venus de toute l'Europe, qui s'entasse dans la salle Wellington de Windsor Castle !... Elle en a fait du chemin, la petite Rouergate ! La voilà l'invitée personnelle de la plus grande reine du monde... Qu'il est loin le couvent de Saint-Affrique ! C'était dans une autre vie...

Fascinée, Emma n'a pas eu le temps d'avoir peur. L'assistance entière s'est levée à l'entrée d'une petite vieille toute ronde, à la taille épaisse, qui trottine sur ses courtes jambes. Le visage est empâté, la lippe dédaigneuse, la paupière lourde et les petites mains qui dépassent des manches de l'habit de deuil qu'elle porte depuis trente ans ne semblent pas lui appartenir. Elle a soixante-treize ans, des rhumatismes, et sous le bonnet blanc qui coiffe ses cheveux en bandeaux, on jurerait — n'était le caractère impérieux du regard — une de ces vieilles Rouergates qui passent leurs journées lorsqu'il fait beau à radoter, assises devant la porte de leur maison à Millau ou à Rodez. Victoria est habillée comme Santuzza : tout en noir !

La reine s'avance au milieu d'une double haie de révérences, appuyée sur l'épaule d'un jeune maharaja qui rappelle le pouvoir de l'Angleterre sur ce vaste et lointain continent dont la reine est l'impératrice depuis seize ans. La minceur, la jeunesse, la tunique safran, le turban orné de diamants de ce bel adolescent font un contraste absolu avec la vieille souveraine.

Seule face à ce parterre de têtes couronnées, Emma, persuadée — qui le lui a dit ? — que Victoria lit et parle la langue provençale, commence son récital par des chants traditionnels où elle mêle dans une même ferveur Rouergue, Provence, Languedoc et Pays basque (hommage discret à Léonie Calvet).

Lady de Grey, qui s'est prise d'affection pour la cantatrice française, est assise à côté de l'ex-impératrice Eugénie, en exil. Emma la voit et la décrit : « Merveilleuse encore, avec ses beaux yeux attristés, qui ont tant pleuré, sa distinction, sa couronne de cheveux blancs. On voit, ajoute-t-elle, qu'elle a dû être admirablement belle. » A l'entracte, Emma est présentée à l'ex-souveraine française, particulièrement touchée par les chants basques dont elle a été probablement la seule à saisir le sens. Apprenant l'invitation d'Emma à Londres, le comte Primoli, cousin par alliance d'Eugénie, a confié à la Diva un petit paquet à l'intention de l'ex-souveraine déchue. C'est, explique Emma dans ses Mémoires, de la terre prise à l'endroit où se dressait jadis l'orangerie des Tuileries où le prince impérial jouait lorsqu'il était enfant. Ce fils — Eugène-Louis — est mort tragiquement en 1879, à vingt-trois ans, sous uniforme anglais, lors d'un affrontement avec les indigènes au Zoulouland.

Puis ce sont des extraits de *Cavalleria*, accompagnés au piano par le maestro Tosti qui a dirigé l'œuvre à Covent Garden. Calvé et de Lucia, sentant l'assistance acquise, se donnent à fond et laissent parler leurs tempéraments. Malgré l'absence de mise en scène, ils jouent généreusement. Mais au moment où Santuzza et Turriddu s'affrontent et où la paysanne lance sa malédiction, on entend s'élever des rangs de l'assistance les pleurs désespérés d'une fillette : « Je ne veux pas qu'on fasse de mal à la lady », hurle entre deux sanglots déchirants une demoiselle de cinq ou six ans en robe longue, que sa gouvernante tente d'évacuer. L'assistance attendrie et amusée n'a plus d'yeux que pour la jeune princesse Edna de Battenberg (dont la famille d'origine allemande n'a pas encore changé son nom pour Mountbatten), petite-fille de Victoria, qui a pris *Cavalleria* au tragique.

Alors, dans le silence — les chanteurs ayant dû s'interrompre —, la gouvernante, courroucée, quitte la salle traînant l'enfant par la main, et l'on entend sa voix pincée lui dire : « Une princesse de sang royal ne pleure jamais en public. »

Le concert peut aller maintenant à son terme dans un enthousiasme croissant jusqu'aux bravos qui éclatent en dépit du protocole et de l'obligation de réserve imposée par Victoria. La reine n'est pas la dernière à enfreindre sa propre règle. Elle a demandé que l'on bisse l'*Ave Maria* écrit pour Calvé sur l'*Intermezzo* de *Cavalleria* et elle est venue féliciter les artistes.

Emma, rose de bonheur, a reçu des augustes menottes un petit portrait de la reine peint... lorsqu'elle avait cinq ans !

Calvé a séduit la souveraine par ses dons, certes, mais aussi par sa simplicité. Aux royales questions, la Diva, un peu troublée, a répondu : « Oui, princesse » au lieu de « Votre Majesté ». Ce lapsus a follement diverti Victoria qui a dit en souriant : « Ah ! comme vous me rajeunissez ! » tandis que Calvé, confuse, plongeait pour exécuter ses trois plus belles révérences. « Elle est charmante, a dit Victoria en s'éloignant, c'est une enfant de la nature. »

Pendant douze ans, chaque année, Victoria, fidèlement, renouvellera son invitation-concert à Windsor Castle. Emma y nouera de solides et durables amitiés : la princesse Beatrice, fille de la reine, Lady de Grey, Lady de Gleichen, ferventes lyricomanes, et les secrétaires royaux : William Carrington, Arthur Biggles, Harry Philips.

Mais sans le savoir encore, Emma Calvé vient de faire un pas vers l'Amérique et la consécration mondiale, puisque c'est de Londres que va bientôt commencer sa conquête du Nouveau Monde.

17

Où l'on voit l'héroïne partir en Espagne
pour étudier sa Carmen avec les gitans
et faire de sa prise de rôle un événement

I L Y A du Zola reporter chez Emma Calvé préparant sa prise
de rôle dans *Carmen*. Le romancier n'hésitait pas à
descendre casqué au fond d'une mine, à grimper sur les bielles
géantes d'une locomotive montant en pression, à noter l'argot
des bouchers des Halles ou celui des *calicots* des grands
magasins pour restituer avec scrupule et vérité la fiction de
Germinal, de *La Bête humaine*, du *Ventre de Paris* ou de *Pot-Bouille*.

Calvé procède de la même façon. Dans cet art — l'art lyrique
— où tout est convention, artifice, transposition, elle entend
introduire une vérité, un naturel qui vont donner à ses créations
toute leur originalité, en faire des événements sur le plan vocal,
dramatique et scénique. Elle est ici très en avance sur son
temps. « Son génie, a dit un contemporain de Calvé, aura été de
pratiquer avec naturel un art irréaliste. »

Tradition, convention, voilà deux mots que Calvé déteste.
L'art de la Duse la guide. Elle veut être « la Duse lyrique ».

La voilà partie, en cet été 1892, entraînant Léonie, ravie et
atteinte de bougeotte comme sa fille, pour un voyage d'étude
« sur le motif », en Espagne.

Bien entendu, elle a lu et relu Mérimée, dans lequel elle a
fouillé la vérité psychologique de Carmen, la gitane ivre
d'amour et de liberté, qui lui ressemble par bien des aspects.
Mais à présent elle veut « humer » l'air *tra los montès*,
s'imprégner du parfum de cette terre de violence et de passion,

afin de fuir l'*espagnolade d'opérette* qui ridiculise trop souvent les représentations du chef-d'œuvre de Bizet.

De Saint-Sébastien à Madrid, d'Avila à Grenade, Emma veut tout voir, tout sentir. Elle observe « les mendiants drapés dans leurs capes rapiécées avec des gestes d'hidalgo », elle assiste à des corridas pour prendre des idées de costumes en contemplant la foule. Elle sait déjà comment planter un peigne andalou dans son chignon et se draper avec naturel dans une mantille.

Sur le plan physique, elle n'a pas beaucoup d'efforts à faire pour camper une bohémienne, grâce à la coulée sombre de sa chevelure, son œil noir et son teint coloré de fille du Midi. Elle a donc l'essentiel. Sauf le courage : la vue des entrailles du cheval d'un picador éventré par la charge du fauve, répandues sur le sable de l'arène, la rend malade pour plusieurs jours. La scène lui rappelle ses terreurs enfantines sur le Larzac, quand venait le jour horrible du *tuat del porc*, et qu'elle « prenait le maquis » sur le causse, en compagnie de Finou. « En voilà une Carmen qui s'évanouit aux courses de taureaux ! » raille Léonie.

A Madrid, sur les conseils de Geneviève Straus-Bizet, veuve du compositeur[1], avec qui Emma entretient de cordiales relations, et dont elle a appris de précieux détails sur celles qui l'ont précédée dans ce rôle, les deux voyageuses ont visité le musée du Prado : Velázquez pour la culture et Goya... pour la documentation. Carnet en main, Emma prend des notes devant la *Maja vestida* et détaille « les belles *manolas* aux bas de soie bien tirés avec les petites mules qui semblent s'envoler du pied ».

Dans les rues, elle observe comment les belles Madrilènes savent jouer de la prunelle « avec leurs yeux de braise ». « On nomme *ojejar*, note-t-elle, cette façon fort coquette de regarder les passants sans avoir l'air de penser à mal. C'est très amusant. » Et ça peut resservir...

A Grenade, Calvé s'enthousiasme pour l'Alhambra où elle teste « les petits sons flûtés » — enseignés par le castrat Mustafa —, dans la cour des Lions. Toujours romantique, elle en

---

1. Elle avait épousé le célèbre avocat Émile Straus et son salon devint le rendez-vous de l'élite intellectuelle et mondaine. Marcel Proust le fréquenta assidûment et on dit qu'il y prit quelques-uns des modèles des personnages de *A la Recherche du temps perdu*.

rapporte des anecdotes sur Boabdil, roi des Maures, chassé de cette ville admirable, à qui sa mère, Lobeïde, disait cruellement : « Pleure comme une femme ce pays que tu n'as pas su défendre comme un homme ! »

Emma, ravie, reçoit des hommages à sa beauté chaque fois qu'elle croise dans la rue un mâle espagnol. Elle ne déteste pas la manière de complimenter une femme qu'on emploie ici en lui disant à haute voix : « *Viva tu madre !* »

Mais tout cela relève du tourisme. Le vrai travail commence en Andalousie avec une étude ethnologique chez les gitans, qu'Emma appelle *bohémiens* bien qu'ils soient d'Espagne.

Ceux que rencontre Calvé habitent l'Albayacin, une colline truffée de grottes blanchies à la chaux. Le folklore pour touristes en est à ses balbutiements, mais déjà on propose à l'étranger de passage des spectacles à son intention, dans une grande salle où sont installés quelques couples d'Anglais. « Dans le fond de la pièce, écrit Emma, des joueurs de guitare et une douzaine de jeunes danseuses vêtues d'oripeaux bariolés. Point très jolies, mais ayant dans le port une fierté naturelle qui semble avoir conscience de l'ancienneté de leur race. (Ne pas oublier cette attitude pour Carmen.) Elles portaient avec grâce de beaux châles de Manille, sur de longues jupes à volants, serrées pour dessiner les jambes et les chevilles. A un signal, les bohémiennes se dressent pour exécuter une très originale mouvance des bras et des mains qu'elles font virevolter autour de la tête, de la taille, le long du corps. Cependant que les mouvements sont voluptueux, le visage reste généralement hermétique, très pur, les yeux baissés, contraste attirant ! »

Elle poursuit : « Puis, l'une d'elles, avec accompagnement de castagnettes, de guitares, et les " olé ! " de l'assistance, danse la *Petenera* et le *Flamenco*, suivi du *Baïle del habanico*, joli jeu de l'éventail qui, dans des mains expertes, danse, virevolte, tel un papillon pour dérober et dévoiler tour à tour le visage au partenaire.

« Toutes ces danses doivent être de tradition arabe, mais agrémentées d'une grâce plus fine, vive et sémillante.

« Je les grave dans ma mémoire, pour tâcher de les imiter. Se souvenir surtout qu'une bohémienne n'est jamais commune, ni dans sa démarche ni dans ses gestes, et qu'elle conserve toujours la fierté de sa race, vieille comme le monde. »

Bien vu.

On ne sait ce qu'il faut le plus admirer dans ce texte : la pertinence, le sens de l'observation, ou le don d'écrire.

Toute sa vie Calvé retiendra la leçon de Grenade. Elle en parlera encore lorsque, retraitée, elle se fera conférencière pour arrondir des finances problématiques...

Emma assure avoir pris des leçons particulières avec une petite gitane qu'elle appelle Lola. Laissons-lui la responsabilité de l'anecdote, mais quoi qu'il en soit, tous ceux qui l'ont vue dans *Carmen* ont été fascinés par sa façon de danser qui ne ressemblait, paraît-il, à rien de ce qu'on avait fait jusque-là.

Les contemporains qui ont entendu Emma Calvé dans l'ultime scène de *Carmen*, où elle va à la mort comme un *toro bravo* après avoir une dernière fois défié José et sa *navaja*, ont témoigné qu'elle atteignait là une rare intensité.

Il va sans dire que la psychologie sauvage de la gitane convient parfaitement au tempérament volcanique de la Diva et que, sur le plan vocal, Carmen ne pose à Calvé aucun problème de tessiture. Elle possède toutes les notes, y compris celles nécessaires à rendre l'atmosphère sombre de l' « air des cartes ». Bizet l'avait écrit sur mesure pour mettre en valeur les belles notes graves de Galli-Marié, la créatrice, qui était mezzo. « Je n'aurais jamais osé chanter le rôle, a confié plus tard Emma, si je n'avais eu ces notes graves. La difficulté vient en effet du contraste entre les deux premiers actes — où Carmen et la musique qui la caractérise sont gaies, subtiles, enjouées, pour traduire le côté sensuel, félin, coquet du caractère de l'héroïne — et les deux derniers actes où l'on bascule dans la tragédie, où les vies se brisent.

« Pour le troisième acte notamment, ajoute Emma, où le destin se joue et où Carmen pressent sa fin, il faut posséder des notes de poitrine qui donnent au caractère une coloration plus chaude, quelque chose de brun, de doré, de piquant.

« Mais, remarque-t-elle avec beaucoup de justesse, il ne faut pas que ces notes donnent au rôle un je-ne-sais-quoi de virago, de fille de Montmartre, que beaucoup semblent rechercher[1]. »

On ne sait pas qui Emma Calvé visait en particulier, mais elle a toujours refusé de faire dans cet acte ce qu'elle appelait de manière imagée : « des notes de femme à barbe ».

Durant des mois elle a réfléchi aux détails d'interprétation qui vont caractériser sa conception du rôle. « La démarche, précise-t-elle, importante pour tous les rôles, l'est spécialement pour celui-là. »

Calvé a fait sienne la remarque de Voltaire : « La démarche dénote la race. » « J'ai toujours admiré la façon de marcher des gitans. Tout en étant légèrement cadencé, le pas est vif, souple, léger, leste, libre, harmonieux. »

Bref, Carmen ne roulera pas des hanches comme une *pierreuse*.

Quant au jeu de scène — notamment dans les scènes de séduction, Calvé s'est promis de laisser à d'autres les œillades assassines et le racolage vulgaire. « La phrase d'entrée :

> *Quand je vous aimerai ?*
> *Ma foi, je ne sais pas !*

doit être chantée gaiement, coquettement, mais surtout pas vulgairement, écrit-elle. C'est ainsi que Bizet l'a indiqué. »

Emma refuse de donner à la *chanson tsigane* un mouvement « si rapide que l'on n'en comprend plus une note. On accélérera, recommande-t-elle, à partir du second couplet, comme pour lancer la danse qui suit ».

Pour celle-ci, Calvé est formelle : « Pas de polka piquée accompagnée de castagnettes, comme l'impose la tradition (qu'elle écrit par dérision *trrrrradition*). » Elle va danser un *flamenco* le plus proche possible de l'original et y inclure ces mouvements de *brazéar*, cette chorégraphie des bras et des mains, si gracieuse et si vraie, dont elle est allée apprendre la technique dans les grottes de l'Albayacin.

1. Cité par Georges Girard, *op. cit.*

Inutile de dire que ces exigences ne vont pas sans affrontements avec le chef, les musiciens, les partenaires et la direction qui brandit la sacro-sainte *trrrrradition* chaque fois qu'on innove un peu trop à son goût.

C'est ainsi qu'on se bâtit une réputation (souvent méritée) d'em...poisonneuse. Mais ce qu'elle entend imposer, ce sont surtout les volontés d'une professionnelle scrupuleuse, qui a préparé sa prise de rôle avec le plus grand sérieux. Tant pis pour ceux qui n'avancent qu'avec les yeux tournés vers le passé. Ceux-là, Calvé les balaie sans se soucier d'amour-propre froissé. Après tout, qui prend tous les risques ? Qui sifflera-t-on si la prestation de la Diva n'est pas appréciée ?

Elle est tout de même un peu inquiète, au fur et à mesure que la rentrée à l'Opéra-Comique approche. Calvé « teste » ses trouvailles devant des auditoires restreints et note leurs réactions.

Dès son retour d'Espagne, elle a été reçue par Geneviève Straus-Bizet qui a réuni des amis choisis et d'anciens collaborateurs de son mari, afin de leur présenter la nouvelle Carmen.

L'entrée de Calvé dans le salon de la veuve du compositeur a fait sensation, avant même qu'elle n'ouvre la bouche. La voilà revêtue d'une copie du costume de la *Maja* de Goya, que Léonie a cousue de ses mains. Elle est destinée au dernier acte : robe solaire en satin jaune, superbe mantille de chantilly, fleur de grenadier piquée dans les cheveux. Loisel, coiffeur des célébrités, a mis la touche finale à la coiffure surmontée d'un peigne ancien en écaille ajourée.

Henri Meilhac, présent dans l'assistance, est ébloui. Il n'est pas le seul : tous les amis sont là : la princesse Mathilde, Lady de Grey, venue de Londres tout exprès pour faire son rapport à Victoria, le fidèle comte Primoli, le plus parisien des Romains (et vice versa), Paul Bourget, le peintre Detaille et, bien sûr, Henri Cain qui « boit » son Emma des yeux. Tous deux échangent des coups d'œil amoureux et complices où l'affection le dispute à l'admiration. Ludovic Halévy, le compère librettiste de Meilhac pour *Carmen*, est au lit avec une forte grippe, mais il a envoyé un mot pour s'associer à ses amis :

« Vous serez, dit-il à Calvé, la Carmen idéale. Et je ne saurais vous dire avec quelle impatience et quelle confiance j'attends cette reprise qui sera, grâce à vous, une grande première représentation pour l'opéra de notre Bizet. »

Devant ce cercle choisi et attentif, Emma a chanté les principales scènes du rôle et notamment l' « air des cartes » pour lequel elle a longuement consulté Galli-Marié. Faut-il ou non, tout en chantant, *interpréter* aussi la couleur des cartes que la chanteuse retourne comme il est indiqué dans son jeu de scène ? Calvé avoue s'y laisser prendre parfois. Et Galli-Marié lui confiera avoir fait de même bien souvent. Carmen se tirait les cartes en scène « pour de bon »...

A l'issue de l'audition privée, l'assistance unanime se déclare « ravie de la nouveauté des conceptions de l'artiste et de la perfection vocale de sa composition ». Mais il s'agit de gens acquis d'avance. Aux répétitions, qui ont commencé à l'Opéra-Comique, on entend quelques grincheux dénoncer l'audace de la *nouvelle* et regretter les *anciennes* : qu'est-ce que c'est que cette Carmen qui chante « en cheveux » au premier acte ?

Dans la fosse, ça « grince » aussi. Les *anciens combattants*, comme toujours, ne sont pas d'accord avec les tempos choisis par la Diva et ne se gênent pas pour le lui faire savoir. Il y a de l'électricité dans l'air. A tel point qu'Halévy, remis de sa grippe, doit personnellement intervenir un soir où chacun campe sur ses positions : « Nous n'avons ici que deux Carmen véritables, dit-il en s'adressant à l'ensemble de la troupe, musiciens inclus : l'une, Galli-Marié, s'est retirée. Voici l'autre et je vous demande, messieurs, de l'écouter ! »

Si l'un des *pères* de Carmen a choisi si ouvertement le camp de Calvé, il n'y a plus qu'à ranger les *navajas* au vestiaire.

A deux jours de la première, fixée le 15 décembre 1892, Meilhac fait parvenir un petit poignard espagnol avec lequel, précise-t-il, « vous pourrez menacer Don José tout à votre aise ».

Gentille attention, mais drôle d'idée. Meilhac veut-il transformer la dernière scène en duel au couteau ? Et si c'est Carmen qui gagne ?

Lucien Guitry, consulté par la Diva, met lui aussi son grain de sel. « Carmen doit-elle mourir crânement, demande-t-elle, ou tenter de s'enfuir pour échapper à la mort ? »

L'acteur répond : « Carmen est bien trop amoureuse pour ne pas tenir à la vie. Elle doit essayer de s'enfuir pour rejoindre son nouvel amant. »

Dans son jeu de scène, Calvé en tiendra compte.

Mais l'heure n'est plus aux mises au point, aux détails, aux « réglages ». Le voici, ce Grand Soir espéré et redouté. Carvalho s'est personnellement chargé des invitations et a placé son monde. Gare au critique musical qui se retrouverait derrière le paravent d'un grand chapeau orné d'aigrettes ! Attention au personnage important — ou s'estimant tel — qui se verrait placé au rang derrière celui où figure son pire ennemi. Une salle de première est un casse-tête chinois.

Le « patron » de l'Opéra-Comique veut que cette reprise soit triomphale. Il n'a pas lésiné sur la distribution, sachant — en vieux routier des théâtres — qu'une vedette mal entourée ne peut faire à elle seule la réussite. Si elle est la plus belle fleur, le reste du bouquet a son importance. L'opéra, c'est la victoire d'une équipe, même si c'est la Diva qui ramasse tout.

Calvé est ravie : elle sait n'être jamais meilleure que lorsque ses partenaires sont à sa hauteur. Escamillo, c'est E. A. Taskin, solide baryton aux éclats triomphants convenant au caractère « macho » du toréador. Carvalho a engagé Lubert pour Don José, un habitué du rôle, qu'il chante sur cette scène depuis deux ans. Le directeur de l'Opéra-Comique a pourtant dû, à plusieurs reprises, jouer les médiateurs entre le soprano et le ténor dont les relations ne sont pas sans nuages : Lubert — partisan de la *trrrradition* — estime que sa partenaire le bouscule un peu trop et a tendance à « tirer la couverture à elle ».

Emma a le trac en dépit de sa préparation et de la confiance en ses moyens. Ce soir, elle sait qu'elle « remet son titre en jeu ». Et qu'une fois de plus sa carrière se joue. *Cavalleria* était une création. Personne ne pouvait la comparer à une autre. *Carmen*, c'est une autre affaire.

Contrairement à ce que certains ont affirmé — Calvé la première —, le chef-d'œuvre de Bizet n'était pas « sorti » du répertoire. La reprise du 15 décembre 1892 à l'Opéra-Comique était une nouvelle production, mais certes pas la redécouverte d'une œuvre oubliée ! La preuve ? On l'avait donnée sur la même scène au mois de mai précédent avec Arnoldson, qui n'était pas la première venue !

Emma sait qu'il va y avoir forcément des comparaisons. L'amateur de lyrique est imbattable à ce jeu cruel. Jadis ou naguère, il a toujours « entendu mieux », d'autant que son souvenir embellit la réalité. Galli-Marié a confié à Calvé que des abonnés s'étaient plaints — à la création — du réalisme de son jeu. Et Calvé sait qu'il y aura dans la salle des amateurs qui auront entendu Isaac, Castagné, Nardi, Fouquet dans ce même théâtre où elle chante ce soir. Sans parler de ceux qui seront allés au « Met » écouter Lucca, Minnie Hauk, Lilian Nordica, à Londres Zélie de Lussan, ou Ferni à la Scala.

C'est l'heure où l'on ne peut plus reculer, comme le matador face au *toro bravo*. Calvé doit estoquer la salle... ou périr. La peur lui noue la gorge. D'autant plus qu'elle n'a pas pu s'empêcher de claironner dans des journaux complaisants : « Vous allez voir ce que vous allez voir ! »

Depuis des semaines, la presse fait « monter la pression » dans l'opinion. Le *voyage d'étude* en Espagne a été détaillé et commenté. Des bruits de coulisses, amplifiés par les échotiers, ont rapporté les affrontements et les divergences. Les caprices et les exigences de la Diva ont fait l'objet de colonnes entières.

Sarah Bernhardt est dans la salle. Constant Coquelin aussi, sans parler de Lucien Guitry et des « consœurs » passées, présentes... et à venir, venues pour encourager la « candidate »... ou, au besoin, l'accabler...

Léonie a beau être pionnière dans la pratique de la méthode Coué — « Tu es belle et tu chantes un rôle merveilleux. Ça va aller » —, Emma sent ses jambes se dérober sous elle, comme à Bruxelles à ses débuts quand il fallut la catapulter sur scène.

Cachée entre deux portants du décor figurant la manufacture des tabacs, elle écoute, dans un état second, les cigarières « affoler les hidalgos en roulant des hanches ».

> *Dans l'air nous suivons des yeux*
> *La fumée,*
> *Qui vers les cieux*
> *Monte, monte parfumée*

Ça va être à elle. Son cerveau est vide. Elle n'est pas sûre de se rappeler les premiers mots de son rôle. « Quelles transes, se souviendra-t-elle. Il n'y a pas de succès qui puisse compenser ces angoisses-là. »

Mais tout à coup, le métier « parle ». Les réflexes jouent. Les mois passés à mettre au point les moindres nuances du rôle font se produire un déclic bienfaisant. La machine à chanter *Emma Calvé* monte en pression. La tête se ressaisit, la salive revient en bouche. La Diva retrouvée entre en scène crânement : « comme un soldat qui va au feu », écrit-elle. Elle n'a pas un, mais mille Don José à séduire ce soir : ce public invisible derrière le rempart de lumières qui aveugle l'interprète, dont elle sent la pression énorme des regards sur elle, dont elle perçoit le souffle immense. Il faut sourire, avoir l'air frivole, détendu, insolent, séducteur. Quelle bataille !

Calvé refait les gestes mille fois répétés, joue avec l'éventail.

Un murmure flatteur a salué l'apparition. Contrairement à ce qu'elle fera bientôt, Emma n'a pas encore choisi la sobriété vestimentaire de l'humble cigarière, pour le premier acte : elle porte une jupe cerise, un châle vert, un corsage bleu, une fleur de cassie jaune et un peigne rouge dans ses cheveux noirs ! Quelle palette...

Mais voilà tout à coup la voix qui s'élève, pure, enjôleuse :

> *Quand je vous aimerai...*

Ça y est. La fuite en avant est obligatoire. Il faut sortir au grand soleil de l'arène.

> *Ma foi, je ne sais pas...*

Il faut tenir, quatre heures durant, l'hydre aux mille têtes sous le charme.

Il faut la voir se coucher à vos pieds... ou vous engloutir pour une note de plus, une note de moins, un son mal émis, un geste de trop...

Peut-être demain...

De la réussite de cet instant dépend le reste de la soirée... et de la carrière. Le charme doit opérer immédiatement.

L'amour est un oiseau rebelle
Qui n'a jamais, jamais connu de loi...

Des applaudissements frénétiques éclatent à la fin de l'*Habanera*. Le cœur de Calvé bat la chamade. Elle est essoufflée comme après une course sur le causse. C'est déjà gagné, dirait-on. Le reste, tout le reste s'est déroulé comme dans un rêve ponctué par les longs cris d'admiration de la foule...

Lubert-Don José vient d'avoir le dernier mot :

Vous pouvez m'arrêter,
C'est moi qui l'ai tuée,
Ma Carmen, ma Carmen adorée !...

Le couteau en main, l'air halluciné, il hurle sur le corps allongé à ses pieds. C'est vers la femme qu'il vient de poignarder que monte l'ovation sans fin. Calvé, épuisée, entend comme un chant de victoire cette houle sonore qui la submerge et la roule « dans un tumulte au silence pareil ». Le ténor tend galamment la main à sa partenaire pour l'aider à se relever et partager à l'avant-scène ce moment de bonheur absolu, récompense de mois de sacrifices et d'efforts.

Les rappels n'en finissent plus. Léonie pleure de joie en coulisses, Carvalho est aux anges. Il est venu sur scène humer les parfums du triomphe. Il baise dévotement la main de la Diva, ravie. Elle se « casse » en deux entre deux salves de bravos pour faire la révérence au public qui lui dit son enthousiasme debout.

Elle ne sent plus la fatigue, les rancœurs sont oubliées.

Lubert l'embrasse et s'efface pour lui laisser l'avant-scène. On rit, on retourne vingt fois saluer dans les hurlements du public en délire, on croule sous les fleurs. C'est l'heure folle où l'on se sentirait capable de recommencer, là, tout de suite.

La loge est bientôt envahie. Sarah Bernhardt, toujours simple, écrit sur le carnet d'autographes de la Diva : « A vous, admirable Carmen, tout mon cœur d'artiste, à vous adorable Calvé, toute mon affection. »

Coquelin est plus explicite : « Carmen vous êtes Carmen, la vraie, celle de Mérimée et celle de Bizet, qui, pour être son second père, ne l'a pas moins créée. Comme l'héroïne de Bizet, ne voulant écouter que vos instincts d'artiste et de femme, vous vous êtes montrée tour à tour enchanteresse, farouche, inconsciente, exquise, originale, folle d'amour brutal et de vie amoureuse. Votre succès ira grandissant, effacera tous les souvenirs. Vous avez été belle, parfaite... »

Meilhac et Halévy sont pleinement rassurés : avec Calvé, *Carmen* entame une deuxième existence. « Vous avez été admirable, écrit le premier : c'est ce que vous dirait Bizet s'il était là. »

Son compère précise : « Vous avez joué le rôle en artiste de génie. Quel succès ! J'y comptais bien, du reste, nous y comptions tous. » Il ajoute, beau joueur, révélant indirectement l'âpreté du combat : « J'avais tort pour le quatrième acte. Vous avez raison, c'est ainsi qu'il faut le jouer. Je vous fais mes excuses et beaucoup plus de compliments que d'excuses. »

Mais le jugement qui aura le plus touché Emma vient d'une professionnelle : Célestine Galli-Marié qui, pour la première fois, a consenti à assister à une représentation de *Carmen* où elle n'était pas sur scène, depuis que Bizet était mort alors qu'elle chantait la trente-troisième. « Bravo, a-t-elle dit à sa jeune camarade. Vous avez joué le rôle d'une manière fort intéressante, très originale, jamais triviale, quoique fort audacieuse. Et quelle admirable voix vous possédez ! »

Jean Lorrain, qui préfère ordinairement les petits garçons aux grandes filles, termine sa lettre à Emma par : « *As pies de usted* », mais il n'oublie pas son titre de « prince de la critique » et formule deux observations : « La nature s'est montrée pour vous généreuse, écrit-il. Vous avez tous les dons : la beauté, la voix, le mouvement de la vie (...). Permettez-moi une légère critique : vous êtes un peu trop amoureuse, dans le duo de la séduction, vous brûlez de vous donner. Or, Carmen, selon moi, ne veut que prendre. C'est une voleuse d'amour, elle ne connaît que l'assouvissement de son désir. Elle a soif de Don José comme elle aurait envie d'une grenade. La grenade égrenée, elle va à Escamillo... C'est la passion terrible et puérile des gitanes et des Arabes, races violentes et rusées, qui volent et tuent pour une femme comme pour un citron. »

Ce grand délicat a été choqué par la fougue de Calvé, puisqu'il précise : « Excusez-moi : je reproche à un œillet d'avoir trop de pétales, de coloration intense et de parfum violent dans un calice unique. »

Voilà en tout cas quelques « certificats » qu'on pourra produire aux éventuels détracteurs.

Car il y en a : *Le Figaro* et *L'Événement* ne sont pas d'accord avec les conceptions de Calvé et ne le lui envoient pas dire. Après avoir rappelé le récent succès de Calvé, longuement ovationnée dans *Cavalleria rusticana*, et souligné ses dons de comédienne, ses mérites de chanteuse, sa diction, son « masque dramatique » et « sa ligne superbe », sans oublier de joindre les mérites de Rosine Laborde dans les compliments décernés à son élève, le critique de *L'Événement* (*in cauda venenum*) ajoute dans son article du 16 décembre 1892 : « Elle est bien en scène et toujours à son jeu, mais elle dépasse souvent le but à force de vouloir trop bien faire. Hier soir, elle n'était pas en voix : on m'a dit qu'elle avait grand peur. Je pense qu'elle était surtout très enrhumée et comme elle sait parfaitement chanter, c'est à peine si le public s'en est aperçu. Elle mime, parle, danse, frappe des mains, tape du pied, se montre tour à tour cruelle, farouche, lascive, mais elle n'est jamais naturelle et c'est fâcheux. »

Le critique reconnaît pourtant : « Elle joue sans contredit

mieux que toutes les Carmen qui ont défilé depuis dix ans sur la scène de l'Opéra-Comique, mais elle n'égale pas et ne fera pas oublier Mme Galli-Marié, la créatrice du rôle. »

Le journaliste n'avait d'yeux que pour Micaela : « Heureusement, Mlle Landouzy a été adorable, c'est vraiment une chanteuse exquise. »

Réserver ses seuls compliments à ce second rôle paraît tout de même suspect...

Coquelin — qui en a vu d'autres —, exhorte Emma à balayer les médiocres par le mépris et à poursuivre dans la voie tracée : « Laissez dire les poncifs, les envieux de tout ce qui s'élève, les routiniers et suivez votre chemin... »

Il est amusant de comparer à quelques années de distance les critiques du *Figaro*, qui avait boudé la prise de rôle de Calvé, et l'article du 18 mai 1904, où, sous le titre INSTANTANÉ, « Le masque de fer » écrit : « Réunissant dans une sorte de rayonnement glorieux les plus rares dons artistiques à un charme irrésistible, cette beauté impressionnante et grandiose passionnément éprise de vérité vivante, de couleur et de pittoresque, se donnant tout entière à son rôle au point d'abdiquer toute personnalité pour mieux animer des ardeurs de son âme généreuse le personnage à faire vivre (...), qui mieux qu'elle pourrait nous donner la Carmen inquiétante, sensuelle, férocement câline qui affole Don José ?

« C'est une pure merveille d'intelligent labeur et d'inspiration géniale (...). »

Que s'est-il passé, entre-temps, pour que les écailles tombent des yeux du critique au point que l'on trouve dans le dithyrambe autant de ridicule que dans l'éreintement ?

Une chose toute simple : Carmen-Calvé a conquis le Nouveau Monde...

Ce soir, 15 décembre 1892, et en attendant mieux, Emma Calvé est devenue la coqueluche de Paris. Elle vient de signer un bail qui va durer un quart de siècle. Elle chante *Carmen* trois fois par semaine et cela suffit à donner à Carvalho un sourire à la mesure de l'état de ses finances. Il en sera de même durant les vingt-cinq ans à venir. Chaque fois qu'un directeur de théâtre lyrique — dans n'importe quel pays du monde — connaîtra quelque difficulté de fréquentation ou de gestion, il lui suffira de programmer Calvé dans *Carmen* pour voir, comme par enchantement, le public revenir et ses caisses se remplir...

18

*Où l'on voit l'héroïne rencontrer à Londres
l'homme qui va lui faire conquérir l'Amérique
et provoquer une épidémie de « calvéite aiguë »*

L E CONTRAT qui lie Emma Calvé et Covent Garden pour les
vingt représentations prévues en ce mois de mai 1892
permet de mesurer le chemin parcouru. Voici dix ans, Calabresi, le directeur de la Monnaie de Bruxelles, offrait à la Diva
sept cents francs par mois. On lui en accorde aujourd'hui dix
mille... Chaque représentation supplémentaire, payée mille
cinq cents francs, lui rapporte le double de ce qu'elle gagnait en
un mois en Belgique.

Emma retrouve Londres un peu plus riche de renommée et il
paraît entendu que la cantatrice française profitera de son
séjour à Covent Garden pour répondre à l'amicale invitation de
Windsor Castle. La vieille reine Victoria a pris Emma en
affection. Comme l'année précédente, la souveraine s'offre un
récital privé auquel elle prie Calvé et ses partenaires. On écoute
sans se lasser des extraits de *Cavalleria rusticana* et de *L'Amico
Fritz* dont Emma fut la créatrice à Rome, en octobre 1891,
opéra avec lequel Mascagni avait tenté — sans succès — de
renouveler le triomphe de son premier ouvrage.

Victoria a un faible pour le vérisme musical façon Mascagni.
A la fin de la soirée, la reine fait remettre par la princesse de
Battenberg à son interprète favorite son portrait au-dessous
duquel l'auguste menotte a écrit : « A Emma Calvé, la belle
artiste inspirée. » Quel trophée qu'Emma va brandir à la
moindre occasion !

La Diva se souvient d'avoir aperçu dans l'assistance Oscar

Wilde, alors au faîte de sa gloire et de sa beauté. Emma croisera un jour, par hasard, dans une rue de Paris, l'écrivain anglais déchu et banni, dont la silhouette pathétique n'était pas alors sans rappeler celle de Verlaine. Emma, sur l'instant, n'avait pas reconnu le superbe Oscar Wilde dans cet être misérable qui la saluait avec un restant de grâce et de fierté.

Emma Calvé fait à Londres, durant ce séjour, une autre rencontre : celle d'un homme dont, pendant des années, vont dépendre sa carrière et sa gloire.

Cet homme, c'est Maurice Grau.

Dans l'Amérique d'aujourd'hui, on le désignerait comme un *talent scout* — « un découvreur de talents ». Imprésario itinérant, il parcourt l'Europe à la recherche de grandes voix auxquelles il propose des contrats, notamment pour Covent Garden et surtout pour le Metropolitan Opera House de New York, dont il est l'un des directeurs. Il organise également de grandioses tournées de six à huit mois à travers les États-Unis dont la population immigrée constitue un gigantesque réservoir de public pour l'opéra, ses dieux et ses déesses.

Grau est une sorte de Barnum de l'art lyrique, capable de déplacer des troupes entières — artistes, décors, musiciens — d'un État à l'autre. Il passe des contrats avec toutes les grandes villes et possède un sens de l'organisation « à l'américaine » qui éblouit les artistes européens. D'autant plus qu'il les assortit de propositions financières sans commune mesure avec celles du vieux continent. Il paie le talent sans discuter.

Le personnage vaut que l'on s'arrête un instant sur lui, car la carrière internationale de la Diva passe désormais par ce juif de Moravie (Tchécoslovaquie, aujourd'hui), né en 1849, arrivé en Amérique à l'âge de cinq ans. C'est un self-made man, polyglotte, passionné de musique et d'art lyrique depuis sa jeunesse. Il a été librettiste, puis imprésario chez son oncle qui dirigeait la Restori Company, ce qui lui a permis d'approcher et de traiter avec nombre de célébrités européennes, venues chanter à New York.

Grau connaît bien le milieu, le métier, et ses talents de « diplomate » font merveille dans un monde à la sensibilité ombrageuse.

A la fois commerçant et artiste, Maurice Grau est un mélange de pragmatisme à l'américaine et de sensibilité esthétique. Il regrette parfois que l'art doive se monnayer, il souhaiterait sa gratuité, puisqu'il n'a — à ses yeux — pas de prix. Mais il est prêt à payer ce qu'il faut pour avoir *the best*. Il résume cette antinomie par une formule imagée : « Quand je compare mes registres, le plus épais est celui de mes comptes, mais le plus précieux à mon cœur est celui où j'inscris le nom des artistes et des œuvres qu'ils chantent [1]. »

Emma aura sa vie durant de l'estime pour le professionnel et de l'amitié pour l'homme.

En connaisseur, l'imprésario américain a jugé au premier contact les qualités de timbre, l'étendue, la puissance de « ces voix soudées à miracle » (comme dit son ami Gheusi) et le tempérament de bête de scène de la nouvelle diva française.

En Amérique, personne ne connaît Calvé, mais on adore découvrir un talent original, surtout quand il appartient à une jolie femme.

L'opéra est alors « le spectacle des spectacles », un monde de rêve et de luxe qui n'est pas encore concurrencé par le cinéma. C'est là que l'on trouve les stars capables de faire rêver des millions d'hommes et de femmes. Et Grau sait que Calvé est de cette race.

Accepte-t-elle de traverser l'Atlantique ? Lui, se chargera de « chauffer » l'opinion américaine par des « indiscrétions », des échos savamment distillés auprès des journaux new-yorkais, passés maîtres dans l'art de faire *désirer* une nouvelle vedette et de lui réserver un accueil « en fanfare ».

Emma hésite. Ce saut dans l'inconnu l'inquiète. Elle l'avoue à Grau qui est venu l'entendre à Paris dans *Carmen*. L'Opéra de Paris lui fait les yeux doux. Elle a signé un engagement pour la saison prochaine qui lui assure soixante-douze mille francs...

Grau insiste. On croirait une vente aux enchères. Il propose trois cent mille francs. Une fortune.

Emma — un instant tentée — a dit non. Elle craint un déplacement aussi long et fatigant. *Carmen* l'épuise physique-

1. Georges Girard, *op. cit.*

ment et nerveusement. Malgré l'attrait de la nouveauté, elle vient de refuser de créer *Guernica,* un opéra de Paul Vidal, élève de Massenet, pour s'offrir quelques semaines de repos en Aveyron, avant la saison de Londres.

Mais Grau s'entête. Lors d'un second séjour à Paris, il revient à la charge. Il offre quatre cent mille francs ! Et il paie le dédit de soixante-douze mille francs à l'Opéra de Paris.

Emma vacille. L'aventure la tente. Et le chiffre est inespéré. Ce pays neuf attire cette pionnière. Elle devine que là-bas, ses recherches, les nouveautés vocales et scéniques qu'elle apporte à son art, son jeu, si personnel, libéré de la gangue des *trrrrraditions,* seront mieux appréciés qu'en France.

Grau a gagné ! Elle signe pour l'Amérique...

La tournée, prévue de novembre 1893 à avril 1894, commencera par New York et se poursuivra par Boston, Chicago, Albany et retour à New York. L'artiste offrira — c'est l'usage — quelques récitals au profit d'œuvres de bienfaisance.

Tel un athlète qui parfait sa condition physique avant la compétition, Emma Calvé se prépare au marathon lyrique qui l'attend en allant refaire ses forces dans le Rouergue. Ce qui faisait dire à Carvalho, quand elle en revenait pour reprendre *Carmen* trois fois par semaine avec une ardeur nouvelle : « Écoutez-la, c'est l'air de ses montagnes qui souffle ! »

La traversée Le Havre-New York dure dix jours à bord du paquebot *Savoie.* Ce n'est rien : Rosine Laborde, voici quarante ans, mettait un mois pour franchir l'Atlantique.

Léonie, trop âgée, a dû renoncer à accompagner sa fille. C'est avec les yeux du cœur qu'elle suivra la *fantoune.*

Le départ est triste : Finou est morte comme elle a vécu. Sans bruit, pour ne déranger personne. Active jusqu'à son dernier souffle, elle cueillait des fleurs dans le jardin de l'*ostal* : elle est tombée sans une plainte. Quand on a trouvé son corps, derrière une haie, elle avait son sécateur en main et les fleurs, éparpillées dans la chute, formaient comme une couronne. Elle ne s'est pas rendu compte que la mort la prenait. Emma est venue enterrer la Fidèle, malheureuse comme si elle avait perdu une mère. Au passage, elle a embrassé Justin et dit au revoir à la *tantoune*, souhaitant qu'il ne s'agisse pas d'un adieu : Mme Caylet vient d'avoir quatre-vingt-dix ans...

Pour adoucir le départ, le petit frère, Adol, est là, sur le port du Havre, sanglé dans son bel uniforme bleu d'enseigne de vaisseau. Il veut être marin. Il le sera. « Je l'aime comme un fils », note Emma sur son journal. Adol le lui rend bien.

Maurice Grau est du voyage avec sa petite famille, sa femme et Loulou, leur fillette, pour veiller sur leur « chère » Diva. Des curieux et des admirateurs, informés par les journaux, se massent sur le quai d'embarquement et agitent des mouchoirs en poussant des vivats. Emma, penchée sur le bastingage, les salue de la main aussi longtemps que le bateau est en vue.

Comme pour tester le courage de l'aventurière, le temps se met de la partie. Le paquebot entre dans une zone de turbulences qui va durer cinq jours !

Emma est la dernière des dames à bord à fréquenter encore la salle à manger des premières où le commandant souligne galamment le courage de son illustre passagère. Le roulis est tel qu'il est impossible de demeurer debout. Les journées se passent en chaise longue ou dans les cabines éclairées d'un jour blafard, quand se produit un coup de tabac plus fort que les autres. La sirène ajoute ses appels lugubres au tableau désespérant.

L'aventure n'a pas — pour l'instant — les couleurs souhaitées par l'âme aventureuse d'Emma. Elle a le *spleen* : « Ai-je raison de m'expatrier, de laisser famille, parents, amis et ces publics qui ne demandaient qu'à m'applaudir, pour ce saut dans l'inconnu ? », s'interroge-t-elle. Elle puise dans son « patriotisme musical » des raisons d'espérer. Elle est en mission. Faire découvrir à l'Amérique l'école française de chant, être l'ambassadrice de ses chefs-d'œuvre lyriques provoque en elle une exaltation qui compense les désagréments.

La cinquième nuit de traversée est terrible. Il faut s'agripper au rebord de la couchette pour ne pas rouler à terre sur les valises qui glissent sur le parquet de la cabine.

Deux sœurs ursulines avec qui Emma s'est liée après la messe du dimanche sont venues, affolées, frapper à sa porte. Ces aventurières du ciel, qui partent pour le Canada, sont terrorisées comme si les Hurons les encerclaient déjà. Les trois femmes récitent des prières et Emma entonne un vieux cantique cher à la *tantoune* Caylet : *Reine des cieux, calme les flots et leur rage écumante.* « Je n'avais jamais aussi mal chanté de ma vie », confiera Emma.

Il faut attendre Terre-Neuve pour qu'un calme relatif s'établisse et que les passagers, confinés, puissent à nouveau emplir leurs poumons d'air iodé.

Le commandant en profite pour organiser une soirée de bienfaisance en faveur des veuves de marins. Chanter sur un bateau qui roule est une expérience à laquelle la Diva n'avait pas encore été confrontée. Son partenaire, le ténor Campanari — qui vient aussi chanter au « Met » —, plus téméraire que Calvé, a refusé de s'accrocher au piano fixé au plancher du salon. Résultat : un jeu de scène inattendu qui se termine par un *à plat ventre* au pied du premier rang de spectateurs !

Cet incident héroï-comique ne perturbe pas la collecte et la tombola : vingt mille francs pour les veuves de marins.

Enfin, voilà New York ! La statue de la Liberté, toute neuve, l'atteste. Emma se sent personnellement fière de cet hommage français à la jeune nation américaine. Elle a l'impression de venir s'y associer, à sa manière.

Le débarquement n'a pas manqué de scènes pittoresques.

Pour marquer l'arrivée, Emma avait soigné sa vêture : costume de voyage en drap gris, bordé de chinchilla, toque de fourrure posée sur l'échafaudage des cheveux relevés en chignon, manchon et souliers de daim, elle a belle allure. Elle le lit dans les regards des messieurs du bord. Il faut réussir son « entrée en scène », comme à l'opéra. Les premières « notes » sont capitales.

Emma ignore — habituée aux manières civiles des chroniqueurs de journaux français — que les reporters américains ressemblent plus à Rouletabille qu'à Adolphe Brisson.

Le bateau à peine amarré, ils sont montés à l'abordage avec une batterie de questions. Sans même saluer la Diva, carnet en main, ils parlent tous ensemble, n'attendent pas les réponses avant d'enchaîner, dans la mitraillade des flashes.

« Que pensez-vous de l'Amérique ?

— Je...

— Et des Américains ?

— Je n'ai encore rencontré que la statue de la Liberté, et...

— On vous dit espagnole ?...

— Oui... non. Enfin, c'est-à-dire...

— Qu'allez-vous chanter ?

— Sans doute *Cavall*...

— Que pensez-vous du président des États-Unis ?

— Et puis aussi *Carm*...

— Vos institutions diffèrent-elles vraiment des nôtres ?

— Mais enfin, messieurs, comment le saurais-j...

— Mademoiselle Calvé, avez-vous lu le philosophe Emerson ?

— Avez-vous des chiens, des chats ? Quelle est votre religion ? »

Emma, prise entre le fou rire et l'exaspération, a l'impression qu'on la déshabille. Elle prend le parti de ne plus répondre.

C'est alors qu'elle aperçoit un dessinateur qui fait d'elle une caricature. « M'étant approchée, raconte-elle, je vis un visage si monstrueux, un tel parti pris de faire laid, qu'arrachant le dessin des mains de l'artiste, je l'ai déchiré en déclarant : " Je respecte et j'aime trop ma mère pour permettre qu'on défigure sa fille. " »

L'anecdote sera le lendemain dans tous les journaux de New York.

Emma, que peu de choses étonnent, est tout de même abasourdie. Quel peuple !... Il y a chez lui une familiarité, une décontraction auxquelles sont peu habitués les gens de la vieille Europe. A Paris, les journalistes s'adressent aux artistes avec une politesse affectée. Ici, on vous pose des questions sur votre vie privée, vos manies, vos goûts... Qui cela peut-il intéresser ? Pas une question sur l'opéra, sur le chant !... Et ce questionnaire qu'on a fait passer dans les cabines au petit matin avant l'accostage : *Êtes-vous migrant(e) ?* Suivi d'une rafale de demandes tout aussi saugrenues : *Quelle est votre religion ? Votre profession ? Êtes-vous marié(e) ? Divorcé(e) Célibataire ?* Oh ! et celle-là : *Êtes-vous anarchiste ? Que venez-vous faire aux États-Unis ?* (Devinez...)

Faut-il vraiment répondre à tout ça pour chanter *Carmen* ? La plume la démange de faire une réponse à la Oscar Wilde : *Qu'avez-vous à déclarer ?* « Mon génie. » *Que venez-vous faire ?* « Vous séduire. » *Combien de temps comptez-vous rester ?* « Le temps de vous mettre tous à mes pieds... »

Pour épater la meute, Emma en a un peu « remis ». Ah, ils veulent de l'anecdote, ils vont en avoir ! Elle a déclaré « ne jamais se séparer — rapporte le *New York Times* — d'une petite boîte en écume de mer contenant des fleurs séchées cueillies sur la tombe de son père à Millau ».

Emma a simplement omis un détail : il reste à Justin Calvet dix ans à vivre !...

Ce n'est pas terminé : voilà le service de santé qui grimpe à bord. Le docteur ordonne : « Tirez la langue et faites *aaaahh !* »

Il a été un peu surpris par le résultat obtenu...

On débarque enfin, mais à la douane il faut déballer toutes les malles et sortir costumes — robes de gitane, de paysanne, tunique de Marguerite —, accessoires, bijoux de scène, examinés comme des bombes à retardement par les douaniers suspicieux. Il n'y a pas de Diva qui tienne, c'est ça la démocratie. Deux heures d'impatience ! Grau met son sens diplomatique à l'épreuve pour éviter l'incident.

La ville géante en chantier épate la Diva française. Des quartiers isolés poussent au milieu d'immenses terrains vagues. Le « Met » se trouve alors tout près de Central Park. La circulation prodigieuse, le pont géant suspendu à une hauteur vertigineuse sur l'Hudson avec ses quatre chaussées accueillant des files de camions, le métro aérien, les lumières de Times Square et de Broadway, tout lui arrache des cris d'admiration. Voilà une ville à la mesure de son ambition. Saura-t-elle la mettre à genoux comme elle l'a fait de Rome, Milan, Paris et Londres ?

Enfin, voici l'hôtel où un nègre, aussi haut et large qu'une armoire rouergate, dans son costume d'amiral d'opérette, s'empare de vos affaires. Tout le personnel de service est noir et répond invariablement : « *Yes, m'ame* » à toute question. La curiosité d'Emma est à la fête. Elle s'enferme à double tour, échappant à un nouvel assaut journalistique, au désespoir de Grau qui affirme : « C'est de la bonne réclame, ne vous dérobez pas. »

Comme tout va vite dans ce pays ! La photo de la *french singer* est déjà dans les journaux de l'après-midi. On décrit tout : la tenue, l'allure, le sourire, les reparties. On affirme que la cantatrice est une belle femme et on lui donne vingt-cinq ans. (Ce n'est pas pour lui déplaire, elle en a dix de plus !) Personne n'a encore entendu une note sortir de son gosier, mais chacun affirme : « Mlle Calvé est une belle artiste, fort originale, que nous serons heureux d'applaudir. »

Il ne reste plus qu'à le mériter...

Emma découvre qu'elle n'est pas l'unique *guest star* de la ville géante. Sarah Bernhardt en est à sa quinzième tournée ! (Ce ne sera pas la dernière.) Le cher Coquelin est là, mais aussi les tragédiens italiens Rossi et Salvini, ainsi que les shakespeariens Irving et Ellen Terry. Les théâtres abondent et on y parle toutes les langues. Quant à la troupe lyrique qu'Abbey, Schoeffel et Grau ont rassemblée pour la plus grande gloire du Metropolitan Opera House, elle constitue assurément la plus fabuleuse affiche *in the world* !

Au moment où Emma arrive au « Met », sont déjà sous contrat (en se limitant aux étoiles) : Nellie Melba, Marcella Sembrich, le plus grand *soprano d'agilità* vivant, Emma Eames, Zélie de Lussan (une Américaine malgré son nom) et la diva scandinave Sigrid Arnoldson. Les hommes ne cèdent en rien en talent et en gloire à ce quintette féminin puisque sont là les frères Jean et Édouard de Reszké, les barytons français Jean Lassalle et Paul-Henri Plançon (créateur du Méphisto de *Faust*) et le grand Ernest Van Dyck, le seul *heldentenor* non allemand (il est belge) qui ait trouvé grâce aux oreilles de l'intraitable Cosima Wagner : il chante *Parsifal* à Bayreuth depuis 1888.

La phalange italienne ne pâlit pas auprès de cette galaxie, puisque le baryton Antonio Scotti (fameux Don Giovanni), Ancona, Fernando de Lucia (qui va retrouver la Diva dans quelques jours pour *Cavalleria*) n'en sont pas les moindres gloires.

En fait, en ces années 1890, le « Met » devient « passage obligé » pour toutes les stars du chant, de Christine Nilsson à Chaliapine, en passant par Caruso ou Ernestine Schumann-Heink.

Cette concurrence, loin d'effrayer Emma Calvé, la stimule. Elle sait qu'ici on ne connaît (pas encore) les mots *cabale* et *protection*. Chacun arrive avec les mêmes chances, celles que lui procure son talent, et se bat « à la loyale ». On est jugé sur sa performance, et non sur la tradition et les comparaisons oiseuses. Et puis, on peut tout créer, tout tenter dans ce pays neuf où le goût d'entreprendre et la mentalité pionnière ouvrent les esprits, les préparent à la nouveauté.

C'est tout ce qu'il faut à Emma pour qu'elle ait envie de se dépasser.

Elle est confiante. Dans *Cavalleria rusticana,* elle n'a pas de rivale. Dans *Carmen,* elle n'en a plus.

Pour comprendre l'impact que produisit l'apparition de Calvé sur la prestigieuse scène du « Met », où se bousculent les célébrités mondiales, il faut lire le *New York Times* du 20 novembre 1893, paru après sa première prestation : dans *Cavalleria,* « Mademoiselle Calvé est un soprano dramatique de premier ordre. Il y a longtemps que les amateurs d'opéra n'avaient pas eu le plaisir de voir et entendre une artiste d'un talent aussi fort. C'est dans son aptitude à restituer le caractère d'un personnage et à en exprimer les sentiments que Calvé est la plus remarquable. Son jeu est inhabituel sur une scène d'opéra. Aussi bien dans son allure que dans ses gestes et dans les expressions de son visage, elle est éloquente et prodigieusement douée pour faire passer les émotions dans son chant, n'hésitant pas, s'il le faut, à sacrifier la beauté du son au profit de l'expression dramatique à transmettre. »

Et ils ne l'ont pas encore entendue dans *Carmen* !

Un mois de patience et ce sera la fantastique soirée du 20 décembre 1893 au « Met » dont les échos parvinrent jusqu'en Europe, et la révélation des « sommets » que peut atteindre l'art de Calvé lorsqu'elle incarne la gitane.

Cavalleria n'était qu'une « mise en condition », aurait dit un *sportsman. Carmen* sera la véritable consécration américaine (et bientôt mondiale) de Calvé dans son rôle fétiche. Elle-même ne s'en rendra vraiment compte qu'au matin du 21 décembre 1893 en lisant les comptes rendus délirants d'enthousiasme des journaux : elle n'a pas seulement gagné une bataille. Désormais, c'est en triomphatrice qu'elle sera fidèlement accueillie, chaque année, sur les bords de l'Hudson. Bien qu'elle ait incarné, en dix saisons, onze personnages d'opéra différents pour ses amis d'Amérique, c'est dans la robe gitane à volants de *Carmen* qu'ils la préféreront toujours, qu'ils lui offriront ses triomphes les plus mémorables.

On n'imagine pas ce que va être dans les années qui viennent la popularité de cette cantatrice française aux États-Unis. Des foules immenses vont se déplacer à travers le continent nord-américain pour l'écouter, en son honneur des parents prénommeront leurs filles *Calvé*, certains voudront la peindre dans ses costumes favoris, d'autres la demanderont en mariage. C'est le début d'un culte qui va durer vingt ans, sans lassitude, sans nuage.

Pendant plus d'un mois, *Carmen* mobilise New York. Le « Met » est comble tous les soirs. Grau rajoute des représentations et des fauteuils. Et tous les soirs, l'œuvre s'achève sous les ovations et les bouquets de fleurs.

Emma raconte qu'au début de février 1894, lors d'une matinée à laquelle assistait une forte délégation d'étudiants de l'université de Columbia, elle a compté plus de vingt rappels : « J'étais exténuée, mais comme ils continuaient à applaudir, refusant de partir, les machinistes les ont arrosés au jet d'eau de la pompe à incendie. » La douche ne calma qu'un instant la meute juvénile, car à l'entrée des artistes, quand la Diva tenta de gagner le fiacre qui l'attendait, « une centaine de ces jeunes fous me guettaient. Ils ont suivi ma voiture en psalmodiant les lettres de mon nom ! C.A.L.V.É. — *Calvé, vé, vé, vé, vé ! Hurrah !* »

Emma touchée, s'est dépouillée de toutes les fleurs qui encombraient la cabine du fiacre et les a jetées à ses jeunes admirateurs qui se sont battus pour s'en emparer. « On ne peut se figurer l'état d'exaltation où peut vous conduire un public aussi enthousiaste, écrit-elle dans ses Mémoires. Pour être à la hauteur, je me dépense follement et, brisée de fatigue, comme une loque, j'ai des lendemains de dépression terribles. Le public se rend-il compte de ce qu'il faut d'abnégation et de courage pour être à même de chanter la joie ou la douleur, pour l'égayer ou l'émouvoir ? » Elle a ce cri du cœur : « Cet art-là est le pire des esclavages ! »

Certes. Mais « elle ne donnerait pas sa place pour un boulet de canon », comme on chantait à son époque. Même si les efforts consentis depuis plus d'un an, depuis que Carmen « s'est emparée de tout son être », à l'Opéra-Comique de Paris, et qu'elle en a fait « une chose à elle », commencent à faire sentir leurs effets.

Pour l'instant, elle fait face aux quatre représentations hebdomadaires de l'œuvre de Bizet (on joue en matinée le samedi pour répondre à l'affluence) et aux obligations mondaines que lui valent ses succès.

La *high society* la réclame à ses réceptions. La richissime Mme Modjeska, cantatrice polonaise fixée par (beau) mariage à New York, présente Emma aux membres de l'*establishment* lors d'un dîner en l'honneur de la cantatrice française [1] et Calvé doit remercier en faisant des « heures supplémentaires » pour un récital copieux d'œuvres diverses offert à ses hôtes et leurs invités.

« New York est atteint de " calvéite aiguë ". C'est Grau qui le dit, comme Emma se plaint à son directeur de ces " cadences infernales ". Pas question de lâcher prise devant un pareil succès qui fait oublier à ce commerçant qu'il est aussi un artiste. « Patientez un peu, répond le directeur du " Met ". Le mois prochain vous ne chanterez plus que trois fois par semaine. »

Emma en profite pour réclamer un « réajustement » de son cachet. Et l'obtient. Les finances du « Met » permettent à Grau d'être grand seigneur.

Une autre fois, c'est à la soirée de bienfaisance au profit de la

1. Auquel assistent les membres éminents du « Golden Horseshoe ». Dans la salle en « fer à cheval » (*horseshoe*) du « Met », les meilleures loges sont réservées à vie aux propriétaires-actionnaires dont l'argent sert à entretenir l'opéra de New York.

société juive « Purim » qu'elle offre un récital permettant de récolter dix mille dollars destiné à l'United Hebrew Charities.

Au cours de ce récital, où elle donnait des extraits de *Carmen,* Calvé est victime d'un premier malaise, consécutif au surmenage. Elle a senti qu'elle ne chantait pas comme d'habitude. Sa voix ne voulait pas « quitter le masque ».

Elle estime plus sage de prendre quelques jours de repos. La mine de Grau s'allonge, qui voit le robinet du pactole provisoirement fermé. Mais le Dr Curtiss vient au secours de la Diva : repos pendant une semaine pour préserver l'avenir de la tournée. Grau s'incline.

La robuste constitution de Calvé a vite raison de cette faiblesse. Une semaine plus tard, en pleine possession de ses moyens physiques et vocaux, elle reprend une série triomphale de représentations dont le « Met » résonnera jusqu'à la fin février.

Leurs échos ont précédé la venue de la troupe dans les grandes villes-étapes de la tournée.

Maurice Grau, qui connaît son métier, a expédié les coupures de journaux relatant les folles soirées new-yorkaises à ses agents, qui les ont transmises à la presse locale.

On attend la Diva et ses camarades avec impatience et curiosité.

L'occasion pour Emma de découvrir l'organisation « à l'américaine ». C'est le Barnum Circus en voyage. La grande armée de l'opéra de New York ressemble à celle des gens du voyage et réclame une coopération parfaite entre la direction du « Met » et la Compagnie de chemin de fer. Des trains spéciaux emportent artistes, matériel, décors, bagages, costumes avec une efficacité et une cadence quasi chorégraphiques. Le train des chanteurs est précédé par celui des techniciens, des chœurs, des musiciens, sur place avec assez d'avance pour que soient terminées les répétitions de raccord quand les vedettes arrivent.

Le convoi des artistes, composé de sept wagons-lits et un fourgon à bagages, emporte — outre Calvé qui dispose d'un compartiment pour elle seule — Baumeister, Ibles, Arnoldson, Fernando de Lucia, Gromzeski, Carbone, Rinaldi, Viviani et Lassalle. Il ne s'arrête dans aucune gare. Au terminus, des voitures attendent ces messieurs-dames pour les conduire à leurs hôtels.

Seule la nourriture fait « tiquer » la Diva. Le *chicken pie,* on dira ce qu'on voudra, chauvinisme mis à part, ça ne vaut pas une bonne volaille farcie élevée à la ferme dans le Rouergue : « C'est ni bon ni mauvais. » Emma se désole : les légumes et les fruits sont magnifiques, mais ils n'ont aucun goût et les roses sont sans parfum !

On commence par Boston, en mars 1894, ville universitaire à l'atmosphère très *british,* si différente de New York.

Pourtant Boston l'aristocrate perd son flegme devant cette Carmen qui la provoque et séduit. Elle lui fait des ovations comparables à celles de New York quelques jours avant.

Ce qui impressionne Calvé dans cette ville, ce sont moins les succès publics auxquels elle s'habitue que la liberté accordée aux étudiants. En particulier aux filles. « Elles vont, viennent à leur gré, note-t-elle effarée, canotent, montent à cheval, partent pour la ville sans dire où elles vont. En dehors des heures de leçons, elles sont entièrement libres. »

Ce n'est pas à Saint-Affrique qu'on aurait toléré pareille gabegie.

Une cinquantaine d'étudiantes sont venues en matinée applaudir Carmen et ont jeté à ses pieds des bouquets tricolores ornés de cocardes. Aimable attention qui a touché le cœur toujours patriote de la « petite Française » (c'est elle qui se désigne souvent ainsi). Puis les jeunes filles ont sollicité l'honneur de dîner avec la Diva. Emma s'inquiète : « Qu'allez-vous dire en rentrant si tard au collège ? »

Les Américaines rient de bon cœur : « On ne nous demandera rien. On nous élève de façon à être capables de nous suffire et de nous défendre seules. Chose aisée dans un pays où l'on respecte la femme. »

On a beau se dire une femme libérée, c'est au tour d'Emma de prendre une leçon de liberté.

Ce n'est pas la seule surprise que Boston réserve à la Diva. Une dame richissime, qu'elle désigne comme Mme G., l'a invitée à visiter son palais « vénitien ». A Emma effarée, la dame explique : « Je l'ai acheté à Venise, fait démonter pierre à pierre et rebâtir ici ! »

Ça lui a coûté des millions, dont deux pour le seul transport. Mme G. est fière de son exploit. « Si la vieille Europe disparaît, dit-elle avec sérieux — en désignant la gondole qui flotte sur la pièce d'eau du parc —, il restera au moins un palais vénitien authentique !... »

Des fresques de Tiepolo ont fait aussi le voyage. Elles ornent « la chambre aux dentelles », tapissée de dentelles de Burano tendues sur velours rouge, mise à disposition d'Emma.

Le 11 mars 1894, voilà Chicago, « la ville des vents », écrit Emma. Quel contraste avec Boston ! Ils sont fous ces Américains ! Ils construisent des hôtels — ici l'Auditorium — pouvant accueillir deux mille personnes ! Imaginez tout Millau contenu dans un seul immeuble ! En outre — d'où son nom —, le *building* contient un théâtre pouvant accueillir six mille spectateurs. « Je suis un peu effrayée de chanter là-dedans », avoue Emma.

Et ce n'est pas tout : l'hôtel abrite des cabinets médicaux, une école de chant, de piano, de danse, des magasins de couture, de modistes, des magasins d'alimentation et même des cabinets de voyance et de chirologie ! On n'a même plus besoin de sortir. On peut faire ses courses en vêtements d'intérieur. Le ciel nous préserve de vivre ainsi un jour... « On se promène là-dedans, explique Emma, comme dans une ville dont les rues seraient des couloirs et les métros des ascenseurs. »

Côté pratique : on peut descendre depuis sa chambre, maquillée et costumée, directement dans les coulisses du théâtre en rez-de-chaussée !

Ainsi, les jours de relâche, Emma se glisse-t-elle, incognito, dans le théâtre pour entendre ses camarades. Il est vrai que l'Auditorium de Chicago rassemble du beau monde et de vieilles connaissances : Melba y fait entendre ses aigus de rêve, Emma Eames prête sa belle voix à Aïda et à Juliette, la Sembrich vocalise pour Rosine et le grand Jean de Reszké incarne Sigmund, Parsifal, Lohengrin que les Américains découvrent dans son gosier d'or. L'ambiance est au beau fixe et se reflète dans les petits mots qu'échangent les artistes qui s'estiment. Lassalle — l'Escamillo du triomphe new-yorkais — paraphrase le livret de *Carmen* : « La belle, un mot, comment t'appelle-t-on ? Calvé, me dis-tu ? Mérimée et Bizet y ont ajouté le nom de Carmen. Et moi, votre ami, j'applaudis de tout cœur les deux noms liés à jamais par la renommée. »

Mais qu'a donc écrit Jean de Reszké ? « Ô, mes duos d'amour avec mes belles étoiles ! Que ferai-je quand je vous aurai quittés, *là-bas, là-bas dans la montagne*... en Pologne ? Il ne me restera plus qu'à hurler à la lune, tout comme les chiens ; mais avant que ce jour n'arrive, j'espère encore plus d'une fois vous redire : " Carmen, je t'aime encore ! " » Et il signe : « Votre Don José, lâché par vous provisoirement. »

Ces « duos d'amour », ces « je t'aime encore » ont-ils été roucoulés exclusivement sur une scène d'opéra ? Calvé ne s'est pas crue autorisée à nous renseigner. La question reste posée...

La première tournée américaine d'Emma Calvé s'achève par Albany et une nouvelle apothéose new-yorkaise... jouée dans un théâtre de Brooklin (*sic !*), la scène du « Met » devant être occupée. Succès habituel, serait-on tenté d'écrire. On finirait par s'en lasser puisque à nouveau Calvé est couverte de fleurs à tous les sens du terme.

Avril 1894 voit la silhouette de la Diva s'encadrer au sommet de la passerelle du paquebot qui va la restituer à l'Europe. *Good bye, farewell, America !*

Ce n'est qu'un au revoir.

Au Havre, Adol et Léonie sont venus attendre l'héroïne, accompagnés d'un groupe nombreux d'amis parmi lesquels Henri Cain — tenu régulièrement informé des triomphes américains de son Emma — n'est pas le moins fier.

Grau est radieux. Ses deux registres — financier et artistique — sont remplis au-delà de toute espérance. Il a dit : « Alors ? A l'an prochain. On recommence en novembre. » Emma lui a souri gentiment et les yeux dans les yeux, elle a dit : « Non ! »

Elle vient d'apprendre que son Henri, qui lui a tant manqué, a profité de son absence pour lui écrire un livret, tiré d'une nouvelle de Jules Claretie, administrateur de la Comédie-Française, intitulé *La Cigarette*. Ce livret, il l'a baptisé *La Navarraise* et Jules Massenet en écrit la musique tout exprès pour que Calvé en soit la créatrice.

Alors, l'an prochain, malgré l'insistance et la peine de Grau, Calvé ne sera pas « américaine ». Elle chantera pour Henri Cain les mots qu'il a écrits pour elle.

Il y a des choses que tous les dollars du monde ne paieront jamais.

19

Où l'on voit l'héroïne refuser
les propositions du « Met » pour créer en France
le nouvel opéra de Jules Massenet

« M. JULES MASSENET écrit actuellement la partition d'un opéra que Mlle Emma Calvé doit jouer à Covent Garden, à Londres en mai 1894. Cet opéra, au sujet très dramatique, est tiré d'une nouvelle : *La Cigarette* de M. Jules Claretie, parue dans *Le Figaro illustré*. Ce récit, qui relate un épisode des guerres carlistes, a donné son nom à un volume de nouvelles, mais au théâtre son titre sera *La Navarraise*. L'action se passe à Hernani durant le siège de Bilbao et Mlle Calvé devrait y trouver une création saisissante. L'auteur et M. Henri Cain ont écrit le libretto. »

C'est en ces termes que les échotiers de la presse française, à l'affût depuis le triomphe américain d'Emma Calvé, annoncent la création de la prochaine œuvre de Massenet.

Une œuvre « sur mesure », écrite pour mettre en avant les qualités de la Diva. Le rôle d'Anita est très dramatique, très violent. On peut faire confiance à Massenet pour lui réserver quelques beaux « morceaux de bravoure » propres à mettre la voix d'Emma en valeur.

Calvé a bien des raisons de participer à cette création. Massenet est considéré comme le plus grand compositeur français d'opéras et l'intrigue de *La Navarraise* a tout pour lui plaire. N'a-t-elle pas pour trame cette guerre carliste de 1874, en Espagne, dont Léonie n'a cessé de nourrir son imagination d'enfant ? C'est à cette époque que les Calvet, sur les traces de Justin, séjournaient au Pays basque espagnol. Léonie avait brodé un rocambolesque récit durant lequel un officier carliste blessé avait trouvé refuge sous le berceau d'Emma. Celle-ci a dû le raconter maintes fois à Cain...

Henri et Massenet, qui ont jugé le succès de *Cavalleria rusticana* à sa juste valeur, s'estiment capables d'en exploiter le filon... Ils ont écrit un *Cavalleria* « à la française ».

Quel que soit le sujet, un opéra est prétexte pour Massenet à un chant passionné, composé grâce à un métier extraordinaire. C'est un *fabricant* exceptionnellement doué, capable de plier sa plume à tous les styles. Pour *La Navarraise*, le compositeur de *Manon* colore sa musique d'effets *mascagnistes* (après avoir été *wagnérien* dans *Esclarmonde*) et Henri Cain a fait d'Anita une Santuzza espagnole.

Il y a beaucoup de points communs entre les personnages : mêmes caractères farouches, même sens de l'honneur blessé. La paysanne espagnole, fière et primitive, ressemble physiquement à sa *cousine* sicilienne (il n'est qu'à voir les photos d'Emma dans les deux rôles), et, moralement, cette histoire de jeune fille basque, capable de tuer de sa main le chef carliste pour se procurer la dot qui lui permettra d'épouser l'homme qu'elle aime, a une brutalité rappelant les rapports Turriddu-Santuzza.

Le rôle convient au tempérament volcanique de la Diva et lui permet de mettre en valeur ses dons de comédienne : Anita devient folle, en découvrant que son amant, se croyant trahi par elle, l'a maudite. Il y a là une « scène à faire » qu'elle ne ratera pas...

En attendant cette création, réservée à Londres, « l'oiseau rebelle », à peine la terre de France retrouvée, a traversé le Channel.

Le contrat qui la lie avec Sir Augustus Harris stipule qu'Emma doit chanter deux fois par semaine à Covent Garden, et successivement Marguerite, Juliette, Ophélie et Santuzza. Calvé n'est pas fâchée de son infidélité provisoire à Carmen : « Quel repos de pouvoir laisser un peu de côté cette sympathique diablesse sans cœur, qui, entre nous, n'a pas volé sa fin tragique. »

Une nouvelle fois, Covent Garden fait un triomphe à Emma

Calvé. La « scène de la folie » d'*Hamlet* fait perdre son flegme au public de l'illustre théâtre. Mais le reste de la troupe française recueille sa part de bravos, notamment dans *Faust* où Alvarez et Plançon sont ce que l'école française de chant peut présenter de mieux dans ces rôles-là, en cette fin de siècle. Les Londoniens ne boudent pas leur plaisir : « Un public plus vibrant, plus enthousiaste qu'on ne l'imagine », remarque Emma.

La partition de *La Navarraise* vient d'arriver à Londres, début avril 1894, « par le paquebot de Southampton ». L'éditeur Heugel conseille l'*embargo* jusqu'à la création, afin que des curieux ne viennent pas fourrer leur nez dans la musique de Massenet et n'en publient ni critiques ni extraits avant que Londres — qui a payé pour en avoir l'exclusivité — ne la découvre.

Tout en assurant son service à Covent Garden, Emma commence à travailler le rôle d'Anita. On imagine la somme d'efforts que réclame ce combat sur deux fronts. Mais la tournée américaine lui a appris l'endurance. Elle conduit représentations et répétitions de pair.

Si bien que la première peut être fixée au 20 juin 1894. Les amis sont venus : Massenet et madame, rendue un peu plus malade par la traversée du Channel, Adrien Bernheim, commissaire général du gouvernement auprès des théâtres subventionnés, et puis, bien sûr, Henri Cain avec qui Emma, toujours amoureuse de son grand homme, passe plusieurs jours de bonheur. Entre Henri et Massenet, c'est à qui sera le plus charmeur.

Massenet n'a jamais su résister au charme des cantatrices. En outre, affublé d'une épouse perpétuellement malade, qu'il doit traîner partout en la ménageant — et qui ne sait pas, la malheureuse, qu'elle est victime d'un mal psychosomatique, la seule arme que son subconscient ait trouvée pour retenir un mari volage —, il faut bien que ce grand musicien ait quelques compensations. Alors, il collectionne : les opéras... et les cantatrices. Est-ce un hasard si quatorze de ses opéras sur vingt-trois ont pour titre un prénom féminin ? En ce moment c'est la très gracieuse et très belle Sybil Sanderson qui occupe son cœur et ses partitions, puisqu'elle vient de créer *Thaïs*, écrit pour elle. Mais on dit que naguère, Calvé…

Jusqu'où sont allées les relations personnelles de la Diva et du compositeur ? Sa vie durant, leur correspondance le prouve, Massenet entretiendra avec Calvé des rapports très affectueux. Mais il y a un abîme entre des lettres adressées par un auteur comblé à une interprète d'exception qu'il flatte — dans l'euphorie d'un succès partagé — et des lettres intimes. On n'en trouve pas dans le Fonds Calvé de Millau, c'est vrai. Mais cela ne signifie rien. Il n'y a pas non plus la moindre trace d'intimité dans les lettres d'Henri Cain qui ont été conservées.

Dans la fièvre de la création de *La Navarraise*, dont la date approche, les questions de cœur ont dû être reléguées au second plan. Il n'y a plus que trois professionnels qui associent leurs talents et leurs volontés pour que le triomphe d'Anita fasse oublier celui de Santuzza. Massenet est lui-même au piano pour faire répéter Emma.

Côté réalisation, on n'a négligé aucun effet. La fusillade par laquelle débute l'œuvre a fait un gros effet sur George Bernard Shaw, présent à la première (à laquelle assiste le prince de Galles, futur Édouard VII). On sait que la Carmen de Calvé avait choqué ce grand délicat. Il la jugeait un peu trop « peuple ». L'assaut de la barricade dans *La Navarraise* nous vaut, sous la plume de Shaw, une relation dans laquelle l'humour ne perd jamais ses droits. Il ne juge pas la musique, mais se fait expert en explosifs : « La semaine dernière, écrit-il, les habitants de Covent Garden et du voisinage ont sursauté à la plus effrayante des canonnades. C'est le début de *La Navarraise*, qui provoqua un grand ravage parmi ces messieurs-dames habitués à entretenir leurs nerfs au thé ou à l'alcool. Délaissant le très sérieux travail de critique musical, je peux témoigner de la grande difficulté qu'on éprouve à tirer des coups de canon et de fusil sur une scène et je dois complimenter sans réserve Sir Augustus Harris, directeur de Covent Garden, pour l'amplitude tonitruante de l'attaque et la vigueur de ses explosifs sans fumée. [1] »

1. Cité par Georges Girard, *op. cit.*

Plus sérieux, le *Times* s'applique à juger la partition, mais ce sont surtout les interprètes qui ont droit à ses éloges. « Gilibert, Alvarez et Plançon ont joué et chanté en grands artistes leurs rôles respectifs, écrit le critique de service. Mademoiselle Calvé s'est montrée une tragédienne hors ligne. »

Un de ses confrères admire le travail et accorde un satisfecit à Calvé, « chercheuse, plus qu'instinctive, qui prépare ses rôles par une étude approfondie ».

Le physique de la Diva a fait gros effet : « Sa beauté est à l'apogée, écrit-il. Grande, d'un port superbe, aussi bien à la scène qu'en privé, brune, comme Carmen dont elle a les yeux noirs, elle est irrésistible… »

Un troisième s'attache aux talents de la tragédienne : « Dans la dernière scène, spécialement, depuis la ballade *Si vous saviez…*, jusqu'au moment où elle est frappée de folie — son ondulante chevelure et la beauté tragique de son visage renforçant l'illusion —, elle atteint vraiment le grand art. »

A la première, les rappels ont été si nombreux et si enthousiastes qu'après avoir interminablement applaudi les interprètes, la salle réclame le compositeur.

Il n'est pas là.

Massenet n'assiste jamais à la création d'une de ses œuvres, incapable de supporter la tension d'une création. Il est à son hôtel, fumant des cigarettes comme un futur père attendant la naissance de son enfant.

Sir Augustus est obligé de mentir à son parterre de personnalités, et, lui expliquant avec embarras que M. Massenet est sorti pour fumer une cigarette, il avoue : « On ne sait pas où il se trouve. »

Le compositeur attendra que le dernier spectateur ait quitté le théâtre pour y revenir, prendre la « température » et se jeter au cou d'Emma et de ses camarades.

Il a dû être rassuré, car deux jours après la création, de retour à Paris, il écrit, conscient de ne pas avoir assez remercié celle à qui il doit une bonne part de son succès : « Malgré tout ce que nous avons pu vous exprimer de reconnaissance et d'admiration, j'ai besoin d'ajouter ces quelques mots (…). Le souvenir de cette soirée a été si vibrant ! Nous vous revoyons dans toutes vos admirables attitudes, nous vous entendons, nous vous écoutons encore tout palpitants. A vous, l'incomparable chanteuse-tragédienne, toutes nos pensées. »

Les échos du triomphe sont parvenus jusqu'à Windsor où Victoria s'est inquiétée de sa protégée. Elle l'invite, bien sûr, avec toute la troupe à une exécution privée de l'œuvre nouvelle.

Dans *Mes souvenirs* (1912), Massenet évoque plaisamment cette soirée exceptionnelle : « On avait improvisé, dans le salon même de Sa Majesté, une mise en scène des plus pittoresques, sinon primitive. La barricade, qui est le sujet du décor, fut figurée par une quantité d'oreillers et d'édredons qu'on est allé chercher dans tout le château. »

Pour incarner Anita devant Victoria, Calvé se donne avec une telle fougue que la vieille reine s'en inquiète : « Avec quelle intensité vous jouez ce rôle dramatique, mon enfant, cela doit vous fatiguer. » Emma, flattée de la royale sollicitude, s'entend conseiller « de ne pas abuser de ses forces et de se ménager ».

Le *Times* enrichit sa rubrique « potins royaux » de cette incroyable nouvelle : « Sa Majesté a fait remettre à la cantatrice française par sa dame d'honneur, Miss MacNeil, une superbe broche figurant une " Renommée aux ailes déployées " enrichie de brillants et d'émeraudes, dessinée par la comtesse de Gleichen, cousine de Sa Majesté. »

Et cet autre détail : la faveur royale vaut à Emma Calvé non seulement de se produire à Windsor Castle devant la Cour d'Angleterre, mais d'y séjourner, ce qui est exceptionnel, s'agissant d'une roturière, étrangère de surcroît.

La reine Alexandra, épouse d'Édouard VII, reprendra la coutume à son compte, invitant la Diva chaque année à Buckingham Palace.

L'amitié sincère et admirative de Victoria permettra bientôt à Emma d'exhiber dans ses tournées américaines un superbe colley, prénommé Jack, de la race des bergers écossais immortalisés par Lassie, qu'elle avait choisi dans les chenils royaux.

La sollicitude victorienne vaudra à Emma de connaître l'une des plus belles émotions qui puissent jalonner la vie — pourtant fertile en anecdotes — d'une diva itinérante. Un soir où, suivant le royal désir, elle devait donner des extraits de *Carmen* à Windsor, lorsque costumée, Emma s'apprête à quitter l'appartement mis à sa disposition et dont les fenêtres sont grillées, elle se rend compte qu'on l'y a enfermée. La collation avant spectacle, habituellement servie à dix-neuf heures, n'est pas arrivée. Emma carillonne : en vain. La sentinelle qui montait la garde devant l'appartement a disparu aussi.

Il est vingt heures quarante-cinq. Emma est bel et bien isolée, personne ne semble s'en être aperçu. Mais alors qu'elle désespère, une dame d'honneur arrive, affolée, et lui dit d'un trait : « Toutes nos excuses, chère mademoiselle : le maître d'hôtel préposé à votre service est mort subitement alors qu'il s'occupait de votre repas. » Elle ajoute, encore plus affolée : « Venez vite ! Toute la Cour vous attend dans le salon d'honneur. On ne fait pas attendre Sa Majesté. Pouvez-vous chanter tout de suite ?

— Certes pas ! » réplique Emma.

L'appétit rouergat se moque de l'étiquette victorienne. Il faut qu'elle mange d'abord.

Alors, la Diva, superbe de décision, fait un détour par les royales cuisines, engloutit deux douzaines d'huîtres et un grand verre de bordeaux blanc, puis, sous les yeux effarés de la dame d'honneur, dit de sa voix sonore :

« Je suis prête, allons-y ! »

Il paraît que Carmen « pétait les flammes », ce soir-là, à Windsor...

20

*Où l'on voit l'héroïne assister
à la « guerre des Deux-Roses » qui met en émoi
le petit monde de l'occultisme,
avant de « placer ses sous » en s'achetant
le château de ses rêves en Rouergue*

Voilà neuf mois qu'Emma Calvé n'a pas un instant « posé son sac », enchaînant la tournée américaine avec sa saison de Londres. Il est plus que temps de prendre quelque repos, et rien de tel que l'air du « cher Aveyron » pour restaurer ses forces. Et ce d'autant plus que la prochaine saison de l'Opéra-Comique promet d'être chargée. Outre la reprise attendue de *Carmen*, qui fait désormais partie du répertoire de Calvé, on l'annonce dans *Les Pêcheurs de perles* et elle doit créer *La Navarraise* à Paris.

Ensuite, est prévue une tournée en Espagne, une autre en Russie, avant d'envisager un nouveau départ vers l'Amérique, où Grau piaffe et il relance la Diva à chacun de ses passages à Paris.

Paris qui bruit encore des échos de la « guerre des Deux-Roses ». Durant des mois, celle-ci a alimenté la chronique journalistique et mis le petit monde de l'ésotérisme mondain en ébullition.

Les jalousies, les affrontements, les querelles de chefs, de sârs, de maîtres n'ont jamais manqué, parmi les innombrables sociétés qui se disputent les faveurs des adeptes. Les déviations, les tentatives de prises de pouvoir, les « schismes » n'épargnent aucun groupuscule.

Le marquis Stanislas de Guaïta, rénovateur de l'Ordre de la Rose-Croix en 1888, auquel Papus a adhéré, a dénoncé, dans un écrit intitulé *Le Temple de Satan*, un « mage noir », dénommé

Boullan, qui n'est autre qu'un ancien prêtre défroqué, sévissant à Lyon, dont le passé judiciaire et moral ne plaide guère en sa faveur. Sorcier et charlatan, célébrant des messes noires, Boullan a été interdit après sa condamnation pour attentat à la pudeur. Mais il bénéficie de la protection de Joris-Karl Huysmans qu'il a beaucoup aidé à se documenter pour écrire *Là-Bas*.

Guaïta, exaspéré par les prétentions et la morgue de Boullan, a réuni un *jury d'honneur* qu'il préside et qui « excommunie » Boullan. Cette décision est communiquée par lettre au « mage » lyonnais et commence alors, entre Paris et Lyon, une « guerre d'envoûtements », de « blessures magiques » et d'ophtalmies dont on ignore si elles furent adressées aux belligérants par la voie des airs ou par la poste.

Quoi qu'il en soit, Boullan, cardiaque et âgé, meurt en maudissant *Satanislas* de Guaïta. Il a eu le temps de signifier par écrit que le marquis l'avait assassiné « astralement », à l'aide de « poisons subtils » qui l'étouffaient et le brûlaient vif.

On pourrait croire la mascarade terminée avec la mort du défroqué exhibitionniste. Pas du tout : elle commence. Huysmans s'en mêle et accuse par voie de presse le marquis d'avoir « envoûté » le prêtre maudit. Le Tout-Paris de l'occultisme entre en transe, chacun choisissant son camp, tandis que les journaux, ravis de l'aubaine, jettent de l'huile sur le feu.

Guaïta n'est pas impressionné par Huysmans, d'autant que Papus le soutient. Mais le journaliste et « sataniste » Jules Bois, dans une série d'articles retentissants, reprend l'accusation et désigne les « assassins » de Boullan.

Si bien que le marquis, s'estimant diffamé, envoie ses témoins au journaliste et au romancier. Victor-Émile Michelet et Maurice Barrès vont demander à Huysmans et Bois réparation par les armes.

L'auteur de *La Cathédrale*, qui travaille encore au ministère de l'Intérieur et craint pour sa carrière, se rétracte et fait des excuses, tout en se désolidarisant du fougueux journaliste. Mais ce dernier, dont le caractère impétueux est célèbre, persiste et signe. Mieux, il attaque Papus et Péladan en prime !

Si bien qu'en trois jours, Jules Bois se retrouve avec deux duels sur les bras. L'un au pistolet, avec Guaïta, l'autre à l'épée, avec Papus. Péladan, qui est aussi « mouillé » dans la querelle, « fait le mort ».

Dans *Le Monde invisible*, Jules Bois a relaté la péripétie qui a fait courir tout Paris, Emma n'étant pas la dernière à raffoler d'une affaire aussi romanesque dont elle connaissait — pour les avoir fréquentés aux réunions des librairies ésotériques où elle écoutait la bonne parole et achetait leurs livres — tous les protagonistes. Son recueil d'autographes est rempli de billets et de lettres signés Papus, Guaïta, Bois et Péladan, sans parler de Richet et Camille Flammarion !

Ce fut d'abord le duel au pistolet entre Bois et Guaïta, qui, par chance, ne fit pas de blessé, les deux adversaires étant d'égale force... dans la maladresse.

Mais le duel à l'épée contre Papus fut une autre affaire ! Le Dr Encausse n'était pas seulement un ésotériste, c'était un *sportsman* accompli, adepte de l'hédonisme. Il était de première force à l'épée. Bois était un peu fanfaron, mais il n'avait rien d'un pleutre et la réputation de son adversaire ne le fit pas reculer. Si bien qu'un matin, au Pré-Catelan, Papus et Bois, entourés d'élégantes amazones, parmi lesquelles Emma Calvé ne devait pas se trouver au dernier rang, se rencontrèrent l'épée en main. Le journaliste éprouva par deux fois l'épée de Papus lui traverser l'avant-bras. Il n'avait pas voulu arrêter à la première effusion de sang.

Le duel fut l'occasion d'un étrange événement qui fit jaser tout le petit monde occultiste. En se rendant sur le lieu où devait se dérouler le combat, Bois avait été victime d'un bizarre accident de fiacre — aussitôt attribué à quelque « maléfice » de la partie adverse, d'autant plus que la veille, lors du duel avec Guaïta, le cheval avait brusquement refusé d'avancer, tremblant de toutes ses jambes. Papus, informé, avait très sportivement proposé de remettre l'affrontement à plus tard. Mais Bois, téméraire, n'avait rien voulu savoir. Le *Gil Blas* fit le compte rendu des mésaventures de son protégé (Jules Bois faisait partie de la rédaction du quotidien) en déplorant que « M. Jules Bois, à trois reprises blessé au bras et à l'avant-bras et n'étant pas en mesure de continuer, on ait dû arrêter le combat ».

Cet événement bien parisien eut un épilogue digne de gentlemen, puisque Jules Bois, le relatant des années après, écrivait : « Nous nous sommes serré la main, depuis. » Et évoquant Papus, il précisait : « Il a d'ailleurs dévêtu la défroque du magicien, pour devenir un mystique, trop rêveur à mon gré. Rendons-lui justice : Papus fut et reste un propagandiste actif et ardent du spiritualisme. »

Cet événement eut un autre épilogue, d'ordre privé, celui-là, si tant est qu'on puisse employer ce mot au sujet de la Diva. C'est à cette époque qu'elle a mieux connu Jules Bois. « Un camarade » — ainsi le désigne-t-elle dans ses Mémoires — qui va devenir d'ici quelques années... un *petit ami*.

En attendant, Emma Calvé est, plus que jamais, courtisée, fêtée, adulée. Comment refuser cette gloire quand — de toutes ses forces et au-delà — on a travaillé à la conquérir, on s'est préparé à l'assumer ?

La tournée américaine et la faveur de la Cour d'Angleterre ont rendu Calvé *prophétesse en son pays*. Non seulement on se bat aux guichets de l'Opéra-Comique pour avoir le privilège de l'entendre, mais on « se l'arrache » pour en faire la reine des réceptions, l'ornement suprême des salons où le gotha se dispute la faveur de l'approcher, de lui parler. Et surtout de l'entendre. Car, l'infatigable trouve en elle assez de ressources pour chanter, pendant des soirées entières, en l'honneur de ses hôtes.

En cette année 1894, sa renommée est telle que le peintre Théobald Chartran veut l'immortaliser dans le costume de Carmen au second acte, lorsqu'elle chante et danse, s'accompagnant des castagnettes, pour envoûter Don José dans la taverne désertée de Lillas Pastia.

Chartran a saisi l'irrésistible sourire de l'enjôleuse. Le portrait est plein de vie, d'esprit, de charme.

Le tableau a connu une curieuse destinée, puisque après avoir décoré longtemps la demeure rouergate de Calvé, il a été acheté, dans les années vingt, par un riche collectionneur américain : Robert Clark. Il savait qui était le modèle pour l'avoir maintes fois acclamé. Le portrait figure aujourd'hui au Clark Institute de Williamstown, dans le Vermont, fondé par le mécène, amateur d'art lyrique autant que de peinture. Un juste retour, dans le pays où Calvé aura été le plus aimée. Son portrait par Chartran est encore fréquemment montré lorsque des expositions évoquent les grands artistes ayant marqué la scène américaine...

Mais jusqu'à l'orée des années trente, Calvé avait conservé ce portrait pour en faire l'ornement du salon de musique du château de Cabrières. Un château de conte de fées qu'Emma s'offrit en 1894, lui consacrant « tous les dollars et toutes les livres sterling qu'elle avait rapportés », afin de faire de la vieille demeure le symbole éclatant de sa réussite.

Il est temps en effet, en bonne Rouergate, de « placer ses sous ». Le sens paysan de l'économie reprend le dessus chez la Cigale. L'émigrée revient acheter de la terre au *païs*. C'est dans le Rouergue qu'elle veut son dernier port d'attache, pour plus tard, quand elle sera vieille et incapable de courir le monde. Mais une diva comme elle n'a que faire des champs et des prés, elle se veut châtelaine.

« Enfin me voici dans ma petite patrie, écrit Emma Calvé se souvenant de l'été 1894. Le notaire à qui je m'adresse me prévient que le château et la ferme de Cabrières sont à vendre. Mon cœur saute de joie. Comme dans une vision, je me revois petite fille, me promenant avec mes compagnes sur la route que domine, sur son rocher abrupt, le joli castel et je m'entends murmurer : " Qui sait ? Il m'appartiendra peut-être un jour... " »

On peut la croire lorsqu'elle dit bien connaître les lieux et avoir rêvé à leur vue.

Aujourd'hui, celui qui, laissant Millau derrière lui par la route de Séverac-le-Château, dépasse le village d'Aguessac et son viaduc où le train se perche en équilibre, reçoit sans crier gare, à la sortie d'un virage en montée, un brusque coup au cœur. C'est une vision de théâtre qui l'attend. Sur un éperon rocheux, en sentinelle, dominant la vallée du Lumenssonnesque, où la nationale longe les prés, surgi d'un vieux conte de fées, se dresse l'irréelle silhouette d'un burg médiéval perdu dans la lumière du Midi, incongru sous ces latitudes, sorte de mini-Neuschwanstein, bâti par un Louis II de Bavière qui se serait trompé de pays. Dans le plus pur style « grand opéra », avec son donjon carré, ses tours rondes à mâchicoulis, ses échauguettes et ses toits posés comme des chapeaux pointus, il ne fait pas vrai. On le croirait peint en trompe l'œil.

C'est le château de la Diva.

A jamais « le château d'Emma Calvé », en dépit des deux propriétaires qui s'y sont succédé depuis.

Il est étonnant et drôle, merveilleux et séduisant, comme celle qui le fit bâtir, à la fois expression d'une fierté mégalomaniaque et d'une touchante fidélité au pays qui l'a vue naître et grandir.

Ici, Emma Calvé, pour matérialiser son rêve et affirmer sa réussite, a englouti la plus grande partie de sa fortune. Mais Cabrières est aussi le témoin de sa volonté d'enracinement. Car aussi loin qu'elle s'est trouvée, elle n'a jamais oublié « son cher Aveyron » ni cessé de parler sa langue, ni renié ses origines.

Cabrières, c'était aussi une façon de dire à ceux qui l'avaient critiquée, ou s'offusquaient de sa vie extravagante, qu'elle se revendiquait comme une des leurs. Mais il lui fallait revenir en vainqueur. « Ce château, écrit-elle non sans fierté, je l'ai gagné avec ma voix. »

Cabrières l'avait fascinée dès l'enfance comme un rêve inaccessible. Et voilà qu'aujourd'hui elle avait les moyens de se l'offrir !

Il n'a pas très fière allure, le château de Cabrières, lorsque Emma en devient propriétaire en l'achetant, l'automne 1894, aux époux Buscarlet qui le tenaient depuis quarante ans de la famille de Prévinquières. Ses tours sont délabrées, il prend l'eau par les toitures, certains murs sont écroulés et un *chemin de chèvre* (le château lui doit son nom), poussiéreux en été, gadoue en hiver, crevé d'ornières, n'en facilite pas l'accès. Enfin, le château n'a ni donjon, ni eau, ni confort, ni chauffage, bien sûr. La partie la plus ancienne remonte au XIIe siècle. Il appartint aux Cabrières, hauts barons rouergats à peine plus fortunés que leurs serfs, avant de passer au XVIe siècle aux Montvallat, puis aux Cahuzac, aux Bessades, aux Foucras, aux Pastourel, on en oublie, avant d'échouer aux Carbon-Prévinquières.

Mais ce riche passé n'est rien à côté d'un atout incomparablement plus précieux pour la Diva, férue d'ésotérisme. La légende prétend que Cabrières aurait été, au Grand Siècle, un haut lieu de l'occultisme !

Dès sa prise de possession, Emma a fait des recherches sur l'histoire du château. Elle a découvert avec intérêt que c'est à Cabrières qu'aurait été déposé le livre cabalistique dit « d'Abraham », possédé jadis par l'alchimiste Nicolas Flamel et grâce auquel ce dernier aurait dit « estre parvenu au Grand Œuvre », c'est-à-dire avoir découvert le secret de la *pierre philosophale*, celle qui changeait le vil plomb en or !

Dans son *Trésor des recherches et antiquités gauloises et françaises* [1], Pierre Borel écrit : « J'ai ouï assurer à un gentil-homme du Rouergue, M. de Cabrières, se tenant en son château près de Millau, où je fus exprès pour le voir, qu'il avait l'original de ce livre que feu M. le Cardinal de Richelieu avait recouvré avant sa mort. »

On ignore si Emma connaissait ce détail avant d'acheter Cabrières, ou si elle l'a découvert par la suite, informée par un ami occultiste. Mais quelle aubaine ! Il n'était pas besoin de Nicolas Flamel et de sa pierre philosophale pour exalter son imagination et l'attacher à ce coin de terre rouergate, mais elle méritait bien cette « prime »... occulte.

Pendant plus de dix années, Emma Calvé va se consacrer à la restauration du vieux château. Avec l'aide d'un architecte de Rodez, sous la surveillance de Justin Calvet, qui se souvient d'avoir été entrepreneur et reprend du service pour la *fantoune*, Cabrières va non seulement ressusciter, mais croître en force et en beauté.

Emma y a séjourné dès son achat, dans ses conditions précaires. Déjà, elle fait des projets : « S'il plaît à Dieu, j'y reviendrai tous les ans, me reposer de mes voyages, j'apporterai au vieux nid le brin d'or et le brin de paille glanés le long de ma route et je fonderai mon ostal... Après tant de luttes et d'efforts, quelle douce chose qu'un grand repos bien gagné parmi les siens.

« J'écris ceci, précise-t-elle, sur ma terrasse fleurie de jasmins, avec le panorama des hautes montagnes couronnées de rochers comme des princesses de leurs diadèmes. Sortie dès l'aube, je grimpe la colline qui conduit au plateau dominant Cabrières. Un berger chante, suivi de ses moutons que son

1. Tome II, Paris, 1655.

chien mène. Une cloche tinte. Le jour s'éveille, heureux. Pardelà, dans le lointain, s'élèvent les causses du Larzac et du Lévezou. Quel silence et quelle sérénité sur les sommets !

« Chers rochers du causse qui parlèrent tant à mon imagination de petite fille !... Enthousiasmée, je chante à mon tour une chanson naïve : un berger me répond dans le lointain. Toute ma saine petite enfance me remonte au cœur. »

On serait prêt à la croire si elle n'ajoutait aussitôt : « Pardelà, je devine le vaste monde que j'aime tant parcourir, voyageuse incorrigible, avec une soif intarissable de nouveaux horizons, de nouveaux succès devant des publics inconnus. » Ouf, on respire ! Pour un peu on s'y laissait prendre ! Cabrières sera une halte, pas une maison de retraite. Calvé « enterrée » à Millau à trente-six ans, pour le restant de ses jours, avec un mari et des gosses ? La voilà déjà repartie, laissant les clefs à Justin.

Pourtant, Cabrières va devenir, quarante années durant, la demeure d'été privilégiée, le havre de la Diva. Elle en deviendra la châtelaine, elle y recevra — avec quel faste — ses amis, elle y cachera ses peines, on l'entendra chanter et rire jusqu'au causse, elle s'y cloîtrera pour pleurer, elle y refera ses forces, elle rapportera du bout de la terre des objets précieux ou rares pour l'embellir, elle dépensera, pour son château de rêve, les millions récoltés sur toutes les scènes d'opéra de la planète.

21

*Où l'on voit l'héroïne
statufiée sur l'ordre de la reine Victoria
avant de connaître une « corrida » à Madrid
et les zakouski à Saint-Pétersbourg*

« MADAME, Sa Majesté la Reine m'a ordonné de faire votre buste dans le costume de *Cavalleria rusticana*. Voulez-vous me faire le grand honneur de venir poser dans mon studio de Saint James Palace ou préférez-vous que j'aille chez vous ? »

Ce petit mot est signé Theodora de Gleichen, cousine de la reine Victoria !

La comtesse possède, paraît-il, un joli talent de sculpteur et la vieille reine, décidément entichée d'Emma comme elle ne le fut d'aucune autre cantatrice, a décidé d'orner un vestibule de Windsor Castle d'un bronze à l'effigie de sa diva favorite ! Une *fantoune* du Larzac statufiée par le caprice de la plus grande reine du monde ! Qui l'eût cru ?

Dans son livre de souvenirs, Emma Calvé évoque ces séances de pose, alors que, comme chaque année, elle est en saison à Londres : « Je vais tous les jours poser pour la comtesse de Gleichen dans mon costume de Santuzza. Je suppose que ce rôle de paysanne et mon type " italien " ont dû séduire Sa Majesté.

« Voulez-vous me donner, dit la comtesse, l'expression que vous prenez en chantant : " *M'amò, ed io sempre l'amo ?* "

« J'ai fait de mon mieux et l'artiste a gravé cette phrase sur le socle. »

Soucieuse de ne pas imposer à Calvé des séances trop

longues, dévorant son temps de repos, la comtesse l'a fait photographier et travaille d'après cette photo.

Finalement, l'œuvre est restée à l'état de marbre et n'a pas été coulée en bronze. Victoria l'ayant agréée, on plaça l'effigie de la Diva dans une galerie où elle faisait face au duc de Wellington. Ce qui ne manqua pas d'inspirer à Emma cette remarque impertinente : « Ainsi pourrai-je dire au duc durant des siècles le mot célèbre de Cambronne. » « Quel mystère, ajoute Calvé, cela va-t-il créer plus tard, quand on trouvera ce buste sans nom au milieu des grandes dames de notre époque avec cette énigmatique inscription ? (En admettant qu'il y reste, ce dont je doute fort.) »

Saison chargée que celle de 1895 qui a vu Calvé non seulement satisfaire à ses contrats avec l'Opéra-Comique, mais « tourner » en Espagne, en janvier, avant d'enchaîner avec la Russie, juste après un passage à Monte-Carlo.

A Madrid, histoire de soigner « sa réclame », comme on dit alors, Calvé a repris et enjolivé ses élucubrations à propos de ses origines « espagnoles », pensant qu'elles feraient « bien dans le tableau ». La fable prend d'autant mieux qu'elle conserve trace de ce *volapük* basco-rouergo-espagnol, qui fut son premier langage.

Elle est reçue comme une souveraine par le marquis de Reverseaux, ambassadeur de France à Madrid (« très grand seigneur », note Emma), qui a organisé en son honneur une réception où se mêlent « l'élite de la colonie française et de la haute société espagnole ».

Emma est à son affaire... Les mondanités — à condition d'en être le centre —, elle adore. « J'ai chanté tout ce qu'on a voulu me demander. » (Il y a gros à parier que l'auditoire fut fatigué avant elle...)

Elle a bien raison de s'être forgé une grande résistance, car de nouveaux combats l'attendent. Elle arrive à Madrid au plus mauvais moment : le public, irrité contre la direction de l'Opéra, exige sa démission et, ne l'obtenant pas, se venge en organisant des *broncas* contre les artistes engagés.

Ce n'est pas *Carmen* qui est à l'affiche mais *Hamlet*. Pourtant, il y a tout de même de la *corrida* dans l'air. Une prima donna s'est enfuie après la première soirée et une autre, paralysée, n'a pas osé entrer en scène. « Ne vous inquiétez pas, a dit un optimiste à Emma, si vous entendez du bruit. Il n'y a rien contre vous et vous saurez les séduire. »

Laissons Calvé raconter elle-même ce que fut cette mémorable soirée : « Dès mon entrée en scène, j'ai été accueillie par des cris : " A bas la direction ! Démission ! " Leitmotiv qui revenait au milieu des commentaires que soulevait ma présence : " Elle est jolie ! *Et viva tu madre !* Elle est brune ! Elle est blonde ! Oh, le beau costume ! A bas la direction ! "

« Tout d'abord interdite, je me suis ressaisie et, m'avançant bravement vers la rampe, souriant, j'ai dit en castillan : " Mes amis, si vous voulez que je chante, veuillez m'écouter, sinon je vous tire ma révérence et je m'en vais !... " Un tonnerre d'applaudissements a accueilli mes paroles et la soirée s'est achevée assez tranquillement. »

Pour une fois, Calvé fait preuve de modestie. Le succès fut immense ainsi qu'en témoignent les journaux espagnols parvenus en France. Après la fameuse « scène de la folie » d'Ophélie, Calvé fut rappelée huit fois.

Les autres représentations prévues — *Traviata, Faust, Cavalleria* — ont eu lieu dans un beau tumulte dont chaque fois la Diva a su triompher. Mais à quel prix : « Ces soirées si mouvementées finissent par lasser mes pauvres nerfs. Il me semble chaque fois entrer dans la cage aux lions ! »

On estime plus sage, dans pareille ambiance, de ne pas donner *Carmen* dont l' « espagnolade » pourrait être considérée comme une provocation et fournir prétexte à manifestation. Le directeur du Grand-Théâtre, qui ne perd pas le nord, en profite pour réclamer à la cantatrice un dédit pour rupture de contrat ! A l'abri derrière la législation espagnole qui lui permet de faire saisir les biens des chanteurs sous contrat, il entend garder les malles de la Diva !

Il faudra l'intervention de l'ambassadeur de France — qui fait déposer le montant du dédit chez un notaire — pour que Calvé soit « relâchée » et conduite à la gare.

Elle s'en souviendra de son séjour madrilène ! Et à l'avenir, on ne la verra plus beaucoup flâner dans les galeries du Prado.

Un point positif, cependant, grâce à l'hospitalité du richissime duc de Tamamès, propriétaire de l'hôtel d'Albe : Emma a pu admirer *de visu*, parmi la fabuleuse collection de tableaux de cet amateur passionné de peinture, la célèbre duchesse d'Albe — aïeule du maître de ces lieux — peinte par Goya. Cette seule vision valait le voyage... et ses désagréments.

Qui sait ? Peut-être un jour un de ses propres descendants montrera-t-il à un hôte de marque le portrait d'Emma par Théobald Chartran ou son buste par Lady de Gleichen...

D'autres joies vont bientôt effacer jusqu'au souvenir des tribulations madrilènes.

Calvé est invitée à chanter à Saint-Pétersbourg devant la Cour de Russie qui s'est déjà entichée d'un autre grand artiste français : Lucien Guitry (ce qui explique que Sacha ait vu le jour sur les bords de la Néva...).

Pour chanter *Hamlet* en Russie, Emma retrouve le grand Mattia Battistini avec qui elle avait connu son triomphe à la Scala. Lui aussi est un grand voyageur, mais, par phobie de l'eau, il refuse de traverser l'Atlantique et a renoncé aux tournées américaines qui n'auraient pas manqué d'ajouter à sa gloire. En revanche, depuis 1892 — il en sera de même jusqu'en 1914 — il est un des piliers de la saison d'opéra de Saint-Pétersbourg.

Faut-il préciser que le *mano a mano* de ces deux grandes voix dans *Hamlet* a électrisé la Cour ? Le tsar et la tsarine ont donné le signal d'applaudissements « frénétiques ».

Après la représentation de *Carmen* où la réplique superbe du ténor Marconi vaut à Calvé un nouveau triomphe, voilà Saint-Pétersbourg conquise et atteinte, aurait dit Grau, de « calvéite aiguë ». Les invitations pleuvent : la grande-duchesse Wladimir et le grand-duc Nicolas rivalisent à qui donnera la réception la plus fastueuse en l'honneur de la cantatrice française.

Le grand-duc paraît l'emporter sur le plan de la magnificence. Après une visite aux Rembrandt de l'Ermitage, Emma est l'invitée d'honneur d'une mémorable soirée au cours de laquelle elle découvre les zakouski, ces copieux

« amuse-gueule », alors inconnus hors des frontières de la Russie. Ce qui vaut à la Diva de vivre une scène de quiproquo digne d'une comédie de Feydeau.

« Quelle étrange habitude de dîner debout », observe-t-elle, alors qu'on lui présente une multitude de plateaux couverts de pyramides de canapés, caviar, blinis, foie gras, poissons fumés, de toutes formes et couleurs. Avec sa générosité et sa fougue coutumières, Emma « pioche » dans tout ce qu'on lui offre, veut tout goûter, s'émerveille, complimente et fait honneur à ses hôtes par son bel entrain. Jusqu'au moment où, galamment, le grand-duc, tout sourire, offrant son bras dit le plus naturellement du monde : « Et maintenant, passons à table ! » Puis il conduit la Diva dans la *vraie* salle à manger où attend un de ces repas auxquels on doit de prendre les plus beaux kilos de sa vie !

Avec une sincérité touchante, Emma avoue dans ses Mémoires : « Grâce à mon bel appétit aveyronnais, j'aurai quand même pu faire face à ce pantagruélique repas auquel assistaient Battistini et les officiers cosaques de l'état-major du grand-duc. »

Quelle santé !...

Emma est la seule femme de l'assistance, mais l'hommage de ces mâles regards sur ses épaules nues n'est pas pour l'effaroucher. Et ces rudes sabreurs savent se montrer d'une délicatesse !

Au moment de la séparation, le grand-duc, qui accompagne la Diva jusqu'à son attelage, se rend compte qu'elle va mouiller ses beaux escarpins dans la gadoue neigeuse qui la sépare de la troïka chargée de la reconduire à son hôtel. Alors, sans hésiter, Nicolas jette son beau manteau de loup gris sur la neige, aussitôt imité par tous les dignitaires de l'escorte. Et c'est sur ce tapis de fourrures précieuses que Calvé « traverse » à pied sec jusqu'à la voiture.

Avec une grande simplicité, elle avoue : « Si ça continue, je vais perdre la tête. »

Emma offrit, comme un bouquet d'adieux, un récital de mélodies françaises et de chants folkloriques qui eut un tel écho qu'il lui valut, de la part de la tsarine, un cartel enrichi de diamants et d'émaux, décoré d'une miniature représentant le palais d'Hiver et la Néva.

On a pu longtemps l'admirer dans le salon du château de Cabrières.

De retour en France, Emma Calvé trouve dans son courrier une invitation signée... Camille Flammarion[1] ! L'illustre savant, qui partage avec la Diva un goût prononcé pour l'ésotérisme, quand il ne se passionne pas pour l'astronomie, la convie à célébrer le solstice d'été, le 25 juin ! « La plus éclatante étoile de notre ciel ne peut manquer à la fête du soleil », écrit-il galamment. Flattée, Emma se rend à l'invitation qui deviendra vite une tradition, tandis que l'amitié entre l'astronome et la cantatrice (touchée par la façon dont Mme Flammarion « idolâtre » son grand homme) se renforcera au fil des années. Bientôt, la célébration de la fête du Solstice se fera du haut de la tour Eiffel, où le maître des lieux, qui s'est réservé un appartement privé au sommet de son œuvre, accueille astronomes et invités mondains pour admirer le couchant à trois cents mètres d'altitude au-dessus de Paris... Emma y chantera toutes les mélodies de son répertoire où l'on célèbre l'astre du jour.

Cabrières retrouve, en cet été 1895, sa nouvelle propriétaire, venue restaurer ses forces au bon air de l'Aveyron, entre la saison londonienne et la création parisienne de *La Navarraise*, prévue pour la rentrée.

Les travaux de restauration du château vont bon train. Le père Calvet y veille. « J'ai rapporté de beaux meubles, des bibelots qui font de ma demeure un vrai petit musée, confie Emma. La grande salle voûtée, dégagée, pavée, rejointée, va devenir une superbe salle à manger. Mais il reste le premier étage que je rêve de faire convertir en salle de musique avec galerie. »

Que de projets encore ! Le donjon, qu'elle compte surélever pour y aménager des chambres supplémentaires. Le terrain

1. Emma sera régulièrement invitée chez Flammarion en compagnie de Papus, Rochas, Richet. Dans ses Mémoires, elle note : « Conversation très intéressante sur l'astronomie, l'hypnotisme, le spiritisme, la télépathie. On avait endormi une jeune femme qui ne voulait pas se réveiller (...). »

inculte de l'entrée, où il n'y a pas un arbre, et qu'Emma veut transformer en petit parc ombreux. Et la côte rocailleuse, qu'il va falloir niveler et agrandir. Et les tuyaux de la source à remplacer ! « Sapristi ! s'écrie-t-elle, je puis aller gagner des dollars en Amérique, il va m'en falloir ! »

Profitant de ce bel été de repos avant les combats futurs, la Diva est allée rendre visite à son « ami » l'abbé Saunière — l'Aude n'est pas très éloignée de l'Aveyron : moins de cent kilomètres à vol d'oiseau...

Emma, qui pensait l'étonner avec la description (photographies à l'appui) de sa vie de château, peut constater abasourdie que son ami Saunière lui rend des points en matière de délire bâtisseur.

Le curé de Rennes-le-Château vient d'être pris de cette folie de construction qui va susciter tant de commentaires et de curiosités (sans parler des ennuis !).

Saunière a acheté la plupart des terrains qui bordent le socle rocheux sur lequel Rennes est édifié. Il veut reconstruire les anciens remparts ! En attendant, il fait bâtir une tour crénelée à deux étages, de style médiéval à la Viollet-le-Duc, qu'il baptise *Magdala*. Il a fait tracer un chemin de ronde, veut le fortifier de créneaux, puis, à l'autre bout de son domaine, il fait élever une somptueuse (et bien laide) « villa » qu'il nomme *Béthanie*, flanquée d'une orangerie, d'un parc, d'un petit zoo où s'ébattent singes et perroquets !

Le curé mégalomane éclabousse comme un parvenu ses paroissiens de ses richesses. Mais il fait en même temps des dons somptuaires — une rente de cinq mille francs annuels à la municipalité — et ses dons aux pauvres du village atteignent quinze mille francs !

Saunière acquiert des meubles massifs, des livres qu'il fait relier de cuir. Il lui prend une coûteuse « folie » pour les cartes postales, les collections de timbres rares, et portant sa croix passée dans sa ceinture comme un spadassin sa rapière, il pose complaisamment pour les photographes devant « ses chantiers », face au village qu'il écrase de sa magnificence au goût douteux.

Grisé par sa propre puissance, il défie le monde, il crache à la face de la pauvreté qui fut si longtemps sa seule compagne, il prend avec éclat sa revanche sur l'adversité, sur la misère, sur l'anonymat. On le flatte, à présent, le pauvre petit curé de campagne méprisé. On vient manger dans sa main. Il est célèbre, fût-ce au prix d'une conduite qui bafoue tous ses vœux, tous ses engagements.

Les paysans du Razès, abasourdis, comptent les points. Bouche bée ils voient arriver dans leur village perdu, qui n'a jamais intéressé personne, des prêtres de la hiérarchie, des hommes politiques de la laïque Troisième République, des hommes et femmes de lettres telle Andrée Bruguière qui signe *Vicomtesse d'Artois*, la marquise du Bourg-de-Bozas, liée à Papus et l'Ordre martiniste, et même un secrétaire d'Etat aux Beaux-Arts, Dujardin-Baumetz, venus profiter des largesses du curé enrichi. Quant à ce personnage mystérieux qu'on a vu à plusieurs reprises, à Rennes-le-Château, franchir le portail de la villa Béthanie et que l'on surnomme « l'Étranger », il ne serait autre que l'archiduc Jean de Habsbourg, cousin ou neveu, on ne sait pas, de l'empereur d'Autriche-Hongrie !

Les langues vont bon train. On prétend que c'est Emma qui finance les extravagances de son ami Saunière... Ce ragot fait bien rire la Diva. Ses propres folies suffisent bien à épuiser ses cachets...

En vérité, il n'est pas qu'à Rennes-le-Château que les langues font leur office. La vie publique et privée d'Emma Calvé, ce château de parvenue qu'elle perche comme une vigie au-dessus du pays offusquent les caussemards. Toute cette richesse étalée, c'est un peu comme une insulte à la misère et à la dureté de la vie des paysans rouergats. Qu'est-ce qu'elle se croit, celle-là, avec son château d'opérette ? Elle se prend pour une reine ?

Le témoignage d'une des élèves américaines de Calvé, Miss Peggy Wood (qui fera elle-même une belle carrière de chanteuse, notamment à la télévision) — publié dans les années quarante —, fait longuement allusion à la suspicion qui entourait la Diva lorsqu'elle revenait au *païs* durant l'été. Mis à part des amis proches et chers et la famille, les familles rouergates bien-pensantes gardaient une grande réserve vis-à-vis de Calvé. Alors même que la gloire d'Emma était à son zénith, la méfiance paysanne la tenait à distance, et sa vie était l'objet de commentaires sévères. Longtemps, en Aveyron, la réputation de la « théâtreuse » entachera celle de la Diva mondialement connue.

Du haut de son donjon carré, la « châtelaine » n'entend pas les commentaires, ou bien laisse dire les envieux. Son château, elle « se l'est gagné », avec ses sous. Elle est tout au plaisir de retrouver ses racines : « Qu'il fait bon vivre, écrit-elle. Le doux repos, plus de toilettes, plus de veilles. Se coucher tôt, se lever à l'aube, courir les champs, s'enivrer d'air pur, dire à sa voix : tais-toi ! Respire, prends de l'oxygène ! » Elle s'exalte : « J'adore le vent, ami des parfums, qu'il apporte et remporte comme un encensoir, de la montagne, thym et lavande, quelquefois les parfums de *tra los montès,* d'Espagne, d'Algérie. Suis-je pas à cent kilomètres de la mer ?

« Ce soir, dans les couloirs de Cabrières, la bise, comme un orchestre invisible, joue de la flûte et de la viole et me donne envie de mêler ma voix à la sienne.

« Je grimpe souvent sur la montagne qui gronde comme l'océan sous l'effet du vent. Je crois être sur un vaisseau prêt pour le dernier voyage. J'adore le causse nu, aride comme un désert. L'air qu'on y respire est sec, embaumé, enivrant. Je reviens à la maison titubante, la tête perdue, comme si je venais de boire les meilleurs vins de la terre ! »

Mais les meilleures choses (elles, surtout) ont une fin.

Paris, mis en appétit par les échos du triomphe londonien de *La Navarraise,* a hâte de découvrir la dernière œuvre de Massenet.

Emma Calvé rejoint son appartement de l'avenue du Maine et retrouve avec la joie que l'on devine le cher Henri Cain.

Le 3 octobre 1895 Paris entend enfin *La Navarraise* et Calvé inscrit à son palmarès déjà fourni un nouveau triomphe. Personne ne semble tenir rigueur aux auteurs d'avoir, sans scrupules, démarqué les *recettes* de *Cavalleria.* Tous ont été aveuglés, subjugués — au point d'en perdre le sens critique — par le talent, l'autorité, la fougue, l'éclat de la Diva dans le rôle d'Anita.

Jules Claretie, auteur de la nouvelle qui a servi de trame à l'opéra et coauteur, avec Cain, du livret, n'avait pas assisté à la création londonienne. Il est enthousiasmé. « Bravo ! écrit-il à Emma. Vous avez été très grande et très belle, hier soir. Quelle trouvaille et quelle puissance d'expression tragique que ce mouvement de cacher vos mains couvertes du sang versé, devant le général mourant ! Vous avez créé ce rôle avec cette maîtrise, cette originalité, et ce sentiment profond que vous possédiez dans *Cavalleria*. Je me propose d'écrire pour vous un drame lyrique d'après *Macbeth* et de demander à Massenet d'en écrire la musique. »

Le projet n'eut pas de suite, mais la carrière de Calvé à cet instant fut à deux doigts de prendre une tout autre direction.

En effet, Claretie (Arsène, dit Jules) est, depuis 1885, administrateur de la Comédie-Française, en dehors de ses activités de chroniqueur de la vie parisienne, de romancier, d'auteur dramatique. C'est en homme de théâtre qu'il a jugé la prestation de Calvé. Il a déjà entendu la Diva déclamer des vers, en compagnie de Mounet-Sully, chez Paul Deschanel, alors président du Conseil.

Mounet avait conseillé à Emma d'entrer à la Comédie-Française. Claretie renchérit et se fait tentateur : « Mounet a raison ! Depuis que je vous ai vue jouer avec une si grande intensité *La Navarraise*, je me rends compte que vous seriez parfaite dans les rôles tragiques. » Et il lui offre tout de go un engagement !

Emma est décontenancée. Et dire que certains tueraient père et mère pour jouer au Français ! La proposition la tente un moment. C'est l'occasion de planter là, en pleine gloire, la discipline infernale de l'art lyrique, ses exigences, sa rigueur, les gammes, les exercices quotidiens pour « remonter » la voix, en conserver le timbre, le souffle, la puissance, la terreur permanente des rhumes, des maux de gorge…

Et puis, pouvoir jouer à son rythme propre, avec ses tempos, et non pas ceux de la partition. Être libre sur la scène, pouvoir chaque soir inventer autre chose… « Quelle perspective !…, écrit Emma, songeuse et flattée. Devenir une tragédienne après avoir été cantatrice ! Je suis éblouie et j'en rêve, car j'ai toujours envié l'art du comédien qui fait lui-même son chant, sans être assujetti au bâton inflexible du chef d'orchestre qui ne laisse passer nul oubli de mémoire. »

Puis elle a cet aveu qui en dit long sur l'esclavage imposé aux chanteurs d'opéra : « Le public se doute-t-il de la tension nerveuse du chanteur, forcé d'extérioriser la douleur ou la joie du personnage qu'il représente, en étant tenu de mesurer son émotion, son chant, ses gestes " au métronome ? " » Amis et parents, poursuit-elle comme pour se donner des raisons de refuser, disent que ce serait folie d'abandonner le chant pour une carrière incertaine. Bien que je sois tentée d'accepter, je dois renoncer à ce projet si séduisant. Je sais que je le regretterai toute ma vie. »

Le sort en est jeté. L'art lyrique conserve une de ses gloires. Tant pis pour la Comédie-Française !

Et puis, à nouveau l'Amérique la réclame. Comment dire non...

22

*Où l'on voit l'héroïne, de retour en Amérique,
remplacer la femme du président des États-Unis
et battre ses records dans le nombre des rappels*

« C*ALVÉ comes back !* »
      Calvé est de retour, et les journaux de New York
pavoisent en cette fin de novembre 1895. Carmen leur est
revenue. Zélie de Lussan, qui avait assuré l'« intérim » en
l'absence d'Emma, ne leur a pas fait oublier la Française qu'ils
estiment insurpassable dans ce rôle.

Mais Calvé n'entend pas se laisser enfermer dans un seul
personnage. Elle veut leur montrer, à ces Américains, d'autres
facettes de son art. Elle arrive avec, dans ses malles, les
costumes d'Ophélie, d'Anita, de *La Navarraise* et de la
Marguerite du *Mefistofele* composé par Boïto.

Pour l'entendre, Grau, Schoeffel et Abbey ont offert
cinq cent mille francs-or à la Diva ! A ce tarif, le château de Cabrières va pouvoir bientôt rivaliser avec Ver-
sailles !

Le cachet est énorme, mais c'est un bon placement, en fin de
compte, pour Grau qui se frotte les mains en comptant les
recettes. L'Amérique est à nouveau aux pieds de Carmen, au
soir du 20 novembre 1895. Le « Met » connaît une soirée de
folie : dix rappels à chaque rideau ! La scène est jonchée de
bouquets. Calvé n'a pas assez de mains pour les brandir, de
bouche pour sourire, de reins pour saluer.

Et un mois plus tard, New York découvre avec le même
enthousiasme les capacités d'Emma Calvé dans les acrobaties
vocales du rôle d'Ophélie et la violence dramatique d'Anita, la

fière Navarraise. Puis Emma leur révèle une nouvelle Marguerite, psychologiquement différente de celle du *Faust* de Gounod, telle qu'Arrigo Boïto, habituel librettiste de Verdi, mais compositeur de grand talent, l'a musicalement campée. C'est chaque fois un nouveau triomphe.

Mise en confiance par cet accueil, Calvé, au meilleur de sa technique, se surpasse. Maîtresse absolue de « ses » voix dont elle joue sur tous les registres, elle incarne successivement tous les types de personnages et passe sans effort des colères de Carmen aux douceurs de Leila des *Pêcheurs de perles*. Pareille « palette » de couleurs vocales si différentes, dans un même gosier, enchante l'Amérique où l'on a déjà le goût des performances.

Désormais, entre New York la Babel, Boston l'aristocrate et Chicago la Naples américaine, s'ouvre une sorte de *challenge* : c'est à qui fêtera le plus haut et le plus fort la Diva française. Boston réclame vingt fois au rideau final la gitane de Bizet. Mais la soirée d'adieux de *Carmen* à New York, avant la tournée vers le Michigan et Washington, prend des allures d'émeute joyeuse et bat des records d'enthousiasme... Les vingt-deux rappels de fin ont été précédés par dix rappels à chaque acte.

Entre l'Amérique et Calvé, c'est désormais la passion absolue.

Si Emma avait pu craindre que ses admirateurs américains lui tiennent rigueur de son « infidélité » de l'année dernière ou s'entichent en son absence d'une nouvelle diva, la voilà pleinement rassurée. Elle est pour le moment irremplaçable dans certains rôles.

En veut-on une nouvelle preuve ? La femme du président Cleveland, en tant que première dame des États-Unis, doit s'acquitter de quelques obligations d'ordre charitable faisant partie de sa fonction. C'est elle qui préside et représente son époux dans les nombreuses fêtes organisées par les associations caritatives venant à l'aide aux diverses communautés ethniques ou religieuses qui composent la société américaine. Or, Mme Cleveland vient de tomber brusquement malade et ne peut présider l'une des plus grandes fêtes de charité new-yorkaises de l'année.

A qui s'adresse-ton pour la remplacer ? A Emma Calvé ! L'ambassadeur de France la supplie de venir. Flattée, mais malgré tout interdite, Emma, qui objecte : « Mais je suis étrangère », s'entend répondre : « Certes, mais vous êtes la personnalité féminine la plus populaire actuellement à New York ! »

Et Calvé, non seulement remplace l'épouse du président des États-Unis, mais a une géniale idée aux fins de récolter le maximum d'argent pour la bonne cause. Alors que la bonne société s'agglutine autour d'elle pour voir de près la diva dont New York s'est entichée, elle lance comme un défi à l'ambassadeur qui la chaperonne : « Je vais faire payer les poignées de main. On donne ce qu'on veut. »

A la fin de la fête, on a compté cinq mille dollars ! Et la Diva a longtemps montré à Cabrières, accrochée au mur comme un trophée rappelant son exploit, une paire de gants blancs devenus gris à force de « shake-hand » distribués à la chaîne !...

Grau, qui connaît sur le bout de ses doigts d'imprésario habile la psychologie des foules lyriques, a admirablement « travaillé » l'opinion. Jouant sur la frustration pour entretenir le désir, distillant dans les journaux des échos sur les triomphes européens de Calvé, il lui a préparé ce « chemin bordé de roses » qu'est la seconde tournée américaine de la cantatrice française.

En avril 1896, au retour à New York, avant l'embarquement pour Le Havre, Calvé et Grau se promettent « fidélité ». Désormais, elle viendra chaque année en Amérique, comme elle se rend à Londres. Sa carrière se déroulera sur un rythme ternaire comme la *Seguedille* de *Carmen* : un temps pour l'Opéra-Comique, un second pour Covent Garden, et le troisième en Amérique.

Elle est pas belle, la vie ?

Oui. Mais elle connaît parfois de bien tristes moments.

A peine a-t-elle posé le pied sur le sol natal qu'une nouvelle, redoutée avant son départ, parvient à la Diva. La *tantoune* Caylet vient de mourir.

Du Havre, Emma gagne Labastide-Pradines, à temps pour

assister aux obsèques : « Elle fut la providence de mes jeunes années, écrit-elle. Je lui dois beaucoup des principes et des traditions que je n'oublierai jamais. Je songe avec émotion aux soins maternels dont elle m'entourait. »

Le vieil *ostal* du Larzac a perdu son âme...

23

*Où l'on voit l'héroïne
recevoir dans son « nid rouergat » Massenet,
venu lui apporter la musique de l'opéra
qu'il écrit pour elle*

JAMAIS encore le château de Cabrières — en pleine réfection — n'avait connu si illustre visiteur : Jules Massenet, en personne ! Le compositeur a voulu surprendre la Diva au nid. Il s'est renseigné auprès d'amis communs pour savoir où se trouve le refuge aveyronnais de Calvé, qui se repose en cet été 1896 des fatigues accumulées de la tournée américaine, enchaînée avec la saison de Londres, tandis qu'elle travaille le rôle de Manon pour la reprise à l'Opéra-Comique. Les travaux entrepris dans le vieux manoir rouergat vont engloutir tout ce qu'Emma a ramené de Covent Garden où ses prétentions sont à la mesure de sa gloire : deux mille cinq cents francs par représentation, avec dix représentations minimum garanties par contrat.

Les Massenet passaient leurs vacances en Auvergne et Jules a eu envie de connaître ce Cabrières dont Emma ne cesse de vanter les charmes à tout l'Opéra-Comique. Le voyage en train, par le tortillard à voie unique qui serpente à travers la Lozère et le nord de l'Aveyron, a paru interminable à la fragile Mme Massenet, embarquée de force dans l'équipée. Le compositeur a retenu une chambre à Aguessac, la gare la plus proche de Cabrières, et il s'inquiète de trouver une voiture qui le guide jusqu'au nid d'aigle de la Diva. Qui peut les conduire au château ? La route n'est-elle pas trop longue ? Mme Massenet ne va-t-elle pas y laisser le restant de sa petite santé ? On les rassure. Ce n'est qu'à quelques kilomètres, ils ont fait le plus pénible — une promenade, à présent que la route est refaite.

On imagine les retrouvailles. Embrassades, cris de joie de Calvé, ravie de faire les honneurs de son domaine enchanté. Le plaisir de se revoir est d'autant plus vif que le maître n'arrive pas les mains vides. Sous son bras la partition d'une nouvelle œuvre écrite tout exprès pour Emma : un opéra-comique tiré par Henri Cain et Bernède du roman d'Alphonse Daudet : *Sapho*.

Ils vont pouvoir y travailler tout de suite, dans une ambiance de vacances et d'amitié propice à une mise au point parfaite. Personne ne viendra les déranger. Et Mme Massenet reprendra des forces au bon air de l'Aveyron.

En vérité, *Sapho* n'est pas une inconnue pour Emma. Non seulement elle connaissait le projet — et pour cause, Henri Cain la tenait régulièrement au courant —, mais encore Massenet et la Diva avaient correspondu par-dessus l'Atlantique tout au long du séjour américain de celle-ci. Le compositeur lui avait expédié quelques « morceaux de bravoure » de la partition, afin d'entretenir la flamme de la future créatrice du rôle de Fanny Legrand dite Sapho. Emma les avait travaillés les jours de relâche.

« Tout ce que je souhaite, avait écrit Massenet à Calvé en mai 1896, c'est de réussir cette partition et qu'elle soit digne de vous. Je ne doute que de moi[1]. »

Ah, le faux modeste ! Il a passé son temps à jouer les violettes, alors qu'il *ne doutait de rien*, surtout pas de son prodigieux métier ! Il écrit avec une facilité renversante et a bouclé la composition de *Sapho* en un temps record. Emma ne s'attendait pas à la voir arriver achevée à Cabrières !

D'ailleurs, dans une lettre d'août 1896 à Calvé, Massenet laisse passer le bout du nez de son contentement : « Ah ! disait ma femme, hier soir, quelles heures émotionnantes seront pour elle (Calvé), pour moi et pour toi, celles de la lecture de la partition au retour. Je souhaite que ma femme n'exagère rien, mais elle paraît contente de ce qu'elle connaît. Cette pièce est de premier ordre (il parle de Daudet), c'est du théâtre tellement vrai, vrai, vrai ! Quel rôle ! Serai-je heureux, si vous êtes satisfaite ! »

1. Cité par Georges Girard, *op. cit.*

Si elle est satisfaite, Emma ? Cabrières en témoigne. Massenet écrit spécialement pour elle et elle ferait la fine bouche ?

Le maître est au piano, dans le salon de musique. Le vieux château retentit des appels passionnés de Sapho à son amant, sur les mots écrits pour elle par Henri :

Viens m'aimer, je serai si douce...

Mme Massenet, ravie, écoute...

Pendant un an, je fus ta femme...

Emma est heureuse de jouer, pour une fois, un rôle contemporain à l'opéra. Un grand rôle de séductrice, mais habillée « moderne ». Fanny Legrand est un modèle de Montmartre que la bohème célèbre sous le pseudonyme de Sapho et, à l'égal de Carmen, elle rend fou d'amour un jeune homme faible (Jean Gaussin) « monté » à Paris, sorte de Don José provençal, dont sa passion fait un esclave.

Écoutons Calvé en parler : « Quel grand et beau rôle de comédienne-chanteuse je vais avoir là ! Au milieu des phrases mélodieuses dont le maître a le secret, il a introduit la célèbre *Magali* de Mistral que je chantais déjà à tous mes concerts ! »

La seule ombre au tableau, dans cette séquence idyllique, est le calendrier de la Diva. Outre la saison d'hiver à l'Opéra-Comique, il prévoit le départ de la cantatrice pour l'Amérique en décembre 1896. Elle sera hors de France jusqu'en avril 1897. Les conditions sont telles qu'elle ne peut pas refuser, même pour Massenet : quarante-cinq représentations à huit mille francs, avec une avance de cinquante-six mille francs ! Grau est royal. Succès oblige : Calvé gagne le double de ses partenaires...

C'est précisément pour essayer de fixer une date à la première de *Sapho* que Massenet est à Cabrières. Faudra-t-il attendre jusqu'en 1900 ? *Sapho* pourrait alors être créée à l'occasion de l'Exposition universelle. (En fait, ce sera *Louise* de Gustave Charpentier.)

En janvier 1897, Calvé, alors en Amérique, apprendra de Massenet que l'orchestration est achevée et que l'éditeur Heugel a remis à l'imprimeur la moitié de *Sapho*. Carvalho, qui meurt d'impatience et de curiosité, voudrait bien voir la partition. Massenet fait la sourde oreille : « Je ne lui ferai connaître la partition qu'à votre retour, écrit-il à Calvé. (...) Je veux espérer que mon travail d'orchestre vous plaira. Il faut que vous soyez heureuse et ravie dès la première lecture. Je vous assure que je n'ai qu'une pensée : Sapho-Calvé[1]. »

Durant les cinq mois de la tournée à travers les États-Unis, Emma mettra à profit les longs déplacements en chemin de fer pour lire le roman de Daudet, travailler en détail la partition et « creuser » la psychologie du personnage.

Une tournée qui n'est pas exempte d'épisodes dramatiques, puisque Armand Castelmary, l'un des chanteurs français qui accompagnent Emma, est mort subitement en scène alors qu'il chantait dans *Martha* de Flotow. Le malheureux a tout juste eu le temps d'achever son air, il a été pris d'étouffements : au milieu de la joyeuse cohorte des petits paysans-danseurs qui l'accompagnaient, il s'est brusquement affaissé. « Me trouvant dans la salle, raconte Calvé, je me suis précipitée vers la loge où il était étendu, dans ses habits de bouffon, affreusement maquillé. Le contraste était horrible entre le drame dont il était victime et le masque joyeux du comédien. On essaya vainement d'ôter le fond de teint de son visage, masque tragique qu'il a emporté dans son cercueil. Il avait beaucoup de talent, ajoute Emma en guise d'épitaphe, une voix superbe. » Castelmary avait créé à Paris le rôle du comte de Nevers des *Huguenots* de Meyerbeer, aux côtés de la cantatrice Marie Sasse, qu'il avait épousée.

Mais comme au cirque, à l'opéra « *the show must go on !* ». Castelmary à peine froid, l'on doit chanter, et chanter encore, chaque soir à l'étape, comme si l'on n'avait pas de cœur, sinon celui qui bat pour le personnage que l'on incarne. La tournée endeuillée s'achève tout de même dans l'apothéose de la représentation de *Faust* au Metropolitan Opera de New York, dédiée à Castelmary.

Dans la salle, ne manquant aucune des incarnations de Calvé, se trouve une ravissante jeune fille de quinze ans. Elle arrive de Boston, où elle a entendu la Diva pour la première fois, accompagnée de ses parents. Le père est un ancien champion de base-ball, doté d'une belle voix de baryton : il chante en

1. Cité par Georges Girard, *op. cit.*

amateur. La mère a décidé de faire de sa fille une enfant prodige du chant. Elle l'a fait se produire dans un premier concert à quatorze ans. La petite est si enthousiasmée par l'art de Calvé que l'on peut dater la vocation de cette future diva américaine du jour où elle a entendu et vu Emma dans *Carmen*. Elle reviendra en prima donna, aux côtés de Scotti et Caruso, pour chanter Puccini, sur cette scène du « Met » où elle admire la Marguerite de *Faust* incarnée par Calvé, qui enrichit le rôle de géniales trouvailles scéniques et dramatiques. Elle s'appelle Geraldine Farrar. Elle sera, en 1914, Carmen au « Met », avec Caruso dans Don José ! Mais une chose surtout l'étonnerait si on la lui révélait aujourd'hui : Cecil B. De Mille lui demandera en 1915 d'incarner la première Carmen du cinématographe ! Une Carmen « sans voix », bien sûr, puisque le cinéma ne parle pas encore !

Laissons à Geraldine Farrar le temps de grandir...

Emma Calvé a été sollicitée, lors de son passage à New York, par Nikola Tesla pour enregistrer sa voix. C'est la première fois que la Diva l'entend. Dire qu'elle n'est pas emballée par le résultat est un euphémisme... « Mettre sa voix en conserve » ne l'enchante guère. Elle estime son timbre complètement altéré.

« La gracieuse Carmen est rentrée d'Amérique. Elle est arrivée au Havre par le bateau de Southampton. » C'est en ces termes qu'Eugène Destez commence son article de *L'Événement* du 5 juin 1897, qui annonce le retour en France de la Diva.

Emma n'est là que pour quelques jours, puisqu'elle doit répondre à l'invitation d'aller chanter pour le jubilé de la reine Victoria à Londres.

Le journaliste a titré son papier : « Impressions d'Amérique ». Il est fort instructif pour connaître l'état d'esprit d'Emma « à chaud » et non avec le recul de ses Mémoires. Voilà six mois qu'elle n'avait pas revu son appartement de l'avenue Montaigne à Paris dans lequel l'attendait Léonie. Eugène Destez écrit : « Elle est un peu lasse de sa traversée de retour et de ses longues pérégrinations à travers le Nouveau Monde, accomplies par tous les moyens de locomotion rapide dont on use et abuse dans ce pays où l'on vit très vite. »

Le journaliste ne le dit pas, mais Emma est revenue fatiguée et grossie. Ces tournées sont épuisantes, monotones et l'on trompe son ennui avec les plaisirs de la table, auxquels Emma ne résiste guère, même si la cuisine américaine...

En galant homme, Destez écrit : « La fatigue n'a laissé aucune trace perceptible, la cantatrice rapporte sa beauté énergique de brune (*sic !*) prête à affronter le feu de la rampe. »

Emma lui fait un cours sur l'Amérique et les Américains : « On aurait tort de croire, explique-t-elle, ce peuple fruste. Les Américains sont au contraire extrêmement cultivés. Leurs conceptions en matière d'art sont fort précises. Ils applaudissent aux bons endroits, ils sentent et comprennent et jugent en connaissance de cause. D'ailleurs, ce peuple ne s'est-il pas fait le goût avec les meilleurs interprètes dans toutes les branches de l'art ? Depuis la Malibran, aucune grande artiste ne s'est refusée à l'Amérique, en passant par Grisi, Patti, Nilsson, jusqu'à Sarah. Les éléments d'appréciation ne leur ont donc jamais fait défaut. Ils sont riches et savent dépenser leur argent à bon escient quand un sujet les séduit. Ainsi, j'ai vu dans de petites villes, c'est-à-dire des villes de deux cent mille âmes, comme Minneapolis, des bourgeois ne pas reculer devant vingt-quatre heures de chemin de fer pour nous suivre et venir nous entendre. L'Américaine, surtout, est merveilleusement douée au point de vue artistique et ce caractère s'explique par son éducation d'abord, par son existence domestique ensuite. Le mari travaille, gagne beaucoup d'argent dans les affaires, la femme est libre de son temps, elle lit énormément, feuillette chaque jour un nombre considérable de magazines, ces publications très complètes, aux allures de revues, qui fouillent et développent tous les sujets avec une remarquable largeur de vues. Pour un oui ou pour un non elles franchissent l'Atlantique et viennent à Paris chez le couturier, le joaillier. Ce qui a pu leur manquer au point de vue de la finesse native du goût, elles viennent nous le demander. »

Et les critiques ? a dû demander Destez :

« Dans la plupart des grandes feuilles américaines, explique Emma, la critique musicale est tenue par des Allemands, très musiciens eux-mêmes. Quand on se retrouve avec eux, ils exécutent du Wagner, ils pratiquent tous les maîtres avec un très honorable talent et leurs remarques musicales portent, en général, la trace de leur science personnelle. Ces critiques sont peut-être critiquables, mais j'aurais mauvaise grâce à me plaindre d'eux après l'accueil dont j'ai été l'objet sur tous les points de l'Amérique. »

Une chose continue cependant à offusquer Emma, qui a laissé de l'autre côté de l'océan bon nombre de préjugés : c'est le ton des interviewers : « Ils viennent vous quérir à bord des vaisseaux, en pleine mer ! Ils entreraient par les hublots des navires ou les fenêtres des maisons ! Parfois, ils vous abordent avec un questionnaire tout prêt. Les questions sont quelquefois bien drôles, il faut l'avouer. C'est ainsi que l'un d'eux m'a demandé très sérieusement : " Que pensez-vous de M. Gladstone ? " " Que pensez-vous de M. Félix Faure ? " Je ne me suis jamais occupée de politique et ces deux questions me donnèrent une envie folle de rire. L'interviewer, sans se déconcerter, me déclara qu'il comprenait fort bien le côté bizarre de ces questions, mais qu'elles figuraient sur son questionnaire : il se devait de me les poser... »

« Mademoiselle Calvé, conclut Eugène Destez, compte ne plus quitter Paris d'ici longtemps. Elle se réserve pour toutes les créations intéressantes qui pourraient s'offrir à son talent robuste... »

Emma a simplement oublié de dire qu'elle partait pour Londres. Grau est devenu directeur de Covent Garden et il lui a demandé de venir chanter un acte de *Carmen* pour le jubilé de la reine.

Août et septembre 1897 seront partagés entre le repos, le travail sur *Sapho* et une escapade à Rennes-le-Château. Emma n'en revient pas. La « villa » de Saunière est achevée, entourée de remparts et il a fait élever une tour-bibliothèque qui fait concurrence au donjon de Cabrières. Si ça continue, il sera propriétaire de tout le village ! Et il faut voir qui se presse à sa table toujours fastueuse ! Le « gratin » politique, culturel et religieux vient manger dans la main du « pauvre curé » qui rigole bien. Pour l'instant, personne ne semble se poser trop de questions. A commencer par Mgr Billard, son évêque...

Le repos estival à Cabrières précède un petit séjour à Karlsbad, où la Diva doit prendre les eaux pour éliminer son excès pondéral et combattre ces rhumatismes qui commencent à la faire souffrir et ne vont guère avec son statut de séductrice.

Karlsbad n'est pas très éloigné de Bayreuth où Cosima, farouche gardienne du culte, entretient la flamme allumée par Richard Wagner. La Grande Prêtresse a organisé à la villa Wahnfried une soirée en l'honneur des interprètes de *Parsifal*. Emma décrit « la grâce altière et virile » de la fille de Liszt (formule euphémique pour ne pas dire que sa laideur lui ôte toute féminité). Emma a été priée de venir chanter à Wahnfried. Une malheureuse cantatrice française a eu l'outrecuidance de chanter Schumann en français... Le dragon femelle lui a demandé, pincée : « De qui est cette musique ? » Emma, rendue prudente, a chanté du folklore de chez nous. Et en prime, elle a offert *Magali* en provençal !

En revenant de Karlsbad, Emma a fait un crochet... par Dieppe. Pourquoi Dieppe ? Massenet y passe ses vacances. La Diva ne voit pas d'autre moyen de travailler sur *Sapho* avec le Maître. Le travail avance bien. Mais Emma n'est jamais satisfaite. « Je chante avec trop de correction certaines phrases qui devraient être dites avec plus de fantaisie par cette aimable fille de bohème. »

Massenet lui conseille d'aller trouver Hortense Schneider, la muse d'Offenbach. Elle saura lui montrer le ton juste : un peu de gouaille, sans vulgarité.

Emma se rend chez Hortense en septembre 1897. Celle qu'on appelait du temps de sa gloire... « le Passage des princes » est une vieille dame aux cheveux blancs dont seuls les yeux conservent vivacité et esprit.

Emma questionne la divette sur sa « manière », mélange d'impertinence et de sérieux, qui faisait les beaux soirs du Second Empire.

« Voilà quinze ans que je n'ai pas donné un son, prévient Hortense, je ne garantis pas le résultat. »

Mais soudain, la taille se redresse, le visage s'illumine et, rajeunie de vingt ans, Hortense Schneider se met à fredonner :

Je t'adore, brigand, j'ai peine à l'avouer.

Puis elle enchaîne :

Dis-moi, Vénus, quel plaisir trouves-tu ?
A faire ainsi cascader, cascader la vertu ?

La voilà qui, d'un sourire, passe d'une héroïne à l'autre :

Je t'adore et si je suis folle,
C'est de toi, compte là-dessus,
Et je signe La Périchole,
Qui t'aime, mais qui n'en peut plus.

Emma est fascinée. Hortense Schneider, prise au jeu, chante quelques phrases de *Sapho* qu'elle déchiffre par-dessus l'épaule de Calvé. Quelle leçon, quel chic, quelle grâce incomparable !... Le voilà le « ton juste » !

Calvé assure que dès la répétition suivante, sa Fanny Legrand avait une autre allure.

Entre deux séances de travail, on rend visite à Alphonse Daudet, cloué dans sa maison de Champrosay par d'atroces souffrances, autant causées par le tabès qui l'emporta que par les traitements inhumains que lui imposent les « spécialistes » des maux vénériens. « N'oubliez pas, conseille l'ex-" Petit Chose " : bien que Fanny soit un modèle montmartrois, le sculpteur l'a choisie pour personnifier Sapho à cause de la noblesse innée de son allure. N'en faites pas une " pierreuse ". Pas de poses aguicheuses. Souvenez-vous de Baudelaire : " Je hais le mouvement qui déplace les formes. " »

Tout est allé si bien et si vite que dès octobre 1897, l'Opéra-Comique est sur le pont pour préparer la nouvelle création de Massenet. Les déchiffrages des autres rôles sont en bonne voie. Emma s'entend bien avec ses partenaires : Marc Nohel, Wynns, Lepestre, Duparc, Gresse. Il n'y a guère que cette Guiraudon avec qui Emma « n'accroche pas ». Elle estime qu'Henri Cain est un peu trop attentif auprès de la demoiselle.

Monsieur fait le joli cœur. Et cette dinde rit du moindre de ses bons mots. Pour un oui pour un non elle sollicite l'avis d'Henri qu'elle réclame de sa voix haut perchée. Et Henri est aux petits soins.

La première de *Sapho* a lieu le 27 novembre 1897. L'œuvre a été préparée dans tous ses détails et c'est un nouveau triomphe. Carvalho passe l'éponge sur tous les sales quarts d'heure pour ce bon moment. Avec le duo Massenet-Calvé, on joue sur le velours.

Massenet ? Il « dormait » chez lui, bien sûr. En se rongeant les ongles jusqu'au sang. Le président Félix Faure a donné le signal des bravos. Et au quatre, les musiciens eux-mêmes se sont levés pour applaudir les interprètes à leur manière, en frappant leurs instruments de l'archet et du plat de la main. Bel hommage entre professionnels. De ceux qui comptent pour les chanteurs. Emma a fait sensation, autant pour sa performance vocale que pour les costumes signés Doucet qu'elle arborait.

Ils sont superbes. Carvalho sait ce qu'ils lui ont coûté. Mais on ne lésine pas quand on monte Massenet chanté par Calvé. Emma n'a pas voulu être en reste : elle a payé les bijoux, les chapeaux et les souliers.

Massenet, toujours galant, a offert à son interprète la partition manuscrite de *Sapho* avec ces mots : « Toutes ces pages, je les ai écrites avec votre constante pensée. Elles doivent vivre par vous, elles vous appartiennent doublement. »

Le maître a dessiné une portée, avec les notes de l'air de l'acte cinq sur les paroles : « Faut-il avoir aimé pour un jour tant souffrir. Faut-il avoir vécu de si douces journées. » Et pour faire bonne mesure, le lendemain, il a adressé un pneumatique à la Diva : « Il n'y a pas de mots pour vous dire ce que cette salle a ressenti. Vous avez été sublime, vous avez été Calvé. »

Daudet n'est pas en reste : « A vous et à Massenet nous devons un beau triomphe », écrit-il à Emma.

Le critique du *Gaulois* se déclare « transporté ».

Pourtant, les réticences ont dû fuser çà et là, si l'on en croit le livre d'autographes de Calvé. On peut y lire sous la plume d'un certain Victor Roger : « Ne faites pas attention aux critiques des impuissants et des ratés qui ragent de voir une si belle œuvre sortir de la plume de Massenet et interprétée par une grande artiste telle que vous. »

Et un autre : « S'il y a quelques réserves pour la partition de Massenet, il n'y en a point sur votre talent de cantatrice et de comédienne. »

Camille Bellaigue, dans *La Revue des Deux Mondes,* trouve la musique « trop retenue, timide, pour un sujet pareil ». Elle manque de passion pour évoquer comme il se devrait cette « Manon moderne ». La « septième pécheresse » de M. Massenet (après Ève, Salomé, Marie-Magdeleine, Thaïs, Esclarmonde et Manon) n'est pas assez « ravageuse » pour le terrible critique. « Il manque la force, la violence, la honte », estime-t-il, regrettant que « ce mariage du trottoir ait perdu sa malsaine, son horrible beauté », à cause d'une musique qui interdit trop de réalisme et d'ignominie. Bellaigue déplore qu'à l'Opéra il soit impossible « d'évoquer la vie dans une bicoque de banlieue en peignoir et en savates ».

Le critique le plus redouté de son temps ne retrouve son indulgence que pour évoquer la prestation de Calvé. « Au dernier acte, écrit-il, Fanny appelant sur les yeux de Jean le sommeil dont elle ne verra pas le réveil a des notes et des mots qui fendent le cœur. Emma Calvé est une parfaite comédienne et cantatrice accomplie. A l'âme qu'elle avait souvent révélée, âme de colère, de passion, de flamme, elle a joint l'esprit de finesse. »

Carvalho, radieux et confiant, a prévu soixante représentations de *Sapho.* Mais il ne les entendra pas toutes. Fin décembre, la Grande Faucheuse cueille inopinément cet impeccable professionnel, serviteur enthousiaste de l'art lyrique. Emma a l'impression de perdre un ami. Leurs affrontements ont souvent fait trembler le lustre de l'Opéra-Comique. Mais ils s'aimaient bien. Une affection basée sur l'estime en faisait deux complices. Et que de soirées mémorables partagées en frères !

C'est Albert Carré qui lui succède.

24

Où l'on voit l'héroïne, malade,
renoncer à traverser l'Atlantique
mais créer un sanatorium destiné
aux petites filles pauvres d'Aveyron

« MADEMOISELLE Calvé ne viendra pas. La prima donna assure que sa santé ne lui permet pas de chanter cet hiver. »

La une du *New York Times* du 6 décembre 1898 prend des allures de rubrique nécrologique. Calvé est malade, l'Amérique lyrique met le drapeau en berne.

Depuis des mois, Maurice Grau vivait dans les transes. Viendra ? Viendra pas ? Le voilà fixé... et désespéré. Car il joue le plus gros « coup » de sa carrière. Il a formé une société d'exploitation du Metropolitan Opera House dont il est à présent le seul président[1] et il comptait ferme sur sa vieille complice pour faire de cette première saison de son directorat une année faste... C'est mal parti.

Au fil des années, les relations de l'imprésario et de la Diva avaient débordé le simple cadre professionnel. Une solide amitié s'était établie entre eux et leurs sorts étaient, d'une certaine façon, liés. Pour Grau, la défection d'Emma peut déboucher sur une catastrophe financière.

Elle ne l'a pas pris en traître, puisqu'elle n'a pas attendu le dernier moment pour l'avertir. Mais a-t-elle voulu « faire monter les enchères » ?

Grau a pu constater que pour une « malade », Emma a été

1. Abbey est mort en octobre 1896. Schoeffel a pris la direction du Tremont Theater de Boston, qu'il conservera jusqu'à sa mort en 1918.

fort active durant le premier trimestre 1898, où elle a d'abord conforté de semaine en semaine la carrière de *Sapho* à l'Opéra-Comique, tout en assurant un nombre important de concerts privés et de récitals.

Et pourtant... Dès avril, Calvé a commencé à laisser entendre qu'elle pourrait ne pas assurer sa tournée annuelle en Amérique. L'imprésario s'est affolé et a expédié à la Diva une lettre en forme de SOS : il a appris par une indiscrétion que l'Opéra de Paris faisait les yeux doux à Calvé ! Ce n'était pas la première fois que l'Académie nationale tentait de s'attacher Emma. Déjà, en juillet 1894, la Diva avait signé avec Eugène Bertrand et Pedro Gailhard un engagement qui lui assurait huit mille francs par mois pour chanter Anita la Navarraise, Marguerite, Aïda et Ophélie, et on projetait de lui confier le rôle d'Élisabeth... de *Tannhäuser* ! Un contrat qui n'a — hélas ! — pas eu de suite.

« Je ne vous dirai jamais assez, écrit Grau, désespéré, de quelle importance est pour moi votre engagement pour l'Amérique. Vous m'avez dit de ne pas m'inquiéter, que, dans tous les cas cet engagement (à l'Opéra de Paris) ne se ferait qu'après votre retour et que je pouvais compter sur vous.

« Pensez que vous êtes annoncée depuis le 3 novembre ! Dans la liste que je dois soumettre aux propriétaires-actionnaires du " Met ", votre nom figure... »

Toute fierté remisée, l'imprésario met « cartes sur table » : « Ne faites pas cela, mademoiselle Calvé, c'est ma première année de direction tout seul, mon avenir en dépend et je crois qu'il est inutile que je vous dise que je vous crois incapable de m'abandonner. Cela fait assez de mal, tous ces bruits qui circulent dans les journaux (...). Je compte absolument sur vous, chère amie, et je suis assez franc pour vous dire que sans vous ma saison serait presque impossible. Je désire vous voir à ce sujet. Fixez-moi donc rendez-vous [1]. »

Derrière l'émotion, filtre l'hommage : Calvé a pris en Amérique une place si considérable que le plus grand imprésario n'envisage pas de bâtir une saison sans elle !

Tout semble rentré dans l'ordre à la mi-année, puisque les journaux font état d'un contrat signé entre la Diva et Grau,

---

1. Cité par Georges Girard, *op. cit.*

précisant que la création américaine de *Sapho* est au programme.

Et puis, à la rentrée, rien ne va plus ! Calvé, de Biarritz où elle se trouve, fait savoir son indisponibilité, non seulement pour la tournée américaine, mais vis-à-vis de ses engagements à l'Opéra de Paris. Avec réserve, elle envisage une reprise de ses activités pour la saison de Londres, en mai 1899, mais pas avant.

Elle écrit à Grau : « C'est avec une très grande peine que je suis obligée de vous écrire de ne pas compter sur moi cet hiver. Mon médecin m'a envoyée à Biarritz pour fuir le climat humide de Paris. (!)

« Vous avez toujours été si gentil pour moi, mon cher ami, que je crains que cette nouvelle ne vous cause du désappointement. D'un autre côté, j'ai une telle affection pour l'Amérique et le cher public de là-bas... Croyez en ma sincérité et restez assuré que j'attends ma revanche durant l'hiver 1899 et que je reviendrai auprès de vous (...). Je le souhaite ardemment pour nous deux. On vous dira, et les journaux le diront aussi, que j'ai signé avec l'Opéra de Paris pour *Hérodiade, Aïda,* etc. Il n'y a pas un mot de vrai dans tout cela. J'ai promis à M. Gailhard, le directeur de l'Opéra, que je donnerais douze représentations d'*Hamlet* au printemps, si je me sentais en assez bonne forme, et c'est tout [1] (...). »

Emma « oublie » simplement de préciser que le contrat signé avec Gailhard pour chanter *Hamlet* est prévu pour janvier 1899 et qu'elle vient d'en signer un second avec Albert Carré — successeur de Carvalho à l'Opéra-Comique —, pour vingt représentations à partir du 15 février au cours desquelles elle incarnera Ophélie et Aïda.

Pour une convalescente...

Peut-être faut-il attribuer les *vraies* raisons de cette défection, à un besoin de « souffler » après des années de folie où les tournées se sont enchaînées sans trêve, d'autant plus que Calvé peut se reposer sur une litière de dollars et de livres sterling glanées en même temps que les bravos.

Sur le plan lyrique, l'année 1898 aura été, il est vrai, moins

---

1. Cité par Georges Girard, *op. cit.*

239

« pleine » que les précédentes. Mais Calvé n'est pas restée inactive. Le château de Cabrières a maintenant fière allure, mais il a fallu y engloutir une bonne partie des cachets. Pourtant, Emma n'est pas encore satisfaite. Elle ne veut pas jouer les châtelaines en égoïste.

En juillet, durant ses traditionnelles vacances rouergates, elle s'est ouverte auprès du maire de Millau, M. Étienne Delmas, d'un projet généreux : créer sur le domaine de Cabrières un sanatorium, destiné à recevoir à la belle saison des fillettes de milieux défavorisés, qui pourraient profiter du bon air du causse.

« Pour accomplir un vœu fait dès la première année de mes débuts, écrit Emma dans ses Mémoires, j'ai fait construire dans la prairie une maison claire et gaie où une vingtaine de petites filles pauvres de Millau pourront venir passer les vacances sous la surveillance de religieuses qui les garderont et les soigneront. J'ai hâte de tenir ma promesse. M. Delmas, maire de Millau, avec son grand cœur m'écrit une lettre fort élogieuse que je ne mérite certainement pas. J'adore les enfants et ce sera pour moi une vraie joie de les choyer et de les gâter. »

Chère Emma... Elle est d'une touchante modestie qui n'a d'égal que son cœur immense. Bien entendu, la réalité est un peu différente.

Depuis trois ans, la Diva profite de la moindre interview pour claironner son projet et montrer sa belle âme à ceux qui affirment qu'elle est âpre au gain et près de ses sous. « L'argent ? Je vis très suffisamment avec ce que me rapportent les représentations de *Carmen, Cavalleria,* en Russie, en Angleterre, en Espagne, en Italie. Je passe sur mes succès, ma réputation me suffit. Quelle tentation pouvaient exercer sur moi les offres d'Amérique ? demande-t-elle à son interviewer. Eh bien, oui, je l'avoue : c'est l'argent qui m'a décidée. J'ai vu dans ces cinq cent mille francs qu'on m'offrait une fortune qui ne serait pas pour moi. Je destine cette manne à une œuvre charitable, à " l'orphelinat des Arts ". La propriété que je possède en Aveyron deviendra un asile confié à des religieuses du pays et recevra les jeunes orphelines que, de Paris, l'orphelinat m'enverra. Ma volonté mûrement réfléchie pourra peut-être surprendre quelques personnes, les laisser incrédules.

Je ne leur demande pas de me croire : je ne leur demande rien. On me verra à l'œuvre. »

Pour des raisons inconnues, le projet de l'orphelinat des Arts n'aboutit pas et Emma se tourna donc vers *lo païs* lui-même, qui recelait assez de misère pour fournir les contingents de fillettes au sanatorium de Cabrières.

Si la Diva soigne — avec cette œuvre charitable — son image de marque, il n'en reste pas moins que sa générosité ne peut être mise en doute. En ces temps où les mots « couverture sociale » relèvent de l'utopie, elle a pris à sa seule charge, durant des années, les frais de fonctionnement du sanatorium et lui a consacré des millions de francs-or.

D'ailleurs, cette générosité est dans sa nature. Elle, que certains ont accusée de rapacité, n'a jamais refusé d' « abandonner la recette » chaque fois que la cause défendue en valait la peine à ses yeux. N'a-t-elle pas chanté gratuitement pour aider l'achèvement de l'église du Sacré-Cœur à Millau ?

Le maire se confond en remerciements auprès de « la grande artiste qui fait un si noble usage de sa fortune » et il la félicite « de chercher ses plus intimes satisfactions dans cette vertu douce et féconde qui s'appelle la bonté ». Puis il passe aux modalités pratiques : les médecins dépisteront les cas les plus urgents et les enfants passeront, par groupes, un mois au bon air de Cabrières, encadrées par des religieuses de Saint-Joseph.

Le premier contingent de quarante fillettes arrivera à la mi-août. Le curé de Verrières, paroisse dont dépend Cabrières, s'est déplacé pour bénir tous ces braves gens. Naturellement, Emma a chanté et a reçu presque autant de bouquets que Carmen au dernier rideau.

Voilà en tout cas une œuvre qui va clouer le bec à la bonne société millavoise qui pince le nez devant les extravagances de la Diva. Entourée de fillettes qu'elle gâte et nourrit, à qui elle offre bon air et distractions, voilà la Diva sulfureuse changée en dame patronnesse. Le sanatorium de Cabrières fonctionnera à ses frais exclusifs jusqu'en 1904, année où la loi de séparation de l'Église et de l'État mettra fin à son activité, par défaut d'encadrement religieux.

Pour autant, l'œuvre charitable n'a pas transformé le château en couvent. Ou alors il ressemblerait à l'abbaye de Thélème. On y rencontre en cet été 1898 de belles compagnies de francs buveurs et de joyeux convives, venus égayer de leurs rires et de leurs chants les hauts murs et les voûtes séculaires du manoir enchanté de la Diva qui fait visiter avec plaisir les salles décorées d'armures, admirer le mobilier Louis XIII et n'est pas peu fière du confort de ses salles de bains.

Fort heureusement, des témoignages nous renseignent sur ce que furent les étés à Cabrières quand la Diva revenait au pays. Elle a suffisamment nourri les journalistes pour qu'ils chantent ses louanges à pleines colonnes. En faisant la part de l'exagération, de la flagornerie des invités, désireux de plaire à leur hôtesse, et du lyrisme du temps, on ne devait pas s'ennuyer à Cabrières entre juillet et septembre : « Surtout, nous a dit Emma Calvé, je vous défends de quitter le pays sans venir vider sous mon toit une coupe de champagne. » C'est ainsi qu'Adolphe Brisson commence son article des *Annales,* paru sous le titre « Le Château de Cabrières ».

Gagné par le lyrisme des lieux, Brisson raconte : « Elle vient d'acquérir un château dont les deux tours massives s'aperçoivent à dix lieues à la ronde (ce qui est faux) ; ses murs crénelés, qui bravèrent l'attaque des Wisigoths, y entretiennent au plus fort de l'été une agréable fraîcheur. Elle a collectionné les tapisseries, les meubles, les faïences, les bibelots de prix qui font de cette demeure le plus captivant des musées. J'ai loué tout à l'heure une voiture pour aller la voir. Le cocher m'a demandé :

« — Vous allez chez Mlle Emma ?

« Il y avait dans cette phrase et l'accent qu'il y mettait, du respect, de la considération et la familiarité d'un brave homme qui l'a vue alors qu'elle était enfant. Il m'a montré des bois, des prés, un ruisseau bordé de saules, une colline plantée de chênes et de pins. " Tout cela lui appartient ", ajouta-t-il.

« Après un silence, il reprit :

« — On dit qu'elle gagne beaucoup d'argent en Amérique : elle a une si belle voix ! Elle le mérite, car elle a bon cœur.

« Ce naïf hommage la touchera plus, j'en suis sûr, que trois colonnes dans le premier journal de New York. »

Si le brave Rouergat inventé par Brisson a bon cœur, le journaliste a au môins la reconnaissance du ventre. Ce papier sent la complaisance à plein nez. Car Brisson a été royalement traité à Cabrières. Et il n'était pas le seul. C'est toute la troupe des Cadets de Gascogne que la Diva a reçue — comme une reine en son château —, au cours du mois d'août 1898.

Emma Calvé raconte cette visite dans ses Mémoires. Ces cadets-là n'ont que peu de chose à voir avec ceux de Carbon de Casteljaloux (qui rime avec filou) que chante Rostand depuis un an dans *Cyrano*. Les Carbon à qui appartint Cabrières étaient les Carbon-Prévenquières, dont les armes mutilées à la Révolution sont encore au fronton du château. Les Cadets de Gascogne sont une société d'artistes et d'hommes de lettres, journalistes, personnalités politiques (et leurs dames) parmi lesquels on trouve Mounet-Sully, Georges Leygues, alors ministre des Beaux-Arts, le conseiller d'État Legrand, l'académicien Marquet, le couple Brisson, Pedro Gailhard, directeur de l'Opéra de Paris, le peintre Benjamin Constant (qui a décidé de faire figurer Emma en Carmen dans la fresque destinée au plafond de l'Opéra-Comique) et Henri Lapauze, rédacteur au *Gaulois*, qui fait, bien sûr, office de *reporter*. Ces messieurs-dames ont fait une excursion dans les gorges du Tarn, d'où l'ultimatum d'Emma : pas question de quitter « mes » terres sans rendre hommage à la « souveraine ». Elle est allée les cueillir au château de la Caze, transformé en hôtellerie, et la compagnie a descendu le Tarn sur des barques à fond plat. La présence de journalistes dans la troupe assure Emma d'une « relance gratuite ». Les journaux vont la rappeler au bon souvenir de ses admirateurs.

Écoutons Lapauze : « Les Cadets de Gascogne sont ici chez leur reine : elle les reçoit avec le sourire exquis de ses dents blanches et l'hospitalité cordiale et fraternelle d'une nature abondante (*sic !*) et généreuse qui ne compte jamais. Châtelaine ou bergère, dame de charité ou artiste, elle se dédouble prestigieusement, trouvant le moyen d'être tout cela à la fois (…).

« La vie de Mlle Calvé à Cabrières est essentiellement contemplative. Levée tôt et couchée tard, ne recevant ici que de fidèles amis, elle s'occupe surtout de ses pauvres et de sa ferme. Elle a l'œil à tout et à tous, surveillant en même temps ses deux cents moutons qui paissent dans le lointain du causse, apprenant aux pâtres de vieilles chansons qu'ils redisent aux échos de la vallée, captant aujourd'hui une source et rêvant d'en capter demain une autre, présidant avec bonne humeur aux destinées d'un orphelinat et surtout oubliant tout ce qui n'est pas Cabrières, c'est-à-dire la maison du repos, et aujourd'hui la maison de Socrate pleine d'amis. »

Comme il a dû bien manger, à Cabrières, le bon Lapauze du *Gaulois,* pour emboucher de la sorte les trompettes ! En tout cas, en voilà un qui n'est pas ingrat !

Ecoutons-le encore : « " *Pastre, canta me una cansoun.* " C'est Mlle Calvé qui, du haut de son rocher, appelle au plus lointain de la vallée un gardien de moutons. Et la voix du pâtre s'élève, suraiguë, disant tantôt une plainte d'amour, tantôt un chant guerrier (…). »

Saoulé de grand air et de bons vins, Lapauze en « remet » encore : « Rêveuse, la châtelaine de Cabrières, et dans ses grands yeux clairs (*sic !*) si pleins de vie, des larmes montent qui disent le sentimentalisme exquis de cette belle âme d'enfant. »

Bref, c'est l'Arcadie, c'est Rousseau, c'est le Paradis avant la faute. La voix du *pastre* est fausse, mais Emma s'en moque, « ses modulations paysannes et naïves émeuvent encore l'admirable cantatrice qui pleure toutes les larmes de ses beaux yeux ».

« Partout où je suis allée, confie-t-elle à Lapauze, qui note, jusque dans les plaines du Colorado, j'ai eu l'insupportable nostalgie du pays natal. Au milieu de mes plus grands succès, je me suis toujours rappelé ce coin de terre d'où je partis naguère, inconnue et pauvre, pour des destinées imprévues. J'adore mon Aveyron et dans mon Aveyron, mon Cabrières (…). Aucun décor, aucun paysage, aucun palais, rien au monde ne m'est plus cher que Cabrières, couronné par le causse aride et désolé où mes moutons tondent de la largeur de leur langue (Lapauze a lu La Fontaine) l'herbe brûlée et rare. »

Emma n'a pas vu les choses tout à fait de la même manière : « Je suis allée à la rencontre du berger, raconte-t-elle dans ses Mémoires, dont j'entends souvent la voix sur la montagne voisine. Je le prie de me chanter une chanson. Il me répond fièrement en patois : " Je chante pour moi seul. " Souriante, je réponds : " Moi, pour tout le monde " et bravement, j'entonne un chant cévenol. Étonné, il m'écoute et me regarde avec des yeux bleus comme le ciel de chez nous. " Vous êtes bien honnête, madame, et pas fière. Alors, moi aussi je vais vous dire des miennes chansons. " J'ai voulu offrir au brave homme une cape neuve pour remplacer la sienne, délavée par la pluie et le soleil. Il la refuse fièrement en disant : " Non, madame, merci, les chansons ne se paient pas. " »

Adolphe Brisson, emporté par l'exubérante beauté du lieu, a vu au château un pont-levis qui n'a jamais existé. Il faut dire que le séjour à Cabrières des Cadets de Gascogne atteint son apogée quand la joyeuse compagnie décide d'aller, à pied, visiter la « grotte rose » de Dargilan, récemment découverte et explorée par l'infatigable Édouard Martel qui est en train d'inventer la spéléologie. Tous sont rentrés fourbus mais ravis vers vingt-deux heures, avec en « final » le raidillon qui conduit à Cabrières et pèse lourd dans les mollets citadins. Mais la récompense est au bout de l'effort. La châtelaine, soucieuse de mise en scène, par réflexe professionnel, leur offre une arrivée aux feux de Bengale (elle se brûlera sérieusement à la main en faisant des signaux à ses amis) pour accueillir comme il se doit les vaillants excursionnistes, poussiéreux, assoiffés, morts de faim, mais toujours vaillants : « Comme la troupe du capitaine Fracasse — remarque Georges Leygues qui connaît ses classiques —, nous allons devant nous à l'aventure, lorsque soudain s'est dressée dans le ciel criblé d'étoiles la noire silhouette du château illuminé comme dans une féerie (…) nous voici à cette table hospitalière, buvant le champagne parfumé, mangeant ces fruits que nous sert la châtelaine. »

Soyons francs : avant les fruits, il y avait un buffet somptueux servi sur la prairie attenante au château où le saumon du Lumenssonesque voisine avec le filet de veau du Méjean, les fromages locaux, les arbouses et merises rafraîchies de l'Aigoual et la fameuse fouace, cette odorante brioche rustique à la croûte dorée.

Ces messieurs sont éblouis. On ne compte plus, sur le livre d'autographes de la châtelaine, les « hommages au rossignol de Cabrières », qui encombrent le Fonds Calvé, les vers de mirliton écrits sur le coup de l'émotion digestive par des ventres repus et reconnaissants.

Emma chante en langue d'oc pour ses invités, on tire un feu d'artifice et Pedro Gailhard n'est pas le dernier à s'initier à « tourner » la bourrée dans les bras de la Diva, à qui Georges Leygues a remis le grillon de bronze, symbole de la compagnie. La soirée ne serait pas complète si l'immense voix de Mounet-Sully ne montait jusqu'aux étoiles avant de ricocher sur le causse, pour déclamer ce « Salut aux Cadets » que vient tout spécialement d'écrire le poète rouergat François Fabié.

Mais tout a une fin. « Lorsque nous sommes partis, raconte Adolphe Brisson, elle est montée sur son observatoire et a agité son mouchoir en signe d'adieu. Longtemps, sa silhouette a été visible et c'est sur cette vision de grâce et de beauté que s'est terminé notre voyage ! »

On croirait presque, à les entendre tous délirer sur ce royaume de paix et de joie, qu'Emma Calvé, après des années de tempêtes et de combats pour s'imposer, a trouvé le juste équilibre entre la « vie d'artiste », ses contraintes, ses luttes, ses angoisses, ses rivalités, ses vents de folie qui désarçonnent les mieux armés et ce havre tranquille et beau où elle se « ressource ».

Ce serait mal connaître cette âme tourmentée que de prendre pour argent comptant tout ce qu'elle raconte, fait raconter et enjolive.

Tandis qu'au milieu des rires, des chants, des éclats de voix, elle joue les châtelaines comblées, en cet été 1898 où elle n'a jamais été aussi fêtée, entourée, adulée... et riche, elle pense à sa mort...

Elle a profité du séjour en Aveyron pour rendre visite à l'ami Denys Puech, le sculpteur. Elle lui a demandé de réfléchir à un projet de tombeau. Pour elle, naturellement. Elle vient d'avoir quarante et un ans...

25

Où l'on voit l'héroïne
entrer dans le XXe siècle en chantant
onze rôles en soixante-cinq représentations
à travers l'Amérique
et enregistrer sa voix sur le phonographe d'Edison

« ENTRE les soussignés Maurice Grau Opera Company, représenté par M. Maurice Grau, Président et Direc-teur-Administrateur, demeurant actuellement à Paris rue Auber, n° 9, d'une part,

« Et Mlle Emma Calvé, artiste lyrique, demeurant à Paris, rue Dumont-d'Urville, n° 1, d'autre part,

« Il a été convenu et arrêté ce qui suit :

« 1. La Société Maurice Grau Opera Company engage Mlle Emma Calvé pour chanter en sa qualité de prima donna aux États-Unis, au Canada et en Californie — à l'exclusion formelle du Mexique — les rôles en français et en italien désignés ci-après pour une série de SOIXANTE-CINQ représen-tations.

« 2. Le présent engagement commencera le 1er octobre 1899 et finira le 30 avril 1900.

« La Société s'engage à payer à Mlle Calvé la somme de huit mille cinq cents francs (8 500 F) pour chaque représentation à New York et Brooklin (*sic !*) et la somme de neuf mille francs (9 000 F) pour chaque représentation en dehors de New York et Brooklin. Les paiements devront être effectués soit en dollars, au cours du jour, soit en un chèque sur une maison de banque à Paris au choix de Mlle Calvé (...).

« 4. Mlle Calvé touchera la somme de soixante-huit mille francs (68 000 F) à titre d'avance, le 15 juillet 1899 (...).

« 5. La Société Maurice Grau prend à sa charge tous les frais de voyage en bateau et en chemin de fer en première classe (première catégorie) pour trois personnes et d'une personne en seconde classe du Havre en Amérique et vice versa, ainsi que pendant les voyages en Amérique. Les frais de transport des bagages personnels de Mlle Calvé et de sa suite sont aussi à la charge de la Société jusqu'aux hôtels où Mlle Calvé descendra.

« Dans les voyages en bateau, une cabine sera mise à la disposition de Mlle Calvé seule et pour les voyages en chemin de fer il sera réservé un compartiment de trois personnes dans les wagons-salons pour Mlle Calvé et les deux personnes qui l'accompagnent.

« 6. Mlle Calvé s'engage à chanter dix fois par mois, mais jamais deux jours de suite (...).

« 7. Les costumes pour le théâtre sont à la charge de l'artiste (...).

« 10. Le répertoire de Mlle Calvé est le suivant : *Aïda (I)*, *Juliette (F)*, *Faust (F)*, *Cavalliera rusticana (I)*, *Messaline (F)*, *Hérodiade (F)*, *Nozze di Figaro (Comtesse, I)*, *Navarraise (F)*, *Carmen (F)*, *Hamlet (F)*, *Sapho (F)*.

« 11. Mlle Calvé s'interdit de chanter en public sans l'autorisation de la direction durant le présent engagement, mais elle se réserve le droit de chanter dans les maisons particulières en tant que cela n'entravera pas l'exercice de son engagement et le service du théâtre.

« Fait en double à Paris et à Londres les 27 et 29 mai 1899. »

Emma vient de signer le contrat le plus fabuleux de sa carrière. Grau l'a retrouvée, il la tient, il ne la lâche plus et il y met le prix. Il a trop souffert de l'avoir « perdue » en avril 1898.

Pour avoir une idée claire de ce que représente pour Calvé le fait d'apposer son large paraphe au bas de ce contrat, il faut savoir qu'au cours du franc-or, les soixante-cinq représentations prévues vont lui rapporter environ 585 000 francs, ce qui équivaudrait aujourd'hui à 15 297 750 francs. Plus d'un milliard et demi de nos centimes, tous frais payés !

Pas étonnante la « campagne » de certains journaux qui, trouvant que les vedettes européennes du chant coûtent cher à l'Amérique, commencent à écrire des articles où il est question de « ces rapaces qui nous viennent d'Europe »…

Emma s'embarque le 30 septembre 1899 à bord du *Normandie*, premier du nom, à destination de New York et avant même d'avoir émis la première note, elle reçoit une avance équivalant à cent millions de nos centimes ! Les cachets mirobolants offerts aux stars du lyrique ne sont pas une pratique récente.

Certes, la longue et épuisante tournée qui l'attend n'a rien d'une partie de plaisir : onze rôles à chanter et soixante-cinq soirées d'opéra à porter sur les épaules dans une quarantaine de villes des États-Unis et du Canada en sept mois. Mais à ce tarif-là… on peut se fatiguer !

Calvé a posé ses conditions pour le confort des déplacements. Elle emmène une femme de chambre et un chauffeur, sa voiture, sans oublier Jack, le colley royal offert par Victoria, qui va devenir bientôt aussi connu que sa maîtresse.

La presse américaine, sevrée de sa cantatrice préférée, lui fait un accueil de souveraine : « Calvé, la seule, l'unique Carmen », titre le *Tribune* du 3 octobre. « *Calvé the Queen of Grand Opera !* » clame le *New York Times*.

La traversée a été houleuse (au sens maritime du terme) et les attentions personnelles du commandant Ducret (« charmant, comme la plupart des officiers de marine », note Emma) n'ont pas empêché la Diva de souffrir atrocement du mal de mer.

Le ténor français Thomas Salignac est du voyage. Emma l'estime beaucoup et demeurera sa vie durant une grande amie de ce Gardois au timbre ensoleillé, de dix ans son cadet, né à Générac, formé à Marseille, qui est devenu aussi l'une des « coqueluches françaises » du « Met ». Parlant de lui, dans ses Mémoires, la Diva le qualifie d' « intelligent ténor ». Le compliment n'est pas mince, dans un monde où la bêtise proverbiale des « pousseurs de contre-ut » est à l'origine de l'expression : « c… commme un ténor » qui sert de mètre-étalon dans les milieux lyriques pour mesurer la stupidité d'un interprète.

C'est que, non seulement Thomas Salignac chante bien, ce qui réjouit Emma, mais il est versé dans les sciences occultes et féru d'ésotérisme ! De plus, il est ami du Dr Gibier de New York, propagandiste des théories d'Allan Kardec que la Diva affectionne.

A table, et durant les longs déplacements entre deux villes américaines, on va entendre parler de l'Au-Delà, de télépathie, de spiritisme, de métapsychie, de médiumnité.

Grau, influencé par le pragmatisme américain, a gaffé. Emma et Thomas lui ont parlé de l'Après-Vie. Grau s'est esclaffé : « Quelle blague ! » Alors, Emma a tenté de le toucher par l'exemple concret : Loulou, la fille du directeur, est du voyage. « Voyons, mon ami, a dit la Diva, vous qui aimez tant votre fillette, ne seriez-vous pas bien aise de la revoir dans un autre monde ? »

Grau a réfléchi un instant, mais en ouvrant la bouche il a aggravé son cas. La main sur le cœur (côté portefeuille), il a dit avec une grande innocence : « Alors, quoi ? Puisque à vous en croire on retrouve tout, je retrouverais aussi l'argent que j'ai perdu ? »

Irrécupérable, le commerçant... Le verdict est tombé de la bouche d'Emma : « Que répondre à cela ? Il y a des âmes fermées. Rien à faire. »

Calvé, qui fait à présent figure d' « ancienne » par rapport à ses camarades découvrant l'Amérique, sert de guide auprès des « indigènes ». Il faut apprendre à ne pas s'offusquer des questions saugrenues des reporters, leur explique-t-elle, car ils sont d'excellents agents pour la « réclame » des artistes, si l'on se prête à leur jeu. Elle-même donne l'exemple et sacrifie de bonne grâce au rite de l'interview.

Le *New York Times* rassure ses lecteurs : « Mlle Calvé est heureuse d'être à nouveau en Amérique et elle est en bonne santé. Arrivée hier matin, elle est descendue au Plaza où elle a tenu une conférence de presse dans ses appartements. Elle y est apparue radieuse de santé. Lorsqu'elle nous a quittés, voici trois ans, elle était au bord de la maladie et avait une fâcheuse tendance à l'embonpoint. Dans son château du sud de la

France, elle s'est soumise à un régime sévère, elle a suivi un traitement médical qu'elle a accompagné de marches constituant, a-t-elle déclaré avec une légère moue, " un régime héroïque ". La prima donna française revient allégée de vingt livres au moins et fin prête pour la tâche qui l'attend (...). »

Emma a su trouver les mots qui touchent : « Je me sens bien au milieu d'amis et j'aime ce peuple américain qui m'aime. »

Comme New York a changé en deux ans ! Elle a à peine reconnu le Riverside Drive de l'Hudson. Les premiers gratte-ciel de Manhattan commencent à sortir de terre. Les arbres sont splendides et un parc immense a été aménagé le long de la rivière : Central Park.

Avant que la saison ne commence, la Diva fait la tournée des amis. Avec Salignac, elle est allée trouver le Dr Paul Gibier que ses responsabilités de directeur de l'Institut Pasteur de New York n'empêchent pas de se livrer, avec ses assistants, à des expériences spirites. C'est lui qui a fait connaître Kardec aux Américains et son disciple et continuateur Léon Denis est l'un des auteurs favoris de la Diva. Son livre *Après la mort* — « ce résumé lucide de toutes les religions », écrit Emma — est en permanence sur sa table de nuit. « Le Dr Gibier, rapporte Emma, m'a dit des choses intéressantes à propos des esprits. Ils sont obligés de s'instruire. Ils vont à l'école. Ils ne savent pas tout, c'est pour cela qu'ils ne peuvent pas répondre à tout. »

Dès les premières représentations, le succès est au rendez-vous avec la reprise attendue de *Carmen*. Emma est aux anges. Salignac est parfait vocalement, ce qui est l'essentiel, en dehors de ses qualités humaines. Notre Diva serait-elle amoureuse de son jeune partenaire ? En tout cas, elle l'apprécie : « Bel artiste, confie-t-elle, et comédien parfait. Je le crois destiné à une brillante carrière. Nous improvisons, nous varions nos jeux de scène avec un entrain endiablé. »

Si l'on en croit Salignac, on ne doit pas s'ennuyer sur la scène du « Met » : « Quand je joue avec Calvé, déclare-t-il, elle est si fantaisiste que je ne serais pas étonné de lui voir faire son entrée par les cintres ! »

L'ambiance est certains soirs à la farce. Au deuxième acte de

Carmen, au moment où Calvé « vampe » son Don José par une danse qu'Emma pimente de mouvements de *brazéar* appris en Espagne et où elle doit accompagner sa danse avec les castagnettes, Salignac, d'un geste vif, place dans la main de la Diva... un œuf frais ! Emma tente de rendre l'œuf à son partenaire qui, les mains dans les poches, prend l'air de l'innocence. On n'a pas entendu les castagnettes de Carmen, ce soir-là.

Mais, le lendemain soir, c'est Salignac, transformé en clown blanc, qui tousse, éternue, suffoque, tentant d'éliminer la farine que contient en abondance « la fleur que tu m'avais jetée » et que Carmen vient de lui lancer en pleine figure...

En leur offrant tour à tour Anita la Navarraise, qu'ils ne connaissaient pas, et Ophélie qu'ils redécouvrent (et où elle retrouve Lassalle, en Hamlet, son premier Escamillo du « Met »), Calvé s'attire de la part des Américains une nouvelle salve de louanges. Le *New York Herald* souligne la maîtrise d'une cantatrice capable de plier sa voix à des tessitures extrêmes et s'offrant le luxe d'aborder un soir les écarts chromatiques d'Ophélie et la fois suivante les raucités désespérées de la malheureuse Santuzza ou de Carmen face au poignard de Don José. On évoque la grande ombre de la Patti qui avait épinglé aussi Carmen à sa panoplie de rôles où son *coloratur* mettait les foules en état d'hypnose, et encore la Malibran qui chantait avec un même bonheur aisé Sémiramide *(soprano leggiero)* et Arsace (pur contralto).

Les comparaisons sont flatteuses ! Et comme Emma semble au mieux de sa forme vocale, Thomas Edison ne veut pas manquer l'occasion de capter son timbre unique dans l'une de ces prodigieuses machines à enregistrer la voix humaine auxquelles il a fait accomplir de considérables progrès. Emma a été présentée par un ami commun à l'illustre savant qui l'a priée de se déplacer jusqu'à son laboratoire du New Jersey. « J'ai entendu des enregistrements de vous, faits lors de votre dernière tournée en Amérique, explique Edison, mais je suis certain que votre voix, pleine de nuances et au timbre si particulier, peut être mieux enregistrée. Je voudrais la capter dans mon phonographe particulier. »

Comment refuser pareille offre ?

Celui que l'on considère depuis 1878 comme l'inventeur du phonographe, parce que le Français Charles Cros qui l'avait devancé avec son paléophone n'avait pas eu les moyens de faire déposer un brevet et d'exploiter son invention, est devenu une gloire mondiale. Emma se souvient du « scandale » qui eut pour cadre l'Académie des sciences de Paris où l'appareil d'Edison fut présenté en démonstration pour la première fois. « Il y a un ventriloque dans la salle ! s'était écrié le Dr Bouilland, ancien médecin de Napoléon III. Qu'il sorte ! On ne se moquera pas de l'Académie ! »

Depuis un an, le « Phono » d'Edison est commercialisé, assurant la fortune du savant. Il est apparu en France à l'occasion de l'Exposition universelle, avec ses rouleaux de cire et son moteur électrique qui représente le sommet de la technique. Son prix exorbitant le réserve à une élite fortunée, mais Emma n'a pas été tentée d'en acheter un. Elle n'est pas conquise par le résultat. Pourtant, chanter pour l'inventeur du phonographe, c'est un honneur auquel elle ne veut pas se dérober, même si la voix est méconnaissable, tous les chanteurs paraissant relever d'une amygdalectomie, et si l'appareil ne relève encore que de l'amusement public.

Emma est impressionnée par l'appareillage. Une séance d'enregistrement tient de la compétition sportive : l'artiste, juché sur un échafaudage, doit chanter face à un cornet acoustique, sorte d'immense entonnoir, chargé de diriger le son (du moins ce qui lui en arrive) sur la membrane vibrante, le *diaphragme*, de fabrication encore rudimentaire.

Calvé a chanté pour Edison l'air de *La Coupe du roi de Thulé*, version Berlioz, un air de Suzanne, des *Noces* et le *Nocturne* de César Frank. Instruite par une expérience précédente, elle a donné toute l'ampleur de sa voix. Mais, à sa surprise, Thomas Edison l'a interrompue pour lui dire : « Je vous en prie, recommencez, mais en *demi-teinte*. C'est la particularité de votre timbre qui m'intéresse. N'amplifiez pas comme vous êtes obligée de le faire au théâtre. »

Docile et intimidée, Emma a recommencé doucement, « mystérieusement » (le mot est d'elle). Edison semblait ravi. « C'est la voix de votre âme que vous venez de me donner. » Et il a montré à la Diva un livre où il consigne tout ce que les caractéristiques des grandes voix — de Patti à Caruso — lui inspirent.

Que sont ces enregistrements devenus ? On ne sait. Peut-être achèvent-ils de se détruire dans un fonds d'archives sonores oubliées. Il serait passionnant de les entendre. Encore que, si l'on en juge par ceux qui ont traversé le temps, il soit bien improbable qu'ils nous restituent la *couleur* exacte du timbre d'Emma Calvé, tel qu'il enchanta ceux qui eurent le privilège de l'entendre en direct.

26

*Où l'on voit l'héroïne traverser les États-Unis
et le Canada dans son train spécial,
rencontrer des Rouergats à San Francisco,
et puis des cow-boys et des Indiens*

L E 11 OCTOBRE 1899, le Lyrico-Circus de Maurice Grau quitte New York à bord d'un train spécial aux wagons luxueusement aménagés, sur les flancs desquels on peut lire en lettres de feu : *Metropolitan Opera House of New York*. Et sur un des wagons : *Emma Calvé*. La Diva a posé devant pour immortaliser cette preuve tangible de sa gloire. La photographie a été conservée. « C'est une bonne réclame », assure Grau à ses « pensionnaires » qui se plaignent d'être assaillis à chaque station par des hordes enthousiastes venues voir « passer les artistes » comme elles le feraient pour les phénomènes du Barnum Circus.

Parfois, à la demande de la foule, agglutinée aux portières et aux vitres des wagons, et qui n'a jamais entendu de chanteurs d'opéra, l'un ou l'autre s'exécute et improvise un petit récital à l'intention de ces braves gens qui ne pourront jamais s'offrir un fauteuil d'orchestre et qui ponctuent la performance de « yaa-ouh ! » et de coups de sifflet enthousiastes.

C'est Emma qui récolte le plus de vivats, bien sûr. N'est-elle pas la vedette de la troupe ?

Son wagon particulier remporte un succès de curiosité. Il faut dire qu'elle a refusé de partir dans les conditions de la première tournée et demandé le confort maximal. Elle appelle son wagon sa « roulotte », mais cette gitane-là aime ses aises. Finies les allées et venues entre les gares et les hôtels, les bagages chargés et déchargés à chaque halte quand on ne reste qu'un soir dans la ville. Elle peut aller directement de son wagon à l'Opéra, déjà maquillée et costumée, car Emma a obtenu un *private car*, wagon de luxe pour elle seule, tandis que le reste de la troupe partage les wagons-salons dans une ambiance de tripot. « Quel est l'être qui n'a jamais eu le désir de voyager à l'aventure, comme les bohémiens ? » demande la romanesque. En vérité, la « bohémienne » dispose d'une salle à manger de douze personnes, de trois chambres à coucher, d'une salle de bains et d'une cuisine. Deux serviteurs noirs sont à sa disposition et, à l'arrière du wagon, une terrasse fleurie a été aménagée, sur laquelle, par beau temps, on peut installer un rocking-chair... depuis lequel on regarde l'Amérique défiler.

New Haven, Albany, Syracuse sont les premières étapes avant le Canada. *Faust* a connu un triomphe à New Haven, « petite ville » (pour l'Amérique) de quatre-vingt-dix mille habitants, où Emma, stupéfaite, note que « les tramways électriques marchent nuit et jour ».

L'université Yale a fourni le gros d'un public enthousiaste : « Ils m'ont fait des salves avec des cris d'Indiens tout à fait extraordinaires », écrit-elle. Des espèces de hurlements où le mot *Calvey* revient constamment. On l'a escortée jusqu'à la gare et, sur le passage du cortège, les fenêtres s'ouvraient « comme pour une reine ».

La reine est pâle, ivre de fatigue d'avoir « tout donné », et courbaturée, mais elle a mis du rouge à ses lèvres et de la poudre à ses joues. Elle fait face en souriant, malgré ses genoux « couronnés » à force de réalisme dans la chute de Marguerite sur les marches de l'église.

La prochaine étape est au bout de cinq journées de train. Emma, depuis la fenêtre de la « roulotte », découvre avec ravissement l'été indien qui incendie de pourpre les érables et un jeu idiot qui s'appelle le golf et consiste « à faire des kilomètres en envoyant une balle devant soi. Un moyen de marcher en ayant un but... »

A Syracuse, ville industrielle de deux cent mille habitants, on a donné — c'est Grau qui l'avoue — trente-cinq mille francs pour entendre Emma Calvé dans *Carmen*. Cela vous crée des obligations : « Le moyen de ne pas se dépenser quand on vous estime à un tel prix ? Grau empoche, moi je paie comptant avec ma voix. Je n'ai jamais su me ménager... »

Les Syracusains en ont eu pour leur argent.

Enfin voici Montréal, atteint le 15 octobre. Le cœur de patriote qui bat dans la vaste poitrine s'enflamme, dans ce morceau de patrie égaré sur le continent américain. « J'ai l'impression d'être en France, dans une ville du Midi : Bordeaux ou Toulouse. » Emma détaille les enseignes des magasins pour y déchiffrer des noms « bien de chez nous » et elle écoute avec ravissement la musique de ce français « à l'ancienne » que parlent les Québécois, avec ses tournures héritées du XVIIIe siècle. « Ils parlent avec de délicieux anachronismes, note-t-elle : " Votre Honneur suivez-moi ", " Que Votre Politesse passe la première. " »

Carmen, au programme du premier soir, devient un opéra « politique ». « Vive *Carmen* en français ! » crie la foule pour défier les autorités anglaises présentes dans la salle. La Diva est émue aux larmes devant cet attachement aux origines. Ne ressent-elle pas la même chose quand elle évoque son Aveyron ? « Chanter en français et se dire : " Ils me comprennent. " Ils soulignent le moindre détail. C'était exquis. »

Vingt rappels à chaque acte, avec des vivats à n'en plus finir. Montréal a voulu faire mieux que New York.

Emportée par l'exaltation francophile, Emma a improvisé des jeux de scène au grand désarroi de Campanari, le ténor qui alterne avec Salignac. L'Italien s'est « cramponné » comme il a pu...

A dire vrai, chaque représentation est une aventure. Calvé ne refait jamais deux fois les mêmes choses. Qui m'aime me suive... Y compris le chef d'orchestre !

Un journaliste de Montréal a dit à Emma les mots qu'il fallait dire : « J'ai écrit que je trouvais vos appointements exagérés. Mais vraiment, après vous avoir entendue, je trouve que ce n'est que justice. »

Délicat jeune homme... Pour un peu Emma l'eût embrassé.

Naturellement, elle est l'invitée personnelle du consul de

France et du maire, M. Beaugrand, descendant d'une famille du Lot. Au dessert, Emma a donné un récital sans se faire prier, bien que *Faust* soit à peine achevé et que soit prévu un départ en pleine nuit pour arriver à Toronto à treize heures et donner un concert le soir même.

Quelle santé...

En dépit des termes du contrat, Grau augmente les « cadences » pour rentrer au plus tôt dans ses avances de fonds, d'autant plus que les demandes supplémentaires pleuvent au fur et à mesure de l'avancée du triomphal cortège.

Toronto est glacial — météorologiquement parlant — et les environs, aux forêts dévastées par l'exploitation intensive, ponctuées de huttes où s'entassent les émigrants, sont lugubres. Mais l'enthousiasme de la « ville de la fourrure » compense la rudesse de son climat. Paul Plançon, magnifique Méphisto, a rejoint la caravane et on donne *Faust* dans un délire de bravos. Des gens sont venus de tout l'Ontario. Certaines répliques prennent ici un sens non prévu par Barbier et Carré, les librettistes de Gounod. Ainsi quand Méphisto-Plançon à l'« acte du jardin », lassé des avances de dame Marthe, lance à la salle : « La voisine est un peu mûre », la réplique est accueillie par une tempête de rires : chaque francophone y a entendu une allusion à peine déguisée à la reine Victoria.

Mais, à la fin de *Faust*, l'Angleterre égalise avec l'exécution obligatoire du *God Save the Queen*, que Marguerite, Faust, Méphisto et la salle doivent écouter debout !

Emma est aux anges : « Je crois que je n'ai jamais aussi bien chanté Marguerite (allons, allons !), j'étais exaltée par cette foule française venue de si loin pour m'entendre. Cela fait quelque chose de penser qu'au Canada on s'entête à ne pas s'anglicaniser ! Oh, je me suis bien dépensée pour eux. Aussi suis-je morte, ce matin. J'ai donné ma vie. »

De retour à l'hôtel (lorsque la troupe demeure plusieurs jours dans une ville on laisse la « roulotte »), Emma, épuisée, à peine démaquillée, « empaquetée de manteaux et mal coiffée, pas belle avec mes traits fatigués d'avoir exprimé tant de choses », écrit-elle, arrive à l'ascenseur en même temps qu'un groupe d'Anglais avec femmes et filles. L'une de ces dernières, « un petit laideron avec des dents en touches de piano », apercevant la Diva qui semble avoir pris quinze ans, s'écrie en poussant sa compagne du coude : « *Oh, she's not pretty out of the stage !* » Un monsieur, probablement son père, très embarrassé par l'impertinente, tente de la ramener à plus de discrétion : « Taisez-vous, voyons ! Elle pourrait entendre ! »

Emma, qui a non seulement entendu mais compris, s'approche et lance à l'homme : « Dites à cette jeune fille mal élevée que si elle venait comme moi de donner un peu de sa vie, de son âme, de son cœur, sans compter, comme je viens de le faire pour vous tout à l'heure, elle serait encore plus laide que moi. »

Et la leçon donnée, elle entre dignement dans l'ascenseur qui l'emporte vers un lit tant espéré.

Comme pour compenser cet incident pénible, une adorable fillette attend la Diva devant la porte de sa chambre. Sur la carte épinglée à son bouquet sont inscrits en patois une vingtaine de mots qui sonnent aux oreilles de la « petite Française » en mission comme un salut du *païs*. Les larmes aux yeux, Emma lit : « A notre grande artiste rouergate. Nous sommes malades d'émotion, vous nous avez fait pleurer. »

Des émigrés de l'Aveyron ont voulu à leur manière féliciter leur « payse ».

Et le cirque repart. La Diva a récolté un rhume dans l'air glacé de Toronto. Voilà Detroit, où Calvé est reconnue dans la rue à cause des photos parues dans les journaux. « Je crois, note-t-elle amusée, que je pourrais mieux me cacher chez moi que dans ce pays si grand. »

A Cleveland, l'équation rhume plus *Faust* égale dégâts. Voilà Calvé alitée, toussant, expectorant. La maladie dans une chambre d'hôtel, si loin de chez soi, ce n'est pas bon pour le moral. Le docteur a interdit de chanter ce soir. Et dans trente-six heures il faudra repartir pour Kansas City.

La Diva perd l'appétit, alitée dans la « roulotte », incapable d'avaler autre chose que du lait. Ce n'est pas avec ça qu'on se refait les forces exigées par une représentation d'opéra... S'y ajoutent bientôt un point de pleurite et des douleurs de dos qui n'arrangent rien.

C'est la déprime. « Je lis des livres spirites, ma seule consolation, la seule chose qui m'intéresse. »

Grau a délégué auprès de Calvé son propre secrétaire, Simenson, qui seconde Amélie, la femme de chambre de la Diva. Le temps s'est mis à l'unisson du moral : il tombe des cordes. Le joli salon Louis XV où Emma est alitée prend des allures de chambre d'hôpital. Nouvelle aggravante : il a fallu rendre trente mille francs de location. Qui seront retenus à Emma... C'est la règle.

Grau fait d'autant plus grise mine qu'un vent de bronchite souffle sur la troupe : Sembrich, Lussan, Édouard de Reszké, Salignac, tout ce beau monde tousse à perdre haleine. Seul Plançon tient bon. Mais il faut rembourser à Cleveland. Les journaux paraissent avec des titres qui ressemblent à des faire-part de deuil : Calvé ne chantera pas.

Mais la gloire de la Diva est telle que des gens font la queue devant l'hôtel de Cleveland où elle garde la chambre, bien qu'ils ne l'aient pas entendue chanter. Elle a trouvé, un matin en s'éveillant, une jeune fille au pied de son lit, qui lui a dit : « Mettez-moi dehors, maintenant, je suis si contente de vous avoir vue. » Et le lendemain, Calvé a la surprise de lire tous les détails de la visite dans la presse locale. La jeune fille a vendu son *scoop*...

Deux cachets de perdus. Il en reste tout de même treize en quatre semaines. Ce n'est pas la misère (trois millions de francs actuels environ).

D'autant plus que Grau vient d'annoncer une location monstre à Kansas City. Ce n'est pas le moment de flancher. Il est venu voir sa grande amie et il l'a suppliée : « Chantez seulement avec les gestes, s'il le faut, mais chantez ! »

Maurice Grau vient d'inventer une nouvelle discipline artistique : le mime d'opéra !

La robuste constitution d'Emma commence à prendre le dessus sur le microbe. Elle remonte la pente. Une petite alerte à Saint Louis, mais heureusement, on reste une bonne semaine dans le Missouri. En s' « économisant » au maximum et en gardant le lit, quand elle n'est pas sur scène, Emma pense être en mesure de donner *Carmen*.

Pour retrouver le moral, elle s'est composé, dans la « roulotte » et à l'hôtel, un petit décor familier qu'elle emporte avec elle : photos des siens : Adol, Maman, le cher Cabrières, où « elle fermera un jour les yeux, loin du bruit, du monde, quand elle aura quitté le théâtre et que personne ne viendra plus l'y voir. »

Rassurons-nous, ce n'est pas demain la veille.

Au chevet du lit, un chapelet, la croix russe et la chaîne données par Henri, qu'elle porte pour jouer Marguerite. Sur la table de nuit, *Orient* de Théophile Gautier, la *Géographie* de Tencin, *Le Voyage aux Indes* et les « chers livres » théosophiques et bouddhistes.

Emma va mieux. La toux a cessé de l'épuiser. Salignac et Campanari sont venus lui tenir compagnie. Ils ont parlé longuement de leurs croyances, de la réincarnation. Salignac, qui a perdu un petit garçon, raconte Emma, y a puisé de grandes consolations.

Campanari a quatre enfants, il a perdu sa petite dernière dans des circonstances atroces : elle est tombée dans une lessiveuse sur le feu. Depuis, le ténor dit qu'il ne croit plus en rien. Emma en est navrée. Elle explique à son camarade, pour le réconforter, ce qu'elle-même croit : un enfant qui meurt et souffre en bas âge pourrait être l'âme d'un juste venant expier des fautes passées, avant de quitter notre misérable monde à tout jamais.

« Ça a paru lui faire du bien », ajouta la Diva, touchante de sincérité, qui, malgré ses techniques de lutte contre l'angoisse de la mort, ne peut s'empêcher d'exhaler une plainte : « Pauvres gens, tous autant que nous sommes avons-nous besoin d'espoir et de consolation. »

Comme ils paraissent vains les moments de gloire publique comparés à ces instants où l'on se trouve face aux éternelles questions, les seules qui comptent : qui sommes-nous ? Où allons-nous ?

Pourtant, Emma en convient, son moral est meilleur de ce côté-ci de l'océan, alors qu'elle a laissé en Europe tout ce (et ceux) qu'elle aime. Inexplicable. Peut-être, sur cette terre de liberté qu'est l'Amérique, la vie est-elle plus « large », les idées moins mesquines. Tout devient possible, tout est neuf, à découvrir, à construire. Et elle a une âme d'aventurière, de pionnière.

« Je redeviens moi-même, note Emma, car je vis à la fois une vie intérieure plus grande tout en m'extériorisant. Soir et matin, j'ai le temps de longuement penser aux idées consolantes de l'autre vie. J'ai des conciliabules avec ma conscience. Je tâche de faire autour de moi quelque bien. C'est facile, l'occasion se présente souvent dans le pauvre monde des choristes[1]. »

Le temps est suspendu. On ne le perd pas en choses futiles comme à Paris : on travaille et en dehors des heures de représentation, les longs voyages en train, l'isolement sont propices à la méditation. Les conditions parfaites pour penser à sa vie intérieure.

En outre, Emma est sa « patronne ». Elle n'a pas à obéir à quiconque, à tenir compte des avis des autres. L'idéal. Pour un temps, bien sûr...

La voilà remontée sur les planches, pour *Faust*. Tel Antée y puisant des forces nouvelles. Cependant (elle l'avoue), elle a donné « tout juste ce qu'il fallait » pour ne pas présumer de sa convalescence. Ce n'était pas le *mime* préconisé par Grau, mais elle a beaucoup plus souri que chanté et ne s'est jamais « emballée ».

Elle a mis le public dans sa poche. Mais la critique n'a pas été dupe. Les journaux ne le lui envoient pas dire : elle n'a pas gagné son cachet. Emma le reconnaît dans son journal : « La voix était pure, mais faible, il faut en convenir. »

Grau lui-même a déclaré que chanter dans ces conditions risquait de faire tort à la Maurice Grau Opera Company.

Calvé a été piquée au vif. Et, à la représentation suivante, elle a fait un triomphe. Fichu métier : il faut toujours payer comptant. C'est le revers des contrats fabuleux : la Diva n'a pas le droit de faillir. Elle n'arrive jamais en terrain conquis. Chaque soir, sa couronne est remise en jeu. Sans possibilité de se rattraper, comme à l'Opéra-Comique, puisqu'on ne joue qu'une ou deux fois dans chaque ville. L'impression qu'on laisse, bonne ou mauvaise, est définitive.

Mais voici le Sud et La Nouvelle-Orléans où Calvé, ravie,

1. Cité par Georges Girard, *op. cit.*

croit retrouver « la doulce France ». Elle rencontre des familles françaises auprès desquelles elle a des lettres d'introduction. Quel plaisir, si loin de chez soi, de respirer un peu d'air du pays.

Atout supplémentaire : La Nouvelle-Orléans est l'une des villes des États-Unis où l'on mange le mieux...

Saint Louis, Louisville, Detroit, Buffalo... « Je voyage comme une momie. » Elle ne parle pas, ne sort pas, préoccupée d'éviter les rhumes pour être en forme les soirs de représentation.

Le Texas, on ne fait que le traverser. Mais par les vitres de la « roulotte », Calvé a le temps d'apercevoir ses premiers vrais cow-boys ! Dans un nuage de poussière ils convoient un océan de *longhorns*.

A la halte d'Albuquerque, voilà les Peaux-Rouges, déjà parqués dans leurs réserves, qui viennent tenter de vendre quelques misérables colifichets : « Ils vivent dans des huttes de terre, note Emma, en fumant leurs pipes, et regardent passer les trains de la civilisation. Quelle belle et forte race, détruite par l'alcool, dit-on. »

Enfin, voilà la côte du Pacifique et Los Angeles, « Cette jolie ville qui a poussé comme un champignon grâce aux mines (sic!) de pétrole. Elle est devenue assez riche et grande pour que nous puissions y donner une semaine entière de représentations fructueuses. On a refusé des centaines de places dont les plus modestes étaient à douze dollars. »

Grau a innové. Au pays de la ruée vers l'or, il a proposé aux artistes un cachet en pièces d'or d'une valeur de cent francs français. Elles sont superbes. Emma a dit oui pour les montrer aux siens à son retour.

C'est San Francisco qui réserve à la Diva la plus grande surprise du périple. Pas à cause de Chinatown, qu'elle découvre avec ravissement, dont elle rapporte des soies et des statuettes de Bouddha, un superbe paravent de Coromandel qui vont orner les salons de Cabrières, ni à cause des phoques familiers qui viennent folâtrer jusque sur la plage, ni même parce que *Carmen* renoue avec les soirées de triomphe auxquelles sont associés Salignac et Journet, superbe basse chantante, venu rejoindre la troupe, qui chante aussi bien Escamillo qu'Hans Sachs.

Non, ce qui provoque le plus grand étonnement chez Emma Calvé à San Francisco, où la forte colonie française fait un « malheur » chaque soir en l'honneur de ses compatriotes, c'est une visite inattendue. Un matin, la femme de chambre prévient sa maîtresse qu'un monsieur désire être reçu par Mademoiselle... et qu'il a l'accent de l'Aveyron. A San Francisco, ça n'est pas courant.

Emma voit entrer un quinquagénaire bedonnant et réjoui, qui lui dit d'entrée, avec des sonorités donnant des frissons de plaisir à la Diva : « Tel que vous me voyez, je suis de Decazeville ! Et même que mes parents habitaient près de la maison de votre maman. »

Le monde est petit pour les Rouergats, puisqu'ils se rencontrent à dix mille kilomètres de chez eux !

« Que faites-vous à San Francisco, questionne Emma, attendrie :

— Avec ma femme, qui est du Levezou, explique le bonhomme, je dirige une *laundry* (une blanchisserie). Je l'ai créée et vous verriez ça ! Une usine de deux cents ouvrières, qui viennent toutes du pays. On va les chercher en Aveyron. On a travaillé comme des bêtes, mais on a bien gagné des sous : j'en suis à mon deuxième million ! »

Et ne perdant pas le nord pour autant, il ajoute : « Si vous me donnez votre pratique, et celle de vos camarades, je vous ferai un prix... »

Emma, amusée, assure qu'elle fera la commission et s'apprête à prendre congé. Mais le bonhomme s'incruste : « Tenez, vous devriez venir déjeuner à l'usine, dimanche, à la bonne franquette. Toute la troupe, si vous voulez. Ça me ferait plaisir et ma femme, c'est quelqu'un devant un fourneau ! Ils ont du bon mouton ici, même s'il ne vaut pas celui du causse. Ma femme fait des fricots comme chez nous, vous allez vous lécher les cinq doigts et le pouce ! » Et, déjà rompu aux méthodes américaines de ce qu'on ne nomme pas encore le *marketing*, le jovial Aveyronnais de San Francisco, clignant de l'œil, ajoute : « Ça me fera une belle réclame dans les journaux. »

Et voilà comment, un dimanche de février 1900, à San

Francisco, à dix mille kilomètres de Millau, on a entendu résonner les chants folkloriques du Rouergue, on a vu des gens *tourner la bourrée* au son de la cabrette, dans la cour d'une blanchisserie, transformée pour quelques heures en ambassade joyeuse de l'Aveyron. On a vu de belles dames, richement parées et chapeautées, et de beaux messieurs en habit et au timbre sonore de chanteurs d'opéra trinquer sans manières avec de petites ouvrières d'Aguessac, de Rodez, de La Cavalerie, ou de Villefranche, de Creissel ou de Requista, un petit bouquet en main, composé d'une marguerite entourée d'un coquelicot et d'un bleuet, figurant un minuscule drapeau français. On a entendu dans tout le quartier les détonations pacifiques des bouchons de champagne, saluées par des rires et des vivats jusqu'à une heure avancée de la nuit, on a vu tous ces gens bouche pleine de *tourel*, cette soupe à l'oignon typique de l'ouest de l'Aveyron, de *gratou* de porc, de tripou et de gigot d'agneau « comme là-bas », terminant sur un gâteau à la broche qu'on aurait juré arrivé le jour même de Rodez. Les artistes ont signé des photos qui ornent à présent les murs de l'usine, et les journaux du lendemain, prévenus par l'astucieux Aveyronnais, ont chanté la gloire du commerçant. « Ils vont l'aider à gagner son troisième million », note Emma, à la fois touchée par la générosité de son compatriote et un peu offusquée par son culot. Il lui a juré que fortune faite, il reviendrait au *païs*, achèterait des terres et y finirait sa vie.

Emma le comprend très bien, elle qui partage sa mentalité. Travesti momentanément en Californien, il est resté, comme la Diva, rouergat de cœur et de mentalité.

Emma et l'homme connaissent le même proverbe :

Biro que biroras
O toun païs toujourn tournoras[1].

---

1. Tu as beau tourner, tu finiras par retourner au pays.

27

Où l'on voit l'héroïne
se passionner pour un Swami hindou
et devenir une de ses disciples

« ON PARLE beaucoup ici d'un moine hindou de l'Ordre des Veda. Au Congrès des religions qui s'est tenu à Chicago, il a, paraît-il, admirablement parlé devant les plus grands orateurs de tous les cultes. Il vit comme un saint, soignant, en pleine épidémie de variole noire, les malades délaissés ! Miss McLeod — c'est une camarade vraiment chère pour moi, très intelligente, ayant de grandes et bonnes idées, parlant bien le français, ayant donné dans le monde entier des conférences religieuses, bouddhiste — m'a parlé souvent de son maître, le *Swami* (qui veut dire Maître en hindou), le *Swami* Vivekananda. J'aimerais le connaître (…). »

L'Amérique à ses pieds ne suffit pas à apaiser l'âme tourmentée de la Diva. C'est Autre Chose qu'elle cherche, au-delà du tourbillon mondain de sa vie. Rien ne la détourne longtemps de cette quête, de ses interrogations angoissées. Calvé la Mystique veille sur l'épaule de Calvé la Mondaine, au milieu de ses plus grands triomphes.

Elle vient d'entendre parler pour la première fois d'un homme qui va la fasciner toute sa vie : le *Swami* Vivekananda. Il a quitté son *ashram* de Belhur, au Bengale, pour parcourir le monde et confronter sa sagesse à d'autres sagesses. Il est ouvert à toutes les formes de religion. Il n'en exclut aucune. Et pour Calvé, maintenant, il est plus important de rencontrer ce sage, qui a peut-être quelques réponses à apporter à ses questions, que de triompher sur une scène d'opéra grâce à une santé maintenant complètement rétablie.

Pourtant, celle-ci va lui permettre de réaliser un « final » en beauté.

La dernière ligne droite de cette épuisante et gigantesque tournée aux États-Unis, qui a surpris la troupe au moment du changement de siècle (nous sommes désormais en 1900), a commencé à Seattle, dont la population ne dépassait pas alors cinquante mille habitants, où les artistes, à leur étonnement, se sont vu proposer... des terrains à acheter. En ce début de XXe siècle, l'Amérique est encore à vendre à l'encan aux pionniers. « Mes camarades en achètent, note Emma, comme s'il s'agissait d'emporter un souvenir ; moi, je m'abstiens : je préfère rapporter mes sous en France. »

Pittsburgh, avant-dernière étape, a rappelé à Emma son Decazeville natal. Ici, comme dans *le Bassin*, les « gueules noires » sont la majorité. Même dans la salle où les ouvriers sont venus « en costume » ; parmi eux, des émigrés arrivés tout droit du Rouergue qui applaudissent de leurs grosses mains noueuses et font une folle ovation à leur compatriote.

Si bien qu'en cette fin de tournée où Calvé et Salignac avaient décidé de s' « économiser », ils se sont en réalité surpassés, surmontant fatigue du corps et de la voix, comme si la Cour d'Angleterre, Victoria en tête, était au complet dans la salle.

A l'issue de la représentation, la récompense est là, sous la forme d'une liste composée d'une centaine de noms « bien de chez elle », qui saluent en Emma « notre compatriote, de la part des Aveyronnais de Pittsburgh, heureux de l'applaudir ». Ils demandent la permission de venir la féliciter. Comment refuser ? Emma les a reçus, avec quelle joie, en dépit de son état de fatigue...

Enfin, voilà Chicago, où Calvé, dans *Carmen*, a été rappelée des dizaines de fois à chaque acte avant que des centaines de jeunes filles n'envahissent la scène.

Il était temps que tout se termine. « Moi si vibrante, avoue Emma, je ne suis pourtant qu'une morte vivante. Ma pauvre poitrine est lasse, mes muscles meurtris comme si j'avais été battue. »

Plus qu'un *Faust* et c'est fini. Tous les journaux disent qu'Emma a été superbe. On risque même le mot : génie. La plus grande actrice-chanteuse de sa génération. On loue son magnétisme irrésistible, « la grande Française » a triomphé une fois de plus. Elle a chanté et joué comme si c'étaient ses débuts, avec la même fièvre.

Mais ce qui l'intéresse, elle, c'est de rejoindre New York pour tenter de rencontrer le *Swami* Vivekananda. Parce qu'il y a des choses plus importantes dans la vie (et après) que de savoir si l'applaudimètre a mieux fonctionné à Boston, à Chicago ou à New York. La gloire est chose éphémère et il y a des réponses qu'elle attend toujours. Elle en a cherché une partie dans les pratiques ésotériques ; elle lit chaque soir quelques pages d'un livre « spirite », elle « télépathise » volontiers, bien qu'elle ait constaté que « ça ne marchait guère » à travers l'Atlantique. Elle discute sans fin avec tous ceux qui partagent ses goûts. Mais rencontrer un vrai *Swami*, un Maître, c'est autre chose.

Carmen, Les Pêcheurs de perles, Mefistofele, ça va bien un moment, mais il y a mieux à faire ; parler avec le *Swami* qu'elle admire déjà sans le connaître.

Avec la naïveté du profane, elle le décrit d'après ce qu'on lui en a dit : « C'est un moine nomade des Veda, explique-t-elle, secte qui a préservé la pure science morale de Brahma. Il vit comme Jésus, dans la maison de l'un ou de l'autre. Il ne possède rien. Docteur distingué, juriste, pharmacien, linguiste, il sait tout, il comprend tout. Il parle et écrit couramment la langue française qu'il ne connaissait pas il y a un an. »

Enfin, à New York, Emma rencontre grâce à Miss McLeod « son *Swami* ».

Voilà la fracassante Diva, la terreur des directeurs de théâtre, capable d'affronter n'importe quel partenaire ou rivale, toute fondante, toute douceur, tout admiration devant un homme replet, enturbanné, au teint mat, au visage rond, un peu chiffonné, aux beaux yeux sombres, dont la seule parole a subjugué la Vaillante.

De tous les hommes qui auront croisé la vie de la Diva, celui-là sera le seul qui lui aura apporté la paix... ou du moins les moyens de l'acquérir, entre deux orages.

L'admiration que porte Calvé au *Swami* Vivekananda se lit dans le portrait qu'elle dresse de lui dans ses Mémoires : « Jeune, le visage légèrement bronzé, empreint de douceur et d'une grande dignité, il me rappelle, par le calme et la noblesse de sa démarche, le prince hindou entrevu chez la reine Victoria. »

Emma est subjuguée : « Très simple, il répond d'une belle voix grave à toutes les questions par des mots judicieux et profonds, des paraboles empreintes d'une grande poésie. Miss MacLeod m'apprend que les moines de cet ordre observent, ainsi que les nôtres, les trois vœux de pauvreté, de chasteté, et d'obéissance. Il reste parfois, remarque-t-elle, dans une telle concentration que des enfants peuvent jouer autour de lui sans qu'il s'en aperçoive. Il est venu en Occident pour étudier les mœurs, les progrès scientifiques et les différentes religions, si nombreuses en Amérique. Doué d'un magnétisme puissant, il parle d'une voix harmonieuse, tantôt profonde comme celle d'un violoncelle, tantôt suave comme les accords d'une harpe éolienne. C'est un être d'exception et de l'esprit le plus élevé qu'il m'ait été donné de connaître. »

Jamais Emma Calvé ne parlera d'aucun autre homme de la sorte !

Il est vrai que dans le monde d'apparence, de clinquant, de rivalités sordides et d'affrontements mesquins, dans le tourbillon factice où vit la Diva depuis ses débuts, la sagesse, la sérénité, le désintéressement de Vivekananda viennent d'une autre planète.

Lui, ne demande rien, il donne tout. Mais surtout, il irradie un équilibre, une paix de l'âme qui font envie à Calvé, si tourmentée. Calvé qui se bat seule depuis quinze ans, Calvé qui a dû marcher sur les autres pour ne pas être écrasée, qui sait que demain d'autres viendront avec des dents plus longues que les siennes pour réclamer leur place. La rencontre du sage hindou la réconforte et la rassure. Il l'aide à relativiser les choses.

Mais il y a une raison supplémentaire à la fascination de Calvé pour le *Swami*. Ce qu'il professe, c'est la doctrine même à laquelle la Diva s'accroche pour combattre ses angoisses. Que dit Vivekananda ? Ce que Calvé a besoin d'entendre : la réincarnation successive des êtres, assortie d'une progression constante à chaque passage terrestre. Emma, qui a toujours eu peur de la mort, trouve dans cette perspective des raisons d'espérer. La vie est un bref passage et nous reviendrons, encore meilleurs. Quoi de plus séduisant pour cette perfectionniste, qui cherche toujours à s'élever, non seulement dans le corps social, mais dans son esprit ?

Que dit le *Swami* ? « Nous ne sommes pas nés, il faut passer par la mort pour entrer dans sa véritable patrie. »

C'est ça qu'il fallait lui dire !

Elle ne veut plus quitter le saint homme. Il faut qu'ils se revoient. N'a-t-il pas dit qu'il comptait se rendre en Europe ? Qu'il vienne à Paris et la Diva reprendra avec lui ces longues conversations qui lui mettent le baume à l'âme.

Vivekananda va venir. Il profitera de l'Exposition universelle pour donner une série de conférences. Emma ne veut pas les manquer. D'autant plus que... devinez qui a invité le *Swami* à Paris ? Jules Bois. Un « ami bien cher », le journaliste fougueux qui s'était battu en duel avec Papus. On est presque en famille !

Non seulement *Swami* Vivekananda est venu à Paris, mais on dit qu'il a assisté — en dépit du sujet, brûlant pour un ascète — à une représentation de *Carmen* avec la Diva ! En échange, le saint homme a enseigné à la cantatrice l'utilisation des mentras, ces prières psalmodiées, qui s'appuient sur une discipline respiratoire très élaborée donnant capacité, en contrôlant le souffle, « de capter les forces de la divinité déployées dans l'éther ». Très précieuse technique pour un chanteur d'opéra ! Et combien précieuse pour combattre la nervosité et le trac !

Voilà la Diva, sans le savoir, qui s'adonne à des rudiments de yoga ! C'est une première en Europe occidentale !

Ce yoga respiratoire, non seulement Calvé va en maîtriser les techniques, mais bientôt elle l'enseignera à ses propres élèves [1].

De cette rencontre entre le *Swami* et la Diva, de son attirance pour l'hindouisme et le bouddhisme, Cabrières hérita du

1. Le mentra Om, dont les vibrations sont destinées à « mettre en alerte la divinité », n'est pas sans rappeler les techniques des chanteurs pour placer la voix « dans le masque ».

privilège d'être le premier (et sans doute le seul) château rouergat à receler une bibliothèque spécialisée dans la philosophie et la religion hindouistes, avec les recueils « d'entretiens et de causeries » du *Swami* Vivekananda tel *L'Idéal d'une religion universelle*, et une statue de Bouddha devant laquelle brûlaient des bâtons d'encens !...

28

Où l'on voit l'héroïne
pleurer sur ses amours perdues
et se consoler auprès de la Duse

« U N GRAND chagrin vient de m'atteindre à la suite d'une
déception cruelle, inattendue. Durant de longs jours
j'ai souffert, j'ai pleuré, j'ai voulu mourir ! Désespérée, je suis
allée passer quelques jours auprès de ma grande amie, la Duse, à
Venise. Je rentre à Paris moins malheureuse, apaisée, résignée »
(Paris, novembre 1899).

A son habitude, la Diva se trompe sur la date. Mais pas sur
l'état de son cœur.

Par ces quelques lignes sibyllines, Emma Calvé fait allusion
dans ses Mémoires au grand chagrin d'amour qui l'attendait à
son retour d'Amérique. Faute de précisions de sa part, on ne
peut que se livrer à des suppositions, mais il y a de fortes
chances pour que la « déception cruelle, inattendue », soit
l'annonce du mariage d'Henri Cain avec Julia Guiraudon, de
l'Opéra-Comique. Celle-là même qui partageait avec Emma les
lauriers de *La Navarraise,* musique de Massenet... livret
d'Henri Cain !

Henri a trahi leur serment... Qui l'eût cru de la part d'un
homme qu'Emma admirait autant qu'elle l'aimait ? Que s'est-il
passé pour qu'un amour si profond, qui semblait si durable, ne
résiste pas à quelques mois de séparation ? Autant que la
trahison, c'est la *manière* qui accable Calvé. Henri ne semble
pas l'avoir préparée au choc qui l'attendait. Elle a tout
découvert en rentrant à Paris...

Emma ne se remettra jamais complètement de cette déception. Sa vie durant, elle traînera comme un boulet le souvenir d'un gâchis sentimental dont la douleur sera d'autant plus vive qu'elle sera entretenue par des relations affectueuses jusqu'à la mort d'Henri Cain en 1937.

En dépit de liaisons passagères, la Diva restera fidèle au souvenir d'Henri, par le cœur et la pensée. Partout dans le monde, elle continuera à emporter « la croix russe et le chapelet », ainsi que le petit âne peint par Cain sur un support en forme d'éventail qu'elle plaçait à la tête de son lit. Longtemps elle exhalera sa plainte sur la « cruauté du sort ». Et ce, d'autant plus que personne ne remplacera vraiment Henri Cain...

Qui aurait pu se douter que, tandis qu'Emma triomphait, une fois de plus, en Amérique, Henri — « le meilleur garçon du monde », selon le comte Primoli — lui préparait ce vilain tour ?

Calvé, dans ses Mémoires pourtant si soigneusement édulcorés, laisse entrevoir, en transcrivant une lettre de la Duse, ce que fut son chagrin. Eleonora lui prodigue des conseils de résignation et lui donne des raisons d'espérer : « Quand on possède, écrit l'illustre comédienne à son amie, pour s'extérioriser une voix unique, faite de toutes les couleurs du prisme, pure comme les sources de tes montagnes, on n'a pas le droit de pleurer. Quel orgueil de croire qu'une âme et un cœur puissent vous appartenir toute une vie !... C'est attenter à la liberté individuelle de tout être. Deviens son amie la plus douce, la meilleure, c'est la seule vengeance qui sied aux femmes de cœur. »

Admirable conseil, qu'Emma s'efforcera de suivre. Il est vrai qu'Eleonora parle d'expérience, elle qui a « souffert sous Gabriele D'Annunzio » et « pleuré des larmes de sang »... « Et puis, *povera fanciulla*, quand tu auras trop de chagrin, viens pleurer auprès de moi. Je connais ta souffrance et à deux le poids sera plus léger. " *Il legno nutrisce il fuoco che lo consuma.* " Nous avons une bonne provision de ce bois-là. C'est le soleil de notre cœur qui nous le donne, il ne nous quittera qu'à la mort. Travaille ! Souviens-toi de ta devise : " Qui chante, son mal enchante. " »

Les causes profondes de cette rupture ne sont pour autant pas claires. Faut-il les rechercher, comme le fait Georges Girard, conservateur du Fonds Calvé, dans un refus, de part ou d'autre, d'officialiser une liaison ancienne parce qu'Henri était juif et Emma goye ? C'est la thèse de l'historien de Millau.

On voit mal cette femme de défis, intraitable sur le chapitre de sa liberté, peu soucieuse du qu'en-dira-t-on (voir « l'affaire » Saunière), reculer à devenir « madame Caïn » parce que quelqu'un lui aura fait remarquer qu'en pleine affaire Dreyfus cela peut nuire à sa carrière. Preuve supplémentaire de cette absence de préjugés religieux ou raciaux chez la Diva : tout au long de sa carrière elle a entretenu des rapports professionnels ou amicaux avec nombre de juifs, sans que jamais soit faite la moindre allusion à leur origine.

D'autre part, les quelques échos qui nous sont parvenus suffisent à établir que l'initiative de la rupture appartient à Henri Caïn. Emma parle de « déception inattendue » et la Duse lui conseille « de se venger » en femme de cœur, en devenant « l'amie la plus douce » du traître.

On s'est demandé pour quelles « vraies » raisons Henri Caïn, engagé envers Emma, finit par épouser l'autre des interprètes féminines de *La Navarraise*, Julia Guiraudon, un exquis soprano, qui interrompra aussitôt sa carrière pour se consacrer exclusivement à son grand homme.

Henri aurait-il mis comme condition au mariage l'abandon par Emma de sa carrière, comme il le fera pour Julia ?

Ce qui peut faire prendre cette hypothèse en considération est une lettre tardive de Pierre-Barthélemy Gheusi à Emma Calvé, envoyée à la cantatrice un peu avant la Seconde Guerre mondiale, lors de la publication des souvenirs artistiques de l'ancien directeur de l'Opéra-Comique. Gheusi détenait-il des « secrets » qu'Emma ne tenait pas à voir divulguer par des indiscrétions ? Elle a dû le craindre puisqu'il lui répond, faisant allusion à ses amours : « Rassurez-vous, jamais je ne me croirai autorisé à écrire vos confidences du cœur [1]. (...)

Le grand amour d'Emma Calvé, celui à qui elle a tout sacrifié, c'est son Art. Dans ces conditions, Henri Caïn a pu

1. Cité par Georges Girard, *op. cit.*

faire les frais de cette passion exclusive. La Diva sort de dix années d'un combat sans merci durant lequel elle s'est forgé une voix, un physique, un répertoire, une résistance indispensable à l'accomplissement d'une destinée en laquelle elle croit maintenant plus que jamais. Elle sent la réussite à sa portée. Fallait-il renoncer à cette vie brillante pour n'être plus que *madame Henri Cain* ?

Il faut comprendre Henri Cain : mieux placé que quiconque pour connaître les sujétions du métier de diva, lassé d'attendre en vain une étoile filante qui au premier appel est déjà dans l'escalier, prête à partir au bout du monde si c'est pour y chanter, il a pu se résigner à un mariage de raison avec une compagne au caractère plus conciliant, moins pétri d'ambition.

Une fois encore, sur le chapitre de la vie privée de la Diva, le mystère règne. Seuls les intéressés et les amis proches savaient, mais ils ont choisi de se taire. Laissant à ceux qui ne savaient rien le champ libre pour échafauder les hypothèses. Aucune n'est satisfaisante. Les seules certitudes sont les regrets que toute sa vie Emma Calvé formulera à propos de cette déception sentimentale. Henri Cain demeurera le grand amour de sa vie en dépit (ou à cause ?) de leur séparation. Cet amour s'est idéalisé dans le souvenir de Calvé, n'ayant pas eu à connaître l'épreuve des réalités et l'usure du temps.

Emma n'a cessé de rencontrer professionnellement, amicalement, Henri jusqu'à la mort de celui-ci (en 1937) et d'être reçue chez les Cain, dans leur appartement de la rue Blanche où défilait le Tout-Paris. Mais cette amitié n'a pas effacé les regrets. Au contraire : le bonheur simple et évident de Julia les avive et fait envie à la Diva que le monde entier célèbre.

En 1925 — à soixante-sept ans ! —, après une rencontre du couple à Nice, Calvé écrit à une amie, Mme Proska, devenue dame de compagnie et confidente : « Je vois passer Henri au bras de sa femme triomphante et satisfaite (...) et je ne peux m'empêcher de songer tristement que je devrais être à sa place s'il y avait une justice. »

Paroles sibyllines. De quelle injustice s'agit-il ? De celle qu'elle-même s'est infligée en ne sachant pas choisir entre le bonheur conjugal et sa carrière, ou s'agit-il de l'injustice d'Henri à son égard ? Pierre-Barthélemy Gheusi, dans ses souvenirs, *Cinquante ans de Paris*, publiés en 1939, où il évoque abondamment le petit monde de l'Opéra-Comique et ses intrigues de scène et de coulisses, n'aborde pas le sujet. A Emma, inquiète d'éventuelles *fuites*, il répond par des mots qu'elle seule pouvait comprendre : « Pour le reste — votre amour-propre — et je l'ai bien vu — comptait beaucoup plus lourd que votre amour ! Et puis, le personnage (Henri ??) était bien au-dessous de vous ! »

Il faudra nous contenter de cela.

Pour l'instant, voilà la Vaillante plus abattue que lorsqu'elle luttait contre la fièvre, perdue entre Toronto et Kansas City. « J'ai fait appel à ma conscience et, humblement, je m'avoue vaincue en me disant qu'ayant tout sacrifié au théâtre, je n'ai pas mérité le bel amour qui contente et qui dure, mais j'ai un bien gros chagrin, n'ayant plus le goût de vivre, ni de chanter. »

Il ne reste plus qu'à se conformer aux prescriptions de la Duse, *docteur ès chagrins d'amour*.

Emma se lance à corps perdu dans la préparation des reprises de *Cavalleria rusticana* et *Carmen* pour Londres, ainsi que la création de *Messaline,* un opéra d'Isidore de Lara. Encore un rôle fait pour mettre en valeur Calvé que cette impératrice dépravée ! Elle y remporte un fracassant succès dans ses voiles pourpres.

Deux triomphes. Une consolation pour quelqu'un « qui n'a plus goût de chanter ». Assortie de la traditionnelle invitation à Windsor Castle où Victoria exige qu'on loge la Diva au château même. « Sa Majesté reste sous le charme de votre beau et incomparable talent, car l'une des plus grandes joies de la Reine est d'entendre Mlle Calvé », lui écrit l'un des secrétaires particuliers.

Il est heureux qu'Emma ait trouvé un château où se loger, car le sien vient de brûler ! Quand on est dans les ennuis, décidément...

Un incendie a endommagé Cabrières le 28 juillet 1900. On déplore des dégâts jusque dans la chambre de la Diva. Par bonheur, Léonie était sur place, avec le régisseur et le garde. Le contrat d'assurance est solide. Tout sera réparé.

Emma Calvé rentre en France, la saison de Londres achevée, pour se faire entendre dans le cadre de l'Exposition universelle de 1900 qui draine vers Paris le monde entier. Un programme de chants folkloriques, bien sûr, a été retenu par la Diva pour honorer les provinces et le génie français. Emma retrouve dans les réceptions son vieil ami Jean Richepin, avec qui elle est assez liée pour accepter d'être la marraine du fils du poète : Jean-Loup. Mais surtout, cette Exposition universelle est l'occasion pour Emma de retrouver le *Swami* Vivekananda dont l'amitié et la parole l'apaisent et qui va demeurer quelques mois en France. Le saint homme intéresse beaucoup Romain Rolland qui se passionne pour l'hindouisme tout en travaillant à *Jean-Christophe* et publiera en 1922 une *Vie de Vivekananda*.

Mais ces déceptions répétées, s'ajoutant aux fatigues de la tournée américaine, ont ébranlé la santé de la Diva. La voilà, fin août, alarmée. Elle assure avoir souffert « d'une angine de poitrine très douloureuse ».

Fausse angine, sans doute, d'origine psychosomatique, car le cœur de Calvé n'est pas près de s'arrêter. Le Dr Grasset qui la soigne ne s'y est pas trompé, puisque Emma le qualifie de « psychologue au grand cœur, médecin de l'âme autant que du cœur ».

Emma suit une cure à Aix-les-Bains pour ses troubles cardiaques et une atteinte de rhumatismes. A Albert Carré, son nouveau « patron » à l'Opéra-Comique, la Diva écrit : « Les émotions éprouvées durant ces deux derniers mois viennent de réveiller la maladie de cœur dont je souffrais autrefois. (?) Je lutte contre mon mal avec vaillance pourtant, mais j'ai des étouffements constants, surtout en chantant. Je n'avais qu'une ressource pour oublier le chagrin de la femme : le succès de l'artiste. Cette consolation m'est refusée. (...) »

Décidément : les peines de cœur de Calvé sont un secret de polichinelle. Tout le monde est mis au courant... par ses soins.

Et du côté de l'âme c'est pareil. En retrouvant ses racines aveyronnaises, Emma renoue avec son vieil ami l'abbé Bessou, qui l'a connue toute jeune et lui voue une affection paternelle. Le brave abbé, qui en connaît long sur les faiblesses humaines, conserve à la Diva, en dépit de sa profession « aux multiples et dangereuses tentations », une amitié sans faille. Ce solide curé de campagne et poète rouergat (auteur d'un recueil célèbre en Rouergue : *D'al brès à la toumbo*), né à Saint-Salvadou, près de Villefranche-de-Rouergue, curé de Saint-André-de-Najac, majoral du Félibrige auquel il a adhéré peu après sa fondation par Mistral en 1852, est le réconfort de la Diva en crise. Lui aussi a dû avoir son lot de confidences. Elle peut tout lui dire à ce prêtre si bon : sa simplicité, sa foi si évidente, loin des affres métaphysiques, sa joie de vivre sont d'un grand secours pour Emma.

On raconte que l'abbé Bessou n'a pas hésité à se défroquer et à venir incognito à Paris, pour applaudir la *fantoune* dans la sulfureuse *Carmen* !

Voilà l'abbé Bessou, durant l'été 1900, jouant les directeurs de conscience de cette *Emmanoto* qu'il a connue enfant.

Jusqu'en 1918, date de la mort du vieux curé, Emma ne cessera de correspondre avec lui. Il est souvent venu à Cabrières. Bien des bigotes ne se doutèrent jamais que les étoles et chasubles galonnées d'argent et d'or que revêtait le prêtre pour célébrer la messe et leur donner la communion avaient été taillées dans des costumes de scène d'Emma !

Elles sont donc finies les « dérives » occultistes, les conversations sur l'Au-Delà, les lectures spirites et les études bouddhistes ?

On pourrait le croire, puisque les épreuves semblent orienter la Diva vers un retour à la foi de ses ancêtres.

En cet été 1900, non seulement le bon curé Bessou reçoit un déluge de confidences, mais, retournée à Paris début septembre, Emma Calvé demande à rencontrer, avec un mot de recommandation, un célèbre directeur de conscience de l'époque, un jésuite, le père du Lac de Feugère, dont les prédications sont suivies par la meilleure société. Le père du Lac est prié de conseiller la Diva « dans une circonstance difficile ».

Décidément, Henri Cain a fait des ravages...

On ignore, bien sûr, ce que le jésuite a pu « conseiller » à la cantatrice. Mais le résultat est pour le moins surprenant.

Car au moment où Calvé confie ses peines à des prêtres

catholiques, elle projette un voyage en Orient pour se changer les idées. Et avec qui ? Avec le *Swami,* bien sûr !

Qui les accompagne ? Jules Bois, écrivain « sataniste » et fervent occultiste !

Les contradictions n'étoufferont jamais cette riche nature..

29

Où l'on voit l'héroïne partir pour l'Orient
en compagnie du Swami et de son nouvel amant

L'IDÉE de ce voyage en Orient — si romantique ! — vient de Betty McLeod, l'amie américaine chez qui Emma Calvé a rencontré le *Swami* Vivekananda, à New York. Elle aussi est à Paris pour l'Exposition universelle. Le *Swami* loge rue Gazan, chez Jules Bois, depuis plusieurs semaines.

La Grèce, la Turquie, l'Égypte en pareille compagnie, voilà qui va soigner le moral de la *Diva*. Emma est ravie à la perspective de passer plusieurs semaines dans l'intimité du saint homme...

Les théories du *Swami* à propos de la réincarnation, Calvé les a faites siennes depuis longtemps. Elles contiennent les réponses aux questions qui ne cessent de la tourmenter. Le maître la rassure : il ne rejette pas l'enseignement du Christ. En outre, le *Swami* conforte Emma dans ses propres croyances : nous sommes en marche vers la perfection. Après des milliers de réincarnations, toujours mieux « épurés », nous serons de plus en plus proches de la divinité.

Emma se sent personnellement concernée quand le *Swami* lui explique : « Lorsqu'elle quitte le corps, l'âme est attirée par les âmes de ceux qu'elle a admirés sur terre. Donc, immanquablement, les amants, les amis, les parents se poursuivent à travers le grand voyage des mondes, jusqu'à ce qu'ils se retrouvent, près de Dieu, réunis au *Grand Tout*. »

Calvé a noirci des cahiers entiers de notes, avec une touchante bonne volonté, en élève appliquée du *Swami*, tentant de s'y retrouver dans les sens qu'il donne aux mots « planètes », « sphères », « unité dans la multiplicité », « Grand Tout »…

« En vérité, c'est nous qui sommes Dieu, écrit-elle. Tu retourneras vers moi, et ce qui nous sépare est si peu de chose. »

Il paraît que Bouddha, dans le *Nirvâna*, admet tout le monde. Le *Swami* adore le Christ et parle avec vénération de l'Évangile. « Les moines védistes célèbrent le Vendredi Saint et ne peuvent sans larmes lire le récit de la crucifixion », affirme Emma. « Les eaux du Jourdain peuvent se mêler à celles du Gange, a dit le *Swami,* elles ont la même source. »

« De temps en temps, explique Emma avec le plus grand sérieux, une goutte d'eau divine — un Dieu — se détache du faisceau pour venir apporter la bonne parole à l'humanité, tel Bouddha, tel Jésus qui est pour les bouddhistes une portion de la Divinité, comme Bouddha. Tous deux sont retournés se fondre dans le Grand Tout. »

Voilà en tout cas ce qu'elle a retenu des propos du saint homme. Et voilà des paroles faites pour la consoler et l'assurer qu'un jour elle retrouvera Henri, réunie à lui dans le *Grand Tout*. Même si cela doit prendre des siècles, cette perspective aide à oublier les petites misères de l'heure. Qu'est-ce donc qu'une vie humaine comparée à l'éternité ?

En attendant un monde meilleur, elle peut se consoler de la perte d'Henri… dans les bras de Jules…

Ce journaliste-écrivain essayiste et dramaturge est une vieille connaissance de la Diva. Ils se sont croisés fréquemment dans les réunions de la Librairie de l'Art Indépendant et au cours des péripéties tragi-comico-ridicules qui ont marqué la « guerre des Deux-Roses » opposant naguère les partisans de Papus à ceux de Péladan.

Ce Marseillais, de dix ans le cadet d'Emma, est, lui aussi, « monté à Paris » avec des dents longues, une moustache noire et une barbe pointue qui lui confère cet aspect méphistophélique qui n'est pas pour effrayer la Diva, habituée aux diables d'opéra.

Jules Bois s'est immédiatement agrégé, grâce à l'amitié de

Huysmans, aux milieux occultistes se passionnant pour la métapsychie. Dans l'abondante production de ce travailleur infatigable, on relève des titres qui en disent plus que tous les discours : *Les Noces de Sathan* (1890), *Il ne faut pas mourir* (1891), *Les Petites Religions de Paris* (1894), *Le Satanisme et la magie* (1895). Il publiera bientôt *L'Au-Delà et les forces inconnues* et *Le Monde invisible*. Beaucoup de ces ouvrages sont édités par la Librairie de l'Art Indépendant.

La Diva est à son affaire.

Jules Bois avait donc, sur le plan intellectuel, toutes les raisons de séduire Emma Calvé. Mais elle ne semble pas avoir été insensible au charme un peu inquiétant de ce « sataniste » que ses contemporains décrivent comme « un peu enveloppé », toujours vêtu de noir, et dont le visage respirait l'intelligence et le regard dominateur faisait effet sur le beau sexe.

Brillant causeur, conférencier émérite, doté d'une culture encyclopédique, Jules Bois envoûta la Diva, en mal d'affection.

Bien sûr, elle ne dit mot dans ses Mémoires d'une relation amoureuse qui fut bientôt connue du Tout-Paris, *via* les échotiers. « C'est un délicieux camarade, écrit Emma, doux, bon, complaisant, avec qui chacun se sent à l'aise. Il est très efféminé (?) : un petit bout de fille en pantalons. Très aimé par les hommes et les femmes de notre groupe. »

Il semblerait qu'Emma soit bien la seule à avoir trouvé Jules Bois « doux et complaisant ». Tous les contemporains s'accordent à dire que ce fougueux Méridional avait un caractère tellurique et que quiconque lui marchait sur les pieds s'en repentait aussitôt. On se souvient que dans le duel qui les opposa, l'attitude de Bois face à Papus, pourtant supérieur dans le maniement de l'épée, ne fut pas précisément celle « d'une fille en pantalons ! »...

Si l'on en croit les témoins, le choc de leurs caractères produisit des gerbes d'étincelles.

En 1968, André Billy, qui avait connu Jules Bois en 1908, écrivait encore : « C'était un Marseillais au port avantageux (...). Emma Calvé, la célèbre et belle cantatrice, avait eu une liaison avec lui. Leurs querelles faisaient retourner les passants de l'avenue Victor-Hugo. »

Mais rien de tel encore dans cette période où Jules Bois et la

Diva, sans doute influencés par la présence apaisante du *Swami*, sont « de délicieux camarades ».

Voici donc cette excellente compagnie — le *Swami*, Emma Calvé, Jules Bois, Miss McLeod et le père Hyacinthe Loyson — s'embarquant à bord de l'Orient-Express, en gare de l'Est. On a pris de bons guides : Théophile Gautier, Nerval, Loti et Chateaubriand.

Le *Swami* parle : « Je me tais, j'écoute, j'observe, écrit Emma. Dans ce petit phalanstère, la femme, l'artiste n'existe plus. J'habite une autre planète. »

L'itinéraire est capricieux. On se rend d'abord à Constantinople. Ah ! ce *bazar* où l'on va manger entre femmes, au grand émoi des mâles turcs ! Et les minarets, la Corne d'Or, Topkapi, les muezzins, la promenade en caïque sur le Bosphore et le retour à pied dans les ruelles, le long des maisons aux fenêtres barrées de moucharabiehs : que de souvenirs !

Emma s'enflamme. Comme tu es loin Millau !

Les représentants de la bonne société occidentale à Constantinople l'invitent à chanter. Les hauts dignitaires turcs ne sont pas en reste. Si bien que l'honneur suprême échoit à Calvé : une invitation arrivée par l'intermédiaire de l'ambassadeur de France auprès de la Sublime Porte, M. Constans : elle est priée de venir chanter pour la fille du sultan Abdul-Hamid !

Laissons-la raconter cet épisode, elle est irremplaçable dans le grand récit romanesque : « On m'introduisit dans une grande salle où de belles esclaves vêtues d'étoffes bariolées se tenaient le long des murs, tandis que, assises, ces dames du harem, habillées à l'européenne, se montraient fort aimables pour moi. »

Mais le danger rôde... « J'avais à peine commencé à chanter que je sentis vaguement une gêne un peu confuse m'envahir, et me retournant, je vis à quelque distance de moi, le Sultan ! (...) »

Emma le décrit visage inquiet, blafard, nez en bec d'aigle, et poursuit : « Il était entré sans bruit comme un loup ! Ma voix s'arrêta dans ma gorge et la dame qui m'accompagnait au piano s'interrompit, toute tremblante. Sans un mot, il nous fit signe de continuer, cependant que les esclaves prosternées se relevaient. Je finis ma chanson suivie de bien d'autres.

« J'osai enfin regarder l'homme terrible qui fait trembler l'Islam et qu'on appelle le Sultan Rouge. Il paraissait indifférent, m'écoutant à peine, comme pris d'une nostalgie subite.

« La jolie sultane, s'avançant alors vivement vers moi, me demande d'exécuter la *Habanera*, la danse de *Carmen*. Le Sultan parut s'éveiller et, me fixant, ses yeux se mirent à briller étrangement. " Grand Dieu, pensai-je, si j'avais l'heur de lui plaire ! " Je me voyais prisonnière et mon imagination construisait un drame affolant.

« Cependant, le rythme de ma danse m'ayant entraînée près de lui, il se leva tout à coup et disparut. Je ne l'ai plus revu (…). »

Ce que c'est tout de même de se gaver de Pierre Loti !…

Le sultan n'a pas kidnappé Emma. Ouf ! sauvée ! Une bonne gorgée de café (turc), dans une tasse en or (enrichie de pierres précieuses, naturellement, nous sommes à Topkapi) et il n'y a plus qu'à raconter tout cela (en l'enjolivant) à l'attaché d'ambassade.

« C'est la première fois que je fais fuir un homme en dansant », remarque Emma.

Le diplomate n'est pas surpris : Abdul-Hamid vit dans la crainte permanente d'un attentat. Il a dû craindre que Carmen n'ait passé son poignard dans sa jarretière !

Quelle belle chose que l'imagination…

Et la caravane repart…

Tout au long du voyage, Jules Bois et le père Loyson donnent des conférences sur Carlyle, Emerson, tandis que le *Swami* parle du Talmud, de la Gnose, de la Kabbale, de la philosophie sanskrite des Veda.

« Il nous explique, a noté Emma, Spinozz (*sic !*) Nietzé (re-*sic !*), ce dernier voulant que l'on aide l'élite, le super-homme à se développer, empêchant les inconscients de tuer Jésus-Christ, créant ainsi l'aristocratie de l'intelligence. » (!?!)

Manifestement, Emma a dû sauter une leçon ou deux. A moins que l'enseignement du *Swami* ne soit pas aussi limpide qu'elle le prétend… N'empêche, elle est confiante : « Je vais devenir savante : cela va me faire un petit bagage littéraire qui me manque et m'aide à vivre d'une vie plus intérieure, à me suffire à moi-même, la grande question pour une pauvre femme... »

Avant de quitter la Turquie, on visite le village où Loti fait se passer *Aziyadé*, où, précurseur d'Emma dans l'affabulation, il narre ses amours avec une esclave du Harem. « Les méchantes langues, remarque Emma, disent que son livre aurait dû s'appeler *Aziyado*. »

Vous savez comment sont les gens...

Voilà la Grèce, Athènes avec pour guide Miss Merenti, amie de Miss McLeod, qui connaît chaque pierre de l'Acropole comme si elle les avait taillées. Désormais, grâce à elle, la Diva ne confond plus les styles ionique, dorique et corinthien.

Vraiment, ce Parthénon est admirable.

Bouleversée, Calvé découvre le trésor des Atrides au musée : les masques d'or de Cassandre, d'Agamemnon : « La richesse de tout cela est prodigieuse », écrit-elle. Les bijoux, en particulier, retiennent son attention. Cupidité ? Non, professionnalisme. « J'ai remarqué une statue de Minerve-Athéna. Si je devais chanter Armide (de Gluck) je ferais reproduire ces bijoux, ces serpents entrelacés sur la poitrine. » (Dans les quelques biens qu'Emma Calvé laissera, on découvrira plus tard des centaines de modèles de costumes, de drapés, de plissés, découpés dans des magazines, des revues, des albums ou copiés dans les musées, dont elle s'est inspirée pour ses costumes de scène.)

Le *Swami* profite de la présence du serpent sur ces bijoux pour placer une petite leçon : cet animal-symbole se retrouve dans toutes les religions : Marie lui écrase la tête, comme saint Michel, Moïse, Héraklès...

Emma prend des notes. Elle s'initie aux *upanishads*[1], ces textes védiques, qu'elle qualifie d' « hymnes anonymes, mi-prières, mi-résumés philosophiques ».

L'Acropole était si belle que la Diva s'y est promenée seule

---

1. Fragments de textes sacrés tirés du Veda (savoir) qui codifient la vie religieuse et sociale.

pendant des heures. Elle essaie de se souvenir, mais c'est peine perdue : pas plus ici qu'à Constantinople elle ne paraît avoir vécu dans des existences antérieures.

Comme c'est dommage !

Le vaste temple d'Éleusis est un bon prétexte à évoquer la route de l'Au-Delà et le Livre des Morts qu'on y distribuait aux pèlerins. Emma le sait par cœur :

> *Je suis l'enfant de la Terre et du Ciel étoilé*
> *Mon origine est céleste,*
> *Donnez-moi l'onde fraîche du lac, que j'en trouve le chemin.*

Le voyage s'achève avec l'Égypte. Emma passe ses nuits à lire tout ce qui vient de paraître sur cette extraordinaire civilisation, espérant éblouir ses amis par son savoir tout neuf. Mais elle mélange tout avec une touchante maladresse : les époques et les pharaons, les dieux et les dynasties, les styles et les cultes, les lieux et les symboles.

Désormais, elle se contentera d' « écouter ses doctes amis », d'observer les fellahs égyptiens dont les silhouettes évoquent les personnages de l'Écriture sainte.

« Vivre auprès du *Swami* est une source d'inspiration perpétuelle, de spiritualité intense. Tout lui est occasion de paraboles. Il est parfois enjoué comme un enfant et possède une voix aux vibrations profondes qu'on ne peut oublier. Lorsqu'il sent son auditoire captivé, il peut descendre jusqu'aux *pianissimi* les plus intenses. »

Les pyramides, le Sphinx, Louksor, Assouan, Philae, la vallée des Rois accueillent tour à tour les pèlerins ravis, ébahis de tant de beauté. Emma n'en revient pas d'avoir rencontré dans le tombeau d'Horemheb une lointaine consœur : la momie d'une chanteuse du temple d'Ammon.

Le périple aura duré près de cinq mois. Il s'achève à Alexandrie, au début de mars 1901. Le *Swami* va regagner les Indes qu'il ne quittera plus : « J'entends l'appel impérieux de mes frères », a-t-il confié à ses amis. « Adieu, mes sœurs, a-t-il dit à l'attention d'Emma et de Miss McLeod, que la sérénité soit votre partage. »

Le *Swami* sait-il qu'ils ne se reverront plus en ce monde ? Cela ne l'effraierait pas de l'apprendre, il a l'éternité pour retrouver ceux qu'il aime.

Tout le monde est ému, mais la paix est dans les esprits. Le père Loyson poursuit vers la Palestine. Miss McLeod rentre aux États-Unis.

Jules et Emma vont regagner Paris après un crochet par Milan où la Diva doit donner quelques représentations.

Il n'y aura pas de saison, cette année, à Covent Garden : Victoria vient de mourir...

30

*Où l'on voit l'héroïne,
élue à l'Académie des femmes célèbres,
créer un opéra de Reynaldo Hahn et consacrer
trois cent mille francs-or à son château*

A PARTIR de l'année 1901, la carrière internationale d'Emma Calvé prend les allures d'une triomphale litanie. Désormais, un programme immuable partage son année entre les contrats européens et américains.

Avant de partir pour les États-Unis, où l'attend une des plus longues tournées (elle durera sept mois, y compris une semaine de congé, fin mars 1902, et lui rapportera mille huit cents dollars par représentation — deux mille, en Californie !), Emma a pris le temps de créer l'œuvre nouvelle d'un compositeur pour lequel elle semble avoir conçu une grande admiration que la postérité n'aura pas partagée avec elle.

Isidore de Lara est un de ces innombrables musiciens, « fabricants » d'œuvres lyriques « à la demande », dotés d'un métier sûr, que le Conservatoire de Paris, sous l'influence de Massenet, semble produire à la chaîne. Au début du siècle, ils sont une bonne quarantaine de « fournisseurs » capables de vous trousser un opéra en artisans consciencieux. De cette cohorte émergent encore quelques noms, comme Gabriel Dupont ou Samuel Rousseau, mais le gros de la troupe — dont de Lara — est retourné à l'oubli, non sans raison.

Calvé en fait grand cas et elle a même eu le projet d'écrire pour le musicien un livret — *Naïl* — qu'il aurait mis en musique.

Emma se réjouit à l'idée de créer le rôle-titre de *Messaline*. L'impératrice sanglante incarnée par Calvé est habillée par

Doucet d'une robe pourpre et or, avec manteau assorti, incrustée de perles et de pierres, et entourée de l'excellent baryton Maurice Renaud, de Duc et Gilibert.

Tout lui a plu dans « le beau poème » écrit pour elle par Armand Silvestre et Morand, « dont le musicien s'est heureusement inspiré » (c'est elle qui le dit).

Alfred Bruneau, dans *Le Figaro*, affirme : « La voix de Calvé est unique et elle compose ses rôles en grande tragédienne. » Dans *Le Gaulois*, Fourcaud renchérit : « Calvé est superbe dans ce rôle tragique. Elle prend des attitudes de statue et les inflexions de voix dont elle a le secret (est-ce une allusion aux " petits sons flûtés " enseignés par le castrat Mustafa ?) sont saisissants. Au cinquième acte, avec sa robe d'or et son manteau pourpre, elle plane comme un symbole de désastre. Et quelle tragédienne ! Ces seuls mots " Ah ! sur moi ces mains de mort " ont communiqué à tous le grand frisson. »

La grande Lily Lehmann, qui était dans la salle, partage cet emballement : « Vous devriez laisser *Carmen* de côté, conseille-t-elle à son amie. Je vous préfère dans les rôles tragiques. »

Les bravos à peine éteints, Calvé s'embarque au Havre pour la tournée annuelle en Amérique. Elle ne sera pas là pour fermer les yeux de Justin Calvet qui s'éteint à Millau en mars 1902, à l'âge de quatre-vingts ans. Emma va l'apprendre alors qu'une fois de plus *Carmen* déchaîne l'enthousiasme des foules américaines qui découvrent par la même occasion la *Messaline* « toute neuve ».

Emma revient en France en avril 1902, lestée de trois cent soixante-quinze mille francs-or tous frais déduits (ses comptes en font foi). Elle consacre immédiatement trois cent mille francs à Cabrières, le reste à l'achat d'une maison à Montpellier et à la décoration de son appartement parisien de l'avenue du Bois.

La Cigale deviendrait-elle Fourmi ?

De passage au *païs* et n'écoutant une nouvelle fois que son bon cœur, Emma donne un concert dont la recette va aux sinistrés de Saint-Pierre de la Martinique qui vient d'être ravagé par l'éruption de la montagne Pelée.

Puis ce sont les habituelles vacances à Cabrières, partagées entre les réceptions des amis et l'étude de l'œuvre nouvelle d'un jeune compositeur très en vogue : Reynaldo Hahn. L'œuvre s'intitule *La Carmélite* : Emma y tiendra le rôle de Louise de la Vallière, favorite du Roi-Soleil.

C'est durant son séjour à Cabrières qu'Emma apprend la nouvelle : le *Swami* s'est éteint à Bélhur, au Bengale, dans l'ashram où il donnait son enseignement, entouré de ses frères. La goutte d'eau est retournée dans le *Grand Tout*...

Emma a de la peine, mais c'est par un ultime réflexe d'Occidentale. Au plus profond de ses convictions elle sait qu'elle n'a pas le droit d'être triste, puisque son grand ami, en marche vers la perfection de la Divinité, vient de franchir une nouvelle étape.

Les paroles du sage lui reviennent en mémoire : « Nous ne sommes pas nés. Il faut passer par la mort pour atteindre notre vraie patrie. »

Ce qui, en revanche, réjouit Emma au premier degré, elle qui raffole de distinctions, c'est son élection au vingt-huitième fauteuil de l'Académie des femmes célèbres, proposée par les *Annales politiques et littéraires*. L'amitié du couple Brisson n'est certainement pas étrangère à cet honneur auquel Calvé est extrêmement sensible. Elle a toujours ce besoin d'être reconnue... fêtée, admise comme si elle craignait de retourner à l'anonymat. C'est sans doute pourquoi elle « courra » des années durant après la Légion d'honneur qu'Édouard Herriot lui remettra... en 1931 !

Mais le travail ne perd jamais droit de cité, avec cette infatigable, même en vacances. « Ah, l'adorable partition. On se rend compte que le compositeur est un chanteur lui-même. »

C'est en ces termes que la Diva salue le travail du compositeur de *La Carmélite*. Reynaldo Hahn chante en effet admirablement. C'est là un des dons de ce brillant jeune homme que les salons parisiens s'arrachent. Il est actuellement, avec sa réputation de dandy, ses dons de causeur éblouissant, son charme d'auteur-chanteur, la coqueluche des salons aristocratiques où il a rencontré Marcel Proust [1]. Cet élève de Massenet, venu de Caracas, donne aux Parisiens des leçons de parisianisme. Il compose surtout, à l'intention des femmes du monde

---

1. Probablement chez Geneviève Straus-Bizet.

qui se piquent d'être des interprètes, des romances sur mesure, gracieuses et élégantes, point trop périlleuses pour la voix, permettant de briller dans son propre salon et d'éblouir ses invités. Les « vrais » musiciens tordent le nez devant ce compositeur « facile », suspect d'amateurisme.

Pour leur clouer le bec, Reynaldo Hahn a décidé de passer à la « pointure au-dessus » : la composition d'une œuvre lyrique d'envergure. Il en a assez d'être considéré par les jaloux comme un « habile faiseur », un peu anachronique dans sa défense du lyrisme de bonne compagnie, qui voit chez Debussy passer le « souffle du désordre ».

On va voir ce dont Reynaldo Hahn est capable. *La Carmélite* sera ses *Contes d'Hoffmann* à lui.

Cette carmélite-là n'est donc autre que Françoise de la Baume Le Blanc, dite Louise de La Vallière, favorite de Louis XIV, devenue, après sa répudiation (en 1676), Louise de la Miséricorde, au Carmel.

Sur un livret de Catulle Mendès, voilà donc Louise-Emma chantant en duo... avec le Roi-Soleil. Il a vingt-six ans, et le soleil, c'est dans le larynx qu'il l'a puisqu'il s'appelle Lucien Muratore.

Encore un Marseillais dans la vie de la Diva !

Muratore succédera un jour à Albert Carré à la tête de l'Opéra-Comique. A défaut de nuances, il a un clairon dans le gosier et sera bientôt un Don José « macho » et farouche dont la mâle beauté fera battre plus d'un cœur et lui vaudra d'être immortalisé en peinture dans ce rôle-fétiche.

Le ténor débute, avec *La Carmélite*. La présence de Calvé constitue donc un beau tremplin pour la jeune carrière de celui qu'on va baptiser bientôt « le divin Muratore » en dépit de son manque de raffinement. Mais il sait tirer parti de sa voix large et souple à la fois et de sa diction impeccable de comédien.

Muratore, en effet, avait été comédien — partenaire de Réjane et de Sarah ! — avant d'aborder une carrière lyrique. C'est sans doute pour cela qu'Emma a dit oui au beau Lucien, alors qu'elle eût préféré Saleza — avec qui elle avait tant de fois triomphé à Londres dans *Carmen* — à ses côtés. Enfin un partenaire avec qui elle va pouvoir jouer autant que chanter. Le rêve. C'est vrai qu'il lui plaît bien, le jeune Lucien. Jusqu'à quel point ? Nous ne savons pas...

Reynaldo Hahn est à la fois ravi et inquiet d'avoir la Diva pour interprète. Dans le courrier échangé durant la préparation de l'ouvrage, il multiplie les conseils, les précisions : « C'est un ouvrage de tradition française, écrit-il, chant et diction liés. Ce n'est pas de la passion folle, ce n'est pas du délire hyper-physique. C'est un conte français du XVIIe siècle, tout simplement. On aime, on souffre, on brise, tout cela sans lyrisme extrême[1] (...). »

Hahn craignait-il de voir Carmen « déteindre » sur Louise ? Il semble multiplier les mises en garde. Mais il est sûr, avec Emma, d'avoir une interprète sachant chanter et exprimer à la fois. C'est indispensable si l'on veut rendre la politesse et la pudeur d'une époque où l'on souffre dans la dignité, où l'on n'affiche pas ses sentiments.

Emma a compris, mais elle juge l'œuvre difficile. Peu conforme à son tempérament. Comme il est plus facile quand on est Calvé de se glisser dans la peau d'une Carmen, d'une Santuzza, d'une Anita, ces natures de feu qui disent ce qu'elles ont sur le cœur sans détour ! Avec La Vallière, il faut tout suggérer d'une souffrance qui ne doit jamais être extériorisée. Beau travail, tout en finesse, mais délicat à faire passer jusqu'au poulailler. Heureusement, les représentations alterneront avec Cavalleria : Emma pourra s'y « défouler » !

Hahn est inquiet. Calvé a donné de la voix. Elle a refusé de débuter un 13 novembre. Jour néfaste, le chiffre porte poisse, et la Diva est superstitieuse. Carré obtempère et fixe la création au 11 novembre (ce n'est pas encore, et pour cause, un jour férié).

Les répétitions se déroulent dans une ambiance studieuse. Reynaldo Hahn s'y mêle de chant, mais avec lui c'est le professionnel qui parle, capable de chanter tous les rôles et d'expliquer par l'exemple ce qu'il désire obtenir. Calvé accepte de lui ce qu'elle refuse à d'autres, moins techniciens. Le compositeur apprécie les trouvailles de la « consœur » dont il

[1] Cité par Georges Girard, op. cit.

admire le savoir-faire et la bonne volonté. Il lui écrit notamment : « Ce que vous faites pour moi ne sera pas perdu pour votre gloire. Ce rôle que vous illuminez vous rendra de la lumière, tant vous l'en saturez. »

Catulle Mendès, lui aussi, encourage la Diva, se disant persuadé que personne mieux que lui-même n'apprécie la chance qu'ils ont d'avoir une interprète « de la taille » d'Emma Calvé.

L'ambiance des répétitions a-t-elle été aussi idyllique que Calvé le prétend dans ses Mémoires ? Emma ne s'est-elle pas, en cours de route, mordu les doigts d'avoir accepté un rôle qui, au départ, n'avait pas spécialement été écrit pour elle et se trouvait si éloigné de sa propre nature ?

Il semble que des difficultés soient apparues. Le couple qu'elle forme avec Muratore n'est pas aussi magnifique qu'elle l'aurait souhaité. Des critiques, au lendemain de la première, reprochent au ténor son manque de majesté. Pour Louis XIV, c'est un comble !

Il est vrai que Muratore, débutant face à Calvé, n'a pas le beau rôle. Sur une scène lyrique, ce Louis XIV-là ne peut pas écraser cette La Vallière-là ! D'où, sans doute, ce manque d'autorité et de chaleur dont certains lui ont fait grief.

D'autre part, Reynaldo Hahn, par son parti pris de pudeur, n'a pas su éviter la monotonie : des coupures s'imposent. La partition manque d'éclat et de « morceaux de bravoure ».

La critique fut dure... mais juste, dans son ensemble : elle a épargné Calvé, mais pas Hahn que l'on renvoie à ses musiquettes pour salons huppés. Reynaldo Hahn a beau traiter, dans une lettre à Emma, Adolphe Jullien de « crétin doublé d'un sinistre pédant », Le Journal des Débats n'a pas laissé pierre sur pierre de l'ouvrage. Le compositeur exhorte son interprète à mépriser les Trissotins de la critique, à croire plus que jamais à son talent et à son instinct qui lui ont fait incarner une La Vallière conforme à l'histoire, mais la Diva a le moral en berne.

Est-ce la déception ? la fatigue accumulée ? Emma Calvé, pour la première fois, abandonne le terrain. Elle n'assurera pas la deuxième représentation.

Officiellement, elle souffre d'un rhume. Diplomatique ? Pas certain. Des lettres à Albert Carré datées d'octobre, au début des répétitions, attestent qu'elle tenait à soigner un rhume avant de commencer. Mais il est possible que la déception ait affaibli ses défenses. Dans ses *Mémoires*, Emma écrit à propos de la préparation de *La Carmélite* : « Je répète inlassablement, bien que ma santé vocale laisse à désirer. J'éprouve des essoufflements, des oppressions pénibles qui me privent de mes moyens. » Et après la première : « Très grand succès. (On a vu ce qu'il en était.) Hélas, un malaise s'est accentué, à la deuxième j'ai dû abandonner. Le docteur m'ordonne le Midi. J'éprouve une peine extrême pour l'ami Reynaldo Hahn, mais à l'impossible nul n'est tenu et je suis aphone. Décidément, Paris ne me convient guère comme climat. »

Quel sens faut-il donner à ce dernier mot ?

En tout cas, voici une leçon à méditer : si haut qu'on soit parvenu dans ce métier, on n'est jamais à l'abri d'un faux pas. Au contraire : *The harder they fall,* disent les Américains. Plus dure est la chute !...

31

Où l'on voit l'héroïne
enregistrer à Londres ses premiers disques
au cours d'une mémorable séance

L E DEUIL imposé par la mort de la reine Victoria est achevé en ce mois de juin 1902 et Covent Garden a rouvert ses portes. Emma Calvé est à Londres pour la saison. Edouard VII témoigne à la Diva la même estime doublée d'affection que sa mère. Mais c'est désormais à Buckingham Palace et non plus à Windsor qu'Emma Calvé séjourne. Enfant chérie du public et de la Cour, elle a été l'une des premières cantatrices étrangères réinvitées et, avec elle, Paul Plançon, son partenaire privilégié — qu'il s'agisse de donner *Faust, Hamlet* ou *Carmen* — et le baryton Maurice Renaud, aussi bon acteur que chanteur, qui excelle dans le rôle de Méphisto de *La Damnation* et se montre le digne successeur des Faure, Lassalle et Maurel...

Pour Emma, l'événement de cette saison londonienne de 1902 ne se situe pas sur la scène de Covent Garden mais dans une banlieue sordide, au fond d'une ruelle étroite où, dans un immeuble vétuste et sinistre, Ronald Landon, « producteur » de disques à la Gramophone Typewriter, a installé son studio d'enregistrement !

Calvé, on le sait, n'est pas enthousiasmée à l'idée de « mettre sa voix en conserve ». « J'hésitais, confie-t-elle. Tout au début de cette découverte, on avait essayé d'enregistrer ma voix et j'avais été horripilée d'entendre sortir de cette boîte de vrais cris de polichinelle. A cette époque-là, ce n'était pas au point. »

Il faut croire qu'en cette année 1902 elle juge la technique arrivée à un niveau de perfection, puisque la Diva a dit d'accord à Landon.

Elle vient de se faire déposer par un taxi à Maiden Lane et l'état d'abandon du quartier l'a effrayée. Elle refuse de quitter la voiture. La vision de cette entrée d'immeuble peu engageante suffit à son imagination : elle y voit on ne sait quel traquenard, quel piège, quelle tentative d'enlèvement ! Va-t-on la prendre en otage et réclamer rançon ? Elle s'affole. « Jamais de ma vie je ne mettrai les pieds dans un tel endroit ! C'est un coupe-gorge, pas un studio d'enregistrement. Je vais être dévalisée ! »

Landon est venu à sa rencontre. La Diva l'apostrophe depuis le taxi : « Vous m'avez attirée dans une caverne de voleurs ! » Le producteur est coutumier des caprices des cantatrices, mais il est pris au dépourvu. Il a beau jurer de sa parfaite honorabilité, Calvé veut repartir. C'est alors que l'habile homme a une idée lumineuse. Il expédie des employés de la Gramophone Typewriter vers la banque la plus proche avec mission de rapporter le montant du contrat en beaux billets verts afin de convaincre la Diva de la pureté de ses intentions.

Aussitôt la somme étalée sur les genoux d'Emma, toujours acagnardée dans son taxi, s'opère un changement à vue. L'irrésistible sourire est de retour. Calvé s'enveloppe d'un châle et, après avoir serré les billets dans son réticule, s'engouffre dans le couloir sombre, non sans avoir fièrement jeté par-dessus son épaule : « Allons-y, mon petit Ronald ! »

Le studio est installé précairement dans les locaux d'une usine désaffectée. C'est pourtant là que furent captées, de Caruso à Melba, quelques-unes des plus grandes voix du siècle.

Le producteur n'est pas au bout de ses peines, pas plus que l'ingénieur du son, ou celui qui en tient lieu en ces temps préhistoriques de l'enregistrement sonore. Les malheureux n'ont pas compté sur l'exubérance naturelle de la Diva que les problèmes techniques dépassent. Ça, c'est l'affaire des techniciens. Elle est là pour chanter, elle chante. A pleins poumons, car pour faire vibrer ce fichu diaphragme, au fond de son cornet acoustique, il faut en mettre un coup. Ce n'est pas pour effrayer Calvé, mais du coup, adieu les mezza voce. Elle chante comme s'il fallait se faire entendre du pinacle de Covent Garden et pas question de se priver de jeux de scène qui aident à l'expression. La voilà qui tape des talons pour accompagner la séguedille de *Carmen* ! On arrête tout. Mais Calvé n'en démord pas : elle dansera en marquant le rythme comme elle le fait sur scène, ou ils se passeront d'elle. Il faut des trésors de diplomatie pour la faire renoncer à ses talonnades. Au beau milieu d'un autre morceau, comme si elle était en répétition, elle s'arrête brusquement pour faire une remarque au pianiste, ou bien encore, après un aigu jugé particulièrement réussi, elle pousse des cris de satisfaction. Au contraire, son chant s'accompagne soudain de grognements signifiant qu'elle n'est pas satisfaite d'un *legato* ou d'un *portamento*.

Bref, ils s'en souviendront, les malheureux pionniers anglais de l'enregistrement qui voient les rouleaux ratés s'accumuler. Ils ont tout de même réussi à mettre en boîte six « plages » qui constituent — après les prises « live » de Mapelson, et faute de connaître celui d'Edison — les premiers enregistrements commerciaux d'Emma Calvé dont on ait trace audible.

La Diva récidivera en 1907-1908, en 1916 (avec un morceau imposé : *La Marseillaise*), puis chez Pathé en 1919-1920. Ce sont les seuls enregistrements encore disponibles et « repiqués » en microsillons, avec certaines anthologies américaines sur les grands artistes du « Met ».

Pour les enregistrements londoniens de 1902, Calvé a composé un programme propre à mettre en valeur les qualités de sa voix : deux extraits de *Carmen* (*Habanera* et *Séguédille*), un air de *Cavalleria* (*Voi lo sapete, o Mamma*), *Magali* (en provençal), un air du folklore français et deux mélodies de Massenet (*Le Passant* et *Enchantement*).

La voilà donc, cette voix qui fit délirer les foules lyriques de l'Ancien et du Nouveau Monde, au début de ce siècle.

La voilà, ou du moins ce qu'il en reste, ce qu'a bien voulu nous en laisser la technique du temps. Il faut aller la chercher derrière un brouillard, un déluge de crachotis, un orage de raclements. A en juger par les seules déformations subies par le piano d'accompagnement, il est évident que ce n'est pas la voix de Calvé que nous entendons. Pas celle qui créait l'enchantement dont parlent les témoins. Le fameux timbre qui ravissait Edison, où est-il là-dedans ? Perdu dans le naufrage du temps, nous ne saurons jamais directement quel effet il produisait, sinon par les témoignages des contemporains.

Mais qu'ils sont émouvants tout de même, ces enregistrements ! En faisant la part des choses, en tendant l'oreille, on peut deviner les qualités de la grande voix : son extraordinaire fraîcheur, la diction impeccable et la technique maîtrisée dans tous les registres. Cette voix ? Ces voix, comme disait Gheusi, « soudées à miracle ».

Rodolfo Celletti, grand spécialiste italien du bel canto, analyse le style particulier de Calvé comme « une alternance rare d'attaques mordantes et de sons filés, incroyablement purs, aux *legati* impeccables et à la variété étonnante de couleurs, réalisant un équilibre entre bel canto et vérisme, le tout servi par une grande stabilité dans l'émission vocale, ce qui lui permet aussi bien de chanter en virtuose les passages de pure technique que de produire des effets dramatiques avec les seuls sortilèges de la voix, sans cesser d'être musicale. Les enregistrements de Calvé, qui, naturellement, reflètent la technique de l'époque, restituent une voix au timbre clair et pénétrant, mais avec des notes basses très développées, très au fait des techniques du *legato* et du *portamento* et dotée d'une diction remarquable de clarté. Son origine de soprano léger se révèle à la façon d'attaquer les aigus non pas de manière tranchante, comme les chanteuses véristes italiennes, mais avec une émission " flûtée ", se renforçant ensuite graduellement. »

Contrairement à certaines cantatrices d'aujourd'hui qui privilégient dans *Carmen* ce qu'Emma désignait comme « les notes de femme à barbe », Calvé « allège » en permanence au profit de la musicalité.

« Dans la *Habanera*, poursuit Rodolfo Celletti, c'est le son pur de la voix qui charme, les subtiles et insistantes nuances rythmiques qu'elle avait l'habitude de modifier à chaque vers et les grâces merveilleuses qui rendent son interprétation irrésistible.

« Dans les rôles dramatiques, comme Santuzza, elle devait atteindre l'intensité grâce à la pratique de la scène que le gramophone ne peut restituer. Mais tous les enregistrements révèlent un solide bon sens paysan : elle ne gaspille pas son capital quand l'intérêt produit son profit. Bien qu'elle ait souvent déclaré qu'elle adorerait chanter Senta et Isolde, elle était trop maligne pour risquer sa voix dans pareille aventure. »

Emma elle-même a porté un jugement rétrospectif sur ces enregistrements, estimant que si la voix était diminuée, le timbre était reconnaissable.

Cinq ans plus tard, la technique ayant encore progressé, Calvé va récidiver, toujours pour Gramophone Typewriter. Elle grave alors une série d'enregistrements offrant un éventail encore plus complet de ses possibilités, bien qu'il faille regretter l'absence d'extraits d'*Hamlet* qu'elle chante encore à l'époque avec un considérable succès, mais qu'elle abandonnera en prenant de l'âge. Comme on eût aimé l'entendre dans ce fameux « air de la folie » du rôle d'Ophélie où on la disait insurpassable. Pas de trace non plus des trois Marguerite de *Faust* qu'elle incarna tour à tour tout au long de sa carrière. On y retrouve en revanche l'inévitable Carmen (*Chanson bohème, Là-bas, là-bas dans la montagne... et Habanera*), Salomé (*Il est doux...*), Santuzza (*Voi lo sapete...*) et des mélodies de Gounod, Massenet, l'adorable *Ma Lisette*, recueillie par Vincent d'Indy, des chants espagnols et des *folk songs* américains, ainsi que son morceau de bravoure vocale : l' « air du Mysoli » de Félicien David, qui donne la possibilité d'entendre sa « quatrième voix », cette technique arrachée au dernier grand castrat de la Sixtine, permettant d'émettre bouche fermée des sons très aigus d'une grande pureté.

Certains de ces incunables sont aujourd'hui réédités mais ils ne sont guère plus aisés à dénicher que les originaux. Le nom même de Calvé ne réveille le plus souvent aucun écho, même chez ceux qui se prétendent « spécialistes ». Pourtant, ils permettent de restituer, ainsi que l'écrivait Reynaldo Hahn, à l'époque même où ces enregistrements furent réalisés, « tout ce que l'art d'un chanteur a d'éphémère, de plus fugitif, de plus insaisissable : sa voix ». « Quelle est la vraie raison d'être du phonographe ? écrit le musicien en exergue de son livre de souvenirs. Quel est son rôle ? (...) La véritable fonction du phonographe consiste non seulement à enregistrer, mais encore à conserver la voix et l'art des grands chanteurs qui, ainsi, grâce à cet instrument magique ne périront pas tout entiers. »

Parce qu'il partageait ce souci de conservation, Pedro

Gailhard, alors directeur de l'Opéra de Paris, fit aménager dans le sous-sol du bâtiment un emplacement fermé par une porte métallique où, dans des urnes de plomb, sont conservés les premiers enregistrements des grandes voix et grands solistes instrumentaux s'étant fait entendre au Palais Garnier.

Le 24 décembre 1907, ce « musée de la Voix » a été scellé. Il contient une trentaine de disques — dont des enregistrements d'Ignace Paderewski — qui ne pourront être écoutés qu'un siècle après leur dépôt... C'est-à-dire en 2007.

La voix de la Diva y est enfermée parmi d'autres, aux côtés de celle de Caruso avec qui elle avait chanté à Londres dans *Cavalleria* !...

32

Où l'on voit l'héroïne se battre pour Berlioz,
chanter avec Chaliapine et assister, ravie,
à la naissance du « Petit Prince de Cabrières »

« DE CES VISITES régulières que je rends chaque semaine depuis trois mois à quelques personnages notoires, il n'en est pas qui ait laissé dans mon esprit de souvenir plus charmant que celle que je fis l'autre jour à Mlle Emma Calvé. » Ainsi débute l'article de Paul Acker dans *L'Écho de Paris* du 6 mai 1903, à la veille de la représentation de *La Damnation de Faust* de Berlioz.

« Je ne la connaissais pas, avoue le critique, je l'avais entendue souvent, il est vrai, mais je ne savais d'elle que des choses banales ou fausses dont s'accompagne la réputation de tout artiste. Ma mémoire naïve d'adolescent ne se la représentait qu'en Carmen ardente et insoucieuse, une fleur de cassie dans les cheveux, une cigarette à la bouche et même quand je fus dans le clair petit salon de la rue Lalo, d'où on apercevait au loin sous le soleil hésitant le mont Valérien et les coteaux verts de Suresnes, je ne soupçonnais pas davantage qu'elle pût être différente, car les portraits qu'avaient peints Benjamin Constant et Chartran, sur lesquels s'arrêtait mon regard ne servaient qu'à préciser cette première et obsédante image. »

Emma est « parisienne » pour quelque temps en ce printemps 1903. Elle a fait sa rentrée à l'Opéra-Comique avec une représentation de *La Navarraise* et s'apprête à révéler à beaucoup le chef-d'œuvre de Berlioz au théâtre Sarah-Bernhardt. Et, comme un peu de « réclame » ne fait jamais de mal à l'artiste, elle accorde des interviews à son domicile, afin de faire entretenir le culte par les thuriféraires de service. Paul Acker en est un. Du moins a-t-il été subjugué par le numéro de charme de Calvé. L'apparition d'Emma dans l'éclat de ses quarante-cinq ans (elle en paraît dix de moins) a transformé ce digne critique en un nouveau Don José-premier acte. En virtuose de la séduction, sachant ménager ses effets, Emma l'a fait patienter dans le salon, le temps que le journaliste soit « à point » lorsqu'elle le rejoindra. Il n'est qu'à lire la façon dont il narre l'entrevue pour se persuader que le numéro était parfaitement réussi : « Brusquement, elle entra, grande, vive, les yeux brillants sous le casque sombre de la chevelure, les lèvres rouges d'un dessin délicieux, vêtue d'une robe bleue qu'égayait une dentelle blanche, un nœud de mousseline au cou, coiffée d'une paille noire, toute prête à sortir. Elle sourit, me tendit la main, il y avait dans ce geste tant de simplicité affable et confiante, que je compris que je me trouvais devant une femme toute franche et naturelle, que j'ignorais et je devinais pour moi une prochaine révélation. »

Voilà Paul Acker subjugué au premier instant, prêt à écrire sur la belle des pages et des pages à la gloire de cette artiste si simple, pas fière, qui s'abaisse jusqu'à lui, humble plumitif : « Elle s'était assise près de la cheminée, où les bûches se consumaient, dans un fauteuil, mais elle n'y demeura pas longtemps. Elle rejeta sa ruche, défit ses gants, se leva, prit une chaise, se leva encore, s'accouda au marbre du foyer, se rassit à nouveau. »

C'est Carmen chez Lilla Pastias...

Le monsieur est prêt à recueillir le récit de l'enfance : l'Aveyron, la misère (Justin serait content...), la découverte de la « jolie voix », le départ, l'arrachement (elle qui aurait « préféré épouser un brave garçon et mener une existence calme et retirée »), l'arrivée dans la capitale, sans pouvoir passer par le Conservatoire, car il faut gagner sa vie tout de suite, les premiers engagements, les premiers succès...

Le numéro, très au point, se poursuit en parcourant le gros livre où Emma classe tous les articles la concernant. Cela permet de s'asseoir aux côtés du monsieur qui hume avec délice le parfum de la Diva, qui détaille le grain de sa peau, qui se penche sur elle...

La tête lui tourne, à ce pauvre Acker. Voilà les photos de Cabrières, « la cantatrice aux champs ». Joli morceau de bravoure. « Ah, l'adorable sourire qui flotte sur les lèvres, écrit le journaliste au bord de l'extase. N'imaginez pas que ce soient les photos de ses rôles : devant " un authentique château du XIIe ", voici la Diva au milieu des moissonneurs en bras de chemise, une Parisienne en robe de campagne. La voilà près d'un berger, entourée de moutons et de bœufs, la voici près des machines qui broient le blé et parmi des petites filles que conduit une sœur. La voici dansant la bourrée et la voici pêchant l'écrevisse. Cette Parisienne, c'est Emma Calvé. » (Qui l'eût cru ?)

La bouche adorable vient de dire en désignant Cabrières : « C'est là ce que j'aime le plus au monde. »

Acker est bouleversé : « Elle a prononcé cette phrase d'un ton si mélancolique, que je l'ai regardée tout étonné. Alors, elle reprit : " Mais oui, mais oui, vous êtes tout surpris et pourtant c'est la vérité ! Je suis une déracinée, moi, malgré mes succès et ma fortune, je me suis toujours et partout retrouvée seule et j'ai sans cesse regretté la vie que je n'ai pas eue et qui fut celle de mes camarades d'enfance. Mes camarades ! Un jour, je les ai toutes réunies à Cabrières, elles sont mariées dans le pays, elles ont des enfants, elles sont heureuses. Je leur ai dit que je les enviais : elles ne m'ont pas crue. Pourtant, quand viendront les cheveux blancs, avec quelle joie j'irai m'enterrer dans ma maison, entre les causses nus et les vallées fraîches ! Moi aussi, j'aurais pu épouser le percepteur, le juge de paix, ou le médecin... Tenez, en ce moment, je suis la plus malheureuse des femmes : jeudi je joue *La Damnation*. Touchez ma main, touchez : elle est brûlante. J'ai la fièvre, je ne dors plus, je ne mange plus, j'ai peur de tout, du spectateur à qui je ne plairai pas, du journaliste qui m'éreintera, de la petite amie qui me débinera dans la coulisse (...). Et pourtant, je ne renoncerais pour rien au monde à jouer *La Damnation*. C'est une véritable bataille que nous livrons et vraiment pour l'Art. Ah ! Si Berlioz était étranger, comme tout se passerait tranquillement ! (...).

« " Tout de même, murmure Calvé, je ne pourrais pas me passer de théâtre. J'ai tâché durant un an de tout laisser et je n'ai pas pu, je suis revenue. Je ne quitterai le théâtre que le jour où il me quittera, quand les cheveux noirs seront blancs (...). " »

Derrière les contradictions, les embellissements de ce grand « numéro », elle est passionnante, cette interview, par ses sous-entendus. Au détour d'une phrase, un demi-aveu lui échappe parfois qui renseigne sur l'état d'esprit réel de la Diva. La gloire, l'argent ne sont pas tout, même si elle leur a consacré l'essentiel de ses forces et de son talent. Et à quarante-cinq ans, la solitude du vedettariat lui pèse. Henri Cain n'a été ni oublié ni remplacé.

Ce n'est pas Jules Bois, l'ami « officiel », qui jouera ce rôle puisque, alors que le *New York Times* avait annoncé leur mariage le 6 janvier 1903, la liaison de la Diva et du journaliste s'est achevée au mois d'avril. Elle n'a pas été sans nuages, en dépit du voyage en Orient. André Billy a raconté leurs querelles publiques. La rupture est consommée, sans que l'on sache qui en a pris l'initiative.

Peut-être a-t-elle été prise en commun. La sincère admiration d'Emma pour les qualités intellectuelles de Jules Bois, leur passion partagée pour l'ésotérisme n'ont pas constitué un ciment assez fort pour empêcher les dissensions. Selon certains, Jules Bois, d'un tempérament entier et fier, aurait refusé d'épouser Emma Calvé pour ne pas faire figure de « gigolo » entretenu par une femme fortunée et s'entendre reprocher un mariage d'argent.

Exit Jules Bois et sa barbe méphistophélique ! Il va continuer à partager son activité entre le journalisme (*Gil Blas*, *Le Temps*, *La France*) et la publication d'ouvrages ésotériques ou « satanistes ». Puis il gagnera les États-Unis en 1915 (il ne semble pas y avoir retrouvé Emma) où il se liera avec les propagandistes des religions de l'Inde. Jules Bois mourra à New York, où il est enterré, un an après Emma Calvé, en 1943.

La « fièvre » dont parlait la Diva à Paul Acker à la veille des représentations de *La Damnation de Faust* n'a rien d'une figure de style. Elle est enrhumée, c'est certain, et aussi inquiète. En 1903, ce n'est pas facile de jouer Berlioz, musicien délaissé, encore incompris, qui n'a qu'un tort, comme le dit Calvé : celui d'être français... et romantique. Gunsbourg, directeur de l'Opéra de Monte-Carlo, a loué le théâtre Sarah-Bernhardt pour y monter avec éclat le chef-d'œuvre lyrique de Berlioz, après avoir présenté dans la principauté, quelques mois plus tôt, la version que Boïto a donnée de *Faust* avec son *Mefistofele*.

Gunsbourg n'avait pas lésiné : soixante mille francs à la Diva pour neuf représentations et comme partenaires, excusez du peu, Chaliapine et Tamagno, le créateur d'*Otello* !

« Ce grand artiste, écrit Emma parlant de Chaliapine, fait de son rôle un type étrange, déroutant comme l'Esprit du Mal. Tamagno est un Faust magnifique avec une voix qui est une force de la nature. Quant à moi, j'ai essayé de jouer cette Marguerite telle que l'a conçue Boïto : une paysanne simple, naïve, humaine. »

Le succès avait été considérable.

Mais avec la Marguerite telle que l'a campée musicalement Berlioz, rien n'est joué, à Paris, où une partie de la critique — sauf Debussy qui lui a toujours rendu justice — déteste le musicien et l'œuvre, considérée comme un opéra avorté, un monstre hybride. Le chef-d'œuvre n'a jusqu'ici été donné qu'en oratorio. Emma sait donc qu'elle court un risque et qu'elle peut faire les frais de l'aversion d'une grande partie de la critique parisienne pour la musique de Berlioz.

Pourtant, une nouvelle fois, Gunsbourg a engagé ce qui se fait de mieux pour défendre vocalement le chef-d'œuvre : Albert Alvarez est Faust, et Maurice Renaud un sarcastique Méphisto qui s'est fait selon Emma « une silhouette évoquant une gravure de Dürer ». Tous sont sous la direction d'Édouard Colonne.

Car on va *jouer La Damnation de Faust* et non plus seulement la *chanter*. Une partie de la critique a contesté à priori ce choix, estimant l'œuvre réservée au concert. Debussy, malgré son faible pour Berlioz — « il n'a jamais été, à ses yeux, un musicien de théâtre » —, est de ceux qui dénoncent les « tripatouilleurs » du compositeur, mort « sans laisser d'indications précises » sur l'opportunité d'une « mise en scène ».

Emma, dans chaque interview, a répliqué péremptoire : « Dites à ceux qui n'admettent pas qu'on mette cette œuvre à la scène que la partition manuscrite contient, entre autres, cette note en marge de la main de Berlioz : " Ici, Marguerite entre avec une lanterne. " Vous voyez Marguerite dans un concert, en robe de soirée, une lanterne à la main ? »

Bref, elle s'est battue « bec et ongles » pour faire de la présentation scénique de *La Damnation de Faust* un succès.

Mission accomplie, mais à quel prix !... Emma est épuisée. Souffrant de la gorge, elle a, avec sa fougue coutumière, doublé la dose d'aconit qu'elle prend dans ce cas. Le produit est d'un usage courant chez les chanteurs, car c'est un sédatif des névralgies faciales, de la toux, et même du trac. Il est efficace contre l'enrouement et surtout, il efface les maux de gorge par une anesthésie locale. Il insensibilise le larynx et l'on peut donc chanter avec la gorge irritée. Revers de la médaille : si l'on dépasse la dose, l'aconit est toxique, il agit sur le bulbe, ralentit les rythmes respiratoire et cardiaque, provoque un engourdissement généralisé avec fourmillements dans les extrémités, difficultés d'élocution et de déglutition, de déplacement. Tout ce qu'il ne faut pas à un chanteur qui doit en permanence contrôler son corps. A quelques heures de la représentation, Emma est dans les « nuages » et on a eu peur de ne pas pouvoir la faire redescendre. Enfin, au prix d'une entorse sur l'horaire, on a pu représenter *La Damnation de Faust*.

Heureusement, la presse, revenue à de meilleurs sentiments devant tant de talents réunis, fait oublier les heures d'angoisse. Alvarez est jugé « admirable », Renaud « remarquable ». Mais c'est, bien entendu, Calvé qui, malgré son malaise, « ramasse tout ». Dans *Le Figaro,* Alfred Bruneau estime que la voix de la Diva « est une pure merveille ». Il la remercie de prêter au personnage de Marguerite « tout ce qui émane et rayonne de sa personnalité de grande artiste ». Debussy, sous la plume acerbe de « Monsieur Croche », dans le *Gil Blas* du 8 mai 1903, assassine la mise en scène « qui a sacrifié jusqu'au bon goût le plus simple », mais il félicite Renaud, « qui est peut-être le seul artiste qui fasse supporter le Méphisto imaginé par M. Gunsbourg, tant il y apporte de tact et de goût personnel », et il ajoute, avec son humour habituel : « M. Alvarez et Mme Calvé sont trop célèbres pour ne pas être parfaits, même dans *La Damnation.* Dieu sait pourtant quels rôles de marionnettes ils assument ! »

La lutte a été rude, mais le *challenge,* comme disent les Américains, est gagné.

Les vacances 1904 sont donc bien gagnées aussi. Emma les passe à Cabrières en fastueuses réceptions, mais elle n'oublie pas de fêter aussi les quarante fillettes du sanatorium qui « tourne » à plein et dont elle assume l'intégralité des dépenses, sans se douter que dans quelques mois la loi de séparation de l'Église et de l'État va ruiner cette œuvre généreuse, si chère à son cœur de diva.

Mais cette année 1904 est marquée pour Emma Calvé par une grande joie d'ordre privé. Adolphe Calvet, le « petit » frère, Adol, est devenu un « grand » officier de marine. Il s'est marié l'année précédente avec une Auvergnate d'Aurillac, Marguerite Puech, et Élie vient de naître. Élie Calvet est le fils qui a été refusé à la Diva. Bien sûr, le titre de marraine lui revient de droit. Une marraine « étoile filante » mais qui, pour l'enfant, aura souvent le visage d'une bonne fée. Emma va s'attacher à ce petit garçon adorable, précoce, beau comme un jeune dieu, et l'aimer comme si elle l'avait mis au monde. Élie Calvet sera la consolation d'Emma et bientôt, « le Petit Prince de Cabrières », pour la plus grande joie de « Marraine ».

Il n'empêche, pour l'instant, ce qui presse le plus est d'honorer le contrat qui attend Calvé avant le rituel embarquement pour la tournée américaine organisée par le fidèle Grau : la reprise d'*Hérodiade* à la Gaieté-Lyrique, où elle retrouve Renaud qui va partager un succès mémorable construit à deux.

Certains continuent à s'extasier sur les capacités de cette voix à aborder des tessitures aussi opposées que celles exigées par Lakmé et Carmen. Emma fait remarquer que c'est chose naturelle : « Quand l'œuvre a été créée en 1884 à Bruxelles, l'étendue de ma voix m'avait permis de " doubler " le soprano et le contralto. Et n'ai-je pas chanté la même semaine, à New York, Carmen et Ophélie ? »

A propos de New York, la date d'embarquement approche.

Tournée classique, faisant alterner récitals de chant et extraits d'opéra payés deux mille livres pièce. Il y en aura cinquante...

L'originalité du « tour » est d'inclure cette fois le Mexique et Cuba en sus des États-Unis et du Canada. Bien sûr, la luxueuse « roulotte » attend sa prestigieuse locataire qui emporte « son automobile personnelle » et un domestique.

Ce que n'a pu prévoir l'irremplaçable Maurice Grau, c'est la tempête sévère qui assaille le *Savoie* en plein Atlantique. Emma a été stoïque dans les flots déchaînés. *Le Gaulois* en témoigne : « Mlle Calvé, l'exquise artiste, l'incomparable cantatrice », a fait preuve d'une présence d'esprit et d'un courage hors du commun. La tempête était telle que les passagers cédaient à la panique, sur un navire où l'on ne pouvait pas se tenir debout. Les officiers et l'équipage étaient impuissants à rétablir le calme. Savez-vous ce qui se passa alors ? Laissons parler *Le Gaulois* : « Soudain, une voix délicieuse se fit entendre, accompagnée par un piano : les admirables mélodies de *Carmen* résonnèrent pures et fraîches au milieu du bruit : Mlle Calvé, mue par une inspiration merveilleuse, chantait... »

Au beau milieu de l'Atlantique, Emma Calvé tisse sa légende dorée avec ses complices de la presse parisienne.

Bien entendu, le sang-froid de l'artiste en imposa tellement aux passagers du *Savoie*, honteux de leur manque de tenue, que la panique cessa comme par enchantement.

Même la tempête finit par se calmer vers le soir. On n'est pas sûr qu'Emma n'y fut pas pour quelque chose...

33

Où l'on voit l'héroïne revenue du bout du monde chanter devant le Tout-Paris la « millième » de Carmen

DEPUIS LE JOUR de son inauguration, la salle de l'Opéra-Comique a-t-elle connu plus brillante soirée que celle du 23 décembre 1904 ? On en doute. En cette veille de Noël, la salle Favart est décorée comme jamais elle ne le fut. Les avant-scènes croulent sous les fleurs fraîches et, au foyer du public, le buste en bronze de Georges Bizet disparaît sous les gerbes et les palmes. Des gardes de Paris en grande tenue, sabre au clair, sont échelonnés sur le grand escalier.

Quant à la salle !...

Mais lisons plutôt l'article du préposé aux mondanités du *Figaro*. Sous le titre « La Soirée », il a signé son article « Un Monsieur de l'Orchestre » : « Le Tout-Paris élégant, écrit-il, s'était chargé de la décoration de la salle ; les femmes avaient apporté les plus belles épaules dans les moindres corsages, les parures les plus riches, les diamants les plus scintillants, les perles les plus grosses. Quant aux éblouissants plastrons masculins, ils enchâssaient presque tous dans le carcan de leurs faux cols des physionomies de célébrités artistiques, littéraires, aristocratiques ou mondaines. »

Et pourquoi, s'il vous plaît, ce déploiement de fastes ?

Pour la millième représentation de *Carmen* !

Dès août 1903, alors qu'elle était encore en vacances à Cabrières, avant son départ pour l'Amérique, la Diva avait été prévenue par une lettre conjointe de Geneviève Straus-Bizet, Ludovic Halévy et Albert Carré : on l'avertissait que, tout compte fait, on approchait de la millième représentation du chef-d'œuvre de Bizet. Et les signataires la prévenaient : « L'honneur vous revient par droit de conquête de chanter en cette occasion. »

Il était impensable de célébrer la « millième » de Carmen sans Calvé ! Au 10 février, on en était déjà à la neuf cent soixante-huitième. Carré se proposait de faire un recensement exact. La Diva risquait d'être en Amérique au rythme où se succédaient les représentations. Carré se faisait fort d' « accélérer » ou de « retenir » leur nombre, afin que la millième coïncidât avec le calendrier de la Diva et sa présence à Paris !

Emma est touchée par cette attention... La voilà à jamais associée au chef-d'œuvre et au rôle qu'elle a si vaillamment défendu. On devine sa joie.

Elle s'est engagée auprès de la veuve de Bizet à venir « de n'importe où, fût-ce du bout du monde, chanter la millième de Carmen à Paris. » « Laissant de côté tous mes engagements, raconte Calvé, je me suis empressée de rentrer à Paris. »

Ce qui est faux, naturellement, mais tellement plus romanesque ! Elle est rentrée d'Amérique très normalement en mai 1904 et elle s'est préparée avec soin à l'événement solennel qui s'est inséré dans une série normale de représentations de *Carmen*, cet ouvrage sans lequel il n'est pas de saison à l'Opéra-Comique.

Mais elle a bien mérité l'honneur qu'on lui fait, Emma, si l'on songe que sur les mille représentations, elle en a assuré cinq cent soixante-deux à elle seule à ce jour, dont cent dix dans les deux hivers 1893-1894 où elle effectua sa prise de rôle !

Qu'elle soit la Carmen incontestée de son temps ne l'empêche pas de se préparer à la célébration comme si elle y débutait.

Albert Carré a particulièrement soigné la distribution, en donnant à la Diva pour partenaires l'excellent et fougueux Edouard Clément, qui incarne Don José et le fera jusqu'en 1917 sans interruption, et Hector Dufranne (créateur du

Golaud de *Pelléas,* sur cette même scène, deux ans auparavant) pour Escamillo. Le maestro Luigini est au pupitre.

Et dans la salle, on s'en doute, « rien que du beau linge », aurait dit Hortense Schneider. Mme veuve Bizet et son fils Jacques, bien sûr, M. et Mme Cocteau, qui ne semblent pas avoir amené leur fils, M. Chartran, portraitiste et ami de Calvé qui a dessiné les invitations, M. Armand Fallières, M. Calmann-Lévy, M. Barthou, M. et Mme Delcassé, M. Poincaré. Les musiciens sont nombreux : Widor, Massenet, Ambroise Thomas, Camille Saint-Saëns, M. Lalo (fils), Paul Dubois et Vincent d'Indy pour ne citer que les plus connus. Les gens du « métier » sont bien représentés avec Jules Claretie, Pedro Gailhard, Pierre-Barthélemy Gheusi, Catulle Mendès, et (aïe !) M. et Mme Henri Cain... Julia est, paraît-il, radieuse au bras de son époux dont elle semble si amoureuse...

Albert Carré a eu la charmante pensée d'inviter à cette soirée mémorable toutes celles qui ont chanté (ou chantent) Carmen : Isaac, Catané, Nardi, Charlotte Wyns, Marié de L'Isle, Marie Delna, et les artistes qui ont tenu les autres rôles : P. Lhérie, J. Bouhy (Don José et Escamillo de la création), Mlle Ducasse, M. Duvernois, Mme Vierne-Taskin, fille d'un célèbre Escamillo... Emma a reçu dans la journée même un télégramme de Galli-Marié, la première Carmen, depuis Nice où elle est en retraite.

Au Père-Lachaise, la tombe de Bizet a été fleurie. Quant à Jean Richepin, présent dans la salle et grand ami de la Diva, il s'est cru obligé de commettre un poème de circonstance qui n'ajoutera rien à sa gloire mais qui va faire un gros effet, déclamé avec ferveur sur scène, après le quatrième acte de *Carmen,* par Julia Bartet de la Comédie-Française, dont « l'impeccable diction et l'émotion vibrante » vont soulever l'enthousiasme de la société choisie qui occupe les fauteuils de la salle Favart.

Il faut dire que Richepin n'a pas lésiné sur les effets :

Ô, Paris ! Ce chef-d'œuvre aimé vainqueur du temps,
C'est la millième fois ce soir, que tu l'entends,
Et plus on s'en remplit le cœur, plus on acclame
Ses rythmes de lumière et ses chansons de flamme (...).

Arrêtons là, il y a quatre-vingt-dix vers de ce tonneau... Le *Gil Blas* veut être le premier à offrir le chef-d'œuvre à ses lecteurs extasiés..., et dans son édition du lendemain, publie « cette magnifique poésie » dans son intégralité !

La critique musicale n'est pas en reste, qui a fait donner ses « forts ténors ». Chacun y est allé de sa rétrospective, dans les jours qui ont précédé la célébration.

Le *Gil Blas* a publié au matin de la représentation un article signé... « Don José », rappelant ce que fut la prise de rôle de Carmen par Calvé : « C'était une révélation extraordinaire, une voix au registre ample, souple, les chaleurs de la seule Calvé avec les puretés de la Patti et quelle vogue fulgurante méritée à la manifestation d'un tempérament personnel, impétueux, qui n'a guère de pareil dans tout un siècle (...).

A la une du *Figaro*, en ce matin du 23 décembre 1904, c'est Gustave Charpentier qui tient la plume. L'auteur célèbre de *Louise* en profite pour rappeler les vicissitudes du chef-d'œuvre à sa création, qui bousculait la tradition par ses trouvailles de génie. Le musicien rend hommage à Calvé « de l'avoir défendu et imposé partout dans le monde, mettant les critiques hargneux, hérissés, et les agressives routines, les insatiables gardiens des tombeaux toujours prêts à barrer la route aux conquérants de mondes inexplorés, à sa merci. »

La critique parue dans *Le Figaro* au lendemain de la millième est signée... Gabriel Fauré ! Après avoir, lui aussi, évoqué l'injustice dont Bizet fut victime, il en vient à la soirée et écrit simplement : « Pour ce qui concerne la représentation, on sera convaincu de sa magnificence quand j'aurai nommé Mme Emma Calvé qui ne connaît guère de rivale dans ce rôle, où sa voix délicieuse, son jeu passionné, câlin, ardent et si poignant aussi, ont semblé hier soir plus admirables que jamais. A côté d'elle, Clément et Dufranne, exaltés par la circonstance, parfaits chanteurs et comédiens, se sont montrés supérieurs encore à ce qu'ils sont toujours. »

Emporté par l'enthousiasme, le bon Fauré en vient même à féliciter Richepin !

L'Écho de Paris a délégué Henri Gauthier-Villars — plus connu en littérature sous le pseudonyme de Willy et à cause de la beauté de sa jeune épouse dont il exploite le talent de façon éhontée — pour dire qu'Emma Calvé a fait définitivement sien « un rôle qu'elle a chanté avec cette voix admirable que connaît le monde entier, de Covent Garden au Metropolitan Opera House ».

En vérité, il se produit un couac dans ce beau concert de louanges unanime. C'est *L'Événement* qui le pousse. Il est là pour rappeler à Charpentier que la race des « critiques hargneux » n'est pas éteinte. Voilà dix ans que *L'Événement* grince chaque fois que Calvé pousse une note. (Son critique n'a donc pas été invité à Cabrières ?) L'occasion de la millième de *Carmen* est trop belle pour la laisser passer : « Était-ce une solennité ? Et aussi grande qu'on s'est plu à le dire ? Je sais bien que Mlle Calvé est revenue à Paris tout exprès pour y prendre part. Mais en dehors de cela, je ne vois pas bien l'effort exceptionnel qui a signalé cette soirée dont l'effet ne dépassait pas celui des représentations habituelles (...). Et je me rappelais à part moi cette boutade de Scribe faisant dire à un de ses personnages du *Charlatanisme* qui avait à parler d'un spectacle de ce genre : " C'est une représentation extraordinaire qui a ceci d'extraordinaire que l'affiche est plus grande qu'à l'ordinaire. " Ceci dit, constatons le grand succès obtenu par Mlle Calvé qui a certainement fait preuve de talent. Mais qui, il faut l'avouer, force un peu trop le caractère du personnage et en accentue de façon un peu trop excessive certains côtés qui gagneraient à être estompés (...). Question de tact et de goût... »

Jules Claretie, dans *Le Temps*, n'est pas de cet avis et, sachant que la comparaison enchante la Diva, l'appelle « la Duse lyrique ».

Quant à l'article du *Gil Blas*, il s'achève carrément par cette déclaration d'amour : « Mais la femme est encore supérieure à l'artiste et les deux peuvent être résumées en cette brève formule : cœur d'or, voix de diamant, gestes de feu ! »

Comme à son habitude, Emma a chanté comme si elle devait mourir le lendemain.

Bien entendu, après pareil triomphe, elle arrête. C'est juré. Elle ne pourra pas aller plus haut, connaître plus grand honneur, plus grande joie. « Voulant finir en beauté, après pareil triomphe, je suis décidée à laisser le théâtre pour toujours. »

Il ne faut surtout pas la croire, même si elle ajoute : « En regardant mon visage de gitane, je lui ai dit adieu sans retour. Je ne veux pas que le public se lasse de moi. Il ne verra pas mes rides. Mon bon sens rouergat me suggère qu'à quarante-sept ans on n'a plus droit à jouer les amoureuses. » (Ce qui ne l'empêchera pas de le faire... jusqu'à soixante-quinze ans !)

Allons ! Le moment de la retraite n'est pas près de sonner. Emma fourmille de projets.

En attendant, elle vient d'acheter un appartement (un de plus), Cours-la-Reine. Et c'est Lalique qui a été chargé de le décorer. Il va falloir en gagner des sous pour payer ces folles dépenses !

Sa voix n'a pas une ride. Pourquoi arrêterait-elle ?

34

Où l'on voit l'héroïne,
qui n'a pas pardonné aux Prussiens,
se battre avec un ténor allemand
et dire m... au grand-duc de Bade

Peut-on s'élever encore quand on a atteint pareils sommets ? On le peut, quand on s'appelle Calvé.

Les années qui défilent confortent la renommée mondiale de la Diva. On se la dispute à coups de contrats de rêve et Londres n'est pas la dernière, où le roi Édouard VII donne fréquemment le signal des applaudissements à Covent Garden. *Mefistofele* et *Messaline* provoquent des soirées mémorables à la réussite desquelles les talents conjugués de Renaud et d'Alvarez, avec qui Emma forme un « trio de choc », soudé par l'amitié, ne sont pas étrangers.

Lady de Grey, l'amie fidèle, est toujours au premier rang et organise chez elle des concerts privés auxquels la reine Alexandra — malgré sa surdité — assiste volontiers.

L'Amérique retrouve chaque année sa diva préférée avec un enthousiasme qui ne faiblit pas et lui réclame inlassablement les rôles où elle la sait au meilleur de son art.

Ainsi, l'hiver 1905 voit Calvé — à quarante-sept ans — entreprendre un des plus longs périples qui, de New York à New York, lui fait décrire une boucle capricieuse passant par Boston, Philadelphie, Montréal, Québec, Toronto, Ottawa, Pittsburgh, Cleveland, Detroit, Chicago, Cincinnati, Saint Paul, Minneapolis, Kansas City, Salt Lake City, Seattle, Vancouver, Portland, San Francisco, Los Angeles, Mexico, San Antonio, Dallas, La Nouvelle-Orléans, Atlanta, Nashville, Birmingham, Washington, Baltimore, Savannah, une escapade à La Havane et « final » en apothéose à Carnegie Hall !

Cette liste impressionnante donne mieux que tout commentaire l'idée de la renommée de Calvé en Amérique : chaque tournée s'allonge par rapport à la précédente, car des villes nouvelles la réclament à leur tour !

A San Antonio, deux mille cow-boys ont envahi la ville. Et à la fin de *Carmen*, nombre d'entre eux ont sauté sur scène pour baiser les mains de la Diva qui a dû s'enfuir pour échapper à leur enthousiasme débordant.

A New York, son contrat achevé, un imprésario lui fait des offres pour chanter dans une comédie musicale, ce qu'Emma refuse.

Apparemment infatigable, elle saute de sa « roulotte » fleurie et chauffée aux salles de théâtre, heureuse de vivre, « de se donner », allongeant les programmes de *bis* nombreux, ne comptant pas sa peine dès que le public lui dit son amour. Il n'est pas rare de la voir apparaître, entre deux actes de *Faust* ou de *Carmen*, devant le rideau, pour donner en supplément « un petit récital de mélodies » ou de *french folk songs* !

Quelle santé !

Pourtant, elle s'en plaint. L'âge venant, elle souffre fréquemment de rhumatismes, qu'elle soigne ici ou là en prenant les eaux. Son foie aussi la tracasse. Il finira par avoir raison d'elle. Mais ce n'est pas pour tout de suite, bien qu'une consultation de chiromancie faite à Chicago en 1897, au cours d'une tournée, dont elle a pu fréquemment vérifier la pertinence, fasse nettement allusion à une affection hépatique chronique.

Le chiroman, qui signait... « comte de Saint-Germain (!) », a nettement précisé que c'était là le point faible d'une robuste constitution, dont le tempérament avait tendance à « user le fourreau, laissant la lame brillante, mais sans protection ». Il l'assurait aussi de vivre « au moins jusqu'à quatre-vingts ans ».

Bien vu, puisque c'est une affection hépatique qui finira par avoir raison de la Diva... à quatre-vingt-quatre ans !

La carrière de Calvé ne serait plus — à partir de ces années de maturité — qu'une litanie triomphale un peu lassante, s'il n'y avait çà et là quelques « coups d'éclat » venus rappeler que le statut de *prima donna assoluta* est un combat de tous les instants et qu'il s'agit de « défendre son titre » en toutes circonstances, quelle que soit la taille de l'adversaire.

En juillet 1906, Emma est en Allemagne. Elle ne déborde pas d'affection pour ce pays. Elle ne lui pardonne pas « l'Alsace-Lorraine »... Mais enfin, l'imprésario Schirmann a signé avec elle un contrat assez « juteux » pour lui faire passer sur ses principes : 40 % des recettes pour l'entendre chanter *Carmen* et *Cavalleria* à Berlin, Hambourg, Leipzig et Dresde, ainsi qu'en Autriche-Hongrie.

La tournée commence mal. Emma est furieuse : elle exige de chanter *Carmen* en français, mais ses partenaires et les chœurs lui répondent en allemand !... Cacophonie insupportable à ses oreilles de « bonne petite Française ».

L'humeur de la Diva s'en ressent. Rien ne lui plaît, ni ses partenaires, ni les orchestres, ni les chefs, ni les mises en scène. Il y a de l'électricité dans l'air. Les journaux ne lui ont-ils pas reproché « d'être trop française » dans *Carmen* ?!

Comme pour aggraver la situation, à peine arrivée à l'Opéra de Dresde, le directeur — voulant être aimable — profère une bourde : « Ach ! Paris, s'écrie-t-il, quelle belle ville ! Je l'aime et je la connais bien. J'y suis venu en 70... » Ce qui lui vaut en retour une réplique cinglante : « Eh bien, cher monsieur, mon grand-père, avec Napoléon, est entré dans Berlin bien avant que vous n'arriviez à Paris ! »

Et toc !

L'ambiance est au « beau fixe »...

Mais Calvé ne s'arrête pas en si bon chemin. Elle a décidé de se mêler de mise en scène. Celle qu'on lui *suggère* — pas question de la lui imposer — ne convient pas à la conception qu'elle se fait des rapports Don José-Carmen au dernier acte.

Pour accentuer la lâcheté du caractère de Don José, elle a décidé qu'il la poignarderait dans le dos (ce qui lui permet, au passage, de mourir de face à l'avant-scène...). Cela au mépris du livret indiquant que Carmen, au moment où elle veut pénétrer dans les arènes (au fond du théâtre) pour rejoindre Escamillo, fait face à son assassin qui lui barre le passage. Elle se trouve donc dos au public.

Calvé passe outre et s'accroche à son idée saugrenue. Mais à la représentation, le ténor allemand s'entête à son tour. Il ne bougera pas. Il refuse de courir derrière Carmen et attend l'air buté qu'elle vienne s'empaler sur sa *navaja*. Calvé, à l'avant-scène, ne voyant rien venir, se retourne ivre de rage et lance une réplique inédite : « Qu'est-ce que tu attends, imbécile ? » Flottement sur la scène, gloussements indignés à l'orchestre : le grand-duc de Bade est dans la salle ! Calvé n'en a cure. Comme une furie, elle quitte la scène, non sans avoir lancé trois fois le mot « Merde ! », d'une voix de harangère...

Stupeur et fureur dans le théâtre. Le grand-duc, offusqué, qui connaît assez de français pour avoir saisi le sens général de la « sortie » de la Diva, se lève, suivi de toute la Cour, tandis que le public éclate en cris et quolibets. Bref, c'est l'émeute, on baisse le rideau de fer et la salle se vide.

L'incident est de taille.

Inutile de dépouiller les journaux du lendemain qui parlent d'insulte intolérable, qui demandent réparation.

Un télégramme comminatoire du directeur de l'Opéra royal de Dresde, le comte Serbach, arrive chez l'imprésario Schirmann. Il y est reproché à la Diva d'avoir gravement insulté un des membres de l'Opéra royal et l'on interdit à Calvé d'y remettre les pieds, la seconde représentation étant annulée.

Emma doit quitter Dresde par la petite porte pour éviter que la foule ne lui fasse un brin de conduite en réparation de la blessure faite à l'honneur saxon par cette « virago française ».

L'affaire n'en resta pas là, puisqu'elle se termina — on s'en doute — devant les tribunaux. Calvé fut condamnée à payer le dédit.

A peine les vagues de « l'Affaire » de l'Opéra de Dresde sont-elles apaisées que les journaux s'enflamment à nouveau à propos de Calvé, qui ne laisse jamais longtemps l'opinion en panne de nouvelles.

Il s'agit cette fois d'une affaire de cœur ! De quoi occuper l'été. Le nouvel élu est, paraît-il, américain... et milliardaire.

Pour corser le tableau, il est infirme, à la suite d'un accident qui l'a privé d'une grande partie de la vue (il est amblyope). Bien sûr, il est amoureux fou de la Diva, sinon pourquoi en parlerait-on dans les gazettes ?

Dans une interview donnée au *Temps* en novembre 1906, Emma se laisse aller aux confidences. Elle doit bientôt partir en croisière sur un yacht de luxe avec quelques amis, invités comme elle par un homme charmant, très galant, distingué, d'une haute culture, qui va leur faire découvrir les rives de la Méditerranée et puis aussi Malte, Corfou... Puis, habituée aux effets de sortie, Calvé lâche dans un sourire : « Qui sait ? peut-être reviendrai-je mariée... »

Il faut moins que ça pour que les plumes des échotiers entrent en danse.

On lance les plus habiles sur la piste. Qui est ce mystérieux milliardaire ? Une invention de la Diva ?

Il existe bien un certain Higgins, que fréquente Calvé. On le dit « lesté » de quatre-vingts à cent millions de francs-or, ce qui, ajouté au magot de Calvé, constituerait un sacré pactole s'ils se mariaient ! Et l'on sait qu'elle ne crache pas dessus, même si l'on oublie qu'elle distribue ses sous avec autant de prodigalité et de désintéressement qu'elle met de rapacité à les gagner.

On apprend — sans doute grâce à des indiscrétions distillées par Emma elle-même — que, durant la tournée-marathon de 1905, Higgins a suivi la Diva de ville en ville, assistant à chaque représentation au premier rang de l'orchestre et noyant sa loge sous un déluge de roses rouges.

Emma, d'abord intriguée, puis émue par l'infirme au grand cœur et au large portefeuille, se serait peu à peu laissée aller à ressentir de l'affection pour cet homme délicat qui, malgré ses millions, est d'une grande discrétion.

L'assaut des échotiers qui veulent apprendre de sa bouche tous les détails de l'idylle est tel, devant l'appartement de la Diva, qu'Emma, lorsqu'elle n'est pas en Aveyron, doit se réfugier dans un hôtel parisien pour avoir la paix.

Les journaux les mieux renseignés — ou les plus imaginatifs — assurent que si Emma Calvé hésite encore devant les justes noces avec le milliardaire américain, c'est parce qu'il aurait posé une condition au mariage : renoncer à la scène et aux tournées...

En revanche, bon prince, il serait prêt à consacrer une somme respectable à la construction d'un théâtre dont Emma prendrait la direction. Ainsi n'abandonnerait-elle pas complètement ce qui est sa raison de vivre.

Emma avait pensé toute seule à cette « sortie » honorable de carrière. Mais elle attendait que son propre magot soit suffisant pour réaliser ce rêve. Higgins va-t-il réussir à lui faire sauter le pas ? Les journaux entretiennent ce qu'on n'appelle pas encore le *suspense*, facteur de bonnes ventes.

Pour l'instant, Emma est disponible, puisque son prochain engagement à l'Opéra-Comique ne la fait débuter qu'en mars 1906 avec la reprise des *Noces de Figaro*. Elle part en croisière avec son milliardaire. Mais certains échotiers laissent entendre que Calvé pourrait bien préférer Mozart et Massenet aux millions et au yacht d'Higgins.

C'est à se demander si tout cela n'est pas un canular de taille. Si la Diva n'a pas monté l'affaire avec des journalistes complices, pour un formidable « coup de réclame » destiné à faire oublier le pénible incident de Dresde.

Mais, une fois de plus, on admirera le savoir-faire de Calvé. *La Diva et le Milliardaire* : c'est un mélange détonant, propre à enflammer les imaginations. Avec cinquante ans d'avance, Calvé invente le mythe et annonce une autre idylle entre une autre diva et un autre milliardaire, qui défraiera la chronique et dont la presse du cœur fera ses choux gras des années durant...

Et comme elle, cinquante ans avant, la romance sur fond de milliards va s'achever en queue de poisson, après avoir été menée le plus loin possible.

Les journaux annoncent le mariage pour juin 1907. Précisant que Calvé renoncera ensuite à la scène. Ils donnent même l'itinéraire d'une croisière prénuptiale. Et tous les détails d'une fabuleuse organisation qui verra un orchestre s'embarquer avec les futurs époux afin que la « fiancée » puisse charmer de sa voix divine l'élu de son cœur, tandis que le yacht croisera au large.

Reynaldo Hahn, à qui la Diva a fait des confidences ou qui a cru les entendre, y fait allusion comme un des grands sujets de conversation des salons qu'il fréquente avec assiduité.

Bref, le mariage de Calvé est la grande nouvelle. Elle fait plus de bruit que la nomination de Sarah Bernhardt comme professeur au Conservatoire !

Les journaux américains — pour qui tout ce qui touche à Calvé est de première importance — commencent à leur tour à donner de la voix. Higgins existe donc bien ?

Et puis patatras ! En février 1907, c'est le démenti formel, catégorique. Ce mariage, peut-on lire, a donné lieu aux racontars les plus fantaisistes : Mlle Calvé n'a jamais vu ni connu « le M. Higgins » qui est mis en avant dans les journaux. Elle a d'ailleurs adressé au *Herald* une note rectificative qui coupe court aux commentaires.

C'est la douche glacée...

Que s'est-il passé exactement ? Seule Emma, une fois de plus, aurait pu le dire, mais elle s'en est abstenue.

L'idylle avec Higgins est-elle le fruit d'une imagination jamais en panne pour alimenter la chronique ? A moins que, fidèle à son personnage, Emma Calvé n'ait, au dernier moment, comme elle l'a déjà fait, reculé au nom de cette liberté qu'elle a mis tant d'années à conquérir.

Quoi qu'il en soit, la voilà à quarante-neuf ans, une fois de plus, seule. Il est vrai que sur les sommets où elle se trouve, peu nombreux sont ceux qui peuvent respirer.

Ce n'est pas encore aujourd'hui qu'elle sacrifiera son art à sa vie privée. Quel qu'en soit le prix à payer.

Et la liberté n'en a pas...

> *Le ciel ouvert, la vie errante,*
> *Pour pays tout l'univers*
> *Pour loi, sa volonté*
> *Et surtout la chose enivrante :*
> *La liberté ! La liberté !*

Ça se chante dans *Carmen*, au final du deuxième acte...

35

*Où l'on voit l'héroïne venir à Arles
pour lancer devant Frédéric Mistral un contre-ré
qui laisse pantois le poète provençal*

« Que devient Mlle Calvé ? »
        C'est le *Gil Blas* du 1er octobre 1907 qui se pose la
question à la une, sous la signature du « Diable Boiteux ».

L'article commence par une nouvelle de taille : « On annonçait voici peu de jours que l'artiste allait créer une colonie
agricole en Californie et avait acquis là-bas dans ce but des
terrains énormes. »

Bien sûr, pas un mot de vrai dans ce bobard. Emma a bien
débarqué en Amérique, mais c'est « pour y mener une gigantesque " tournée dramatique " de quarante mille kilomètres » !

Au périple proprement américain qui commence le 5 octobre
à Portland, Oregon, et se poursuit par le Canada et la côte
Ouest, s'ajoute, encore une fois, le Mexique qui semble prendre
goût à la Diva. « Les Mexicains, dit le *Gil Blas*, considèrent sa
venue comme un événement considérable. »

Ce le fut, en effet, et Calvé, outre le plaisir de faire découvrir
à un public fanatisé *Carmen* qu'il ne connaissait pas et dont il
avait quelque raison de goûter le charme, ramène des opales et
des turquoises, dont elle raffole, ainsi que plusieurs douzaines
de châles espagnols dont elle fait une grande consommation,
sur et hors de scène.

Calvé ramène aussi de Mexico un souvenir dont elle se serait
passée : un point de pneumonie qui l'oblige à garder la chambre
plusieurs jours.

« A la fin de cette tournée, qui durera jusqu'en mai 1908, une seconde tournée sera peut-être faite avec l'orchestre symphonique de Pittsburgh, précise " le Diable Boiteux ". Mlle Calvé attache d'autant plus d'intérêt à cette tournée que ce sera, affirme-t-elle, son dernier grand voyage. » Prudent, il ajoute : « Mais que de fois ne l'a-t-elle affirmé déjà ? »

Sage précaution, puisque dans un an, Calvé va entreprendre rien moins que... le tour du monde !

« Le Diable Boiteux » n'en finit pas de s'extasier et de détailler l'aménagement de la « roulotte » dont le confort et les équipements sont toujours plus luxueux et l'accompagnement toujours plus nombreux, avec une dame de compagnie, un secrétaire particulier, une femme de chambre, un coiffeur, et « un chauffeur expérimenté venu de France pour conduire l'auto de l'artiste ».

Tandis que la Diva file à travers les États-Unis, on va profiter du passage de Calvé à Philadelphie pour sceller dans la première pierre (creuse) du futur opéra de la ville une boîte étanche contenant des photos et des disques des grands artistes ayant marqué leur époque. Plusieurs disques de Calvé s'y trouvent.

A peine Emma, fourbue mais encore une fois triomphante, a-t-elle posé le pied sur le sol de France qu'une lettre de Paul Marieton, chancelier du Félibrige, la cueille à son arrivée. Emma, lui dit le chancelier, ne peut refuser d'être présente au « jubilé de Frédéric Mistral », le 29 mai à Arles, pour la Sainte-Estelle, patronne des Félibres, qui promet d'être une fête inoubliable.

Très fatiguée, elle a d'abord dit non. Mais, après coup, elle se sent des obligations. Les relations de la Diva et du fondateur du Félibrige datent du séjour en Italie d'Emma, lorsqu'elle croisa le grand poète provençal à la villa Médicis. Depuis, ils ont régulièrement correspondu. Emma, friande de chants traditionnels, a souvent consulté le maître de Maillane pour obtenir des partitions ou des textes. La célèbre *Magali* est en permanence à son programme de mélodies françaises aux côtés de *cansous* d'Aveyron ou d'Auvergne. En outre, Calvé partage avec Mistral l'amour de la terre et de la langue. L'amitié de l'abbé

Bessou, lui-même haut placé dans la hiérarchie félibréenne (majoral des félibres rouergats), n'a fait que renforcer l'admiration et l'affection que la cantatrice porte au père de *Mireio*. Elle fréquente les félibres du *Grelh* (Grillon) rouergat, proches cousins de ceux de Provence par la langue, le cœur, l'inspiration. Ne l'ont-ils pas élue leur reine ?

Elle ne peut décliner l'invitation. Au diable la fatigue... et les rhumatismes !

Mistral est, en cette année 1909, au faîte de sa gloire. Il a consacré le montant de son prix Nobel à acquérir l'hôtel de Laval-Castellane à Arles, dont il a fait le palais du Félibrige, dans lequel il a installé de ses mains le Museon Arlaten, qui est sans doute le premier musée des arts et traditions populaires créé en France. A la fois musée ethnographique, conservatoire des traditions, du costume, du mobilier, illustrant, grâce à ce panthéon d'une Provence dont la mémoire commençait à flancher, deux mille ans de civilisation. Mistral l'a entièrement payé de ses deniers. L'inauguration du Museon Arlaten n'est qu'une étape des fêtes d'Arles qui vont durer trois jours, autour de Mistral, dont la statue en pied, sur la place des Hommes, va être dévoilée en sa présence !

Emma ne peut pas manquer ça !

A peine arrivée à Cabrières, elle saute dans son automobile et prend la route d'Arles où trois jours de liesse seront couronnés par la représentation de *Mireille* — celle de Gounod — aux arènes.

Les journaux consacrent des pages entières à l'événement : « D'heure en heure, les étrangers arrivent en Arles, écrit *Le Petit Marseillais*, qui prépare ses lecteurs depuis des jours. On n'avait jamais vu autant de monde ici... Ah, non !... Les *chatos* (jeunes filles) provençales, en costume arlésien, y côtoient les élégantes venues de Paris. »

La comtesse de Noailles, « toute fine, toute menue » sous son béguin de paille rehaussé de plumes « en ailes de Pégase », les poétesses Mme de Ferry et Mme de Flaudres, Jules-Charles Roux, industriel et mécène, félibre de toute son âme. Trois gardiens à cheval croisent la fanfare du 11e hussard qui donne une aubade à la mairie. M. Mounet-Sully a fait le voyage, tout comme Marc Varennes, secrétaire particulier du président de la République, M. Sadi Carnot. On a aperçu M. Melchior de Vogüé de l'Académie française !

Mistral est arrivé de Maillane à dix heures, en automobile, sous les acclamations de la foule en délire. Il a fait à Arles une entrée de souverain — accueilli par la *Coupo Santo* jouée par la musique du 7e génie —, qu'on escorte tête nue.

Le vieillard ressemble à s'y méprendre à Buffalo Bill. Ses quatre-vingts ans sonnés ne l'empêchent pas de conserver fière allure. Il serre des milliers de mains. M. Ceccaldi, sous-préfet d'Arles, l'accueille. Le consul général Westrup représente l'Institut Nobel.

Et le mistral (l'autre) qui veut être de la fête, souffle à décorner les *bious*.

Frédéric et Mme Mistral entrent les premiers dans le Museon. Les discours, les *respons* se succèdent : félibresses, représentants des Jeux Floraux, le maire d'Arles, chacun y va de son compliment.

C'est alors que, se détachant de la foule des personnalités massées au pied de l'estrade, surgit la Diva !

Elle est superbe dans son costume d'Arlésienne. (Elle adore se travestir.) Un vrai costume qu'elle a fait faire exprès, copié sur un modèle ancien.

Comment pouvait-elle mieux rendre hommage au poète de *Mireille* ?

Comment ? Mais en chantant, parbleu !

La voici qui grimpe sur l'estrade. Mais laissons la parole au rédacteur de service du *Petit Marseillais* : « Mlle Emma Calvé de l'Opéra (*sic !*) monte à son tour à la tribune. Elle porte le délicieux costume arlésien. De tous côtés les applaudissements éclatent. La cantatrice, radieuse de ce succès anticipé, entonne *Magali* ; au refrain, tous les auditeurs reprennent en chœur ; les plus timides s'enhardissent peu à peu. M. Mounet-Sully, caché dans un coin de la salle, chante à pleine voix ! Marc Varennes, secrétaire de la présidence de la République, placé par hasard de la bousculade aux côtés de Mlle Emma Calvé, semble diriger les chanteurs qu'il domine d'ailleurs de son puissant organe. Mlle Calvé chante encore *Gai souléu de la Prouvenço* et la *Coupo Santo* avec refrain repris par tous les spectateurs. »

Mistral, ému aux larmes, embrasse Calvé sous les vivats et tous deux saluent interminablement comme s'ils venaient de donner leur grand duo du premier acte.

Et le soir, tout ce beau monde se retrouve aux arènes pour entendre *Mireille* — dont les décors ont failli être emportés sous les coups de boutoir du mistral. Pour une fois, Emma laisse chanter les autres : elle est dans la salle pour entendre Marié de L'Isle, Vallandri, Dufranne et Clément qu'elle connaît bien.

Le lendemain, malgré une nuit courte (Emma est retournée la passer dans sa maison de Montpellier), on « remet ça » pour l'inauguration de la statue du poète, sur la place des Hommes, en présence de M. Dujardin-Baumetz, secrétaire d'État, représentant M. Doumergue, ministre de l'Instruction publique. Une vieille connaissance d'Emma, Dujardin-Baumetz, anticlérical et franc-maçon, mais qui n'a jamais refusé de lever son verre lorsque c'était l'abbé Saunière qui le remplissait. Au fait ? Est-il quelque part dans la foule, le sulfureux curé de Rennes-le-Château, le grand ami du secrétaire d'État ? On dit qu'il commence à avoir de sérieux ennuis du côté du Vatican. On parle de suspension *a divinis*. C'est grave ? Dujardin doit savoir ça...

Mais voilà Mistral qui sort de l'hôtel du Nord dans un délire d'enthousiasme, en compagnie du préfet des Bouches-du-Rhône, des magistrats en robe et du maire de Lyon, Édouard Herriot. Il pleure, le poète de Maillane. Trop d'émotions, depuis hier. Mounet-Sully l'accompagne jusqu'à son fauteuil.

Jules Charles-Roux, président du Comité du Monument Mistral, fait don de la statue à la ville et prononce un discours en provençal que les « Parisiens » se font traduire ; puis il remet au poète la cravate de commandeur de la Légion d'honneur.

Quelle journée...

A la une du *Petit Marseillais*, on voit la photographie d'une femme souriante, en costume arlésien, qui lutte pour ne pas être emportée par une rafale de mistral.

C'est Emma Calvé !

« Mlle Calvé, portant avec grâce virginale une somptueuse

326

toilette arlésienne, interpréta la chanson *O, Magali, ma tant amado*, dans le texte de Mistral. Jamais la voix de l'illustre cantatrice n'avait sonné avec cette ampleur, cette pureté, cette chaleur qui transportèrent l'assistance. Elle a terminé la mélodie sur les mots " *quand te veiran* " par un contre-ré d'une justesse, d'un éclat et d'une sonorité admirables. L'auditoire éclata en applaudissements. Tous les cœurs vibraient à l'unisson. Mlle Calvé est à ce moment une conquérante d'âmes. »

« J'aurais voulu remplir la terre entière avec ma voix », écrit Emma avec une grande simplicité, à l'évocation des fêtes d'Arles.

Mistral, en grand professionnel, a su trouver les mots qu'il fallait. Après avoir longuement serré la Diva sur son cœur, il a écrit sur le menu du banquet orné de la cigale félibréenne et de la devise *Lou souléu me fa canta* :

A la plus bello, à la plus auto cantarello de Magali.

Emma fera de cette cigale son propre emblème, dont elle ornera ses services de porcelaine et son papier à lettres, assortie de la belle devise d'Aubanel : *Que canto, soun màu encanto.* (Celui qui chante, enchante son mal.)

Sur la tombe de la Diva, au cimetière de Millau, près de son profil en bronze, une cigale veille sur son dernier sommeil...

36

*Où l'on voit l'héroïne,
privée de son « grandissime gala »
par la grève des musiciens de l'Opéra de Marseille,
partir pour les Indes
chanter sur la tombe du Swami*

LE TOUT-MARSEILLE lyrique est en ébullition en ce 28 février 1910.

A peine Thomas Salignac vient-il de mettre la salle entière du Grand-Théâtre debout, les yeux mouillés de larmes, en mourant avec *Werther* aux côtés de Marié de L'Isle, qu'on annonce pour jeudi (3 mars), un GRANDISSIME GALA (c'est *Le Petit Marseillais* qui l'affirme) avec Emma Calvé et Lucien Muratore dans *Carmen* !

C'est l'émeute. Les bureaux de location sont pris d'assaut. A trois jours de l'événement, on cherche encore un Escamillo, mais en ces temps bénis, personne ne s'affole : il existe toute une *quadrilla* de barytons français capables de chanter le rôle au pied levé.

Pourquoi cette hâte, cette improvisation ?

Parce que la Diva se trouve à Marseille par hasard. Un imprésario anglais, M. Tait, lui a proposé tout simplement une tournée de concerts autour du monde ! Et l'infatigable a sauté sur l'occasion. On s'embarque à Marseille, *via* les Indes, l'Australie, l'Extrême-Orient et retour par les Amériques. Voilà Emma ravie à l'idée de jouer les *globe-trotters*.

A l'époque, on prenait le temps de voyager, ce qui était excellent pour les chanteurs, la voix ayant la possibilité de récupérer entre deux récitals.

Emma Calvé est arrivée à Marseille une semaine au moins avant la date de l'appareillage, pour y attendre le paquebot anglais qui doit l'emporter. L'occasion était trop belle pour la direction du Grand-Théâtre d'organiser un « gala exceptionnel », d'autant plus que les Marseillais, friands de prouesses vocales, n'avaient jamais eu l'occasion d'entendre la Diva.

L'équation Calvé plus Muratore a mis le feu aux poudres. Le ténor vedette du moment, enfant chéri du pays, et la plus grande Carmen vivante, voilà qui promet un de ces grands soirs d'enthousiasme comme seuls l'Olympique de Marseille, déjà glorieux, et l'Opéra, ces piliers de la ferveur populaire, savent en provoquer.

Les journaux ont prévenu les foules : « Nos lecteurs feront bien de s'assurer à l'avance de leurs places. Les abonnés à l'année sont priés de retirer leurs places avant mardi midi. »

On profite de l'enthousiasme — gala oblige — pour augmenter le prix des places : dix francs de plus pour les fauteuils d'orchestre, loges et baignoires, huit francs de plus aux balcons et cinq francs supplémentaires pour les troisièmes séries.

Bref, ça promet.

Et puis, le 3 mars, catastrophe !

La représentation est annulée.

Les musiciens du Grand-Théâtre se sont mis en grève et « Grandissime Gala » ou pas, ils entendent la poursuivre.

Le Petit Marseillais paraît avec une superbe photographie d'Emma, souriante dans sa mantille, les mains aux hanches, en costume de Carmen au deuxième acte, mais le texte a des allures de rubrique nécrologique : « La grève des musiciens et des machinistes de l'Opéra nous prive ce soir d'entendre la grande cantatrice qui venait à Marseille pour la première fois. Il est probable que nous n'aurons pas, de longtemps, le plaisir de l'applaudir : Mme Calvé part demain pour une tournée de dix-huit mois en Australie, aux Indes, en Chine et au Japon ! C'est la première fois qu'une cantatrice française se fera entendre dans les pays d'Extrême-Orient. »

En fait, ce rendez-vous manqué sera bien le dernier. La rencontre entre Calvé et Marseille — aux tempéraments si proches — n'aura jamais lieu. Dommage, c'eût été certainement un grand moment de l'histoire de l'opéra.

Emma reviendra deux fois dans cette ville qui n'a pas pu l'entendre, mais ce sera pour un gala en faveur de la Croix-

Rouge après la Grande Guerre et... pour présider le *banquetou* annuel des Aveyronnais de Marseille ! Seuls ses compatriotes l'entendirent chanter ce soir-là... dans un programme de chants folkloriques aussi copieux que le menu...

Comment les musiciens marseillais ont-ils pu commettre ce « crime de lèse-diva » ?

Dans la même page, *Le Petit Marseillais* fournit l'explication. Le conflit qui oppose les musiciens à M. Sangey, le directeur du Grand-Théâtre, est dû à une pratique qui relève des « cadences infernales ». La direction, pour répondre à l'engouement du public envers les spectacles lyriques, leur impose des services démentiels. Le dimanche, on programme *Mignon* et *Le Chalet* en matinée, *Tosca* et *Lakmé* en soirée ! Quatre opéras en dix heures !

La Diva ne garde pas rancune aux musiciens grévistes et, n'était l'impératif embarquement prévu pour le 4 mai, elle serait restée à Marseille pour attendre la fin du conflit. Elle a tenu, avant de partir, à faire publier dans les journaux la lettre suivante, pour dire au revoir au public marseillais :

« A M. Sangey, directeur de l'Opéra de Marseille,

« Je suis tout à fait navrée de ne pouvoir me faire entendre à Marseille, par suite de la grève des musiciens. Après les fêtes de Mistral, où j'avais eu le grand honneur de chanter à Arles les vieux chants de Provence, j'aurais eu grande joie à les redire à Marseille, ce beau pays que j'affectionne tant. (Entre les deuxième et troisième actes de *Carmen* aurait été intercalé un récital de chants traditionnels provençaux donné par Emma, comme c'était l'usage.)

« Je pars vendredi pour l'Australie, l'Inde, le Japon et ce m'est une consolation de penser que je continuerai à chanter à travers le monde des airs merveilleux où se reflètent toute l'âme enthousiaste et la poésie de la belle Provence. Emma Calvé. »

Et la voilà une fois de plus partie pour le bout du monde. Le *Moréa*, un paquebot de la *Peninsular*, l'emporte pour un « tour de terre », puisque, après le Japon, Emma Calvé enchaînera avec sa tournée annuelle aux Etats-Unis.

Il ne s'agit plus de représentations d'opéras mais de concerts, de récitals que la Diva donnera accompagnée au piano et au violon, avec pour partenaire un ténor avec qui elle pourra chanter des scènes entières de *Carmen* et *Cavalleria rusticana*, ses chevaux de bataille où chacun l'attend. Ce partenaire est quelqu'un qu'elle désigne laconiquement dans les Mémoires comme « un ténor italien ». Pour ne pas avoir à se rappeler qu'il va devenir bientôt « monsieur Calvé »...

Mais n'anticipons pas. Pour l'instant, Emma est aux anges : « Vieux désir que je vais enfin réaliser ! Voyager à travers des pays inconnus, faire entendre des chants de France partout, joie, ivresse ! Échapper au temps, éprouver des sensations nouvelles, enrichir sa vie intérieure de tous les souvenirs cueillis en route. Quelle allégresse ! »

Ce n'est pas là le ton d'une préretraitée, qui disait quelques années auparavant son désir de partir avant qu'on ne se lasse d'elle...

A cinquante-deux ans, la Diva n'a rien perdu de son enthousiasme et de sa fraîcheur d'âme. Ni de sa nature en proie à une éternelle « bougeotte ».

Elle note avec fièvre les sensations, les odeurs, les noms porteurs de rêves : Suez, Port-Saïd, la mer Rouge, Aden, les ports cosmopolites, grouillants de vie, mêlant toutes les races.

Après dix-huit jours de mer, la première escale est à Colombo, sur l'île de Ceylan. Emma visite la terre rouge en pousse-pousse, s'extasie devant les cocotiers géants, les yogis charmeurs de serpents.

Le concert est un événement musical et mondain : toute la colonie française est là, et qui, parmi eux ? Des Aveyronnais, bien sûr ! Ici, beaucoup sont missionnaires. Ils ont fondé une école qu'Emma est priée de visiter.

Puis c'est la route vers l'Australie (l'Inde sera visitée ensuite), par Singapour et les îles Coco. Emma rêve, le soir, sur le pont du paquebot devant la Croix du Sud qu'elle n'avait jamais vue. Elle évoque Heredia. Comme *Les Conquérants* elle voit se lever à l'horizon de sa vie « des étoiles nouvelles ». Il fait si chaud que l'on couche sur des matelas à même le pont, à la belle étoile. Emma s'amuse comme une petite fille. Mais elle précise à l'attention des mauvais esprits : « Nous couchons les hommes d'un côté, les femmes de l'autre, en pyjama ou robe de chambre. »

Qu'alliez-vous imaginer ?...

« Moi, écrit-elle, je lézarde au soleil jusqu'à ce qu'il se couche. Ma peau de brune ne le craint pas. Je suis bronzée. » Encore une extravagance en ces temps « de teints de lys et de roses » et d'ombrelles ouvertes au moindre rayon.

La mousson chahute un peu le paquebot, mais Calvé en a vu d'autres dans l'Atlantique. Elle chante au concert du soir sur le pont arrière.

Enfin, voilà l'immense continent australien : Perth, Adélaïde, Melbourne... La voix est bonne mais tyrannique. La moindre fatigue, le moindre refroidissement seraient un désastre. Donc, bien des envies d'excursions, de visites sont refoulées par prudence, au grand regret d'Emma qui veut tout voir.

L'une après l'autre les grandes villes australiennes sont touchées par l'épidémie de *calvéite* aiguë.

Calvé révèle aux foules Beethoven, Gluck, Bizet, Leoncavallo et sa fameuse *quatrième voix* dans l' « air du Mysoli ».

Les journaux australiens la trouvent « unique ».

Emma, pratique, note : « Gros succès, belles recettes. Heureusement, car les frais sont énormes. »

On l'invite à visiter un ranch qui contient dix mille têtes de mouton et presque autant de bœufs. Que de roqueforts on ferait si le bon Dieu n'avait pas oublié les caves naturelles !

A Sydney, où elle ouvre la saison des concerts le 23 mai 1910, on loue son art dramatique consommé, sa noble voix aux larges ressources, sa maîtrise technique et la fascination qu'elle exerce sur les foules. Il lui faut donner douze concerts pour épuiser l'enthousiasme.

Comme au moment où Calvé se trouve dans l'hémisphère sud, la comète de Halley y brille de tous ses feux, certains, emportés par l'enthousiasme, n'hésitent pas à établir des comparaisons entre les deux « phénomènes »...

Puis c'est Christchurch, Brisbane, Wellington, en Nouvelle-Zélande, où l'accueil du gouverneur, M. Arlington, « est enchanteur », en dépit de la mort récente d'Édouard VII qui fait annuler bien des réceptions. Emma découvre les Maoris : « magnifique race, se rapprochant comme type de notre conception de la beauté ».

Elle aurait voulu mieux connaître l'immense continent. Mais comment faire ? Elle chante tous les deux jours et voyage le reste du temps d'une ville à l'autre, « serrée comme un oiseau en cage ».

Une cage dorée : trente-deux concerts en trois mois et autant de sacs de livres sterling.

On reprend bientôt le paquebot à destination des Indes. Bizarre itinéraire — sans doute imposé par les calendriers des saisons de concerts — quand le but final est le Japon. Mais Calvé n'est pas à cinq mille kilomètres près. Et puis, l'Inde l'attire pour une raison personnelle, intime, un devoir d'amitié : elle veut voir l'ashram où est mort le *Swami*... Voici Bombay, la mégapole grouillante, puis Calcutta, « ville gigantesque, monstrueuse, somptueuse et sordide tout à la fois, écrit Emma. Deux villes juxtaposées : la ville européenne qui sent la richesse, et la ville indigène dont l'affreuse misère serre le cœur. »

Cela n'empêche pas le succès. « Hier soir, précise-t-elle, concert brillamment réussi. Le vice-roi et toutes les notabilités y assistaient. » Elle y a croisé la Pavlova et sa troupe, eux aussi en tournée. *La Mort du cygne* dansée à Calcutta vous a, paraît-il, une allure invraisemblable.

Voici le moment venu pour Emma Calvé de tenir une promesse qu'elle s'est faite voici huit ans. Calcutta est à quelques kilomètres de l'*ashram* de Belhur, sur le Gange, où est mort le *Swami* Vivekananda.

Emma tient à se recueillir dans la dernière demeure terrestre du saint homme. « J'avais hâte d'accomplir le pieux pèlerinage. »

Les disciples du *Swami* ont été avertis de la visite de la Diva. Ils ont préparé pour elle un goûter composé de laitages, de fruits, de miel, servi sur la pelouse que baigne le fleuve sacré.

Le *Swami* a-t-il parlé à ses frères de son amie française ? Ils semblent savoir qui elle est. A peine arrivée, Emma est entourée de moines en robe safran, coiffés du turban. L'interprète traduit les paroles de bienvenue, prononcées en bengali, dont les modulations résonnent aux oreilles de la Diva comme un chant d'oiseau. Des musiciens sont présents : un chanteur, s'accompagnant au *sitar*, chante une mélodie plaintive — un chant de la pluie — qu'Emma tente de noter : « Je n'ai pu y parvenir, avoue-t-elle. Leur gamme est si compliquée, les intervalles de quart de ton si difficiles à retenir que j'ai dû y renoncer. »

Écoutons-la raconter cette scène étonnante de la rencontre d'une diva européenne et des « moines » de Belhur : « L'un d'entre eux s'est dressé pour déclamer en l'honneur du Maître une sorte de mélopée. Après quoi, les assistants, musiciens et moines ont psalmodié un *mentra* se terminant par les mots sacrés : " *Om mani padme hûm.* " J'ai pu mêler ma voix à la leur, ce qui a paru les charmer. (...) »

Puis Emma a demandé à visiter la pièce où l'âme du *Swami* s'est envolée vers le *Nirvâna*. Elle désire s'y recueillir, seule.

Prière exaucée.

Dans un angle de la pièce nue, blanchie à la chaux, un petit monument de pierre sèche sans inscription est élevé en souvenir du *Swami* Vivekananda, comme un cénotaphe.

Quoi, même pas son nom inscrit ?

Le frère du *Swami* a souri en montrant le ciel avec ces simples mots : « Il a passé. »

Emma retient la leçon. Ce qui importe, c'est la trace ineffaçable laissée dans l'esprit de ceux qui ont approché Vivekananda, pas ses quelques cendres. D'ailleurs, si elle-même est ici, n'est-ce pas parce qu'elle porte cette trace en elle ? Que lui apporterait la vue d'une tombe ? d'un nom gravé ?

Les paroles du sage de l'Inde lui reviennent : « La vraie vie n'est pas celle-ci. Nous ne sommes pas nés. Il faut passer par la mort... »

La paix du *Swami* s'empare de la Diva. Nul chagrin au cours de ce pèlerinage, mais une sérénité intérieure. Elle cherche quoi dire, quoi faire pour se sentir encore plus près de celui qui habite ces lieux comme s'il était encore de ce monde. Alors, spontanément, le vieux chant naît sur ses lèvres. Elle n'a pas eu à chercher. L'antique berceuse jaillit de sa bouche.

La voix nue de Calvé monte, pure, belle et simple comme les mots qu'elle prononce dans le patois de sa race. Ceux que toutes les mères d'oc disent à leur enfant quand il faut chasser la peur à l'heure où vient la nuit : la *Breizarola*.

C'est le plus beau cadeau qu'elle pouvait faire à son ami. Un chant qui vient de ses propres racines et que l'on murmure à l'enfant, pour lui communiquer sa confiance et appeler la paix du sommeil sur lui :

> *Soun, soun, béni, béni, béni,*
> *Soun, soun, béni, béni doun !*
> *Lou soun, soun, buol pas béni,*
> *L'éfontou bouol pas durmi,*
> *Oh !...*
>
> *Soun, soun, béni, béni, béni,*
> *Soun, soun béni, béni, doun,*
> *Atso lo qu'ès por oqui, pécaïre,*
> *Lou néni s'en boulio durmi,*
> *Ah [1] !...*

Elle a les larmes aux yeux, la Diva, mais la paix à l'âme. Elle a fait son devoir.

« Que la sérénité soit toujours avec vous ô Mère ! » a dit le frère du *Swami*. Il a accompagné ces mots du salut rituel, les mains jointes sur les genoux, la tête et le buste inclinés à les toucher !

Le soleil orange se couche sur les eaux du Gange en fusion et illumine en apothéose les murs de l'*ashram* de Belhur. Longtemps, les robes safran et les visages bronzés des moines massés au bord du fleuve sont restés visibles à Emma qui faisait des signes d'adieu, une écharpe à bout de bras...

---

1. Sommeil, sommeil, viens, viens, viens, / Sommeil, sommeil, viens, descends / Le petit enfant ne veut pas dormir, / Oh !...
Sommeil, sommeil, viens, viens, viens, / Sommeil, sommeil, viens, descends, / Ah, le voilà qui arrive, / Le petit va s'endormir, / Ah !...

37

Où l'on voit l'héroïne
s'embarquer pour le tour du monde...
et en revenir mariée !...

E<small>T VOGUE</small> la galère !

Toujours chantant, courant les temples et les marchés grouillants, l'infatigable Emma Calvé poursuit son tour du monde. Delhi, Jaipur, le Taj Mahal, Bombay à nouveau, puis Darjeeling, Bénarès où flambent les bûchers de crémation résonnent des rythmes et des chants de *Carmen*.

Puis c'est l'Indochine. Saigon où Emma, radieuse, en robe longue légère et large chapeau, pose souriante, dans un pousse-pousse tiré par un Annamite taciturne. La colonie française lui fait un triomphe. Emma est ravie de parler à nouveau français après des mois de conversations en anglais. Elle n'avait plus employé sa langue maternelle depuis Marseille ! D'ailleurs, Saigon lui rappelle le grand port phocéen « en petit ».

Encore un saut à travers la mer de Chine et c'est Hong-Kong. Elle s'y égare. Heureusement, un prêtre européen, reconnaissable à sa soutane, est là. Emma l'interpelle en anglais et lui demande son chemin. Le prêtre répond en français : « Vous tournez le dos à l'endroit où vous voulez aller, mademoiselle Calvé.

— Vous me connaissez donc », demande Emma, ravie de voir un ecclésiastique amateur d'opéra.

Le prêtre répond dans un éclat de rire : « Je pense bien ! Je suis de Rodez ! Et nous sommes trois missionnaires originaires du Rouergue, ici. »

Ils sont partout ces Aveyronnais... Même à Hong-Kong...

Celui-là a gagné trois billets de faveur qui ont permis à ces saints hommes d'être aux premières loges quand Don José a poignardé sa maîtresse...

A Shanghai, Emma a fait provision de soieries et de bronzes de Bouddha qui viendront enrichir les collections de Cabrières, mais « au concert, soupire-t-elle, il y a plus d'Anglais que de Français ».

Et la tournée géante continue. Un nouveau paquebot — qu'elle appelle *Chiomaru* — accueille la petite troupe pour l'emmener au Japon. De Yokohama, un câble part vers la France : Emma Calvé a contracté la fièvre jaune ! On est très inquiet sur son sort.

« Fièvre jaune » ou « coup de réclame » pour faire parler d'elle à vingt mille kilomètres de distance ? Allez savoir ?...

En tout cas, la voilà bientôt sur le bateau, le *Chiomaru*, pour la traversée du Pacifique vers les îles Hawaï. Depuis le navire, Emma expédie un télégramme au directeur de l'Opéra d'Honolulu. Est-il d'accord pour accueillir la Diva à son passage ?

La réponse arrive, laconique : « *All right !* »

Si le télégramme est bref, l'accueil est somptueux. Quand le paquebot entre dans la célèbre baie, Emma n'en revient pas : des photographies géantes d'elle pendent, attachées à des ballons captifs ! Au débarcadère, une automobile l'attend, remplie de fleurs fraîches, et on lui passe au cou les fameux colliers où le jasmin domine, en signe de bienvenue. Trois concerts en huit jours. L'escale est fructueuse.

Et puis c'est l'Amérique, Calvé s'y sent presque chez elle.

Lorsqu'elle retrouve Paris, c'est au bout de deux années d'absence, ou peu s'en faut.

Pourtant, personne ici ne l'a oubliée. D'autant moins qu'elle revient avec une nouvelle de taille qui met les journaux en état de transe : Calvé s'est mariée !

D'abord, ils n'y ont pas cru. Elle avait tant de fois déjà annoncé puis démenti la nouvelle...

Mais cette fois est la bonne. Échotiers et ragoteurs ne savent plus où donner de la plume. Il ne s'agit pas d'un de ces innombrables « fiancés » que la rumeur publique a de tout temps prêtés à la Diva. C'est vraiment un époux !

« Comment appelez-vous l'heureux élu ? Gasbari, Gasparri, Gaspari ? On le trouve écrit de trente-six façons.

— Qu'est-ce que c'est que ce Gaspari ? D'où le sort-elle ?

— En tout cas il est italien.

— Et c'est un ténor ! Ça alors, c'est la meilleure !

— Mais ça ne tiendra pas ! Deux chanteurs d'opéra dans le même ménage, il y en a un de trop, mon cher !

— En tout cas, je sais bien qui va diriger la partition !

— Ça ! je ne vous le fais pas dire.

— Quoi qu'il en soit, mes amis, Calvé a accolé à son nom de scène celui de son mari : désormais, il faut l'appeler Calvé-Gaspari !

— Nooon ? Celle-là elle est farce ! »

Ceux qui croyaient bien connaître la Diva n'en reviennent pas. Elle a épousé son partenaire, celui qu'elle désignait comme « un ténor italien » l'accompagnant dans son tour du monde, comme s'il se fût agi d'un bagage accompagné... « Et vous savez la meilleure ?

— Non.

— Il a dix-sept ans de moins qu'elle !

— Passe encore qu'elle ait voulu faire une fin matrimoniale, à cinquante-quatre ans, on la comprend. Mais dans ces conditions... Ça ne va pas aller loin, vous verrez... »

Ça tiendra tout de même dix années...

Galileo Gaspari et Emma Calvé se sont mariés le 4 février 1911 dans l'État du New Jersey, au cours de leur périple américain. C'est l'imprésario Tait qui avait engagé ce chanteur, alors à peu près inconnu ailleurs qu'en Italie, pour être le partenaire de la Diva dans son tour du monde. Ils se sont assez bien entendus, professionnellement. Et l'on ne passe pas impunément deux années ensemble sans que des liens se tissent...

Les rares portraits que l'on ait du ténor le montrent doté d'un physique avantageux de bellâtre, au port de tête prétentieux et au menton « pré-mussolinien ». Il a l'air d'un coq de village. Sur le plan artistique, on sait très peu de chose de lui car il n'a pas laissé de traces dans les ouvrages spécialisés que nous avons pu consulter.

On peut le créditer en confiance d'une belle voix, si Calvé — dont on connaît l'exigence de perfection — a supporté deux années durant de chanter exclusivement avec lui. En outre, une fois devenue Mme Gaspari, elle continuera à le prendre pour partenaire alors que rien ne l'y oblige.

Malheureusement, la Diva se rendra vite compte que l'amour de son partenaire et mari n'a rien de désintéressé. Le monsieur a fait un « placement ». Il débute et elle est au faîte de sa carrière sur le double plan de la renommée et de la fortune. Si Galileo a un joli timbre pour roucouler des duos d'amour sur une scène d'opéra, dans la vie c'est un autre « grand air » qu'il chante : flambeur et coureur de jupons, il est en perpétuelle « recherche de fonds ». Avec Calvé il espérait avoir le nécessaire sous la main.

Naturellement, la Diva ne va pas se laisser dominer, on s'en doute. Il n'empêche que dix années durant, elle supportera d'être bafouée et grugée.

Il est dur, lorsqu'on est une séductrice mûrissante, de se voir préférer des partenaires plus jeunes parce qu'elles ont simplement la peau plus fraîche. Mais il est encore plus difficile de constater que l'on n'a d'intérêt que dans la mesure où l'on sert de banquier aux frasques de son époux.

Emma souffre, mais patiente. Sans doute, à son âge, désire-t-elle surtout la fin de sa solitude et a-t-elle tout tenté pour ne pas créer l'irrémédiable sans avoir cherché tous les moyens de sauver son mariage. Plus d'une fois elle « passa l'éponge », même après avoir constaté que pour éteindre une dette criarde ou séduire une belle en offrant un cadeau de prix, l'indélicat Galileo, son trop jeune mari, était allé négocier l'un ou l'autre de ses bijoux.

Et l'on assiste à cette situation douloureusement paradoxale : alors qu'à la scène c'est Don José qui supplie Carmen de ne pas le quitter car il l'aime encore, dans la vie c'est Emma qui tente de ramener Galileo à plus de respect, plus d'affection.

Le « boulevard à ragots » parisien est en permanence alimenté par les orages du ménage Calvé-Gaspari qui passe son temps en ruptures et en retrouvailles.

Bientôt, le couple n'existera plus que sur la scène et pour l'état civil. Des lettres écrites par Léonie à la Diva, alors en « tournée patriotique » en Amérique, durant la Grande Guerre, ne laissent pas de doutes sur l'état des relations conjugales entre Emma et Galileo. La mère dit à sa fille : « Embrasse-le pour moi et *soyez bons amis*[1]... »

La Diva et le ténor demeureront officiellement unis, mais séparés de fait, jusqu'en 1921, jusqu'à ce qu'une ultime frasque de Gaspari, ridiculisant sa femme avec assez peu de discrétion pour que la chose fasse le tour des salons, réveille Emma, lui fasse prendre conscience de son ridicule et provoque un de ces éclats qui faisaient naguère trembler les directeurs de théâtre.

Exit le ténor italien. Le « grand air », c'est Emma qui l'a poussé. Avec un bon constat d'adultère dressé par un commissaire de police qui met fin à la tragi-comédie et lui donne tous les droits pour réclamer le divorce.

Elle sort de la mésaventure plus touchée qu'il n'y paraît. Désormais, il n'y aura plus d'homme dans la vie de Calvé ailleurs que sur une scène d'opéra.

Le prochain — celui qui va occuper son cœur et ses pensées comme aucun autre avant lui — ne sera pas son amant.

Et pourtant, il lui causera le plus grand chagrin de sa vie...

1. Cité par Georges Girard, *op. cit.*

38

Où l'on voit l'héroïne,
mobilisée par la Grande Guerre,
« monter au front » armée de sa seule voix
et habillée en Alsacienne

« **A** MON TOUR de faire mon devoir ! » Par ces fières paroles, Emma Calvé annonce son « entrée en campagne ».

La guerre, ce n'est la seule affaire des hommes. D'Adolphe Calvet qui est allé rejoindre son escadre à Toulon, ou des poilus qui commencent à s'enterrer depuis qu'on s'est rendu compte que l'entrée dans Berlin la fleur au fusil n'était pas pour tout de suite.

Il ferait beau voir que la Diva ne s'en mêle pas, de cette guerre, à sa façon.

Elle aussi « monte au front » !

Elle possède une arme : sa voix. Elle va la mettre au service de la patrie en danger. « Voulant être utile à mon pays, je pars pour l'Amérique, donner des concerts pour la Croix-Rouge et la propagande française. (...) Ma pauvre mère éplorée, mes amis disent qu'il y a grand danger à traverser l'Atlantique à cause des torpillages. Et après ? Est-ce que nos soldats hésitent à aller à l'assaut ? »

Calvé a commencé, peu après la déclaration de guerre, à donner des « concerts patriotiques » en France, dont la recette va intégralement aux soldats blessés. On l'a entendue — en compagnie de toutes les gloires artistiques de l'époque — à la soirée donnée au Palais-Bourbon par le président du Conseil, Paul Deschanel.

Puis elle a fait alterner morceaux religieux et chants patriotiques dans le vaisseau de la cathédrale de Montpellier, où Mgr de Cabrières avait organisé un concert de bienfaisance.

Enfin, en décembre 1914, malgré ses cinquante-sept ans et ses rhumatismes, elle s'embarque à Marseille à bord du *Venezia* pour l'autre front de la guerre : l'Amérique. L'habituelle et fructueuse tournée annuelle va faire place à une action de propagande.

Emma n'est pas la seule à New York. Clemenceau, qui n'est pas encore le Père la Victoire, est venu faire des conférences : « On l'acclame comme un roi, il entraîne les foules, écrit Emma. Il est si émouvant que tout le public pleurerait en écoutant ce grand beau vieillard parler si ardemment de sa patrie. »

Une autre vaillante est là : Sarah, qui a repris du service pour la Cause. Debout dans sa voiture, elle harangue les New-Yorkais à Central Park : « D'une voix vibrante, émouvante, elle parle des malheurs de la France. On l'acclame. Elle est prodigieuse. »

A elles deux, si on les écoutait, elles feraient basculer l'Amérique dans la guerre...

C'est bien leur intention. « Nous avons le ferme espoir que les soldats de La Fayette (*sic !*) viendront se joindre à ceux de la Mère-Patrie », écrit Emma, qui, dans sa ferveur patriotique, se perd un peu dans son cours d'histoire...

Début décembre, la voici à Washington, invitée d'honneur. Le programme est choisi « en fonction des circonstances ». C'est-à-dire que Déroulède a remplacé Gounod. Les Américains vont apprendre à connaître *Le Clairon* par cœur ! Emma se met à l'entière disposition du La Fayette Fund et de la Croix-Rouge : ils n'ont qu'à organiser des réunions et elle accourt aussitôt pour chanter à leur profit, recueillant ici mille dollars, là-bas cinq cents...

Mais ça ne suffit pas. Héritière des doigts de fée de Léonie Calvet, Emma sacrifie bientôt certains de ses costumes de scène et confectionne de ses mains des poupées de chiffon. Les « petites Carmen » en robes à volants se multiplient comme les petits pains. Et les Américains se les arrachent ! L'une d'elles, accompagnée d'un écriteau indiquant *Poupée confectionnée par Mme Calvé avec le châle et la robe qu'elle portait à la dernière représentation de* Carmen *au « Met »*, est exposée par la Croix-Rouge dans une vitrine de la Cinquième Avenue, pour être mise en loterie. Elle rapportera la somme record de cinq mille dollars !

Voilà qui va payer plusieurs « autos-ambulances » pour les poilus !

Pendant près de dix-huit mois, Calvé va sillonner les États-Unis, chantant partout *La Marseillaise*, *Le Clairon*, *Le Chant du départ*, *Le Bon Gîte*, et les recettes seront acheminées par la femme de l'ambassadeur de France, Mme Jusserand[1], à la Croix-Rouge française, *via* le La Fayette Fund.

La voix magique de la Diva fait une fois de plus des miracles.

Il faut dire que, excessive même dans la générosité, Calvé ne s'est pas engagée du bout des lèvres. S'estimant « en mission », mobilisée, elle s'est confectionné un « uniforme ». Dans ces « concerts patriotiques » elle apparaît dans un extraordinaire costume de scène établi sur ses directives. Portant le « deuil de la France », elle est entièrement drapée de noir dans une ample tunique aux larges emmanchures, décolletée en V, qui descend jusqu'à terre. Elle s'est coiffée du grand nœud des Alsaciennes, frappé de la cocarde tricolore et, telle Brünnhilde sa lance, elle brandit la hampe d'un grand drapeau français largement déployé !

L'effet, pour manquer de sobriété, n'en est pas moins saisissant ! Ainsi « déguisée » — on ne peut pas employer d'autre mot —, bravant le ridicule par ferveur patriotique, la Diva rassemble les foules américaines et récolte les dollars à tour de bras. Au « Met », le 5 janvier 1916, elle a ainsi « ramassé » quinze mille dollars-or !

Mais Calvé n'hésite pas à affronter l'ennemi en face ! Car, dans cette société américaine cosmopolite, nombreux sont encore les Allemands de la première génération qui ont une idée du patriotisme diamétralement opposée à celle de la Diva !

Ainsi, à San Francisco, en mai 1916, son « programme

1. Très liée avec la richissime Mrs Pierpont-Morgan, femme du patron de l'U.S. Steel Corporation, et francophile passionnée.

patriotique » à l'Orpheon Theater est-il accueilli par une bordée de sifflets ! Plusieurs centaines d'Allemands occupent les fauteuils d'orchestre et entendent mettre fin à cette « provocation ». Tandis que cris et sifflets tentent de couvrir la voix de Calvé, le reste de la salle l'ovationne, des cris fusent : « Vive la France ! » C'est un beau tumulte auquel la police mettra difficilement fin.

Une autre fois, à Washington, au moment où, après une première partie, elle retourne sur la scène, qu'elle a quittée pour aller dans sa loge prendre son drapeau et son nœud alsacien avant d'entonner *La Marseillaise*, Emma a la mauvaise surprise de constater que le chef est parti, entraînant plusieurs musiciens de l'orchestre ! Parbleu : ils sont d'origine allemande !

Laissons Emma raconter la suite : « Je me suis avancée bravement et le drapeau levé, comme si je montais à l'assaut, j'ai attaqué *La Marseillaise* sans accompagnement, reprise aussitôt en chœur, par le public debout, frémissant. Tout le monde pleurait. »

Calvé est confiante. Ses amis américains vont bientôt entrer en guerre aux côtés des Alliés. Le représentant du président Wilson, M. Lansing, a, paraît-il, confié à notre ambassadeur : « Ne dites plus que nous sommes neutres. » C'est bon signe.

Bien sûr, le torpillage et la fin épouvantable des passagers du *Lusitania* sont sans doute pour quelque chose dans la résolution américaine, mais Emma est persuadée d'avoir — à sa mesure — contribué à leur engagement.

Pourtant, elle continue à se démener, car, écrit-elle, « sur le chemin de la vie on n'arrive jamais à son dernier devoir ».

Mais il arrive que l'on donne son dernier concert.

Celui-là doit constituer une apothéose de la « tournée patriotique ». Le La Fayette Fund et la Croix-Rouge ont battu le ban et l'arrière-ban des Français d'Amérique et des Américains francophiles.

Le *Courrier des États-Unis,* journal de langue française paraissant à New York, lance des appels en faveur du grand concert qui va se tenir au soir du 10 juin 1916, au Bazar des Alliés, installé dans le Great Central Palace, de New York.

« Notre compatriote y chantera *La Marseillaise*, précise le journal, avec le concours des chœurs et de l'orchestre du Metropolitan Opera House. Elle a bien voulu consacrer les dernières heures de son séjour en Amérique à cette grande et belle manifestation, avant de s'embarquer à minuit sur le *Rochambeau* à destination de la France. »

C'est cette scène unique qu'Emma Calvé sur son lit de mort lira devant le micro de Michel de Bry.

L'immense salle du Great Central Palace, qui peut contenir trente mille spectateurs, est comble. Ce n'est pas une scène, mais une estrade surélevée, sur laquelle on grimpe par une échelle, qui attend la Diva. Les chœurs du « Met » et l'orchestre sont déjà en place lorsqu'elle les rejoint sous les ovations.

Elle a revêtu son étonnant costume d'Alsacienne revu « grand opéra ». Elle apparaît drapée dans le drapeau français et, sans attendre, entonne le premier couplet de *La Marseillaise*, dont le refrain est repris par les chœurs du « Met ». Mais, dès le deuxième couplet, la salle se mêle spontanément aux chanteurs : le cri « Aux armes citoyens » retentit, poussé par trente mille poitrines et se répercute sous les immenses verrières du Great Central.

La Diva bouleversée pleure sans retenue.

Mais, bien vite, le métier reprend ses droits. « Comment vais-je faire, a-t-elle raconté dans ses Mémoires, pour chanter en pleurant ? »

En effet, n'est pas la Malibran qui veut.

C'est alors que Calvé se souvient de l'effet qu'obtenait Rachel, lorsqu'elle déclamait l'ultime couplet de l'hymne guerrier : « Amour sacré de la patrie », comme si elle murmurait une prière.

La Diva s'agenouille, étreignant la hampe du drapeau et, dans le silence de trente mille respirations suspendues, chante à mi-voix les paroles :

> *Liberté, liberté chérie,*
> *Combats avec tes défenseurs...*

L'effet est prodigieux ! Jamais comme ce soir les bravos déchaînés par la Diva n'ont eu de tels accents de ferveur... Des gens grimpent sur l'estrade, on emporte Calvé, on la hisse sur une sorte de pavois. On la promène au-dessus des têtes innombrables comme le pape sur sa *sedia gestatoria !* Et elle — toujours le sens inné de l'effet, appris sur les planches des théâtres du monde entier —, s'étant emparée d'un casque de poilu, le plonge dans cette houle humaine qu'elle écope et elle le ramène à elle, rempli de dollars !

Scène incroyable !...

Après estimation, le président du La Fayette Fund apprend à Calvé qu'avec la quête, ajoutée aux entrées, ce sont cinquante mille dollars qui ont été récoltés ce soir, soit cinq cent mille francs-or !

« Je ne mentionne ce chiffre exorbitant, écrit Calvé dans ses Mémoires, que pour rendre justice au grand élan humanitaire du peuple américain. »

Ce qu'elle ne sait pas encore, la Diva, saoulée de cris, fiévreuse d'émotion, qui tente de trouver le sommeil dans sa cabine du *Rochambeau,* c'est qu'un jour, c'est à elle-même que « le peuple américain » viendra en aide, parce que ce qu'elle avait fait, en cette soirée du 10 juin 1916, n'avait pas été oublié...

Avec ce ton qui n'appartient qu'à elle, lorsque Calvé évoquera dans ses Mémoires ces heures mémorables, elle dira : « J'ai fait mon devoir de bonne petite Française. » Ajoutant : « Mon grand-père, décoré sur le champ de bataille de Wagram, l'avait fait autrement et plus dangereusement que moi ! Mais je ne suis qu'une femme... »

Tout de même : quelle femme !

Rentrée en France à bord du *Rochambeau,* sans encombre en dépit de sa hantise des torpillages, Emma, qui se prépare à une tournée de « concerts patriotiques » pour la Croix-Rouge dans le midi de la France, apprend de la bouche de Léonie — quatre-vingt-deux ans —, qui a passé toute la guerre à Bourg-la-Reine auprès de sa belle-fille (la femme d'Adol), la mort subite de Béranger Saunière. Il est tombé foudroyé sur le parvis de « son église » de Rennes-le-Château qu'il n'avait pas voulu quitter en dépit de son remplacement. Officiellement, Saunière n'était plus curé du village, mais tandis que son successeur officiait devant des stalles vides, sa chapelle privée ne désemplissait pas…

Le curé de Rennes a emporté son secret dans la tombe. Car à ce jour, personne n'a pu — en dépit de toutes les hypothèses — dont certaines ne doivent pas être éloignées d'une vérité difficile à concevoir — répondre à cette question essentielle : quelle fut la source mystérieuse de l'enrichissement de l'abbé Saunière ? Quel pacte ce nouveau Faust avait-il conclu et avec quel Méphisto, pour que s'opère en quelques années cette transformation à vue ? Pour que se réalisent ce rêve mégalomane, ces caprices, ces folies, ces idées baroques ? Loin de se montrer discret, le curé de Rennes a claironné à tous les échos sa fortune aussi inexplicable que subite. Rien n'a pu le contraindre à plus de tenue : ni les appels à la mesure de la hiérarchie, ni les conseils de prudence. Saunière devait s'estimer intouchable. Qu'est-ce qui le confortait dans cette idée ? De quels appuis bénéficiait-il ? Quels « secrets » détenait-il ? Mystère, toujours.

Mgr Billard, son évêque, semble avoir eu pour l'abbé une coupable indulgence. Mais il n'en alla pas de même avec Mgr de Beauséjour qui lui succéda à sa mort et demanda en 1902 — à tous les sens du terme — des comptes à son curé. Saunière ne répondit jamais… sinon pour se moquer ouvertement de monseigneur, lui présentant des bilans chiffrés de fantaisie… et expliquant, sans rire, que ses revenus provenaient de dons couverts par le secret de la confession !

L'affaire est allée jusqu'à Rome sans que jamais Saunière ne s'incline.

A soixante-cinq ans, à la veille de sa mort, il établissait encore un bilan de huit millions de francs-or (dix-huit millions de francs actuels), pour la construction d'une tour de soixante-dix mètres de haut où il entendait prêcher à ses ouailles malgré la suspension *a divinis* qui le frappait depuis sept ans, la hiérarchie ayant dû piteusement se replier sur l'accusation de « trafic de messes »…

L'historien Gérard de Sède, qui s'est depuis longtemps penché sur cette ténébreuse affaire, a pu établir qu'entre 1891 et 1917 le curé de Rennes-le-Château aurait dépensé entre un milliard et demi et deux milliards quatre cents millions de nos centimes !

Comme il fallait trouver une explication, on a échafaudé toutes les hypothèses : depuis la découverte d'une mine d'or (les Romains en exploitaient dans le Razès), jusqu'au trésor des

Wisigoths, rapporté du pillage de Rome par Alaric au Ve siècle (Rennes avait été jadis Rhedae, une de leurs capitales, clef de la voie romaine conduisant en Espagne), en passant par le trésor de guerre des Cathares ou celui des Templiers. La dernière hypothèse que développe Gérard de Sède verrait Saunière découvrir dans la sépulture des seigneurs de Rennes, les Hautpoul, des documents remettant en cause certaines prétentions dynastiques chez les Habsbourg, parce qu'ils accréditaient la survivance de Louis XVII (dont la mère, Marie-Antoinette, était, rappelons-le, une Habsbourg), ce qui justifierait la présence, maintes fois signalée à Rennes, du mystérieux « Étranger », l'archiduc d'Autriche.

Saunière a-t-il exercé un chantage ? A-t-on grassement payé son silence ? A-t-il même fabriqué de faux documents à partir de ce qu'il a pu découvrir dans l'église de Rennes ? Qui le dira ?

Saunière est mort brutalement d'une attaque, un jour de 1917. L'opinion avait d'autres soucis en tête. Il a emporté son secret, ouvrant la porte à toutes les affabulations. Son remplaçant, dit-on, lui refusa l'extrême-onction. Mais tout donne à croire que Saunière ne réclamait pas le pardon : il ne regrettait rien.

Il avait vécu jusqu'à son dernier souffle dans le luxe, défiant le monde assis sur son pactole, sans souci du qu'en-dira-t-on ?, entouré d' « amis » haut placés qui profitaient de ses largesses.

Bref, heureux comme un pape.

Un pape Borgia, naturellement...

39

Où l'on voit l'héroïne, âgée de soixante-deux ans,
enregistrer ses plus beaux disques
avant de fonder une école de chant
dans un château rouergat

ILS N'EN SONT pas revenus, chez Pathé.

Emma Calvé a soixante-deux ans, mais qui le croirait à entendre sa flamboyante maturité vocale, son allant, l'éclat de ses aigus et la fraîcheur de son timbre ?

Fraîcheur. C'est le mot qui convient le mieux pour définir cette sexagénaire...

Pas étonnant que les responsables de la maison Pathé frères n'aient pas hésité à lui signer un contrat d'exclusivité de cinq ans, en ce mois de juin 1920.

Le résultat est tout simplement fabuleux. Dans ce florilège de chansons et d'airs d'opéra (quelque trente-six titres, dont certains n'ont pas été retrouvés, ni peut-être même édités), Calvé donne une magistrale leçon d'interprétation. La voix est en pleine condition. A ceux qui s'en étonnent et qui la traitent de « phénomène », Calvé répond en souriant : « Je suis la grand-mère de ma voix : elle ne veut pas me quitter. Pourquoi la contrarierais-je ? » Et de citer en exemple la Patti, l'Alboni, qui ont chanté jusqu'à la fin. Et en ce moment même, Fugère, qui approche de soixante-douze ans (il chantera Bartolo du *Barbier* pour la dernière fois... à quatre-vingt-cinq ans !) et continue d'enchanter les foules... « Lorsqu'une voix est bien posée, qu'on a une belle santé, pourquoi la perdrait-on ? » demande Emma, non sans coquetterie.

En tout cas, sa série d'enregistrements pour Pathé ressemble à un éclatant bulletin de santé !

Elle y chante *Sapho* avec une flamme étonnante, elle y détaille Gounod avec un goût qui n'a d'égal que sa technique, elle vocalise *Casta Diva* comme si elle avait trente ans de moins. Et entre un Beethoven inattendu (*In questa tomba oscura*) et un Lully méconnu (*Amour, que veux-tu de moi ?*), qui soulignent son éclectisme, elle offre une surprise, en hommage à cette Amérique qui lui a décerné sans hésiter ses galons internationaux : elle enregistre — en anglais ! — le célébrissime *Dixie*, l'hymne sudiste, le chant de ralliement de la Confédération. *Dixie, chanson du Sud*, ainsi que l'indique le catalogue Pathé.

Ira Glackens, musicologue américain, a soigneusement écouté cette interprétation-hommage de Calvé à l'Amérique. Miss Peggy Wood, qui avait été élève d'Emma, lui avait dit que la Diva adorait ce « chant du Sud » et en faisait retentir les salons de Cabrières. Mais le commentaire du spécialiste, à l'écoute de l'enregistrement, vaut tous les hommages, lorsqu'il écrit : « Une autre Emma, Emma Eames, qui faisait partie avec Emma Calvé de celles qu'on a surnommées les cinq inégalables (les trois autres sont Sembrich, Melba et Nordica), a également enregistré *Dixie*. Mais quand, au refrain, Eames chante cette phrase inepte : " *I wish, I was in Dixie, Hooray, hooray !* " (j'aimerais être comme avant dans le Sud, Hourra ! Hourra !) il paraît évident qu'elle n'a jamais souhaité être enterrée là-bas. Avec Calvé on le croit ! »

Le compliment n'est pas mince, même si les *hourrrré, hourrrré !* de Calvé ont des sonorités rappelant plus la bourrée auvergnate que l'accent de Virginie !...

Étonnante vitalité, et quelle joie de chanter encore et toujours !

Toutes ces années, qui viennent de la voir courir d'une ville à l'autre pour chanter dans des concerts de bienfaisance dont elle laisse la recette au profit des mutilés de guerre, des orphelins, des associations caritatives, des anciens combattants, n'ont pas entamé son énergie.

Bien entendu, Emma annonce « sa retraite artistique ». Mais personne à Paris ne la croit...

Et l'on a raison, car dès juillet 1920 elle est à Londres.

(L'an dernier à même époque ne se trouvait-elle pas à Boston ?) Mais c'est, dit-elle, « pour préparer une série de récitals d'adieux ».

Les journaux américains qui la croient sur parole en profitent pour publier des séries d'articles rétrospectifs retraçant les grandes étapes de sa carrière et les triomphes qui l'ont jalonnée. Au cours d'une interview, Calvé précise qu'elle a chanté Carmen... 1 389 fois !

Avec la forme qu'elle tient, les « récitals d'adieux » risquent de se prolonger. A preuve : la voici en 1921 à nouveau en Angleterre et en Irlande avec deux accompagnateurs de choix : Jacques Thibaud et Alfred Cortot. Le *Times* ne les dissocie pas : il commence son article par « Le célèbre trio français a triomphé... »

En octobre 1921, Léonie Calvet rend son âme solide à Dieu. Elle s'éteint à quatre-vingt-sept ans, après une vie bien remplie, « comme on s'endort, écrit sa fille, sans une plainte. Vaillante devant la mort comme elle l'avait été devant la vie ».

Emma sait ce qu'elle doit à cette femme audacieuse qui n'a pas hésité à braver son époux, sa famille, l'opinion publique, pour que sa fille réalise son rêve. C'est elle qui a été la vraie compagne d'Emma, soignant, consolant, encourageant, puisant dans son amour de mère et sa confiance dans le talent de la *fantoune* tous les courages pour se battre. Sans Léonie, pas de Diva.

Elle repose au cimetière de Decazeville. Justin Calvet est inhumé à Millau. Face à l'éternité ces deux-là, comme durant leur passage terrestre, continueront à être séparés...

« Je vais continuer à faire ce pour quoi je suis née, promet Emma : chanter encore, chanter toujours. Si ma chère maman était là elle me l'ordonnerait. »

Elle n'est pas peu fière d'apprendre que le conseil municipal de Rodez vient de donner son nom à une place proche de la belle cathédrale rose. Une voie porte son nom alors qu'elle est encore en vie et peut s'en réjouir ! Quel hommage...

En revanche, à Millau, où pourtant elle compte quelques anciennes et solides amitiés, on semble continuer à garder on ne sait quelle distance avec la « théâtreuse » dont les frasques ont quelquefois fait l'objet de blâmes et de conversations à voix basse...

Emma n'est pas insensible à cet ostracisme.

Mais sa vitalité prend bien vite le dessus. Elle est telle qu'en 1922, des échotiers ont lancé l'idée d'une reprise de *Carmen* à l'Opéra-Comique.

Là, Emma fait tout de même une mise au point, par une lettre qu'elle donne à *L'Intransigeant* : « On me prête l'idée bizarre pour ne pas dire plus, de vouloir chanter encore une fois *Carmen*. J'espère que vous n'avez pas cru les on-dit. J'ai trop le respect du public pour lui infliger une Carmen vieillie. Je préfère lui laisser le souvenir de mon jeune visage. En 1907 (*sic !* c'était en 1904) après la millième de *Carmen,* j'ai quitté définitivement le théâtre à Paris. Qu'on me juge là-dessus. »

Il faut lire attentivement l'avant-dernière phrase. Emma dit : « J'ai quitté définitivement le théâtre à Paris. » C'est peut-être vrai, mais en Amérique, elle a tenté de renouer avec le « Met » de sa jeunesse et de ses succès. Et là, elle a subi une humiliation à laquelle elle préfère ne plus être confrontée.

Lors de son passage à New York, après une série de concerts pour des associations privées à Boston, à Cincinnati, et au fameux Carnegie Hall, elle a repris contact avec la direction du « Met » pour « tâter le terrain ». La réponse de Gatti n'était pas un non franc et brutal. Mais les circonlocutions qu'il employait pour lui dire quelles difficultés rencontrerait ce projet, la gêne qu'il manifestait ont fait comprendre à la Diva qu'une page venait de se tourner.

Jadis, c'était Grau[1] qui suppliait : « Ah, ne me quitte pas, Carmen ! » Aujourd'hui, Carmen a la peau fraîche et la ligne svelte de Géraldine Farrard, la sensualité de Lucrezia Bori, et Aïda, l'éclat de Rosa Ponselle. Le public a découvert au cinéma qu'il ne pouvait plus croire une tentatrice de soixante-quatre ans même si son timbre accusait trente ans de moins. D'ailleurs, au cinéma c'est Farrard qui a été Carmen. Pas parce qu'elle chante bien — le muet n'a pas les moyens de s'offrir sa voix — mais parce qu'elle est jeune et jolie. Et que chaque spectateur prendrait bien la place de Don José (surtout au deuxième acte...).

Ces constatations sont rudes quand, sa vie durant, on a vu les portes s'ouvrir sur un sourire...

---

1. Il est mort en 1907.

Calvé croit avoir compris. « Je chanterai peut-être encore dans un concert à Paris ou à Londres. Et puis je reviendrai dans mon vieil Aveyron, vivre à l'ombre du clocher où je continuerai d'apprendre l'art si difficile et si utile de savoir vieillir. »

Sitôt dit, c'est plus fort qu'elle — « encore une minute, monsieur le Bourreau ! » —, la voilà qui repart pour l'Amérique en octobre 1922. Elle ira jusqu'en Californie, donnant des récitals de mélodies, dans les fondations privées, dans les universités. Et jouant à la journaliste pour de substantielles « piges ».

C'est au cours de ce périple qu'elle apprendra la mort, à New York, où il s'est retiré, de l'un des professionnels qui auront le plus marqué sa carrière : le baryton Victor Maurel, qui avait deviné en cette débutante assez de dons pour en faire sa partenaire pour la création d'*Aben Hamet,* à Paris, au théâtre des Italiens.

A son fils, devenu docteur en médecine, Emma adresse de New York, le 26 octobre 1923, une lettre où elle décrit les derniers moments du grand chanteur : « Dix jours avant le dénouement, tout à coup, pris de délire, il se mit à chanter tout un acte d'*Ernani* en italien à pleine voix (le grand air, suivi du chœur). On l'entendait des maisons voisines. A genoux, les yeux extasiés, admirable à voir, à entendre. Revenu à lui apaisé, il murmura : C'est ma dernière représentation. (...)

« Dix minutes avant d'expirer, il murmura les premiers mots de la sérénade de *Don Juan...* et souriant, il est mort sans une plainte !

« Il reposera auprès de Verdi, à Milan ; leurs génies, leurs noms sont inséparables. Avec lui disparaît l'art lyrique le plus noble, le plus parfait, et qui ne sera jamais remplacé. Nous procédons tous de lui, il est le grand maître. (...) »

Emma a profité de son séjour en Amérique pour publier ses Mémoires. Sous le titre *My life,* est parue chez Appleton & Co, à New York, son autobiographie.

Mais une autobiographie, ce n'est quand même pas une notice nécrologique !...

Décidément, cette sale guerre a non seulement ravagé la jeunesse d'Europe, mais elle a tranché l'existence des survivants en deux. On dirait que plus personne ne veut de ce qui était *avant*. Mais que diable, Calvé est là ! Ne l'enterrez pas déjà !

Sa vie nomade lui a donné pour toujours la soif de nouveaux horizons que rien n'apaisera. « Je plains ces vieilles gens qui se croient obligées de rester toujours à la même place, pensant vivre plus longtemps, dit-elle. La mort est sûre de ne pas les manquer : elle sait où les prendre. Moi, je tâche de lui échapper ! » Et comment lui échapper mieux qu'en prolongeant sa jeunesse au contact d'autres jeunesses ?

Durant ce périple, qu'Emma rentabilise en donnant des concerts, elle multiplie les contacts pour réaliser ce qui, à présent, est devenu sa grande idée : créer une école de chant et de déclamation lyrique à Cabrières !

Dès 1923, elle ramène des élèves américaines en Aveyron. Mais attention : celles qui pensent être venues pour passer des vacances d'été dans un *typical french medieval castle* se sont lourdement trompées. Ce n'est pas le bagne, mais on est là pour travailler. La récréation, c'est quand on a fini l'étude. Si l'on rit — Emma n'est pas la dernière — c'est lorsque *Madame* en donne le signal !

D'abord, si une jolie voix est indispensable, la condition est nécessaire, mais pas suffisante. Acquérir la technique des trilles ou du *portamento,* apprendre la pose de la voix, c'est la moindre des choses pour qui veut chanter l'opéra. Mais il faut acquérir une culture générale, connaître plusieurs langues, l'histoire, la littérature : « En un mot, prévient Emma, il faut avoir une instruction solide comme pour n'importe quelle carrière. Dans l'ensemble, les chanteurs en manquent souvent. Or, comment voulez-vous incarner un personnage historique ou littéraire si vous ne savez pas qui il a été ou qui l'a créé et dans quelle œuvre ? »

La bonne vieille méthode enseignée par Puget a toujours du bon.

Mais attention, il y a des limites à ne pas franchir. Sous prétexte de culture, pas question de lire n'importe quoi le soir dans sa chambre à Cabrières, où Balzac est déjà considéré comme bien « moderne ». Qu'on ne pince personne en train de se repaître de ce vieil athée d'Anatole France ou de ce Proust qui dépeint une société en pleine décomposition. Quant à ce livre horrible... Quel est son titre déjà ? *La Garçonne* ! Quelle horreur.... On a fait un procès à Margueritte, ça lui va bien ! Pas de ça à l'école de chant et de déclamation lyrique de Cabrières tant qu'Emma Calvé en sera la « patronne ». .

Une fois de plus en avance sur son temps, Calvé invente les académies d'été. Quelques élèves, choisies par elle après une audition où son oreille infaillible détecte les dons sous les maladresses de débutante. Puis les élèves sont hébergées au château, dans des chambres individuelles, baptisées « Colibri », « Cigale » ou « Coucou » et partagent avec *Madame* les repas et les leçons en commun. « Dans une intimité de tous les jours, confie Emma, je peux les suivre pas à pas, pour en faire de belles artistes. »

Elles viennent de tous les pays, ces jeunes filles qui rendent à Emma sa gaieté et sa jeunesse, mais *Madame* a un faible pour les Américaines. Ce qu'elle aime, sous leurs allures franches et décontractées, c'est leur côté professionnel, déjà. Elles « en veulent » ! Elles savent qu'il faut se battre. Pas comme ces petites mijaurées, ces Françaises de bonne famille, qui ont l'air de s'ennuyer poliment pour obéir à un vœu maternel et sont là, résignées, en attendant le collier conjugal, au lieu de profiter de leur chance pour se forger les armes qui pourraient leur donner la liberté !

Comprenons-nous : Cabrières n'est pas un couvent. Mais c'est un lieu où prime le travail. Les flirts, ça passe en second. Parce que tout le monde peut vivre une amourette, mais rares sont ceux qui peuvent chanter un opéra !

« Les plus studieuses et les plus ambitieuses sont les jeunes filles américaines », écrit Emma, subjuguée par leur dynamisme et leur envie de gagner. Elle se retrouve en elles telle qu'à vingt ans, quand elle voulait « manger le monde ». « Elles révolutionnent la ville voisine avec leurs allées et venues à pied, en auto, en barque sur le Tarn, éclairant le pays de leur beauté, de leur entrain. Telle une troupe de moineaux dans un champ de blé, elles dévalisent les pâtisseries, friandes de gâteaux et d'ice-creams, mais elles savent travailler. Ce sont mes meilleures élèves. »

Et pour apaiser cette soif de tout connaître, Emma les entraîne dans des périples à travers l'Europe : à Paris où elle leur permet d'assister à des spectacles d'opéra, en Italie où les musées, les églises sont prétextes à étudier l'art de l'expression, du geste, du drapé. Emma semble recommencer ses propres études, mais avec une expérience et un bagage culturel qu'elle n'avait pas à l'époque où elle-même était d'abord l'« esclave de sa voix ».

Calvé envahit parfois avec « ses petites filles » les fêtes villageoises encore nombreuses en Rouergue et quand la *cabrette* entre en danse, elle n'est pas la dernière à leur montrer, exemple à l'appui, comment on marque le rythme endiablé de la bourrée qu'au retour elles apprendront à danser à d'autres dans le Wisconsin ou l'Alabama...

Le soir, quand il fait beau, on dîne sur la terrasse du château et il n'est pas rare que *Madame* donne un récital improvisé à « ses filles », au cours duquel, parfois pendant des heures, elle offre un aperçu de son immense répertoire en chants folkloriques français et étrangers, recueillis auprès de Léonie et durant ses tournées à travers le monde, chantant dans tous les styles, dans toutes les langues, sans fatigue apparente.

Quelques-unes des anciennes élèves de Calvé ont fait une honorable carrière, par la suite. La plus connue en Amérique étant Miss Peggy Wood, qui créa de nombreuses comédies musicales à New York et à Londres, qui dans diverses revues spécialisées américaines a publié des articles où elle dit ce qu'était la vie à Cabrières.

Les élèves de Calvé furent certainement parmi les premières à utiliser les techniques respiratoires dérivées de la pratique du yoga et à réciter certains mentras appris auprès du *Swami* Vivekananda, si utiles pour étudier les vibrations de cet instrument qu'est le corps du chanteur et contrôler ce qu'Emma appelle la « soufflerie ».

A la fin de l'été, vient le moment des adieux. Emma le redoute. Ce n'est pas sans un serrement de cœur que la Diva voit ses « hirondelles » s'apprêter à quitter le vieux nid rouergat après le traditionnel concert de bienfaisance où chacune a fait son possible pour honorer ce professeur exceptionnel que Peggy Wood qualifiait d' « insupportable mais merveilleux ».

A l'heure de la séparation, Calvé a le cœur gros. Moins parce qu'elle va retrouver la solitude que parce qu'elle sait mieux que quiconque combien est dangereux le chemin sur lequel « ses filles » s'engagent. Elle sait que peu d'entre elles en verront le bout. Et que les rescapées devront payer cher le droit de l'avoir parcouru...

Certaines, déjà engagées dans divers théâtres, revenaient fidèlement chaque année à Cabrières pour se perfectionner auprès de *Madame*. « J'aurai du chagrin de les voir partir, notait Emma Calvé un soir d'automne, à la veille d'un départ, en songeant à la vie brillante mais remplie d'écueils qui les attend. J'espère que Dieu viendra en aide à ces messagères d'un grand Art idéal et consolateur. Moi, j'ai fait mon devoir, en les armant pour la lutte. »

Cette année-là (1924), son chagrin de voir partir « ses filles » est avivé par une nouvelle qui la bouleverse. Elle vient de perdre l'une de ses amies les plus chères. Le modèle de sa vie de femme et d'artiste. Celle pour qui elle nourrit une admiration sans bornes : Eleonora Duse est morte à Pittsburgh.

Calvé se sentait de la même race que la Duse. C'est un peu d'elle-même qui vient de disparaître. Elle est morte « au front », la combattante, en tournée. Elle jouait : *La Porta chiusa* (La Porte fermée). Les deux derniers mots du rôle sont : « *Sola, sola.* »

C'est le sort commun aux plus grands, à ceux qui ont transporté les foules, de se retrouver seuls quand vient l'heure...

Calvé ne se doute pas qu'elle mourra comme Eleonora...

40

Où l'on voit l'héroïne,
foudroyée par le plus grand chagrin de sa vie,
vendre son château

« Mon neveu Élie est ici. Je l'aime comme mon fils. »
Comme chaque année, Élie Calvet est en vacances à Cabrières, en ce mois d'août 1928, chez « tante Emma ».

Cet enfant, qui a rempli de ses rires les salles du vieux castel rouergat et d'affection le cœur immense de la Diva frustrée d'amour maternel, c'est un peu le fils qu'elle n'a pas eu.

Chaque été, elle l' « emprunte » à Marguerite, sa belle-sœur. Ce qui fait dire à Élie : « Moi, j'ai deux mères : maman et tante Emma. »

Dire qu'il a été choyé, « le Petit Prince de Cabrières », est peu dire. Du bout du monde, Calvé lui a rapporté des cadeaux extra-ordinaires, comme ce cerf-volant japonais en forme de dragon à l'air si terrible qu'il a dû faire tourner le lait des brebis !...

Élie Calvet est à présent un jeune homme que tous s'accordent à trouver d'une grande beauté et d'une intelligence rare. « Tante Emma » la première, bien sûr ! Elle n'est pas peu fière de paraître sur la place du Mandarous ou dans l'avenue Jean-Jaurès, à Millau, au bras de ce beau garçon, de ce grand « fils » de vingt-quatre ans !

C'est qu'il a tout pour lui plaire, Élie. Pour achever de séduire sa célèbre tante, ne s'est-il pas mis dans la tête de faire du théâtre ? Rien ne pouvait procurer une joie plus profonde à Emma. D'autant plus que le jeune homme — est-il délicat ? — a, lui aussi, fait sauter le *t* final de son nom. Son nom d'artiste sera *Élie Calvé*. Comme Emma...

« Je fais de beaux rêves, écrit la Diva. J'aime à penser que mon nom ne s'éteindra pas avec moi, qu'Élie Calvé sera acclamé à son tour.

« Je lui donnerai Cabrières, avec ses collections, tout ce que j'ai amassé et rapporté au vieux nid, des pays lointains. Plus tard, on le mariera, et je verrai de beaux enfants courir dans le parc que j'ai créé... »

Élie est en seconde année au Conservatoire de Paris et chacun lui prédit un bel avenir. Il dit les vers d'une voix chaude et prenante. Lorsqu'il joue Perdican en habit 1830, sa tante est chavirée devant tant de beauté et de talent réunis. Des vers, il en compose à l'occasion, d'inspiration un peu mélancolique.

Ce garçon attentionné n'oublie jamais, chaque 15 août, date anniversaire de la naissance d'Emma — la Diva vient d'avoir soixante-dix ans — d'envelopper son habituel bouquet de fleurs d'un poème à sa façon. C'est un romantique attardé, Élie.

Mais ce qui inquiète un peu sa tante, c'est sa trop grande sensibilité. « Je le sens émotif, sensible, bon, confiant, tout ce qu'il faut pour être malheureux dans cette carrière... », écrit Calvé alors qu'Élie prépare sa troisième année, sanctionnée par les prix...

Son professeur, M. Leitner, et ceux qui l'ont fait travailler, comme Julia Bartet, de la Comédie-Française — amie d'Emma à qui le jeune homme est venu demander conseil sur le choix de sa scène de concours —, l'ont dit à la Diva : « Le prix ne sera qu'une formalité, pour Élie. » Ce qui n'empêche la tante anxieuse de multiplier auprès de ses relations — Emma connaît bien le musicien Henri Rabaud, directeur du Conservatoire, et Pierre-Barthélemy Gheusi, successeur d'Albert Carré à la tête de l'Opéra-Comique, qui siégera au jury — les petits mots de « recommandation ».

Au matin du concours, le 2 juillet 1929, Emma, Adolphe et Marguerite Calvet sont encore plus émus qu'Élie lui-même. Le jeune homme a dit à sa tante : « Ne venez pas m'entendre, ni toi, ni maman, ça me troublerait. » Et avec deux baisers sonores sur les joues qu'on lui tendait, il est parti vers la gloire promise en lançant : « Vous allez voir le beau prix que je vais vous ramener. »

Il a choisi de concourir dans *Le Fils naturel* de Diderot.

A quinze heures, le même jour, une voiture s'arrête devant le domicile d'Emma — 9, rue d'Artois —, où les parents attendent dans la fièvre. Henri Rabaud, directeur du Conservatoire, en descend, pâle comme un linge, et annonce l'incroyable, l'inadmissible nouvelle, indigne du pire des mélodrames : « Élie Calvé est mort ! »

Mort d'une embolie, d'une crise cardiaque, d'un transport au cerveau, mort de joie, d'émotion, on n'en sait rien, mais mort... Il venait de terminer son concours, tout s'était normalement passé, en dépit d'un état émotif bien compréhensible, et puis Élie est sorti de la salle d'audition.

On l'a retrouvé, un peu plus tard, inanimé dans une salle à l'étage supérieur, au moment où on le cherchait pour venir donner la réplique à un camarade. On a cru à une syncope consécutive à un excès de travail, mais les soins immédiatement prodigués par le médecin présent sur les lieux, qui accompagnait le sous-secrétaire d'État aux Beaux-Arts, M. François-Poncet, ont été impuissants à le ramener à la vie. A son arrivée à l'hôpital de la Pitié, on n'a pu que constater et confirmer le décès...

Marguerite est folle d'horreur. Adolphe, déjà malade, verra sa fin hâtée par ce terrible coup du sort. Quant à la Diva, elle assure : « Ma voix est partie avec lui. Il me semble que je ne pourrai plus chanter, désormais. »

Les journaux du 3 juillet, sous le titre : « Douloureux incident au Conservatoire », narrent l'affaire dans tous ses détails, disent l'émotion qui s'est emparée des condisciples d'Élie, très estimé, car il avait la générosité de sa tante. Ne racontait-on pas qu'il distribuait volontiers des vêtements à des camarades moins gâtés par le sort que lui-même ?

Il fallut reporter le concours « comédie-hommes », plus personne n'étant en mesure de jouer ni d'apprécier les concurrents, après un tel drame.

Mais le jury, à l'unanimité — fait sans doute unique dans les annales du Conservatoire —, décida de donner le premier prix de comédie à un mort !...

Aux obsèques d'Élie, inhumé dans le cimetière de Bourg-la-

Reine, tous les vieux amis de Calvé ont serré les rangs : les Gheusi, les Salignac, les Cain, Jean-Loup Richepin... C'est autant vers elle — vers la Diva — que vers les parents du jeune homme qu'affluent les témoignages de sympathie.

Henri Rabaud l'affirme dans le discours qu'il prononce au bord de la fosse : « Nous aimions à penser qu'il continuerait sur la scène dramatique, avec une distinction extrême, l'éclat d'un nom illustré sur la scène lyrique, car tout annonçait en lui le talent le plus sensible et le plus délicat. Hélas ! la flamme qui s'avivait ainsi en lui devait tout à coup le consumer... »

M. François-Poncet trouve des références adéquates pour toucher les parents dans le malheur : « A peine avait-il fait ses preuves, dit le sous-secrétaire d'État aux Beaux-Arts, à peine avait-il risqué ses premiers pas sur les planches, qu'Élie Calvé a rencontré la fin tragique de Molière. Nos mains se levaient pour l'applaudir, elles n'ont pu que se joindre, en un geste d'impuissante pitié. (...) »

Sur le bord de la fosse où gît l'un des grands amours de sa vie, Emma se répète les mots consolateurs du sage : « Le monde est un pont pour atteindre les rives de l'Infini. Mais ne bâtis pas sur lui, car il ne dure qu'une heure. » Il est des chagrins face auxquels même les paroles consolatrices jadis enseignées par le *Swami* sont devenues inefficaces.

C'est décidé : la Diva vend Cabrières. « S'en débarrasse », serait plus juste.

Précisément, un gantier de Millau désire jouer les châtelains. Il tombe bien, M. Victor Guilbert. D'autant plus qu'il a de la culture et du goût, il ne massacrera pas l'œuvre de toute une vie.

Cabrières sera à lui dès octobre. Quatre mois à peine après la disparition d'Élie. Le temps pour la Diva de rassembler les souvenirs auxquels elle tient et qu'elle entreposera chez ses amies, les sœurs Boué — couturières célèbres, qui ont eu souvent l'honneur de la parer au temps de sa splendeur —, dans leur château proche de Gagny.

Emma, qui a tant aimé « le vieux nid rouergat », ne peut tout à coup plus souffrir d'y être. Elle a été incapable d'y passer l'été. D'affronter les salles vides où résonnaient naguère les rires et les chants d'un petit garçon devenu un homme. Emma se heurte à son fantôme dans chaque pièce. Le château sans Élie n'est plus qu'une dépouille vide, sans âme.

Calvé quitte Cabrières sans un regard.

Elle n'y reviendra jamais...

41

Où l'on voit l'héroïne, seule, ruinée,
entamer son dernier combat et chanter
son grand air jusqu'à l'ultime note

ELLE EST « rangée », à présent, Emma Calvé. Elle habite à Millau (Aveyron). La silhouette épaissie, le masque affaissé de la vieille dame respectable, vêtue de sombre et chapeautée de paille noire, ne rappellent que de très loin la sulfureuse Carmen qui mettait en transe le public de l'Opéra-Comique de Paris ou du Metropolitan Opera House de New York. Seuls le sourire, par moments un éclat dans l'œil noir et le geste toujours sûr, mais surtout la voix, à l'incroyable longévité, attestent de la gloire passée.

A présent, Emma est devenue — enfin — la vedette des scènes locales, au *païs*. Même les familles bien-pensantes qui « pinçaient le nez » aux récits des extravagances de la « théâtreuse », aux épisodes célèbres de sa vie tapageuse, aux détails de ses frasques, sont rassurées. Emma Calvé est devenue fréquentable. On peut amener les jeunes filles à marier à ses concerts.

Car elle continue, inlassable.

Pas une fête régionale, pas un concert folklorique de quelque importance, à Rodez ou à Saint-Affrique, à Villefranche ou à Millau, auquel Emma Calvé ne soit associée. L'ancienne « gitane » qui roulait des hanches en rythmant sa danse de séduction au son des castagnettes chante à présent des airs « en patois ». Elle tient la scène une heure sans fatigue — à soixante-dix ans passés —, grâce au répertoire inépuisable dont elle incarne le « fonds » vivant, en permanence enrichi par cinquante années de carrière. Cet héritage de chansons traditionnelles, elle le tient de Léonie Calvet, et à son tour, après l'avoir fait entendre à toute la terre, elle le restitue aux Rouergats, qui se reconnaissent en elle. .

La vieille dame qui chante *Ma Lisette* ou *Le Roi Renaud*, *Bailero* ou *La Delaïssàdo*, n'a plus grand-chose de commun avec la cruelle Sapho, et encore moins avec l'ex-amie de l'abbé Saunière.

La Diva, les années passant, a pris ses distances avec l'ésotérisme, la métapsychie, le spiritisme, les théories sur la réincarnation. (Elle confiera même à une amie sa crainte d'être « excommuniée ».) Elle est revenue à des croyances traditionnelles, à la foi de sa jeunesse. Elle a pris un directeur de conscience qui est curé à Montpellier. Elle ressemble aujourd'hui, sur ce plan-là, plus à la bonne servante Finou — dont la foi ignorait les complications métaphysiques — qu'à la cantatrice mondaine qui hantait les conférences de la Librairie de l'Art Indépendant.

Pourtant, Emma Calvé ne se résigne pas à s' « enterrer » définitivement, à couper les ponts avec ce que furent sa vie et sa raison de vivre.

De temps à autre, elle s'échappe, mue par une sorte de force qui la dépasse : elle part — seule — en voyage, en Italie, à Tunis, aux Baléares, à Nice, où elle va rencontrer Colette, connue au temps où, dans ses chroniques, Willy vantait les mérites vocaux de la grande Calvé.

Entre deux banquets d'associations d'Aveyronnais où elle chante encore, entre deux cures thermales — une affection chronique de la vésicule biliaire lui aura causé du désagrément toute sa vie (les mises en garde du chiromancien de Chicago datent de 1897) —, on la retrouve, ici ou là, sur des scènes de province où elle accepte parfois de tenir des seconds rôles (la mère, dans *Louise,* de Gustave Charpentier, par exemple), auxquels elle prête sa grande et toujours belle voix, pour le seul plaisir de revivre un moment la fièvre d'une représentation, de sentir sous ses pieds les planches d'une scène de théâtre.

Chaque fois c'est comme si elle repoussait les portes de l'oubli, les avances de la mort...

Avec le félibre rouergat Édouard Galy, qui raconte avec

verve et une fausse naïveté des histoires paysannes et des poésies « en patois », Calvé partage la vedette et tient sous le charme de vastes auditoires conquis d'avance. La voilà qui commence une seconde carrière, la voilà devenue « diva » au *païs*.

Emma n'est pas dupe. C'est avec mélancolie qu'elle écoute monter — dans les salles des fêtes ou de patronages — les bravos enthousiastes que les Rouergats offrent sans compter à leur « payse ». Ils sont comme un écho assourdi des triomphes passés, quand ils remplissaient de clameurs les plus grandes scènes lyriques du monde. Ils suffisent à entretenir l'illusion...

Elle ne pourra jamais s'en passer : « Lorsqu'on a ressenti de tels enivrements, écrit Emma, il est difficile de les oublier. Il est impossible à qui n'est pas artiste de comprendre quelles années de labeur, de déceptions et de souffrances cette émotion qui tient du délire peut racheter en un instant... »

Alors, l'éprouver, cette émotion, encore une fois, rien qu'une fois, même atténuée...

Calvé est vivante, puisqu'elle chante encore et que l'on applaudit...

En août 1931, à la veille de ses soixante-treize ans, une grande joie lui a été donnée : la célébration officielle de son cinquantenaire artistique — elle fixe ses débuts à 1881 —, au cours de laquelle a été annoncée sa prochaine décoration de l'ordre de la Légion d'honneur. Calvé est ravie et fière de cette reconnaissance rendue à son art et sa générosité. Mais elle ne peut s'empêcher de penser qu'elle vient bien tard. Sa conduite durant la Grande Guerre, le renom de l'école française de chant incarnée par elle durant un demi-siècle, le rayonnement qu'elle lui a donné partout dans le monde auraient dû lui valoir depuis longtemps cette distinction.

C'est l'époque où pour occuper ses loisirs autant que pour revivre les grandes heures de sa carrière, Emma Calvé commence à publier ici et là des fragments d'autobiographie qu'elle vend aux journaux, retraçant les étapes glorieuses de sa carrière. *Le Figaro* a publié un « feuilleton » sur plusieurs numéros et *Le Messager de Millau* a rempli ses colonnes durant plusieurs semaines avec les souvenirs de la Diva. Emma les puise dans son livre de Mémoires paru à New York en 1922.

En même temps, elle s'astreint à donner des leçons particulières, sans enthousiasme — l'école de chant de Cabrières a disparu avec la vente du château —, à des jeunes filles qui ne semblent pas apprécier quel privilège est le leur.

Pourquoi cette agitation ? Pas seulement pour occuper les loisirs forcés d'une « retraitée » encore bien vigoureuse.

Il faut se rendre à l'évidence : Calvé a des ennuis d'argent !

Dès les années trente, sa correspondance en fait foi : elle commence à négocier des biens et des titres, parce qu'elle n'arrive pas — cela paraît invraisemblable — à assurer un train de vie pourtant bien réduit...

Ses amis, tous ceux qui ont approché Calvé à cette époque n'ont pu s'empêcher de se poser la question avec une brutalité qui dit l'étonnement : comment a-t-elle pu « croquer » tout ça ? Où sont passés les millions de francs-or glanés en Amérique et sur toutes les scènes lyriques d'Europe ? Comment se peut-il que la fortune qui était la sienne dans les années vingt ait fondu avec une telle brutalité, alors que voici à peine cinq ans, après la mort subite d'Élie Calvé, en 1929, elle proposait encore à son frère et sa belle-sœur une rente annuelle. Elle était donc en mesure d'en assurer le paiement !

Voici cinq ans à peine, elle vendait Cabrières... Un château de vingt pièces contenant des meubles de prix. Et elle n'a plus le sou ? Elle n'a donc jamais songé à constituer des réserves pour ses vieux jours ? Comme tant d'autres de ses amis, Salignac, Eames, ou jadis la Patti, sans parler de Melba qui a pris sa retraite sur un tas d'or.

Il faut croire que non. A moins qu'on l'ait « aidée » à dépenser plus qu'elle n'avait... Elle avait un cœur d'or, elle l'a amplement prouvé et ne savait rien faire à moitié...

C'est pourtant un mystère qui défie la raison.

Un de plus dans cette vie hors du commun.

Entendons-nous : ce n'est sans doute pas la misère. Calvé a des rentes viagères. Mais compte tenu de son train de vie, « elle n'y arrive plus » et le confie à des amis. Ce qui ne l'empêche pas de continuer à voyager chaque fois que l'occasion se présente... L'âge n'a pas rendu Calvé « raisonnable » (à tous les sens du terme).

Elle s'est séparée de sa dame de compagnie, Mme Proska, tout en conservant avec elle d'affectueuses relations, a d'abord pris un appartement avenue Jean-Jaurès à Millau (devenu aujourd'hui un hôtel qui porte son nom), mais bientôt elle emménagera à Peyreleau, près des gorges du Tarn, dans une petite maison où elle semble avoir encore réduit son train de vie.

Mais Calvé ne serait pas Calvé si elle attendait la mort sans rien tenter.

C'est tout naturellement vers l'Amérique qu'elle se tourne, car il apparaît qu'en France personne — sauf les amis proches — ne se soucie du sort de l'une des plus grandes gloires lyriques du siècle. Pour elle, si salut il doit y avoir, il viendra forcément de ce grand pays où on l'a tant aimée...

Avec ce mélange de pragmatisme et d'idéalisme qui la caractérise, Calvé s'est mis dans l'idée — le cinéma ayant pris la parole — d'aller à Hollywood... prêter sa voix à Carmen !

A soixante-dix-sept ans !

Que fait-elle ? Elle écrit à Mary Pickford qui, avec Charlie Chaplin, le réalisateur David W. Griffith et Douglas Fairbanks, a fondé United Artists et se propose de tourner une version sonore du chef-d'œuvre de Bizet. Calvé n'en doute pas : la voix de Carmen, pour des oreilles américaines, ne peut être que la sienne...

Hélas, nous ne sommes plus au temps où l'on célébrait la millième représentation et où l'on attendait, pour ce faire, le retour de la Diva depuis le bout du monde !

Calvé n'intéresse pas Hollywood. Pour le Moloch dévoreur de talents, elle n'est déjà plus qu'une *has been*...

Pourtant, jusqu'à son dernier souffle, en dépit de la réponse de Mary Pickford, Calvé espérera. Comme un joueur aux abois s'obstine à penser qu'il va « se refaire ».

Hollywood aura été le dernier grand rêve fou de Calvé. Elle devait intuitivement sentir que là existait un monde à sa mesure.

En attendant, elle se replie toujours plus sur « le pays ». Elle y garde de solides amitiés. Celle de Mme Madeleine Hubin, notamment, la châtelaine de Creissels, est parmi les plus sûres et les plus précieuses. C'est chez elle qu'Emma trouvera l'ultime réconfort.

Elle en a besoin. Les amitiés se font rares. Elles étaient plus nombreuses et plus empressées quand le champagne coulait à flots dans la prairie, sous les feux de Bengale, aux soirs d'été, à Cabrières... Où sont-ils donc passés, les Cadets de Gascogne, les journalistes accourus au moindre signal, les thuriféraires appointés prêts à recueillir le moindre sourire, le moindre battement de cils de la belle Diva dans sa gloire ? Calvé a longtemps gardé sur un buffet du château un petit plateau de céramique, acheté un jour de marché, à Millau, où était gravée une réflexion dont la pertinence, aujourd'hui, lui revient en mémoire : « Les amis sont comme les fiacres : on n'en trouve plus lorsqu'il pleut. »

Il pleut sur la vie de la Diva.

La voilà seule, ou presque. Elle se fait la cuisine sur son réchaud à gaz butane. Quelle déchéance, quand on a eu des domestiques, des femmes de chambre et des chauffeurs...

Seule ? pas tout à fait, du moins dans l'affection. Comme elle a décidé de publier ses Mémoires, Marie Gasquet s'offre à jouer les « conseillers techniques ». Tout au long de la rédaction du livre, qui aura pour titre : *Sous tous les ciels j'ai chanté*, Calvé trouvera chez Marie Gasquet une oreille et un cœur attentifs.

Emma va travailler à la rédaction de ses Mémoires durant la majeure partie des années 1937-1938. A la lecture d'un livre où Calvé se montre parfois fâchée avec la chronologie, où la vraisemblance passe au tamis de l'imagination, on ne peut s'empêcher de constater qu'elle avait décidément tous les dons, Emma Calvé. Il y a dans ce livre un ton, une vie, un « œil », une plume habiles à croquer les personnages, à camper une situation, qui dénotent un vrai tempérament d'écrivain.

Il est vrai qu'elle s'y donne le beau rôle, mais ne l'avait-elle pas conquis de haute lutte, ce droit ?

Sous tous les ciels j'ai chanté sortira à la fin de 1939, chez Plon. Hélas, un peu tard, car les Français, à cette date, auront d'autres soucis que ceux de lire les souvenirs d'une diva. La « drôle de guerre » ne facilitera pas la diffusion de l'ouvrage.

Sur le plan éditorial, Emma Calvé aura raté la « sortie en beauté » qu'elle espérait. Le « final » fut escamoté...

Pourtant, une dernière flamme sera venue réchauffer son vieux cœur mélancolique.

Juste après un quatre-vingtième anniversaire qui lui a valu la réconfortante visite de son vieil ami et complice des soirs de gloire, Thomas Salignac, à qui elle a confié sa situation préoccupante (tout en lui parlant de ses projets pour Hollywood !...), Calvé a été invitée à célébrer — à l'Opéra-Comique — le centenaire de la naissance de Bizet, en présence d'Albert Lebrun, président de la République.

Il était difficile de ne pas associer Calvé, qui continue à raffoler des honneurs, à cet événement. La voilà à son affaire : elle ressuscite et se remet à y croire. Elle joue avec grâce le rôle qui était celui de Galli-Marié au soir de la millième de Carmen : on l'embaume de son vivant. Les journaux parlent à nouveau d'elle, publient des rétrospectives de sa carrière, on réédite certains de ses disques et on la fait « parler dans le poste ».

Elle en profite pour affirmer qu'elle a chanté Carmen « plus de trois mille fois », ce qui paraît exagéré. Mais ce n'est pas à quatre-vingt-un ans que l'on changera Calvé !

Des photographies prises à cette époque — notamment pour ses quatre-vingts ans — montrent Calvé encore « gaillarde » et le sourire, qui éclaire un visage devenu plus serein, n'a rien perdu de son pouvoir de séduction...

« On me désensevelit, écrit-elle ravie. C'est triste et doux à la fois. Ce passé me semble si lointain... Autant d'âmes multiples et de masques au travers desquels je revois un visage jeune, triomphant, qui semble être celui d'une amie défunte (...).

« Aujourd'hui je fredonne, comme mes aïeules, pour moi seule les chants que j'ai chantés pour le monde entier. »

Car la voix est toujours là !

Elle se fera entendre encore sur son lit de mort...

Mais, cette fois, la flambée est de courte durée...

Bien qu'une nouvelle lui vienne d'Amérique, qui met un peu de baume sur ses plaies. Bien sûr, l'espoir ne peut venir que de là-bas. Calvé le savait bien !

Pendant que la République française la laisse doucement couler dans l'indifférence, la solitude et l'oubli, en Amérique, les nouvelles sur la précarité de la situation matérielle de la Diva ont mobilisé ses amis, de ce côté-ci de l'Atlantique, où elle a laissé un souvenir qui n'est pas près d'être effacé.

Le froid tempérament et le caractère ambitieux d'Emma Eames cachaient une grande âme, puisqu'elle est venue en aide personnellement — par des dons — à son ancienne camarade (ses moyens le lui permettent), mais elle a aussi alerté les anciens admirateurs américains de Calvé. Le renom et le glorieux passé de la diva française méritent reconnaissance, estiment-ils. Aussi la Fondation Bagby des Amis de la musique (elle porte le nom du mécène qui l'a fondée) décide-t-elle d'octroyer à Emma Calvé une rente à vie de cinquante livres par mois (deux mille francs de 1939).

De leur côté, la fidèle Miss McLeod, qui n'a pas oublié sa vieille amie française, et Lucrezia Bori, la jeune diva héritière de Calvé dans *Carmen* sur la scène du « Met », lui envoient sur leurs fonds propres des dons qui, ajoutés à celui de la Fondation Bagby, permettront au moins à Emma — en dépit des difficultés d'acheminement des devises à travers l'Europe en guerre — de ne pas connaître le dénuement.

Refusant de s'avouer vaincue — telle Carmen au dernier acte —, Calvé continue à échafauder des projets de voyage en Amérique alors même que la France s'enfonce dans la débâcle de 40.

Il n'est pas jusqu'à Alfred Cortot, alors compromis avec l'État français, qui n'ait reçu de la part de son ancienne « camarade de tournée » des propositions sur lesquelles on a peu de détails, mais qui pourraient bien concerner le scénario d'un film, peut-être à partir des souvenirs de la Diva.

Puis Emma Calvé reprend le chemin du pays. C'est pour la dernière fois. En bonne Rouergate fidèle à ses origines, c'est là qu'elle veut connaître la fin de son aventure terrestre. Sous les masques de Carmen, d'Ophélie, de Sapho, de Marguerite, elle n'a jamais renié la *fantoune* du Larzac. Comme certaines espèces migrantes retournent pour mourir sur les lieux qui les ont vues naître, Emma Calvé attend la mort au *païs*.

Elle s'est installée précairement au couvent de Creissels,

proche de Millau, entourée des quelques rares et chers souvenirs sauvés de la débâcle. Elle y tient plus qu'à la parure du grand-duc ou au portrait de la reine Victoria. Parmi eux, la « croix russe » qu'elle portait pour jouer Marguerite, et le petit âne peint par Henri Cain. Une malle contient quelques costumes de scène et des accessoires : le miroir de Marguerite ou le grand peigne espagnol de Carmen...

Les crises hépatiques se font de plus en plus nombreuses et douloureuses. Entre deux crises, Calvé reprend courage, mais c'est pour mieux sombrer dans la douleur quelques jours plus tard. Depuis juillet 1941, elle passe son temps en cures, en soins, en examens, entrecoupés de brèves rémissions.

Puis, en novembre, elle entre à la clinique du Dr Parès à Montpellier. Elle ne se relèvera plus. Sa solitude sera seulement éclairée par les lettres des amis chers, dans l'impossibilité de se déplacer dans une France à la dérive. L'agonie, aux souffrances aggravées par la pénurie de calmants, durera des semaines. Calvé, seule, comme naguère la Duse, malgré son désespoir et sa détresse, ne peut s'empêcher de livrer sa dernière bataille. Sa constitution, d'une robustesse exceptionnelle, retarde inutilement sa fin. Que ne peut-elle, comme Carmen, marcher bravement vers une fin qui se fait attendre ? Pourquoi la Mort n'a-t-elle pas en main une *navaja* pour en finir d'un coup ?

C'est alors que ce calvaire arrive à son terme que Michel de Bry la retrouvera, le 2 janvier 1942, et lui demandant de lire une page de *Sous tous les ciels j'ai chanté*, nous donnera l'occasion d'entendre une ultime fois cette voix qui enchanta une époque.

La Diva est morte le 6 janvier. Elle est allée rejoindre Henri Cain. Il l'a précédée de cinq ans dans le *Grand Tout* où se retrouvent les âmes qui se sont choisies sur terre... Emma Calvé est morte seule. Sans un ami pour lui tenir la main.

Son corps, selon sa volonté, fut ramené en Aveyron par les soins de Madeleine Hubin, la fidèle.

En attendant son inhumation au cimetière de Millau, dans la tombe achetée au temps de sa plus grande gloire, qui l'attendait depuis quarante-trois ans, son corps fut exposé dans une annexe du château de Sambucy, au cœur de la ville, qui appartenait également à Mme Hubin.

Cette tombe, elle y pensait depuis des années. Elle l'avait imaginée de diverses façons. Tantôt ornée d'une statue de Carmen, dansant sur un pied, en s'accompagnant au tambour de basque, tantôt avec sa propre silhouette accompagnée des derniers mots de Marguerite :

> *Dieu juste, à toi je m'abandonne*
> *Dieu bon, je suis à toi, pardonne !*

En définitive, c'est sous une dalle nue qu'elle va reposer en attendant que des fidèles accomplissent son vœu [1].

Les gens de Millau, tandis que se préparait le service funèbre, furent admis à lui rendre un dernier hommage... On raconte que deux vieilles femmes s'approchèrent de la dépouille de la Diva et examinèrent longuement le visage, avant de tirer sur une mèche de cheveux. Elles tenaient à vérifier si ce qu'on leur avait dit était vrai : que pour paraître encore aussi « jeune » à quatre-vingt-quatre ans, pour avoir cet éclat, la « théâtreuse » usait d'artifices et portait une perruque noire...

---

1. La cantatrice étant décédée sans héritiers directs, les Amis d'Emma Calvé organisèrent, à l'occasion de son centenaire (1958), une souscription pour accomplir son vœu. Un monument modeste, mais conforme à son désir, a été érigé sur la tombe de la Diva.

Bibliographie

Roman d'Amat, *Dictionnaire de biographie française,* article *Calvé,* tome VII, p. 930.

Michael Baigent, Richard Leigh, Henry Lincoln, *L'énigme sacrée* et *Le Message,* 2 tomes, Ed. Pygmalion.

Roger Béteille, *La Vie quotidienne en Rouergue avant 1914,* Hachette, 1973, et *La Chemise fendue. Vie oubliée des femmes du Rouergue,* Éd. du Rouergue, Rodez, 1987.

Georges Bizet : *Carmen, Avant-Scène Opéra,* n° 26, mars-avril 1980.

Roger Blanchard et Roland de Candé, *Dieux et divas de l'opéra,* 2 vol. De 1820 à 1950 : *Grandeur et décadence du bel canto,* Plon, 1987.

Maurice Bony, *Ce Rouergue que nous aimons,* Maison du Livre, Rodez.

Jacques Bourgeois, *Giuseppe Verdi,* Julliard, « Les vivants ».

Michel de Bry, *Le Dernier Soupir d'Emma Calvé,* « Les grandes collections ».

Christiane Burucoa, *Millau,* Éd. Saep, 1972.

Emma Calvé, *Sous tous les ciels j'ai chanté,* Plon, 1940.

Roland de Candé, *Nouveau Dictionnaire de la musique,* Seuil.

Rodolfo Celletti, *Le Grande Voci,* 1964.

Régine Crespin, *La Vie et l'amour d'une femme,* Fayard, 1982.

R. Christiansen, *Prima Donna,* New York, 1985.

Daniel Crozes, *La Bête Noire. L'aventure du rail en Aveyron depuis 1853,* Éd. du Rouergue, 1986, et *Douze métiers. Treize coutumes,* Éd. du Rouergue, 1987.

Claude Debussy, *Monsieur Croche et autres écrits,* Gallimard.

François Decuq, *Cent et une recettes de cuisine aveyronnaise,* Imprimerie I.D.P. Saint-Affrique, 1969.

René Descadeillas, « Mythologie du trésor de Rennes. Histoire véritable de l'abbé Saunière, curé de Rennes-le-Château », in *Mémoires de la Société des arts et des sciences de Carcassonne*, 1971.

Emma Eames, *Some Memories and Reflections*, 1927.

Dr Philippe Encausse, *Papus*, Belfond, « Les grands maîtres de l'ésotérisme », 1979.

Enciclopedia Italiana, article *Duse, Eleonora*, p. 1195 et suiv.

Gérard Gefen, *Augusta Holmès l'Outrancière*, Belfond, 1988.

Pierre-Barthélemy Gheusi, *Cinquante ans de Paris. Mémoires d'un témoin*, Plon, 1939.

Georges Girard : *Emma Calvé, la cantatrice sous tous les ciels*, Éd. Grand Causse, Millau, 1983, et « Emma Calvé. Étoile dans tous les cieux, cigale sous tous les ciels », in *Les Cahiers rouergats*, 1971.

Pierre Gombert, « Une diva chez les occultistes », in *Revue du Rouergue*, 1973.

Reynaldo Hahn, *Souvenirs et Du chant* (cycle de conférences).

David Hamilton, *The Metropolitan Opera Encyclopedia*, Simon & Schuster, 1987.

Henry Klein, *The Golden Age of Opera*, 1979.

Gustave Kobbé, *Tout l'opéra*, Bouquins-Laffont.

Jules Massenet, *Mes souvenirs*.

M. Mayer : *The Met*, New York, 1983.

Anka Mulstein, *Manhattan. La Fabuleuse Histoire de New York, des Indiens à l'an 2000*, Grasset, 1986.

Alain Paris, *Dictionnaire des interprètes*, Bouquins-Laffont.

Marius Plagnes : « Souvenirs sur Emma Calvé et le félibre Edouard Galy », in *Le Rouergue amicaliste*, Archives départementales de l'Aveyron.

Jean Prieur, *L'Europe des médiums et des initiés*, Perrin, 1987.

Paul Ramadier, « Souvenirs d'Emma Calvé », in *Le Rouergue amicaliste*, Archives départementales de l'Aveyron.

Michael Scott, *The Record of Singing (to 1914)*, Duckworth, Londres, 1977.

Gérard de Sède, *Rennes-le-Château (le dossier, les impostures, les phantasmes, les hypothèses)*, Laffont, 1988, « Les énigmes de l'Univers » et *L'Or de Rennes*, Julliard, 1967, J'ai Lu.

Sergio Segalini, *Divas, parcours d'un mythe*, Actes Sud, 1986.

François-René Tranchefort, *L'Opéra*, Seuil.

Vivekananda, *Entretiens et causeries*, Albin Michel, « Spiritualités vivantes ».

Voix d'opéra. *Écrits de chanteurs du XIXᵉ siècle. Duprez, Faure, Maurel, Roger*, Éd. Michel de Maule, 1988.

Émile Vuillermoz, *Histoire de la musique*, Livre de Poche.

S. Wolff, *Un demi-siècle d'opéra-comique*, Paris, 1953.

En outre, de nombreux extraits d'articles ou de critiques sont tirés des journaux de l'époque : *Le Figaro, Gil Blas, L'Écho de Paris, Le Temps, Le Gaulois, Le Magasin pittoresque, Les Annales politiques et littéraires, La Revue des Deux Mondes, Le Monde illustré-Miroir du Monde, La Liberté, La Vie mondaine, La Petite Illustration, Le Petit Marseillais, Paris-Artiste, Le Charivari, New York Times* et *New York Herald Tribune, Gazetta Fiorentina, La Gazette musicale de Paris, Musica, Le Journal des Débats, Le Moniteur universel, La Presse, Le Courrier des théâtres*, etc.

Table

DU MÊME AUTEUR

La Poisse
roman, Nouvelles Éditions Baudinière, 1981.

Comme un cheval fourbu
roman, Belfond, 1984.

Un jour, tu verras...
roman, Belfond, 1987.

IMPRIMÉ EN FRANCE PAR BRODARD ET TAUPIN
Usine de La Flèche (Sarthe).
LIBRAIRIE GÉNÉRALE FRANÇAISE - 6, rue Pierre-Sarrazin - 75006 Paris.
ISBN : 2 - 253 - 05826 - 2